Curso de Peças e Pareceres
ADVOCACIA PÚBLICA
Teoria e Prática

Coordenador
Caio Vinícius Sousa e Souza

Curso de Peças e Pareceres ADVOCACIA PÚBLICA

Teoria e Prática

Ana Cléia Clímaco Rodrigues da Silva
Anderson Vieira da Costa
Caio Vinícius Sousa e Souza
Clarissa Abrantes Souza
Felipe Arruda Aguiar Sobreira da Silveira
Francimar Soares da Silva Júnior
Helton Kramer Lustoza
José Américo da Costa Júnior
Maíra Mutti Araújo
Natália Aguiar Parente
Wendel Nobre Piton Barreto

2017

EDITORA JusPODIVM
www.editorajuspodivm.com.br

EDITORA
*Jus*PODIVM
www.editorajuspodivm.com.br

Rua Mato Grosso, 164, Ed. Marfina, 1º Andar – Pituba, CEP: 41830-151 – Salvador – Bahia
Tel: (71) 3045.9051
• Contato: https://www.editorajuspodivm.com.br/sac

Capa e Diagramação: Marcelo S. Brandão (*santibrando@gmail.com)*

Aos alunos do curso Coaching PGE, por serem o motor que impulsiona o nosso desejo de melhorar todos os dias.

APRESENTAÇÃO

Prezado aluno, antes de tecer considerações sobre esta obra, preciso registrar, com entusiasmo, felicitações à sua habilitação para a fase prática de um concurso para ingresso em uma carreira da advocacia pública. Parabéns! Saiba que você está entre os melhores do país e que este livro foi feito para você!

Nesta fase da preparação, após a superação da etapa objetiva, talvez o seu estado de espírito possa estar combalido por dúvidas e inseguranças sobre como se preparar para a tão temida fase prático-discursiva, sobretudo se esta for a sua primeira vez.

Entenda que essa preocupação é absolutamente natural e, com certeza, foi vivenciada por todos os advogados públicos que já venceram a batalha que atualmente você peleja. A sua habilidade para lidar com tal inquietação será fundamental neste momento, uma vez consignada a potencialidade dos seus ânimos para instigá-lo a buscar preparação suficiente ao êxito no concurso que, por sinal, pode ser o da sua vida!

A obra que você lerá nas próximas páginas, amigo leitor, tem a exclusiva finalidade de conduzi-lo em uma preparação estratégica absolutamente centrada no alcance de uma boa nota na etapa prática do seu concurso. Com efeito, a partir da análise de provas práticas de procuradorias realizadas na última década, conseguimos absorver o que verdadeiramente é objeto de apreço pelas bancas examinadoras para fins de pontuação, notadamente CESPE/CEBRASPE e FCC. Concluímos que, embora os aspectos formais das peças e pareceres guardem certa importância, o conteúdo de direito material e processual é o que, de fato, pontua os espelhos de correção dos examinandos. Por isso, para atender o objetivo deste livro, os autores desenvolvem-no com explanações claras e didáticas sobre teses jurídicas com alta probabilidade de cobrança em concursos públicos do gênero, resguardada a profundidade com que os temas mereceram ser trabalhados.

Por outro lado, para remediar a insegurança natural desta etapa, durante todo o decorrer da obra, registramos dicas sobre "como fazer" e alertas para que determinadas práticas sejam evitadas. O cuidado com a prática e as formalidades também nos compeliu a abrir uma seção própria de modelos das principais peças jurídicas cobradas em concursos públicos ou, pelo menos, com tal possibilidade futura.

Você perceberá, portanto, que o foco deste livro é ensiná-lo a abordar, em um contexto de prova prática, temas de direito material e processual próprios dos concursos de procuradorias com a densidade e rigor técnico atualmente exigidos pelas bancas examinadoras de concursos públicos. É importante registrar, por oportuno, que a experiência necessária para vencer tal desafio e entregar uma obra com os diferenciais anunciados é confirmada pela assinatura dos seus autores, todos advogados públicos e membros da equipe Coaching PGE (www.coachingpge.com.br), que, sob a coordenação deste autor, já desenvolveu, até a presente data, doze cursos de provas práticas para ingresso em carreiras da advocacia pública (PGE-PA/2015, AGU/2015, PGM-Goiânia/2015, PGM-Palmas/2016, PGM-São Luís/2016, PGM-Campinas/2016, PGE-MT/2016, PGM-Porto Alegre/2016, PGE-MA/2016, PGE-AM/2017, PGE-MS/2017 e PGM-Fortaleza/2017).

Por fim, devo consignar uma recomendação para que o livro seja melhor aproveitado: pratique! Se a pressa é inimiga da perfeição, pode apostar que a prática é a sua melhor amiga. Por isso, sugiro que o aluno imprima folhas pautadas com até 120 linhas e tente responder as questões antes de ler os respectivos comentários. Dessa forma o processo de aprendizado (dúvida-erro-pesquisa-acerto) será cumprido com sucesso.

Esperamos que esta primeira edição seja de grande utilidade para você e que este livro o auxilie em sua jornada "concurseira" rumo à Advocacia Pública! Mãos à obra e olhos no espelho de correção!

Caio Vinícius Sousa e Souza
Procurador do Estado
Coordenador do *Coaching PGE*

PREFÁCIO

Desde as primeiras concepções de Estado, surgidas com os Estados Nacionais Monárquicos, nos quais vigia a total irresponsabilidade estatal e indiferença para com a sociedade, até os dias atuais, observa-se uma crescente exigência quantitativa e qualitativa da população pelos serviços públicos.

No final do séc. XVIII, a demanda social era simplesmente por liberdade. Buscava-se que o Estado não desrespeitasse os direitos básicos dos cidadãos.

Após a Revolução Industrial, já nos idos do séc. XX, a partir da luta do proletariado e do lançamento das bases da doutrina marxista, a sociedade já não mais se contenta com liberdade, e deseja igualdade material. Surgem aí as demandas por direitos sociais, econômicos e culturais. A coletividade passa a ser credora de um Estado do bem-estar social.

Com o fim da 2ª Guerra Mundial e ainda temerosa pela instabilidade do tênue armistício, conclama-se pela edificação de direitos transindividuais. A sociedade já não mais se contenta com a liberdade nem com a igualdade. Ela almeja agora a fraternidade.

Assim, em menos de dois séculos, o Estado sofreu profundo redimensionamento. De um governo absolutamente alheio às vicissitudes da população, exigiu-se um Estado garantidor, e não apenas garantidor, mas também prestador, e não apenas garantidor e prestador, mas também transformador.

Ainda nem bem nos ajustamos a tantas demandas e doutrinadores já proclamam uma quarta e quinta dimensões de direitos.

Tantas exigências transformam o Estado em uma espécie de garantidor universal, instituição que, em tal concepção, deve ser a responsável pela materialização de todas as necessidades coletivas, não importando de que ordem sejam nem a forma prática de materializá-las.

Ocorre que, como é cediço, as necessidades são de fato ilimitadas, mas os recursos são finitos.

Nesse contexto, o Direito no séc. XXI, especialmente com o advento do chamado neoconstitucionalismo, foi todo erigido com o intuito de se construir uma fundamentação teórica que justificasse a exigência da concretização dos direitos fundamentais por parte do Estado.

A força normativa da Constituição, preconizada por Konrad Hesse, a teoria da norma-princípio, de Robert Alexy, o ideário dos Direitos Levados à Sério, de Ronald Dworkin, a exigência do mínimo existencial, muito bem desenvolvida por John Rawls, assim como praticamente todas as grandes teses jurídicas do século levam sempre à inarredável defesa de que o Poder Público deve ser o responsável pela efetivação imediata e absoluta de uma infinidade de direitos, sem que se busque, no entanto, discutir, com racionalidade e de forma técnica, o modo de implementá-los.

Com isso, o Estado é diariamente acionado no Poder Judiciário por uma enorme quantidade de jurisdicionados que buscam a concretização dos mais variados direitos.

O grande papel desempenhado pela Advocacia Pública é o de filtrar essas demandas, evitando que o Estado seja vilipendiado em seu patrimônio por lides temerárias, abusivas e desarrazoadas, garantindo, assim, que os recursos públicos, tão essenciais em áreas vitais de serviço público, não tenham que ser realocados para o pagamento de indenizações indevidas.

Diferentemente do que é senso comum, portanto, a função da Advocacia Pública não é a de simplesmente defender o interesse público secundário, para utilizarmos a classificação de Renato Alessi, mas também o de guarnecer o interesse público primário.

Enquanto toda a doutrina aplaudia e conclamava as lições de Dworkin no sentido do *taking rights seriously*, a Advocacia Pública fez o indispensável contraponto afirmando, com esteio nas lições de Stephen Holmes, que levar a sério os direitos significa também levar a sério a escassez.

A Advocacia Pública desenvolve, assim, importante função de combater os excessos, permitindo discutir que as "escolhas trágicas" (*tragic choices*) sejam ponderadas e que não se permita que toda a coletividade seja sacrificada a fim de garantir, em moldes absolutos, o direito de apenas uma pessoa.

Diante de todo esse contexto, nos últimos anos pode-se observar uma relevante constatação: um número cada vez maior de recém-formados bacharéis em Direito sai da faculdade com o sonho de serem Advogados Públicos. São jovens que perceberam que a construção de uma sociedade livre, justa e solidária (art. 3º, I, da CF/88) depende não apenas das funções de acusar ou de julgar, mas também de defender.

Somente após certa maturidade institucional percebe-se que não há efetivação de direitos se não houver uma sólida defesa técnica do Poder Público. Isso porque o Estado deverá sucumbir quando não tiver razão, mas igualmente precisa ser protegido de lides temerárias que assaquem os cofres públicos.

Esta nova geração estuda e se prepara para os concursos da Advocacia Pública como primeira opção, como vocação e ideal.

É para ela que a presente obra foi feita.

Os autores, todos advogados públicos, detêm não apenas a experiência prática decorrente da função que atualmente exercem, mas também – e principalmente –, são especialistas na preparação para concursos públicos. Conhecem, como ninguém, aquilo que vem sendo exigido nas provas dos certames da Advocacia Pública e, com base nessa expertise, construíram um livro com conteúdo extremamente valioso.

Não se trata de um mero livro de modelos de peças e pareceres. Na obra, são feitos ricos comentários sobre o direito material relacionado com temas cuidadosamente escolhidos segundo a relevância para os concursos da Advocacia Pública.

Além disso, as matérias são explicadas segundo as teses institucionais do Poder Público em juízo, considerando que é esta a abordagem que será exigida pelas bancas examinadoras, em especial nas provas discursivas e práticas.

Outros diferenciais de destaque do livro estão no fato de que ele é inteiramente escrito com base no Código de Processo Civil de 2015 e contém os principais entendimentos jurisprudenciais sobre os temas da Advocacia Pública.

Dessa forma, tenho muito orgulho de apresentar ao mundo jurídico 11 brilhantes novos autores que entregam um excelente livro, que certamente ajudará bastante aqueles que sonham com a belíssima carreira da Advocacia Pública.

Márcio André Lopes Cavalcante

Juiz Federal
Ex-Procurador do Estado do Amazonas
Editor do blog Dizer o Direito

SUMÁRIO

Parte I - PEÇAS

DIREITO ADMINISTRATIVO 19

Proposta 1 Responsabilidade civil do Estado por suicídio de detento 19
Caio Vinícius Sousa e Souza

Proposta 2 Responsabilidade civil do Estado por erro médico 39
Caio Vinícius Sousa e Souza

Proposta 3 Contratação direta de remanescente de obra 48
Caio Vinícius Sousa e Souza e Anderson Vieira da Costa

Proposta 4 Serviços públicos 58
Natália Aguiar Parente

Proposta 5 Bens públicos 78
Caio Vinícius Sousa e Souza

Proposta 6 Equiparação salarial 87
José Américo da Costa Júnior

Proposta 7 RDC 100
Anderson Vieira da Costa e Caio Vinícius Sousa e Souza

Proposta 8 Desapropriação 114
Caio Vinícius Sousa e Souza

Proposta 9 Concurso público 128
Natália Aguiar Parente e Caio Vinícius Sousa e Souza

Proposta 10 Servidores públicos: tríplice cúmulo 140
Caio Vinícius Sousa e Souza e Anderson Vieira da Costa

Proposta 11 Desvio de função 153
José Américo da Costa Júnior

Proposta 12 Tutela coletiva e políticas públicas 161
Anderson Vieira da Costa

Proposta 13 Greve no serviço público 171
Caio Vinícius Sousa e Souza

DIREITO E PROCESSO TRIBUTÁRIO 181

Proposta 1 ICMS: descontos condicionados e embalagens personalizadas 181
Caio Vinícius Sousa e Souza

Proposta 2 ICMS: e-commerce 193
Anderson Vieira da Costa

Proposta 3 Prescrição tributária 199
Helton Kramer Lustoza

DIREITO E PROCESSO DO TRABALHO 215

Proposta 1 Equiparação salarial 215
Caio Vinícius Sousa e Souza

Proposta 2 Terceirização 225
Helton Kramer Lustoza

Proposta 3 Estabilidade no serviço público 236
Felipe Arruda Aguiar Sobreira da Silveira

DIREITO AMBIENTAL 249

Proposta 1 Licenciamento ambiental 249
Wendel Nobre Piton Barreto e Maíra Mutti Araújo

Proposta 2 Licenciamento ambiental e princípios ambientais 270
Wendel Nobre Piton Barreto e Caio Vinícius Sousa e Souza

Proposta 3 Responsabilidade ambiental 280
Wendel Nobre Piton Barreto e Maíra Mutti Araújo

Parte II - PARECERES

DIREITO ADMINISTRATIVO 293

Proposta 1 Licitações e recuperação judicial 293
Caio Vinícius Sousa e Souza

Proposta 2 Licitações e direitos trabalhistas 308
Natália Aguiar Parente

Proposta 3 Licitações e contratos administrativos 317
Wendel Nobre Piton Barreto e Maíra Mutti Araújo

Proposta 4 Licitações e contratos administrativos 332
Francimar Soares da Silva Júnior

Proposta 5 Contrato administrativo: prorrogação de vigência 344
Natália Aguiar Parente

Proposta 6 Contrato administrativo: prorrogação de vigência 356
Anderson Vieira da Costa

Proposta 7 Parceria Público-Privada 366
Wendel Nobre Piton Barreto e Maíra Mutti Araújo

Proposta 8 Improbidade administrativa 380
Natália Aguiar Parente

DIREITO PREVIDENCIÁRIO 397

Proposta 1 RPPS: cúmulo de aposentadoria e pensão e princípio da paridade 397
Caio Vinícius Sousa e Souza

Proposta 2 RPPS: aposentadoria especial e incorporação de gratificação 411
Wendel Nobre Piton Barreto e Maíra Mutti Araújo

Proposta 3 RGPS: aposentadoria híbrida 430
Natália Aguiar Parente

DIREITO FINANCEIRO 449

Proposta 1 Operações de crédito 449
Anderson Vieira da Costa

Parte III – MODELOS

Modelo 1 Contestação 459
Clarissa Abrantes Souza

Modelo 2 Apelação 466
Ana Cléia Clímaco Rodrigues da Silva

Modelo 3 Agravo de Instrumento 473
Francimar Soares da Silva Júnior

Modelo 4 Pedido de Suspensão 482
Ana Cléia Clímaco Rodrigues da Silva

Modelo 5 Recurso Extraordinário 486
Ana Cléia Clímaco Rodrigues da Silva

Modelo 6 Recurso Especial 491
Clarissa Abrantes Souza

Modelo 7 Ação Rescisória 499
Francimar Soares da Silva Júnior

Modelo 8 Ação inicial originária 503
Clarissa Abrantes Souza

Modelo 9 Contestação trabalhista 508
Ana Cléia Clímaco Rodrigues da Silva

Modelo 10 Recurso Ordinário trabalhista 513
Francimar Soares da Silva Júnior

Modelo 11 Impugnação a embargos à execução fiscal 518
Clarissa Abrantes Souza

Modelo 12 Parecer 523
Francimar Soares da Silva Júnior

PARTE I
PEÇAS

DIREITO ADMINISTRATIVO

Proposta 1: Responsabilidade civil do Estado por suicídio de detento

Autor: Caio Vinícius Sousa e Souza

» ENUNCIADO

Bentinho, detento sob custódia do Estado do Mato Grosso, desiludido com o fim do relacionamento amoroso com Maria Capitu, que acabara de lhe comunicar a gravidez de um filho de Escobar, decide suicidar-se repentinamente na frente de sua companheira com uma arma branca que escondia sob o colchão de sua cela.

Ocorre que Dona Glória, mãe de Bentinho, não se conformou com a morte do filho, pelo que, representando o seu espólio, ajuizou ação indenizatória de danos morais e materiais por intermédio da Defensoria Pública do Estado do Mato Grosso.

Sustenta que o Estado teria o dever de garantir a vida e a integridade física de seu filho e que, se o recolheu em custódia, deve responder pela consecução do resultado danoso.

Afirma que Bentinho era arrimo de família e que a pensão por morte, decorrente da conversão de seu auxílio-reclusão, deixada para Ezequiel, seu filho menor de idade, não é suficiente para manter o mínimo de dignidade da família.

Pleiteou, assim: a) em sede de tutela de urgência e final, o recebimento de pensão no valor de 01 (um) salário mínimo, até a data em que Bentinho completaria 75 (setenta e cinco) anos de idade; b) indenização por danos morais, no importe de R$ 500.000,00 (quinhentos mil reais); d) honorários advocatícios e demais ônus da sucumbência.

Havendo por bem se manifestar sobre o pleito de urgência após a angularização processual, o juízo da 2ª Vara dos Feitos da Fazenda Pública citou o Estado do Mato Grosso, que, após a audiência de conciliação, apresentou contestação, arguindo todas as razões de resistência possíveis.

O juízo responsável pelo feito proferiu, então, sentença de total procedência dos pedidos iniciais, condenando o Estado do Mato Grosso a pagar indenização por danos morais e materiais, ambos corrigidos e com aplicação de juros de mora desde o evento danoso, compreendidas nos últimos as despesas com o funeral de Bentinho e com o luto da família. Ademais, o eminente juízo, em sentença, antecipou os efeitos da tutela em relação ao pensionamento civil requerido.

O Estado do Mato Grosso foi intimado da sentença no dia 06/09/2016 (terça-feira) por remessa dos autos. Na qualidade de Procurador do Estado do Mato Grosso adote a medida processual cabível, datando-a no último dia de prazo (desconsidere a existência de feriados).

» COMENTÁRIOS

Pela leitura do enunciado, não é tarefa difícil identificar a peça cabível no caso narrado, pois, tendo sido o Estado intimado de sentença condenatória e não havendo na narrativa qualquer informação sobre omissão, obscuridade ou contradição, somente é possível o manejo de **Apelação**, com vistas a anular ou reformar a decisão de primeiro grau.

Para facilitação do entendimento, os comentários serão divididos nos tópicos abaixo:

I. RECURSO DE APELAÇÃO

A Apelação, como os demais recursos, deve guardar consonância com os pressupostos genéricos de admissibilidade. Seu cabimento está descrito no art. 1.009 do CPC, que define a possibilidade de sua interposição em face de sentença terminativa ou definitiva. O § 1º do mesmo dispositivo, por sua vez, erige a possibilidade de a apelação ser aviada contra decisões interlocutórias não agraváveis.

> Art. 1.009. Da sentença cabe apelação.
>
> § 1º As questões resolvidas na fase de conhecimento, se a decisão a seu respeito não comportar agravo de instrumento, não são cobertas pela preclusão e devem ser suscitadas em preliminar de apelação, eventualmente interposta contra a decisão final, ou nas contrarrazões.

Segundo o princípio da congruência, o julgador está vinculado ao pedido formulado pela parte (art. 492 do CPC), ou seja, o Tribunal somente poderá alterar a decisão recorrida nos limites desta impugnação. Contudo, tal princípio não terá aplicação no que se refere a apreciação de matérias de ordem pública, como as condições da ação, decadência, prescrição, etc., bem como, todas as questões suscitadas e discutidas no processo, ainda que a sentença não as tenha julgado por inteiro (art. 1013 do CPC). Isso significa que poderá fazer parte do objeto do recurso os antecedentes jurídicos suscitados no processo que possam interferir em seu acolhimento. Inclusive, as questões de fato, não propostas no juízo inferior, desde que a parte recorrente comprove que deixou de fazê-lo por motivo de força maior (art. 1014 do CPC).

A Apelação terá o efeito devolutivo e suspensivo, de modo que as matérias discutidas no julgado são devolvidas para reanálise do Tribunal. Existem casos em que a Apelação somente terá efeito devolutivo, exatamente nas hipóteses do art. 1.012 do Código de Processo Civil.

O prazo para Fazenda Pública interpor o recurso de Apelação é de **30 dias** úteis, contados da **intimação pessoal** (1.003, § 5º, art. 219 e 183, § 1º, do NCPC).

No Novo Código de Processo Civil, preservou-se a forma de interposição do recurso, **apenas se modificando o exame de admissibilidade**. Observe que o art. 1.010 disciplina que a apelação será interposta por petição dirigida ao juízo de primeiro grau, conterá:

> Art. 1.010...
>
> I – os nomes e a qualificação das partes;
>
> II – a exposição do fato e do direito;
>
> III – as razões do pedido de reforma ou de decretação de nulidade;
>
> IV – o pedido de nova decisão.
>
> § 1º O apelado será intimado para apresentar contrarrazões no prazo de 15 (quinze) dias.

§ 2º Se o apelado interpuser apelação adesiva, o juiz intimará o apelante para apresentar contrarrazões.

§ 3º Após as formalidades previstas nos §§ 1º e 2º, os autos serão remetidos ao tribunal pelo juiz, ***independentemente de juízo de admissibilidade.***

Desta forma, o juízo monocrático não fará o exame prévio de admissibilidade da Apelação, concentrando-se a totalidade do ato processual no próprio Tribunal.

CUIDADO! Todavia, a retirada do juízo de admissibilidade do juízo *a quo* não resulta no dever de ajuizar o apelo diretamente no Tribunal. Mesmo após o NCPC, o recurso de apelação deve ser interposto no juízo de primeira instância, para que este remeta os autos ao Tribunal. Assim, em caso de cobrança da peça, deve o candidato elaborar a chamada "petição de interposição".

No que tange à extensão da apelação, registre-se cuidar de recurso de fundamentação livre e de devolutividade ampla. Assim, como restou consignado no enunciado que o Estado do Mato Grosso na contestação abordou "todas as razões de resistência possíveis", o candidato deveria invocar, também nesta fase processual, todas as teses plausíveis de resistência, considerando-se que a procedência foi total.

Obs.: Caso o enunciado enumerasse os pontos arguidos em contestação, os recursos supervenientes restariam limitados às teses dessa peça de defesa, ressalvadas as matérias de ordem pública, pois não se pode inovar em grau recursal, sob pena de supressão de instância. Eis a importância da contestação para defesa da Fazenda Pública, que, em geral, figura como ré.

II. FORMALIDADES

Não é demais demonstrar ao examinador conhecimento acerca das formalidades que circundam o recurso. O alerta fica por conta da necessidade de o candidato fazê-lo em poucas linhas, pois a probabilidade de o ponto aparecer no espelho é média ou baixa. Todavia, se aparecer, a cautela do candidato garantirá os pontos dispensados pela banca.

No recurso de apelação, são suficientes a exposição acerca do cabimento, tempestividade e desnecessidade de preparo.

a) *Cabimento*

Como dito, o cabimento da apelação tem fundamento no art. 1.009 do NCPC:

> Art. 1.009. Da sentença cabe apelação.

Assim, como a decisão a ser reformada é uma sentença, resta inconteste o cabimento do recurso de apelação.

b) ***Desnecessidade de preparo***

Quanto à desnecessidade do preparo recursal, em regra, o candidato não precisa abrir um tópico específico para tanto. Todavia, na folha de rosto, por perfeição, deve-se sempre mencionar a isenção do Estado em relação ao preparo recursal, na forma do art. 1.007, § 1º, do CPC.

c) ***Tempestividade***

No que tange à tempestividade, já que foram fornecidos elementos no enunciado, é obrigatório abrir um tópico específico, de poucas linhas, afirmando que o recurso obedeceu ao prazo legal de **30 dias úteis para a fazenda pública**, tendo em vista a combinação dos artigos 183, 219 e 1003, § 5º.

> Art. 183. A União, os ***Estados***, o Distrito Federal, os Municípios e suas respectivas autarquias e fundações de direito público gozarão de ***prazo em dobro para todas as suas manifestações processuais***, cuja contagem terá início a partir da intimação pessoal.
>
> Art. 219. Na contagem de prazo em dias, estabelecido por lei ou pelo juiz, computar-se-ão somente os ***dias úteis***.
>
> Art. 1.003. O prazo para interposição de recurso conta-se da data em que os advogados, a sociedade de advogados, a Advocacia Pública, a Defensoria Pública ou o Ministério Público são intimados da decisão.
>
> § 5º ***Excetuados os embargos de declaração, o prazo para interpor os recursos e para responder-lhes é de 15 (quinze) dias.***

Como o enunciado exige o protocolo da peça recursal no último dia de prazo, o candidato deve contar detidamente o lapso recursal, reparando se o termo *ad quem* cai ou não em dia útil. Ademais, para acertar a data correta, deve-se ter conhecimento de que, a partir da vigência do NCPC, as intimações das Fazendas Públicas estaduais e municipais passaram a ser pessoais, com remessa ou carga dos autos, tratando-se de processo físico; ou por meio eletrônico, se o feito tramitar virtualmente.

> Art. 183. A União, os Estados, o Distrito Federal, os Municípios e suas respectivas autarquias e fundações de direito público gozarão de prazo em dobro para todas as suas manifestações processuais, cuja contagem terá início a partir da ***intimação pessoal***.
>
> § 1º ***A intimação pessoal far-se-á por carga, remessa ou meio eletrônico.***

Desta feita, cotejando-se os dados da questão com as normas processuais sobreditas, tem-se que o termo inicial do prazo de 30 dias úteis é o dia da remessa dos autos – 06/09/2016.

Assim, excluindo-se o dia de início e incluindo-se o dia do vencimento, conforme acentua o art. 224 do NCPC, o último dia de prazo a ser assinado pelo candidato é dia **18/10/2016**, ressaltando-se que a questão foi expressa ao dispensar a existência de feriados.

Nesse passo, cumpre ao candidato afirmar que o recurso é tempestivo, eis que, sendo protocolado dia 18/10/2016, restou cumprido o prazo legal de 30 dias úteis, conforme os arts. 183, 219 e 1003, § 5º do NCPC.

III. PRELIMINARES[1]

a) *Da ilegitimidade ativa do espólio*

O direito de ação está consagrado pela Constituição Federal de 1988 para que qualquer lesão ou ameaça de lesão não se furte à apreciação do

1. **Obs.**: Especialmente no recurso de apelação, não é rara a dúvida dos candidatos sobre o correto enquadramento de teses no gênero "preliminares" ou "mérito". Existem basicamente duas formas de entender o tema: **1)** as preliminares recursais seriam teses externas à própria relação processual inicial, como, por exemplo, a perda superveniente do objeto; e o mérito recursal seria o capítulo destinado às teses de anulação (preliminares de mérito) ou reforma da sentença; **2)** as preliminares recursais se equivaleriam às de mérito, ou seja, as teses para extinguir o feito sem exame do pedido seriam enquadradas como preliminares; e o capítulo destinado ao mérito do recurso equivaleria ao mérito da causa, servindo para a reforma da sentença. Veja

Judiciário. No entanto, para que seja exercido esse direito de forma plena, isto é, para que a sentença de mérito seja proferida, apreciando-se o pleito autoral, a ação deve necessariamente observar dois pressupostos: a legitimidade das partes e o interesse de agir.

> Art. 17. Para postular em juízo é necessário ter interesse e legitimidade.

Conforme se depreende da narrativa, a presente demanda foi proposta pelo espólio do *de cujus*, que vindica indenização por danos morais e materiais alegadamente suportados por sua mãe, Dona Glória. E mais: pede ainda em favor desta pensão mensal.

Ocorre que, embora o espólio tenha legitimidade *ad processum* para figurar em ações judiciais relacionadas à sucessão hereditária, na espécie, não se configura sua legitimidade ativa *ad causam*. Isso porque **NÃO se reconhece legitimidade do espólio para pleitear indenização em favor de terceiros, pois, sendo uma massa patrimonial, NÃO pode, nem mesmo nos limites da teoria da asserção, sofrer dano moral. Dessa feita, sendo a mãe do *de cujus* a suposta vítima dos danos morais, deveria ela mesma ajuizar a presente demanda por *jure* próprio.**

Com efeito, os danos morais e materiais, acaso tivessem de fato ocorrido, teriam incidido diretamente sobre direito das pessoas próximas ao detento falecido, pois seriam elas as vítimas dos abalos emocionais e financeiros decorrentes da morte do ente querido. Não incidiriam, portanto, sobre o espólio, que é apenas uma massa universal dos bens, direitos e obrigações contraídos pelo *de cujus* e em vias de serem partilhados entre os herdeiros.

Há de se consignar, ainda, que embora a suposta vítima tenha sido o *de cujus*, eventuais danos morais e materiais seriam suportados não por ele próprio, mas pelas pessoas que por sua morte amargaram os referidos prejuízos, o que torna patente a ilegitimidade do espólio.

Tal inteligência há muito se faz presente nos julgados do Superior Tribunal de Justiça, exceto em casos em que o próprio *de cujus* é o titular do direito, o que, repise-se, não é o que acontece no caso em comento. Nessa esteira de pensamento, colham-se os precedentes:

> PROCESSUAL CIVIL. ADMINISTRATIVO. RESPONSABILIDADE CIVIL DO ESTADO. AÇÃO DE INDENIZAÇÃO CONTRA MUNICÍPIO.

---

que o segundo estilo é similar à sistemática da contestação, sendo mais fácil, no entender deste autor, proceder dessa forma. Para fins de pontuação em concurso, o estilo adotado é irrelevante, bastando o acerto da tese esperada pelo examinador.

DANO MORAL DECORRENTE DE MORTE CAUSADA POR ACIDENTE DE TRABALHO. ***ESPÓLIO. ILEGITIMIDADE. DIREITO PESSOAL DOS HERDEIROS.*** SUPERVENIENTE ALTERAÇÃO DA COMPETÊNCIA PELA EC N.º 45/2004. PERPETUATIO JURISDICTIONES. ART. 114, VI, DA CF/88. SENTENÇA. EXISTÊNCIA. 1. Ação indenizatória intentada contra o Município de Teófilo Otoni – MG, na qual se pleiteia reparação por danos morais e materiais decorrentes da morte, em acidente de trabalho, de prestador de serviço. [...] 6. Controvérsia gravitante em torno da legitimidade ativa do espólio para pleitear a reparação por dano moral resultante do sofrimento causado à família do de cujus, em decorrência de seu abrupto falecimento em acidente de trabalho. ***7. O artigo 1.526, do Código Civil de 1916 (atual artigo 943, do CC-2002), ao estatuir que o direito de exigir reparação, bem como a obrigação de prestá-la, transmitem-se com a herança (droit de saisine), restringe-se aos casos em que o dever de indenizar tenha como titular o próprio de cujus ou sucessor, nos termos do artigo 43, do CPC. (...). 9. Deveras, cediço que nem sempre há coincidência entre os sujeitos da lide e os sujeitos do processo, restando inequívoco que o dano moral pleiteado pela família do de cujus constitui direito pessoal dos herdeiros, ao qual fazem jus, não por herança, mas por direito próprio, deslegitimando-se o espólio, ente despersonalizado, nomine proprio, a pleiteá-lo, posto carecer de autorização legal para substituição extraordinária dos sucessores do falecido. 10. Recurso especial desprovido.*** (REsp 697.141/MG, Rel. Ministro LUIZ FUX, PRIMEIRA TURMA, julgado em 18/05/2006, DJ 29/05/2006, p. 167)

ADMINISTRATIVO E DIREITO CIVIL. RESPONSABILIDADE CIVIL DO ESTADO. BURACOS NA VIA PÚBLICA. FALECIMENTO DE CONDUTOR DE MOTOCICLETA. INDENIZAÇÃO POR DANOS MORAIS SOFRIDOS PELOS HERDEIROS. ILEGITIMIDADE ATIVA DO ESPÓLIO. PRECEDENTE DA CORTE ESPECIAL. DIVERGÊNCIA NÃO DEMONSTRADA. DECISÃO MANTIDA.

1. ***O espólio não tem legitimidade ativa ad causam para pleitear indenização por danos morais sofridos pelos herdeiros em decorrência do óbito de seu genitor***. Precedente: EREsp 1.292.983/AL, Rel. Ministra NANCY ANDRIGHI, CORTE ESPECIAL, julgado em 1º/8/2013, DJe 12/8/2013. 2. É incognoscível o recurso especial pela divergência se o entendimento a quo está em conformidade com a orientação desta Corte. Aplicação da Súmula 83/STJ. Agravo regimental improvido. (AgRg no REsp 1396627/ES)

Aliado ao exposto, quando se analisa o pleito por indenização pelos danos morais a ilegitimidade do espólio se torna ainda mais evidente, uma vez que se trata de **direito de caráter personalíssimo, não transmissível.**

Pelo teor poético e esclarecedor, recorremos às lições precisas de Wilson Melo da Silva[2]:

> "***Os danos morais dizem respeito ao foro íntimo do lesado.*** Seu patrimônio ideal é marcadamente individual, e seu campo de incidência o mundo interior de cada um de nós. (...) Os bens morais são inerentes à pessoa, incapazes, por isso, de subsistir sozinhos. Desaparecem com o próprio indivíduo. ***Podem os terceiros compartilhar de minha dor, sentindo, eles próprios, por eles mesmos, as mesmas angústias que eu. O que não se concebe, porém, é que as minhas dores, as minhas angústias, possam ser transferidas de mim para o terceiro. Isto seria atentatório da própria natureza das coisas e, materialmente, impossível. Não existe, pois, o jus hereditatis relativamente aos danos morais, tal como acontece com os danos puramente patrimoniais.*** A personalidade morre com o indivíduo, arrastando atrás de si todo o seu patrimônio. Só os bens materiais sobrevivem ao seu titular."
>
> ***(...) Na hipótese, os familiares, dependentes ou os que se sentiram de algum modo lesado poderão intentar ação jure próprio, com o propósito de obter a reparação do dano moral. Não agirão na condição de sucessores da vítima, mas como autores, em nome próprio, buscando a indenização cabível. O espólio, em tal circunstância, não tem legitimidade para postular a indenização do dano moral porque o eventual direito é dos indiretamente lesados (dano em ricochete) e não necessariamente dos herdeiros."***

Desse modo, tem-se que o direito ao percebimento da indenização por danos morais constitui **direito personalíssimo, absoluto, intransferível**, não tendo o espólio legitimidade para postular a pretendida reparação.

Destarte, forçosa se faz a declaração da ilegitimidade do espólio para postular a indenização por danos morais e materiais, o que, via de consequência, implica a extinção o feito sem resolução do mérito, com supedâneo nos arts. 17 e 485, VI, do Código de Processo Civil.

b) *Vício de representação do espólio*

Mesmo que se admitisse a legitimidade ativa do espólio para a causa, no caso narrado, houve vício de representação, pois tal ente despersonalizado deve ser representado pelo inventariante, a teor do art. 75, VII, do NCPC:

---

2. *O dano moral e sua reparação*, 3ª Ed., Rio de Janeiro, Forense, 1999, p. 648-649.

> Art. 75. Serão representados em juízo, ativa e passivamente:
>
> VII – o espólio, pelo inventariante;

O enunciado não informa se Dona Glória seria ou não a inventariante dos bens do *de cujus*. Assim, no silêncio da narrativa e para não articular fatos inexistentes na questão, não pode o candidato concluir que a mãe de Bentinho seja inventariante dos seus bens, mesmo que se admita a hipótese em tese.

Desta feita, deve o candidato postular a extinção do feito sem resolução do mérito, nos termos do art. 485, IV, do NCPC, acentuando não ser possível a regularização da representação processual em fase recursal.

c) ***Julgamento extra petita***

Dispõem os arts. 141 e 492 do NCPC:

> Art. 141. O juiz decidirá o mérito nos limites propostos pelas partes, sendo-lhe vedado conhecer de questões não suscitadas a cujo respeito a lei exige iniciativa da parte.
>
> Art. 492. É vedado ao juiz proferir decisão de natureza diversa da pedida, bem como condenar a parte em quantidade superior ou em objeto diverso do que lhe foi demandado.

Os dois artigos sobreditos fundamentam o chamado **"princípio da congruência"**, que limita a cognição do juiz ao quanto pedido pelo autor.

Na espécie, verifica-se que, embora o direito ao pagamento pelas despesas com funeral do defunto e luto da família seja garantido no art. 948, I, do CC, não foi declinado pedido nesse sentido.

Com efeito, o enunciado é claro ao delimitar os limites objetivos da lide:

> "Pleiteou, assim: a) em sede de tutela de urgência e final, o recebimento de pensão no valor de 01 (um) salário mínimo, até a data em que Bentinho completaria 75 (setenta e cinco) anos de idade; b) indenização por danos morais, no importe de R$ 500.000,00 (quinhentos mil reais); d) honorários advocatícios e demais ônus da sucumbência".

Assim, **<u>não poderia o juiz deferir pretensão não articulada pelo autor, sobre a qual o ente réu sequer teve a oportunidade de contestar.</u>** A vedação ao julgamento *extra petita*, portanto, está relacionada à impossibilidade de se colher o réu em surpresa, sob pena de **cerceamento de defesa e afronta ao devido processo legal.**

Destarte, no que toca à condenação no pagamento das despesas acima referidas, a sentença de piso merece anulação, por ter extrapolado os limites objetivos da demanda.

IV. MÉRITO

a) *Irresponsabilidade civil do Estado por suicídio REPENTINO de detento*

Narra o enunciado que Bentinho "decide suicidar-se **repentinamente** na frente de sua companheira com uma arma branca que escondia sob o colchão de sua cela".

Até pouco tempo, o advérbio em destaque não possuía importância para fins de definição da responsabilidade civil do Estado em caso de morte de detento, pois a jurisprudência do STF e STJ era pacífica em afirmá-la sem distinção de hipótese:

> STJ, 2ª Turma: ***A Administração Pública está obrigada ao pagamento de pensão e indenização por danos morais no caso de morte por suicídio de detento ocorrido dentro de estabelecimento prisional mantido pelo Estado. Nessas hipóteses não é necessário perquirir eventual culpa da Administração Pública. Na verdade, a responsabilidade civil estatal pela integridade dos presidiários é <u>objetiva</u>.*** (AgRg no REsp 1.305.259-SC, Rel. Min. Mauro Campbell Marques, julgado em 2/4/2013, noticiado no informativo 520).
>
> STF – voto vencedor do Min. Gilmar Mendes: ***"o Estado tem o dever objetivo de zelar pela integridade física e moral do preso sob sua custódia, atraindo, então, a responsabilidade civil objetiva, em razão de sua conduta omissiva, motivo pelo qual é devida a indenização decorrente da morte do detento, ainda que em caso de suicídio."*** (ARE 700927 AgR, Rel. Min. Gilmar Mendes, Segunda Turma, julgado em 28/08/2012)

Ocorre que, no RE 841526/RS, julgado em 30/3/2016, com repercussão geral reconhecida (Info 819), o Ministro Luiz Fux imprimiu novas luzes sobre o tema em seu voto vencedor.

Márcio André Lopes Cavalcante (Blog Dizer o Direito) expõe bem a tese a ser levantada pelo candidato à advocacia pública:

> "É importante ressaltar que o Ministro assentou que como se adota a teoria do risco administrativo, o Estado poderá provar alguma causa excludente

de responsabilidade. Assim, ***nem sempre que houver um suicídio, haverá responsabilidade civil do Poder Público***. Distinguiram-se duas situações: 1) Se o detento que praticou o suicídio já vinha apresentando indícios de que poderia agir assim, então, neste caso, o Estado deverá ser condenado a indenizar seus familiares. Isso porque o evento era previsível e o Poder Público deveria ter adotado medidas para evitar que acontecesse; ***2) Por outro lado, se o preso nunca havia demonstrado anteriormente que poderia praticar esta conduta, de forma que o suicídio foi um ato completamente REPENTINO e IMPREVISÍVEL, neste caso o Estado não será responsabilizado porque não houve qualquer omissão atribuível ao Poder Público***. Vale ressaltar que é a Administração Pública que tem o ônus de provar a causa excludente de responsabilidade.

Em resumo:

RESPONSABILIDADE CIVIL DO ESTADO POR SUICÍDIO DE DETENTO	
Suicídio PREVISÍVEL e ESPERADO	**Suicídio IMPREVISÍVEL e REPENTINO**
Há responsabilidade civil do Estado.	NÃO há responsabilidade civil do Estado.

b) *Irresponsabilidade civil do Estado pela não comprovação dos requisitos necessários ao dever de indenizar*

Em poucas linhas para se desincumbir da possibilidade de a tese ser abordada no espelho de correção, cumpre ao candidato, sempre, defender o não cumprimento dos requisitos para Responsabilidade Civil do Estado, seja na modalidade objetiva ou subjetiva.

Dica: Sempre quando a proposta de peça envolver responsabilidade civil do Estado, em sentido lato, o candidato deve defender, tópico a tópico, que os seus requisitos não foram cumpridos na hipótese. Como argumento processual, deve-se afirmar que o autor não se desincumbiu de provar os fatos constitutivos do seu direito (conduta estatal, dano, nexo de causalidade e, se for o caso, culpa), tal como preconiza o art. 373, I, do NCPC, devendo, por isso, sua pretensão ser julgada improcedente.

Nessa senda, o candidato deve argumentar que não se encontram preenchidos, na espécie, os requisitos para a responsabilização, a saber: a) conduta de agente estatal em desempenho de função pública; b) os danos alegados, afirmando que estes não podem ser presumidos; e c) nexo causal.

c) ***Impossibilidade de acumulação da pensão civil com a pensão previdenciária (polêmica)***

De início, cumpre afirmar que o tema não é pacífico. Discute-se se seria possível a acumulação de pensão civil por morte de detento com a pensão previdenciária deixada para os seus dependentes, por conversão do auxílio-reclusão.

O STJ, no REsp 1.125.195/MT, noticiado no informativo 431, assentou tese favorável à Fazenda Pública:

> Cuida-se da morte de detento em casa prisional. Nesse contexto, é ***impossível a acumulação de auxílio-reclusão, convertido em pensão após o óbito do detento, com a indenização por danos materiais fixada a título de pensão à família do de cujus***. A indenização por dano material só se refere ao ressarcimento do que representou a diminuição indevida do patrimônio do ofendido. REsp 1.125.195-MT, Rel. Min. Herman Benjamin, julgado em 20/4/2010.

A doutrina contesta fortemente a tese acima acolhida pelo STJ, afirmando que inexiste qualquer impeditivo legal para cumulação entre ambas pensões - civil e previdenciária. Acentua, ademais, que as causas de cada pensão são distintas, sendo uma decorrente de ilícito civil e outra de vínculo previdenciário adquirido mediante contribuição. Este é o entendimento hoje prevalecente e com guarida no STJ:

> A jurisprudência desta Corte é pacífica no sentido de que ***o benefício previdenciário é diverso e independente da indenização por danos materiais ou morais, porquanto, ambos têm origens distintas***. Este, pelo direito comum; aquele, assegurado pela Previdência. A indenização por ato ilícito é autônoma em relação a qualquer benefício previdenciário que a vítima receba. Precedente: AgRg no AgRg no REsp 1.292.983/AL, Rel. Min. HUMBERTO MARTINS, DJe de 7.3.2012. (REsp 776338 / SC, julgado em 06/05/2014).

Ocorre que, em um contexto de elaboração de peça para defesa dos interesses da Fazenda Pública, deve o candidato apegar-se à tese que lhe socorra, ainda que minoritária. Assim deve o candidato defender a primeira posição.

Atenção: em provas objetivas, adotar a segunda corrente; em discursivas, abordar ambas as posições, concluindo pela prevalência da segunda.

d) ***Incorreção dos cálculos da pensão civil***

Também falecem de juridicidade os cálculos empreendidos pelo autor, que considerou a integralidade do salário mínimo durante toda a vida do falecido, até que este completasse 75 (setenta e cinco) anos de idade.

Com efeito, segundo pacífica jurisprudência do STJ, deve-se considerar, no pensionamento civil de que trata o art. 948 do CC, o seguinte parâmetro:

No período em que o filho falecido teria entre 14 e 25 anos	No período em que o filho falecido teria entre 25 e 65 anos
Recebimento de pensão pelos pais no valor de 2/3 do salário mínimo	Recebimento de pensão pelos pais no valor de 1/3 do salário mínimo

Esses parâmetros jurisprudenciais estão assentados nas seguintes premissas:

i) **14 anos** é a idade em que a pessoa pode começar a trabalhar, como aprendiz, segundo a CF/88 (art. 7º, XXXIII). Antes disso, ela não poderia ter nenhuma atividade laborativa remunerada;

ii) **25 anos** é a idade em que a jurisprudência arbitrou na qual normalmente as pessoas se casam e, com isso, constituem novo núcleo familiar e, em razão deste fato, passam a ajudar menos financeiramente os pais;

iii) **65 anos** é a expectativa de vida considerada pela jurisprudência.

Para ilustrar o esquema acima, colacione-se os seguintes julgados do STJ:

> ***2. Pensão mensal de 2/3 (dois terços) do salário mínimo, inclusive gratificação natalina, contada a partir do dia em que a vítima completasse 14 anos até a data em que viria a completar 25 anos, reduzida, a partir de então, para 1/3 (um terço) do salário mínimo, até o óbito dos beneficiários da pensão ou a data em que a vítima completaria 65 anos de idade, o que ocorrer primeiro. (...)*** (AgRg no Ag 1217064/RJ,

> Rel. Min. Maria Isabel Gallotti, Quarta Turma, julgado em 23/04/2013, DJe 08/05/2013)
>
> (...) O STJ sedimentou o entendimento de que, como regra, ***a pensão mensal devida aos pais, pela morte do filho, deve ser estimada em 2/3 do salário mínimo até os 25 anos de idade da vítima e, após, reduzida para 1/3, haja vista a presunção de que o empregado constituiria seu próprio núcleo familiar, até a data em que o de cujus completaria 65 anos.*** (...) (AgRg no Ag 1132842/RS, Rel. Min. Luis Felipe Salomão, Quarta Turma, julgado em 12/06/2012

Portanto, mesmo se superadas todas as teses anteriores, a condenação não poderia jamais considerar a integralidade do pleito autoral, pois desconforme a jurisprudência do STJ.

e) *Da exorbitância dos danos morais*

Mesmo sendo suficientes os argumentos acima expostos para afastar qualquer tentativa de procedência dos pedidos da ação, em atenção ao princípio da eventualidade, seria oportuno demonstrar que a condenação em danos morais deve observar as circunstâncias do caso concreto, as condições econômicas das partes, em especial da parte requerente, e a finalidade da reparação, **para que uma indenização por danos morais e materiais não se mostre exorbitante e desproporcional, ferindo os critérios de razoabilidade**.

Tudo isso com vistas a evitar a chamada indústria do dano moral, que somente serve ao enriquecimento ilícito do demandante vedado pelo Código Civil:

> "Art. 884. Aquele que, sem justa causa, se enriquecer à custa de outrem, será obrigado a restituir o indevidamente auferido, feita a atualização dos valores monetários".

A indenização, portanto, deve se basear na dicção do art. 944 do Código Civil, segundo o qual:

> "Art. 944. A indenização mede-se pela extensão do dano.
>
> Parágrafo único. Se houver excessiva desproporção entre a gravidade da culpa e o dano, poderá o juiz reduzir, equitativamente, a indenização".

Dica: para combater a exorbitância de condenações indenizatórias, o candidato deve mencionar, obrigatoriamente, os arts. 884 e 944 do CC.

Com efeito, devem ser levados em consideração na fixação de eventual dano moral, além das finalidades (compensação e inibição de novas práticas símiles), **a renda e meio de vida do autor e sua pequena abrangência financeira (o que facilmente se demonstra, por exemplo, com uma análise de quais bens formam o espólio). Do contrário, haverá enriquecimento ilícito deste, configurando-se a demanda como meio de aferição de renda, forma de ganhar dinheiro sem a contraprestação devida.**

Note-se que o pedido exordial é de absurdos R$ 500.000,00 (quinhentos mil reais), o que, *per si*, denota o propósito de auferir riqueza com a vertente ação.

Colha-se o entendimento do Superior Tribunal de Justiça sobre o valor do dano moral:

> "1. ***A indenização a título de danos morais deve ser estabelecida em termos razoáveis. 2. A indenização não pode ser instrumento de enriquecimento indevido***. (...). 3. Recurso Especial provido." (STJ - RESP 200100897868 - (334781 PR) - 2ª T. - Rel. Min. Francisco Peçanha Martins - DJU 13.06.2005 - p. 00225).

No referido acórdão, o eminente Ministro Relator ponderou:

> ***"Por outro lado, a capacidade financeira do Estado não é ilimitada e o patrimônio é da sociedade, exigindo tratamento criterioso em sua destinação. O pagamento de indenização devida recai sobre o contribuinte, repercutindo diretamente no desempenho do Estado frente às necessidades da sociedade".***

Quanto aos danos materiais estes devem ficar restritos aos prejuízos eventualmente **comprovados** pela parte requerente.

Assim, deve o candidato arguir que, ainda que o TJ entenda por condenar o Estado do Mato Grosso a pagar indenização ao autor, deverá fazê-lo em valor razoável, bem inferior ao valor postulado.

f) *Incorreção do termo inicial de incidência da correção* monetária dos danos morais

O examinador perquiriu conhecimento acerca dos termos iniciais da correção monetária e juros moratórios em condenações por danos morais e materiais. Assentou-se, na sentença a ser recorrida, que ambos seriam corrigidos a partir do evento danoso.

Obs.: mesmo que não tenha havido pedido expresso para que incidisse juros e correção monetária sobre a condenação, neste tópico, a sentença não foi *extra* ou *ultra petita*. É que tais parcelas são pedidos implícitos, na forma do art. 322, § 1º, do NCPC: *"compreendem-se no principal os juros legais, a correção monetária e as verbas de sucumbência, inclusive os honorários advocatícios"*.

Todavia, no que tange à condenação em danos morais, mais uma vez, a decisão recursada merece reparos. Isso porque, na forma da súmula 362 do STJ, a correção do valor da indenização por dano moral inicia somente a partir do arbitramento, e não do evento danoso.

> ***Súmula 362 do STJ***: A correção monetária do valor da indenização do dano moral incide desde a data do arbitramento.

Assim, apegando-se ao teor do enunciado sumular, deve o candidato defender a reforma da sentença também neste capítulo.

g) *Impossibilidade de condenação em honorários advocatícios do ente, quando a causa é patrocinada pela Defensoria Pública por ele custeada*

Por fim, encerrando a defesa de mérito do Estado do Mato Grosso, assente-se que, em razão de o enunciado ter informado o pedido de condenação do ente em honorários advocatícios, abriu-se flanco a esta última tese fazendária.

Nessas situações, é manifestamente indevida a condenação do Estado ao pagamento de honorários de advogado à defensoria pública que é mantida por ele, tendo-se em vista o instituto da **confusão**, que é extintivo de relação obrigacional.

Neste aspecto, o Superior Tribunal de Justiça, em sua súmula n.º 421, sedimentou o entendimento:

> ***Súmula 421 do STJ:*** os honorários advocatícios NÃO são devidos à Defensoria Pública quando ela atua contra a pessoa jurídica de direito público à qual pertença.

V. DO EFEITO SUSPENSIVO DA APELAÇÃO

Nos termos do art. 1.012, caput e § 1º, V, do NCPC:

> Art. 1.012. A apelação terá efeito suspensivo.
>
> § 1º Além de outras hipóteses previstas em lei, começa a produzir efeitos imediatamente após a sua publicação a sentença que:
>
> V – confirma, concede ou revoga tutela provisória;

Conforme registrado no enunciado, "o eminente juízo, em sentença, antecipou os efeitos da tutela em relação ao pensionamento civil requerido". Essa decisão do juízo de primeira instância teve por consequência retirar da apelação aviada pelo Estado do Mato Grosso o seu efeito suspensivo *ope legis* ou automático, estabelecido no caput do art. 1.012 do NCPC, fazendo com que a sentença começasse a viger logo após a sua publicação.

Desta feita, exigiu-se conhecimento do candidato a respeito da constituição de efeitos suspensivos *ope judicis* à apelação, que tem por finalidade, no caso narrado, o sobrestamento do comando jurisdicional antecipatório.

Para tanto, deve o candidato argumentar a necessidade de recebimento da apelação no seu efeito suspensivo, a partir da demonstração do preenchimento dos requisitos encartados pelo art. 1.012, § 4º, do NCPC:

> § 4º Nas hipóteses do § 1º, a eficácia da sentença poderá ser suspensa pelo relator se o apelante demonstrar ***a probabilidade de provimento do recurso ou se, sendo relevante a fundamentação, houver risco de dano grave ou de difícil reparação.***

Portanto, são dois os requisitos alternativos para concessão do efeito suspensivo *ope judicis:* 1) a probabilidade de provimento do recurso; ou 2) sendo relevante a fundamentação, a existência de risco de dano grave ou de difícil reparação.

O candidato deve, então, aduzir que a probabilidade de provimento do recurso é grande, em razão das teses já levantadas e, embora os requisitos sejam alternativos, afirmar que o dano grave ou de difícil reparação consiste na **irreversibilidade** dos valores a serem pagos antecipadamente à parte autora, posto serem de natureza alimentar.

Seria oportuno, ademais, defender que o regime jurídico de execução contra a Fazenda Pública é especial, tendo-se em conta o comando constitucional que impõe a necessidade do **rito precatorial** para a satisfação de obrigações de pagar reconhecidas judicialmente.

Não pode, pois, a Fazenda ser compelida por decisão precária a liberar valores em favor de um e em detrimento de toda a sociedade. Nesse sentido, o recebimento do apelo em seu efeito suspensivo é medida que se impõe, sob pena de violação ao art. 100 da CF/88.

VI. PEDIDOS E FECHAMENTO

Ao final, deve o candidato postular conhecimento do recurso em seu duplo efeito e o seu ulterior provimento, para anular a sentença, em razão das preliminares levantadas; ou para reformá-la, por acolhimento das teses de mérito.

Dica: Na apelação, sempre que o candidato erigir argumentos com base em dispositivos federais ou constitucionais, por perfeição e zelo pela técnica, é importante requerer o seu prequestionamento ao TJ, para que este se manifeste expressamente sobre a tese arguida pela defesa, possibilitando o futuro manejo dos recursos excepcionais.

Em arremate, deve o candidato assinar "local", a data 18/10/2016 e a designação "Procurador do Estado".

» CRITÉRIOS DE AVALIAÇÃO

APELAÇÃO
ACERTO DA PEÇA E FORMALIDADES: 1. Apelação dirigida ao juízo da 2ª vara dos feitos da Fazenda Pública da Comarca X e razões recursais endereçadas ao TJ/MT; 2. Cabimento, desnecessidade de preparo e tempestividade;
PRELIMINARES: 1. Ilegitimidade ativa do espólio; 2. Vício de representação do espólio; 3. Julgamento extra petita;

APELAÇÃO
MÉRITO: 1. Irresponsabilidade civil do Estado por suicídio repentino de detento; 2. Irresponsabilidade civil do Estado pela não comprovação dos requisitos necessários; 3. Impossibilidade de cumulação da pensão civil com a pensão previdenciária; 4. Incorreção dos cálculos da pensão civil; 5. Exorbitância dos danos morais; 6. Incorreção do termo inicial de incidência da correção monetária dos danos morais; 7. Impossibilidade de condenação em honorários advocatícios;
EFEITO SUSPENSIVO: Argumentação para concessão de efeito suspensivo *ope judicis* à apelação, na forma do art. 1.012, § 4º, do NCPC;
PEDIDOS E FECHAMENTO: 1. Conhecimento no duplo efeito e provimento, para anular ou reformar a sentença; 2. Local, 18/10/2016, Procurador do Estado.

Proposta 2: Responsabilidade civil do Estado por erro médico

Autor: Caio Vinícius Sousa e Souza

» ENUNCIADO

Maria das Graças dirigiu ação ordinária de responsabilização civil contra a Maternidade Municipal de Porto Alegre – órgão vinculado à Secretaria Municipal de Saúde –, narrando, em sua petição inicial, que teria sido vítima de erro médico, quando do parto do seu primeiro filho, Marcos Aparecido.

Aduz que, no dia do parto, mesmo após insistir em se submeter a um parto normal, a equipe médica responsável, contrariando-a, realizou cirurgia cesárea.

Segue afirmando que após a realização do parto, os médicos procederam à retirada do seu útero, sem sequer lhe consultar.

Sustenta, ademais, que seu filho, em razão da demora para nascer, sofreu graves lesões no cérebro, que resultaram em posterior diagnóstico de paralisia cerebral.

Alega, por fim, que em razão da retirada do seu útero e da doença de seu filho, tem despendido recursos financeiros de elevada monta, estimando-os em R$ 3.000,00 (três mil reais) por mês, para custear o tratamento de ambos.

Em razão disso e sustentando seus fundamentos em responsabilidade objetiva do Município de Porto Alegre, Maria das Graças pleiteia, inclusive em sede de antecipação de tutela: a) indenização por danos morais, decorrentes do sofrimento físico e psíquico que suportou; b) indenização por danos estéticos, por conta da retirada do seu útero; c) indenização por danos materiais, para ser ressarcida dos gastos com o seu tratamento e o de seu filho; d) pensão de valor equivalente a um salário mínimo, até que Marcos Aparecido complete 16 (dezesseis) anos de idade, quando, presumidamente, poderia ingressar no mercado de trabalho; e) custas e honorários advocatícios no índice legal máximo.

A Secretaria Municipal de Saúde, ao receber a citação, encaminhou-a junto com a cópia da inicial, para a Procuradoria-Geral do Município de

Porto Alegre, informando, após consultar a direção da maternidade: a) que Maria das Graças chegou à Maternidade Municipal de Porto Alegre com fortes dores abdominais, decorrentes de hemorragia interna; b) que o quadro clínico era de risco, notadamente por conta da demora da paciente em ter se dirigido a um hospital; c) que a cirurgia cesárea foi realizada em regime de urgência; c) que os médicos responsáveis não tiveram outra alternativa senão retirar o útero da paciente, que se encontrava necrosado em razão da hemorragia; d) que as sequelas neurológicas do seu filho decorreram de lesões perinatais, causadas pela demora do nascimento do feto.

De posse dessas informações e sabendo que a petição inicial veio acompanhada dos documentos de identificação da autora e dos laudos médicos pertinentes, na qualidade de Procurador do Município de Porto Alegre, responsável pelo processo em comento, proceda à redação da peça processual que entender adequada à defesa do ente público em juízo, utilizando todos os argumentos que entender cabíveis.

» COMENTÁRIOS

O direito material cobrado aborda um tema clássico nas peças práticas de advocacia pública: responsabilidade civil do Estado. O candidato, portanto, não pode deixar brechas em relação à matéria, devendo dominar as principais modalidades de responsabilidade e as teorias do nexo causal, a fim de que, na defesa do ente demandado, consiga erigir uma boa tese de resistência.

No que tange aos aspectos processuais, foi cobrada a peça mais frequente na prática da advocacia pública: a **contestação**.

A identificação da contestação não é tarefa difícil, pois, encontrando-se o feito em fase de citação, outra medida não haveria senão o manejo de contestação.

Nessa peça, o que, de fato, demanda atenção é a precisão em relação às preliminares cobradas no enunciado e às teses de mérito, que devam ser suscitadas pelo candidato.

> **Dica:** uma vez identificada a peça de contestação, procure no enunciado trechos que subsumam a alguma hipótese preliminar prevista no art. 337 do NCPC. Esse artigo é importantíssimo e certamente constará dos *critérios de avaliação*!

Superadas essas considerações introdutórias, abordemos as teses exigidas pelo examinador:

1. PRELIMINARES

a) ***Da nulidade da citação e consequente vício de legitimidade passiva***

Dispõe o art. 337, I e XI, do NCPC:

> Art. 337. Incumbe ao réu, antes de discutir o mérito, alegar:
> I - inexistência ou ***nulidade da citação***;
> (...)
> XI - ***ausência de legitimidade*** ou de interesse processual;

Nos termos narrados na questão, a ação de responsabilização civil foi proposta contra a Maternidade Municipal de Porto Alegre, órgão vinculado à Secretaria Municipal de Saúde.

Assim, insta suscitar a **nulidade da citação da Fazenda Pública Municipal**, pois, nos termos do art. 242, § 3º, do NCPC, o ente deveria ter sido citado por sua PGM:

> Art. 242. A citação será pessoal, podendo, no entanto, ser feita na pessoa do representante legal ou do procurador do réu, do executado ou do interessado.
>
> § 3º A citação da União, dos Estados, do Distrito Federal, dos Municípios e de suas respectivas autarquias e fundações de direito público será realizada perante o órgão de Advocacia Pública responsável por sua representação judicial.

Perceba que tanto a maternidade como a Secretaria de Saúde são órgãos da Administração Pública Direta do Município de Porto Alegre e, por isso, não são dotadas de personalidade jurídica própria.

Ao conceituar órgãos públicos, Hely Lopes Meirelles[3] os define como "centros de competência instituídos para o desempenho das funções estatais, através de seus agentes, cuja atuação é imputada à pessoa jurídica a que pertencem". Considerando, pois, que a maternidade municipal é um centro de atribuições sem personalidade jurídica própria e que sua atuação é imputada ao Município de Porto Alegre, a ação deveria ter sido proposta contra o próprio ente federado, de modo que há flagrante **vício de legitimidade no polo passivo**.

---

3. *Direito Administrativo Brasileiro* – 23.ª Ed. São Paulo, págs. 67 e 68.

Obs.: mesmo que o comparecimento aos autos, no prazo legal, supra o referido vício, em uma peça prática de concurso, deve o candidato suscitar a tese sob comento, para se desincumbir de sua eventual cobrança nos *critérios de avaliação*.

Assim, deve o candidato pugnar pela extinção do feito sem exame do mérito, com base no art. 485, IV e VI, do NCPC, em vista da ausência de pressuposto para o desenvolvimento regular do processo e de legitimidade passiva do órgão imputado como réu.

b) *Da ilegitimidade ativa da Sr.ª Maria das Graças*

Também em preliminar, deve o candidato sustentar a ilegitimidade ativa da Sr.ª Maria das Graças em relação ao pedido de pensão de um salário mínimo para o seu filho, Marcos Aparecido. Isso porque, a teor do art. 18 do NCPC, a ninguém é dado pleitear direito alheio em nome próprio, *ainda que se cuide de pedido formulado pela mãe do titular do direito vindicado.*

No plano da teoria da asserção, a pensão mencionada deveria ter sido requerida por Marcos Aparecido, mesmo que mediante representação de sua mãe, que não está autorizada pela lei a substituí-lo processualmente.

CUIDADO! A legitimidade ativa NÃO se confunde com o instituto da representação processual. A parte legítima é aquela que, em tese, titulariza o direito postulado em juízo. A representação processual, por sua vez, diz respeito à formalidade exigida legalmente em determinados casos eleitos pelo legislador como necessários (art. 71 e 75 do NCPC). Assim, há vício de legitimidade quando a mãe postula, em nome próprio, direito do filho, ainda que menor; e há vício de representação quando o filho menor ingressa em juízo, sem a representação ou assistência de seus pais. Por outro lado, não há vício algum quando o menor de idade ingressa em juízo, mediante representação dos seus pais, para reivindicar direito que, em tese, lhe pertença.

Dessa feita, em relação ao tópico, deve o candidato concluir pela extinção do feito sem exame do pedido, conforme previsão do art. 17 c/c art. 485, VI, do NCPC.

2. MÉRITO

a) *Irresponsabilidade civil do Município pelo rompimento do nexo causal: culpa exclusiva da vítima*

No que tange à responsabilidade civil do Estado, o Brasil adota, como regra, a teoria da responsabilidade objetiva, baseada no *risco administrativo*. A nota que marca a referida teoria em relação à do *risco integral* é exatamente a admissão de excludentes e atenuantes de responsabilidade.

Desta feita, deve o candidato mencionar que os danos apontados pela autora decorreram de sua **culpa exclusiva**, pois o enunciado foi claro ao afirmar que o seu quadro clínico era de risco, *"notadamente por conta da demora da paciente em ter se dirigido a um hospital"*. Assim, uma vez reconhecida a culpa exclusiva, rompido estará o nexo causal e, por consequência, será afastada a responsabilidade civil do Município de Porto Alegre.

Pontue-se, ainda, que, caso superada a preliminar de ilegitimidade ativa de Maria das Graças em relação ao pedido de pensão mensal, no mérito, igualmente não lhe assistiria razão. É que *"as sequelas neurológicas do seu filho decorreram de lesões perinatais, causadas pela demora do nascimento do feto"*, demonstrando o enunciado, mais uma vez, a culpa exclusiva da vítima.

Ademais, não seria inoportuno mencionar que, caso não fosse reconhecida a culpa exclusiva da autora, deveria o juiz reconhecer, ao menos, a sua **culpa concorrente**, de sorte a minorar a responsabilização do Município de Porto Alegre.

b) *Irresponsabilidade civil do Município pela licitude da conduta dos médicos: estado de necessidade*

Nos termos do art. 188, II, do Código Civil,

> Art. 188. Não constituem atos ilícitos:
>
> (...)
>
> II – a deterioração ou destruição da coisa alheia, ou a lesão a pessoa, a fim de remover perigo iminente.
>
> Parágrafo único. No caso do inciso II, o ato será legítimo somente quando as circunstâncias o tornarem absolutamente necessário, não excedendo os limites do indispensável para a remoção do perigo.

Aplicando o dispositivo ao caso narrado, deve o candidato concluir pela licitude da conduta médica empreendida, pois o enunciado é enfático ao frisar que a cirurgia foi realizada em caráter de urgência e que os médicos *"não tiveram outra alternativa, senão retirar o útero da paciente, que se encontrava necrosado em razão da hemorragia"*.

Inexistindo ilicitude no ato estatal, não haveria razão para responsabilização civil do Município de Porto Alegre.

> **Obs.**: Não se olvida a antiga jurisprudência do Supremo sobre a possibilidade de configuração da responsabilidade do Estado, em razão da prática de atos lícitos.
>
> Tal entendimento sedimenta-se no princípio da igualdade, segundo o qual descabe imputar a particulares individualizáveis os encargos sociais decorrentes da atuação administrativa implementada em prol de toda a coletividade. Por exemplo, em caso de desapropriação (ato lícito), o Estado deve indenizar o desapropriado, para que ele não suporte sozinho os ônus de uma atividade que renderá benesses a todos.
>
> Todavia, não é o caso da questão. A responsabilização civil do Estado por ato lícito é excepcional, somente tendo lugar em hipóteses cuja aplicação do **princípio da igualdade ou solidariedade social** seja de rigor. Na espécie, Maria das Graças não estaria suportando individualmente ônus reversíveis em prol de toda coletividade.

c) ***Irresponsabilidade civil do Município pela não comprovação dos requisitos necessários ao dever de indenizar***

Cumpre ao candidato defender, como de praxe, o não cumprimento dos requisitos para Responsabilidade Civil do Estado, seja na modalidade objetiva ou subjetiva.

Nessa senda, o candidato deve argumentar que não se encontram preenchidos, na espécie, os requisitos para a responsabilização, a saber: a) o dano material, por faltar sua comprovação consistente, já que o enunciado se refere a uma estimativa dos custos do tratamento, acentuando bem que a inicial veio acompanhada tão somente dos documentos de identificação pessoal e dos laudos médicos; b) dano moral, pois não houve prova efetiva do aventado transtorno causado; c) nexo causal, pois este foi rompido por fato exclusivo imputado à autora.

d) *Inconsistência do pedido de danos estéticos: lesão alegada ocorreu em órgão interno, não provocando o enfeiamento da vítima (polêmica)*

No que concerne aos danos estéticos, importante frisar que Maria das Graças não fora acometida por deformação física a lhe impingir situações vexatórias perante a sociedade, nem mesmo teve seus rendimentos financeiros abalados por conta de sua aparência física alterada, tal como ocorre com uma cicatriz no rosto de uma modelo.

Portanto, **não se sustenta pedido de dano estético se a lesão provocadora do suposto dano for em órgão humano interno**, pois a finalidade da indenização respectiva é compensar o vexame decorrente do *enfeiamento* da vítima. A retirada do útero de Maria das Graças, certamente, não lhe deixou com a aparência física mais feia.

Apenas a título de complementação, caso o enunciado expressasse o valor do pedido de danos morais e estéticos, deveria o candidato impugná-lo de forma sucessiva, ou seja, para o caso de restar superada a tese principal de improcedência.

> **CUIDADO**! Como se trata de uma peça de defesa, o candidato deveria, de fato, sustentar a tese acima registrada, para combater o pedido de danos estéticos. Todavia, em provas objetivas e discursivas, deve-se levar em consideração a posição (aparentemente) majoritária no STJ, segundo a qual é possível a configuração de danos estéticos decorrentes de lesões a órgãos internos. Apenas para registro, a posição pessoal deste autor é de discordância com o STJ, pois, sendo a Estética o campo da Filosofia que estuda o "belo", apenas há que se afirmar o dano estético quando a beleza da vítima é, de algum modo, minorada, o que não ocorre com lesões a órgãos internos.

e) *Inconsistência da antecipação de tutela: necessidade de a execução se processar pelo rito dos precatórios e impossibilidade de esgotamento do objeto em decisão liminar contra a Fazenda Pública*

Também é comum em demandas contra a Fazenda Pública pedidos descabidos de antecipação de tutela, concernentes a obrigações de pagar.

Ora, é certo que a execução de condenações desta natureza somente pode ocorrer depois do trânsito em julgado, com a apresentação de precatórios em ordem cronológica, conforme previsão do art. 100 da CF/88:

> Art. 100. Os pagamentos devidos pelas Fazendas Públicas Federal, Estaduais, Distrital e Municipais, em virtude de sentença judiciária, far-se-ão exclusivamente na ordem cronológica de apresentação dos precatórios e à conta dos créditos respectivos, proibida a designação de casos ou de pessoas nas dotações orçamentárias e nos créditos adicionais abertos para este fim.

No âmbito processual, a execução contra a Fazenda Pública possui rito próprio e, atualmente, é regida pelo art. 535 e seguintes do NCPC.

Soma-se ao primeiro argumento a previsão do art. 1º, § 3º, da Lei n.º 8.437/92, que interdita a possibilidade da concessão de medida liminar que esgote, no todo ou em parte, o objeto da demanda oposta contra a Fazenda Pública.

> Art. 1º Não será cabível medida liminar contra atos do Poder Público, no procedimento cautelar ou em quaisquer outras ações de natureza cautelar ou preventiva, toda vez que providência semelhante não puder ser concedida em ações de mandado de segurança, em virtude de vedação legal.
>
> *(...)*
>
> ***§ 3º Não será cabível medida liminar que esgote, no todo ou em parte, o objeto da ação."***

O art. 1º da Lei nº 9.494/97, que disciplina a concessão de tutela antecipada contra a Fazenda Pública, a seu turno, dispõe:

> ***Art. 1º. Aplica-se à tutela antecipada prevista nos arts. 273 e 461 do Código de Processo Civil o disposto*** nos art. 5º e seu parágrafo único e 7º da Lei nº 4.348, de 26 de junho de 1964, no art. 1º e seu § 4ºda Lei nº 5.021, de 9 de junho de 1966, ***e nos arts. 1º, 3º e 4º da Lei 8.437, de 30 de junho de 1992.***

Convém ressaltar, por oportuno, que o art. 1º da Lei 9.494/97 foi declarado constitucional pelo Excelso STF na ADC/MC 04, Rel. Min. Sidney Sanches, DJ 21.05.1999. Trata-se de decisão que possui efeito vinculante e eficácia *erga omnes*, devendo ser observada pelos demais órgãos do Poder Judiciário, nos termos do art. 102, § 2º, da CF/88.

Assim, a pretensão antecipatória declinada por Maria das Graças falece de juridicidade, encontrando óbices de cariz constitucional e infraconstitucional, devendo o candidato mencionar, expressamente, o art. 100 da CF/88 e o art. 1, § 3º, da Lei n.º 8.437/92.

3. PEDIDOS E FECHAMENTO

Para encerrar a peça de resistência, deve o candidato, preferencialmente, declinar os pedidos em tópicos organizados que retomem os argumentos manejados na peça, requerendo, com esteio nas preliminares, a extinção do feito sem exame do pedido e, sucessivamente, a resolução do feito com exame do mérito, julgando-se improcedentes todos os pleitos autorais.

Ao final, deve o candidato protestar pela produção de provas, indicar "local e data" e assinar tão somente como "Procurador do Município", se outra não for a orientação da banca.

» CRITÉRIOS DE AVALIAÇÃO:

CONTESTAÇÃO
ACERTO DA PEÇA 1. Cabimento de **Contestação**, endereçada ao juízo de uma das Varas de Fazenda Pública de Porto Alegre, com fulcro no art. 335 e seguintes do NCPC;
PRELIMINARES 1. Preliminar de ilegitimidade passiva ad causam da Maternidade Municipal e da Secretária Municipal de Saúde; 2. Preliminar de ilegitimidade ativa ad causam para o pedido de pensão mensal; 3. Preliminar de nulidade da citação;
MÉRITO 1. Irresponsabilidade civil do Município de Porto Alegre pelo rompimento do nexo causal: culpa exclusiva da vítima. Sucessivamente, abordar a culpa concorrente da vítima e a consequente atenuação de responsabilidade; 2. Irresponsabilidade civil do Município de Porto Alegre pela licitude da conduta dos médicos: estado de necessidade; 3. Irresponsabilidade civil do Município de Porto Alegre pela não comprovação dos requisitos necessários ao dever de indenizar; 4. Inconsistência do pedido de danos estéticos; 5. Inconsistência do pedido de antecipação de tutela.
PEDIDOS E FECHAMENTO 1. Extinção do feito sem exame do mérito, por acolhimento das preliminares; 2. Sucessivamente, improcedência de todos os pedidos autorais; 3. Condenação da parte autora nos ônus sucumbenciais; 4. Protesto por provas; 5. Local e data; 6. Assinatura como "Procurador do Município".

Proposta 3: Contratação direta de remanescente de obra

Autores: Caio Vinícius Sousa e Souza e Anderson Vieira da Costa

» ENUNCIADO

Com intenção de suprir patente necessidade de um complexo educacional na zona sul de Campinas, o Município lançou o edital de Concorrência Pública XXX/2015, o qual tinha como objeto "contratação, através de empresa de engenharia, para construção do prédio com área de 6.769,56m², parte integrante do Complexo Educacional a ser implantado na Av. Prestes Maia, obedecendo integralmente as especificações e determinações previstas no memorial descritivo, projeto arquitetônico, planilha orçamentária e nos termos da minuta contratual".

Dentre as empresas interessadas, havia a Construtora M130, que ficou em segundo lugar, perdendo para a vencedora Construtora X250, que, mesmo antes da formalização do contrato administrativo, iniciou a execução da obra.

Ocorre que, já no primeiro mês de execução, a Construtora X250 decretou falência, deixando a obra inacabada.

Nesse cenário, rapidamente, o Município de Campinas iniciou novo procedimento licitatório, que foi vencido pela Construtora D500.

Diante do ocorrido, a construtora M130 impetrou mandado de segurança, com pedido de medida liminar, contra ato do Prefeito Municipal de Campinas e do Presidente da Comissão de Licitação da Prefeitura para garantir sua contratação, com fundamento no art. 24, XI, da Lei 8.666/93, já que teria direito à contratação direta para realização do remanescente da obra.

O pleito foi liminarmente indeferido pelo juízo de primeiro grau, abrindo-se vista ao Município para se manifestar nos autos do mandado de segurança.

Inconformada, a construtora interpôs agravo de instrumento perante o TJSP, que foi recebido com efeito suspensivo e determinou a suspensão dos efeitos do procedimento licitatório, bem como do contrato firmado entre o Município e a empresa D500.

Foram noticiadas nos jornais a necessidade de construção do complexo educacional naquela região da cidade e a possibilidade de perda do repasse da União para construção da obra, já que deveriam ser respeitados as dotações e prazos previstos no convênio.

Considerando a situação narrada, apresente, na condição de Procurador(a) do Município de Campinas, a medida judicial mais adequada para atender o interesse do ente municipal.

» COMENTÁRIOS

Trata-se de situação em que o candidato, na condição de Procurador do Município, deve atacar a decisão judicial proferida contra o ente público. No caso, o enunciado transparece que decisão foi monocrática pelo desembargador relator, pois se refere àquela que recebeu o recurso com efeito suspensivo.

Destarte, tratando-se de decisão monocrática, inicialmente o candidato poderia ventilar a hipótese de Agravo Interno, previsto no art. 994, III, combinado com o art. 1.021, ambos do Novo Código de Processo Civil.

Ocorre, no entanto, que a legislação pátria NÃO confere efeito suspensivo ao Agravo Interno. Logo, manejado apenas para levar a matéria ao colegiado, o Agravo Interno não atende ao requestado na questão, que espera do candidato o manejo da "medida judicial mais adequada para atender o interesse do ente municipal".

Ante o exposto, deve-se concluir que não há recurso cabível para atender ao que reclama a questão. Isso porque, como dito acima, o Agravo Interno não tem o condão de sustar os efeitos da decisão proferida contra o ente público, ao passo que também não é o caso de interposição de Recurso Especial ou Recurso Extraordinário, pois, dentre outros motivos, não fora esgotada a instância ordinária.

Portanto, o candidato deve considerar a utilização de um incidente processual que atenda ao exigido pelo examinador.

Nessa perspectiva, considerando a necessiadade imediata de sustação da decisão, propomos o manejo do **Pedido de Suspensão**, relevante instrumento jurídico apto a paralisar a eficácia do *decisum*, de modo a prontamente resguardar o interesse público, nos termos do art. 4º, caput e §§ , da

Lei nº 8.437/92, aplicável à tutela antecipada prevista nos arts. 300 e 497 do NCPC, por força do art. 1º da Lei nº 9.494/97:

> Art. 4º Compete ao presidente do tribunal, ao qual couber o conhecimento do respectivo recurso, suspender, em despacho fundamentado, a execução da liminar nas ações movidas contra o Poder Público ou seus agentes, a requerimento do Ministério Público ou da pessoa jurídica de direito público interessada, em caso de ***manifesto interesse público*** ou de ***flagrante ilegitimidade***, e ***para evitar grave lesão à ordem, à saúde, à segurança e à economia públicas***.

Nesse caso, consideradas as peculiaridades a respeito da necessidade de construção do complexo educacional naquela região da cidade e a possibilidade de perda do repasse da União para construção da obra, percebe-se que os efeitos da decisão podem resultar em grave lesão a importantes bens curados pelo Estado em sentido lato, em especial, a ordem e a economia públicas, o que justifica a apresentação, no **Superior Tribunal de Justiça**, do Pedido de Suspensão.

Tratando-se de decisão proferida por TJ ou TRF, a competência para o Pedido de Suspensão será do STJ ou do STF, a depender da matéria (se infraconstitucional, ou constitucional). A ressalva é pertinente em razão da dicção do art. 4º da Lei n. 8.437/92, que afirma dever ser o pedido de suspensão interposto junto ao presidente do tribunal "ao qual couber o conhecimento do recurso cabível".

Assim, como cabe Agravo Interno no próprio TJ/SP, poder-se-ia imaginar que o incidente deveria ser manejado nesta corte ordinária. Todavia, **ATENÇÃO**: na esteira de Leonardo Carneiro,[4] o dispositivo refere-se aos recursos excepcionais:

> "Quando o art. 4º da Lei n.º 8.437/92 refere-se ao 'tribunal ao qual couber o conhecimento do respectivo recurso', está, por *óbvio, a referir-se aos* ***futuros recursos especial e extraordinário, cabendo, respectivamente, ao Presidente do STJ e do STF a apreciação do pedido de suspensão***. Os tribunais estão vinculados hierarquicamente, a esses tribunais de superposição, competindo a eles – e não ao presidente do próprio tribunal – apreciar o pedido de suspensão. Significa, então, que, concedida liminar por relator, cabe pedido de suspens*ão ao Presidente do STF ou do STJ, e não ao presidente do pró*prio tribunal".

4. *A Fazenda Pública em Juízo*, Ed. Dialética, 2014, p. 645

Não remanescendo dúvida sobre o incidente cabível, bem como sobre a competência para julgamento, exige-se do candidato a escorreita fundamentação que demonstre, na forma do art. 4º da Lei n.º 8.437/92: **1)** o manifesto interesse público, ameaçado pela potencialidade lesiva desta decisão à ordem, saúde, segurança e economia públicas; **2)** a flagrante ilegitimidade da decisão combatida;

Em relação ao primeiro ponto destacado, o candidato deve sustentar a POTENCIALIDADE LESIVA da decisão, que, se não sustada, poderá redundar graves prejuízos aos bens curados pela legislação de regência (ordem, saúde, segurança e economia públicas).

Dica: recomenda-se ao candidato defender, em tópicos ou parágrafos distintos, a lesão a cada um dos bens mencionados, de sorte a facilitar a identificação de cada ponto do espelho pelo examinador.

Nesse ponto, não há maiores dificuldades. Basta que o candidato saiba articular bem os fatos narrados no enunciado, de modo a subsumi-los a uma ou mais categorias protegidas pela lei.

Assim, pode-se sustentar, no mérito deste incidente processual, que a decisão cujos efeitos se pretende suspender, ao determinar a suspensão dos efeitos do procedimento licitatório, bem como do contrato firmado entre o Município e a empresa D500, implicará risco à **ordem pública**, por ser contrária ao interesse público, afetando as crianças da região que continuarão privadas de educação por conta de uma interferência desmedida do Judiciário na administração local; e à **economia pública**, uma vez que o Município poderá perder os repasses da União, pelo descumprimento dos prazos previstos no convênio.

Como esforço argumentativo, pode-se alegar que a execução da obra já foi iniciada, sendo sua interrupção prejudicial à administração, bastando observar que o objeto do contrato diz respeito a um complexo educacional, que é subsidiado, em parte, com verba de convênio federal, correndo o risco, até mesmo, de ser determinada a devolução dos valores empregados, ante a inexecução do objeto.

Como a verba decorre de repasse do Governo Federal, não há dúvidas de que as metas devem ser rigorosamente cumpridas, respeitando as dotações e seus respectivos prazos. Assim, ao proferir a decisão, afrontou-se claramente os princípios da legalidade, da razoabilidade e da proporcionalidade, a pedido da licitante que sequer participou do novo procedimento licitatório (ou, caso tenha participado, possui ainda menos razão, haja vista que não cumpriu os requisitos para sagrar-se vencedora).

Dessa forma, é cediço que a decisão determinando a suspensão conflitou com o interesse público, mormente levando-se em consideração que toda a coletividade vem a ser prejudicada com a determinação judicial, tendo em vista o atraso que gerará a obra.

No mais, não há dúvidas de que a decisão foi proferida em flagrante contradição com o princípio da supremacia do interesse público sobre o privado, inerente à atuação da Administração Pública que, no presente caso, buscou por meio do edital a ampla concorrência, possibilitando a qualquer interessado, nos moldes propostos na Lei nº 8.666/93, bem como no edital, que participasse da licitação.

Destarte, a suspensão da determinação para a paralisação da obra é medida que se impõe, ante a provável ocorrência de grave lesão aos cofres públicos e às demais crianças que aguardam vagas nas escolas públicas municipais.

Em caso análogo (AgRg na SS 2.524/SC), o Ministro Ari Pargendler (Relator), proferiu voto com os seguintes termos:

> "O fundamento da decisão que deferiu o pedido de suspensão de liminar se mantém, qual seja, o de que iniciada a obra, sua paralisação pode acarretar ao erário municipal danos maiores do que eventual indenização devida à empresa que se diz inabilitada à licitação ao arrepio da lei (v.g., a perda da verba federal repassada para a construção do complexo educacional).
>
> Ademais, a interrupção de obra acarreta danos ao patrimônio público. Não é preciso ser engenheiro para fazer esse prognóstico. Qualquer do povo sabe que a paralisação de uma construção acresce custos sempre que é retomada. Fora de toda d*úvida, porque o fato não é* questionado, a obra p*ública*, na esp*écie, é* necess*ária, e será realizada*. Logo, os custos adicionais de sua paralisação devem ser evitados".

O julgamento da Suspensão de Segurança citado acima foi ementado nos seguintes termos:

> "PEDIDO DE SUSPENSÃO DE LIMINAR. PARALISAÇÃO DE OBRA PÚBLICA. LESÃO ÀS FINANÇAS MUNICIPAIS. ***Iniciada a obra, sua paralisação pode acarretar ao erário municipal danos maiores do que eventual indenização devida à empresa que se diz inabilitada*** *à licitação ao arrepio da lei* (v.g., a perda da verba federal repassada para a

construção do complexo educacional). Agravo regimental não provido. (AgRg na SS 2.524/SC, Rel. Ministro ARI PARGENDLER, CORTE ESPECIAL, DJe 31/08/2012)"

Já em relação à flagrante ilegitimidade da decisão, é encontradiça na doutrina a afirmação de que, em sede de Pedido de Suspensão, o Presidente do Tribunal competente não se presta a examinar o mérito da causa originária, pois tal expediente é afeto à sistemática recursal.

Todavia, isso não significa afirmar que seja desnecessária a articulação dos fundamentos jurídicos que maculam a decisão vergastada, já que, quando do julgamento do Pedido de Suspensão, o julgador emite *juízo de delibação*.

É, pois, inegável que o pedido de suspensão NÃO se destina à reforma da decisão cuja eficácia se pretende cassar. Entretanto, mesmo com tal peculiaridade, a doutrina e a jurisprudência são unânimes em afirmar a necessidade de o requerente esposar os fundamentos jurídicos que tornam a decisão fustigada ilegítima.

Assim, para suprir este requisito no caso narrado, deve o candidato aduzir que, conforme disciplina o art. 24, XI, é dispensável a licitação para contratação de remanescente de obra, serviço ou fornecimento, em consequência de rescisão contratual, atendendo-se, para tanto, à ordem de classificação da licitação anterior e às condições oferecidas pelo licitante vencedor, inclusive quanto ao preço, devidamente corrigido.

> **Obs.**: Registre-se, por oportuno, que os demais licitantes imediatamente classificados abaixo do licitante vencedor não são obrigados a aceitar dar continuidade à execução do contrato. Mas se aceitarem, não lhes é dado barganhar alterações nas condições já fixadas na avença anteriormente encetada com o primeiro classificado do certame.

Entretanto, **é muito importante asseverar que essa hipótese de contratação direta se refere à situação em que já tenha ocorrido o início da execução do objeto. Na circunstância em que houve vencedor no procedimento licitatório, porém este não assinou o contrato, não aceitou ou retirou o termo equivalente, NÃO é possível a adjudicação direta, sob o fundamento da contratação de remanescente. Nesse caso, a Administração poderá convocar os licitantes remanescentes, na forma do art. 64, § 2º, para fazê-lo no lugar do vencedor.**

Nesse sentido, o TCU firmou jurisprudência, afirmando que

> "Remanescente de que trata o art. 24, XI, da Lei 8.666/1993 refere-se a um contrato anterior, que teve sua ***execução iniciada e interrompida*** por algum motivo, sem que seu objeto tivesse sido integralmente prestado. Já a convocação prevista no art. 64, § 2º, da mesma lei cuida da situação em que a vencedora da licitação se recusou a firmar o contrato ou apesar de firmado este, houve desistência antes de in*ício da execução, sem que a obra, o serviço ou o fornecimento tivessem ocorrido*" (Acórdão 819/2014-Plenário, TC 000.596/2014-0, relatora Ministra Ana Arraes, 2.4.2014).

E mais: **ainda que tenha sido iniciada a execução do objeto, mas sem cobertura contratual, NÃO pode o gestor público utilizar-se do comando encartado no art. 24, XI, pois a incidência desse dispositivo exige o início da execução FORMAL do contrato pelo licitante vencedor.** Desta feita, entenda-se por início da "execução do objeto contratual", para fins de dispensa de licitação, o seu início regular, com o contrato administrativo devidamente formalizado.

> **Atenção:** O tema foi cobrado pela FCC, na terceira fase da PGE/RN/2014, nos seguintes termos:
>
> *"A Secretaria da Infraestrutura de determinado Estado da federação realizou uma licitação, namodalidade concorrência e pelo critério de menor preço, para a construção de uma unidade prisional no Estado, à qual compareceram duas empresas interessadas. A licitação foi homologada e o objeto adjudicado à empresa vencedora, em conformidade com as regras do edital. O contrato, no entanto, não foi prontamente assinado, inclusive porque a Administração Pública Estadual estava em fase de transição de governo, o que demandava reanálises de ordem orçamentário-financeira. Não obstante, o Secretário da Infraestrutura, tendo sido mantido no cargo e diante do cenário de crescente aumento da população carcerária, realizou uma reunião com a empresa vencedora, solicitando que esta iniciasse a obra, a ser executada numa região de demanda aguda de vagas em estabelecimentos prisionais. e salientando que após a celebração do contrato a remuneração pelos serviços já realizados seria equacionada. A empresa assentiu, tendo sido, a seu pedido, lavrada uma ata em que ficou registrado o compromisso em questão, de forma que os trabalhos a cargo da empresa foram iniciados antecipadamente.*

A empresa foi convocada para assinatura do contrato nove meses mais tarde, celebração que teve lugar em solenidade realizada com o Secretário da Infraestrutura, que subscreveu o instrumento como representante da Administração Estadual. Antes do advento do termo definido no cronograma contratual para entrega do projeto executivo, veio a notícia do protocolo de pedidos de falência da empresa contratada. Instada pela Administração Estadual, a empresa comunicou que não mais teria solvabilidade e, em consequência, não dispunha de condições materiais e financeiras de executar o contrato. Por outro lado, requereu o pagamento das despesas decorrentes dos trabalhos até então realizados.

Diante do reconhecimento da inexequibilidade do contrato por parte da empresa vencedora, o Secretário da Pasta rescindiu o contrato e notificou a contratada da decisão. Consultou, ainda, a empresa classificada em 2º lugar na concorrência, com vistas a contratação do remanescente da obra, para o qual deveria ser levado em consideração um novo cronograma, a se iniciar com a elaboração de projeto executivo e, se necessário, reelaboração do projeto básico. A esta empresa seria, ainda, atribuída a responsabilidade, não prevista no edital original, pelo processo de licenciamento ambiental, a fim de que houvesse compatibilização com os projetos básico e executivo.

Em resposta, a empresa em questão manifestou interesse na contratação, tendo apresentado a atualização dos valores constantes de sua proposta por ocasião da licitação, os quais foram considerados adequados no âmbito da Pasta da Infraestrutura. A Administração pretende, assim, celebrar novo contrato com a 2ª colocada, contemplando as referidas alterações de cronograma, valores e responsabilidades.

Diante desse cenário, elabore um Parecer, devidamente fundamentado, promovendo uma análise crítica de todas as situações enfrentadas pela Administração Estadual, posicionando-se, expressamente, pela regularidade ou irregularidade das condutas de pessoas físicas e jurídicas envolvidas, inclusive com indicação de quais soluções você recomendaria, na qualidade de Procurador do Estado, e quais as providências que. posto o ocorrido, devem ser adotadas no âmbito administrativo e, eventualmente, judicial, considerando as diversas esferas passíveis de responsabilização".

O espelho considerado pela banca, no que contribui com o assunto ora trabalhado, foi expresso nos seguintes termos:

"Análise da pretensão de contratação com a 2ª colocada: não enquadramento em hipótese de remanescente de obra e o que seria neces-

*sário para tanto (art. 24, XI, da Lei n.º 8.666/93. **Fundamentos: não havia sido iniciada a execução FORMAL do contrato (...)**".*

Assim, mesmo dentro dos limites cognitivos do Pedido de Suspensão, deve o candidato articular **que a decisão monocrática que concedeu efeito suspensivo à pretensão recursal da Construtora M130 é evidentemente ilegítima, pois o contrato administrativo com a Construtora X250 não foi formalizado, no que decorre a impossibilidade de contratação direta pelo art. 24, XI, da Lei n.º 8.666/93.**

Além disso, não era demais pontuar que todo **o rol do art. 24 da Lei de Licitações, bem como o art. 64, § 2º, aplicável à espécie, cuidam de FACULDADES da Administração Pública**, podendo delas valer-se ou não. A conveniência e oportunidade a respeito da contratação direta, nesses casos, afeta-se ao mérito administrativo, que não pode ser sindicado judicialmente.

Sobrepujado o conteúdo de mérito, cabe voltar os olhos ao que se refere à estrutura e parte formal do incidente, sobre o que destacamos as lições de Fredie Didier Jr. e Leonardo José Carneiro da Cunha:[5]

> Não há requisitos formais previstos em lei para o pedido de suspensão; exige-se, apenas, que haja requerimento da pessoa jurídica de direito público interessada ou do MP. Embora não haja a fixação de requisitos formais, deve o requerente, no pedido de suspensão, narrar os fatos e fundamentos da demanda em que proferida a liminar ou decisão que se pretende suspender. Deve, demais disso, demonstrar o teor da decisão hostilizada e o dano a um ou mais dos interesses públicos primários (*saúde, **economia**, segurança e/ou **ordem pública***). E, finalmente, cumpre formular o requerimento final, postulando a suspensão da decisão.

Caberia ao candidato, portanto, estruturar corretamente sua peça de Pedido de Suspensão, recomendando-se dividi-la em 4 (quatro) partes:

1. Exposição sumária dos fatos subjacentes à causa, que devem estar alinhados à necessidade de demonstração de urgência da contracautela;
2. Fundamentos jurídicos, com o enquadramento específico e detalhado dos fatos às hipóteses normativas do pedido de suspensão,

5. *Curso de Direito Processual Civil*, Vol. III, Ed. Juspodivm, 13ª Ed., 2016, p. 688.

demonstrando-se o perigo aos bens tutelados pela lei de regência (no caso narrado, a ordem e a economia públicas);

3. Fundamentos jurídicos que demonstrem a "flagrante ilegitimidade" da decisão, a fim de possibilitar o chamado *juízo de delibação* a ser exercido pelo Presidente do Tribunal competente.
4. Requerimentos finais (liminar e definitivo), que NÃO devem ser, em hipótese alguma, a reforma ou anulação da decisão atacada, mas simplesmente a suspensão de sua eficácia. **ATENÇÃO**: nos pedidos é OBRIGATÓRIO declinar o pleito de ultratividade da suspensão deferida pelo Presidente do Tribunal até o trânsito em julgado da decisão de mérito, com fundamento no art. 4º, § 9º, da Lei n.º 8.437/92.

» CRITÉRIOS DE AVALIAÇÃO:

PEDIDO DE SUSPENSÃO
ACERTO DA PEÇA Cabimento do **Pedido de Suspensão** perante o STJ, com fundamento no art. 4º da Lei n.º 8.437/92, c/c o art. 1º da Lei nº 9.494/97;
FUNDAMENTOS JURÍDICOS ("MANIFESTO INTERESSE PÚBLICO") Lesão ao interesse público ordem pública (por ser contrária ao interesse público, afetando as crianças da região que continuarão privadas de educação por conta de uma interferência desmedida do Judiciário na administração local) e à economia pública (uma vez que o Município pode perder os repasses da União, com risco, ainda, de devolver os valores já recebidos);
FUNDAMENTOS JURÍDICOS ("FLAGRANTE ILEGITIMIDADE DA DECISÃO") 1. Impossibilidade de contratação direta com base no art. 24, XI, da Lei n.º 8.666/93, em razão de o contrato com a primeira vencedora não estar formalizado; 2. Discricionariedade da Administração na aplicação do rol do art. 24 e do art. 64, § 2º, da Lei de Licitações.
PEDIDOS 1. Liminar, com espeque no § 7º do art. 4º da Lei nº 8.437/92, para que seja imediatamente suspensa a decisão proferida nos autos do Agravo de Instrumento interposto contra o Município de Campinas; 2. A suspensão em definitivo daquela decisão, paralisando a sua eficácia até o julgamento de mérito (§ 9º do art. 4º da Lei nº 8.437/92).

Proposta 4: Serviços públicos

Autora: Natália Aguiar Parente

» ENUNCIADO

A Secretaria de Infraestrutura do Estado do Maranhão - SEINFRA promoveu licitação, na modalidade concorrência, com o objetivo de delegar serviço de transporte intermunicipal de passageiros, por meio de permissão de serviços públicos.

Publicado no dia 05.05.2016, o Edital da Concorrência n. 002/2016 especificou que a linha rodoviária objeto de delegação correspondia ao trajeto "São Luís-Bacabal" e adotou como critério de escolha o menor valor da tarifa do serviço público a ser prestado.

Após o julgamento das propostas, sagrou-se classificada em primeiro lugar a empresa Transportes Maranhenses LTDA. Em seguida, o envelope, com os documentos de habilitação da empresa, foi aberto, momento em que se constatou o atendimento a todas as exigências editalícias e legais.

Finalizados os trâmites da licitação, nos moldes das Leis n.º 8.987/95 e 8.666/93, a empresa vencedora, Transportes Maranhenses LTDA., representada pelo seu sócio administrador, e o Estado do Maranhão, representado pela autoridade competente - o Presidente da Comissão de Licitações da Secretaria de Infraestrutura do Estado do Maranhão, assinaram o Contrato de Permissão de Serviços Públicos n. 23/2016-SEINFRA, em 05.08.2016, na sede do órgão, em São Luís/MA.

Ocorre que, pouco antes da publicação do Edital da Concorrência n. 002/2016, a empresa Bacabal Bus LTDA., então permissionária dos serviços, foi regularmente notificada pelo Secretário de Infraestrutura da imediata retomada dos serviços de transporte intermunicipal de passageiros, uma vez que o Estado do Maranhão preparava os trâmites para licitação da linha rodoviária "São Luís-Bacabal".

Com a assinatura do contrato entre Transportes Maranhenses LTDA. e o Estado do Maranhão, Bacabal Bus LTDA. resolveu perseguir seus direitos perante o Poder Judiciário, já que não só reputava injusta a retomada sorrateira e imediata dos serviços pelo Poder Público, sem direito à indenização, como também se sentia prejudicada financeiramente com algumas políticas públicas que haviam sido adotadas no início de 2013 pelo Estado do Maranhão.

Sendo assim, Bacabal Bus LTDA. impetrou Mandado de Segurança, com vistas à anulação do Contrato de Permissão de Serviços Públicos n. 23/2016-SEINFRA, em 26.09.2016.

O remédio constitucional foi distribuído para 3ª Vara Cível da Comarca de Bacabal/MA, tendo como autoridade coatora o Presidente da Comissão de Licitações da SEINFRA.

No Mandado de Segurança, Bacabal Bus LTDA. requereu a anulação do contrato, indenização decorrente dos prejuízos causados pelas sobreditas políticas públicas e, também, indenização, na forma do art. 35, § 4º e 37 da Lei n. 8.987/95. Liminarmente, requereu a suspensão do contrato até a solução final da lide e o pagamento de valores relativos ao prejuízo que alega ter tido, com o fito de não ser levada à falência.

Nesse contexto, a impetrante alegou que, desde 1985 prestava o serviço público de transporte intermunicipal no trajeto São Luís-Bacabal, através de contrato firmado com o Estado do Maranhão por prazo indeterminado.

Sustentou que, embora o antigo contrato não tivesse sido precedido de licitação, atendeu-se aos requisitos formais vigentes à época e, portanto, tinha direito adquirido a continuar como permissionária dos serviços públicos.

No ensejo, atacou a política pública, advinda com a Lei Estadual n.º 12.345/2013, que concedeu meia-passagem nos transportes intermunicipais em todo o Estado para doadores de sangue. Salientou que isso gerou um desequilíbrio econômico-financeiro, o qual merece ser indenizado, já que grande parte dos passageiros teria resolvido doar sangue para se beneficiar da norma. Comprovou, por meio de notícias nos jornais, que a doação de sangue, no Estado do Maranhão, aumentou cerca de 200% nos anos de 2014 e 2015.

Defendeu que, tendo a lei concedido benefício financeiro em troca de doação de sangue, o Estado do Maranhão, ao fim e ao cabo, estaria comercializando sangue, o que é vedado pelo art. 199, § 4º, da Constituição Federal.

Por fim, alegou que a Lei n.º 8.987/95 prevê que a retomada dos serviços pelo Poder Público seja precedida de prévia indenização.

Notificada a autoridade coatora e intimado o Estado do Maranhão, na forma do art. 7º, incisos I e II, respectivamente, foram prestadas as informações pertinentes e o Estado do Maranhão requereu o ingresso na lide.

Ato contínuo, o juízo da 3ª Vara Cível da Comarca de Bacabal deferiu a liminar, para fins de suspender o contrato até a solução final da lide e determinar o pagamento dos valores relativos ao prejuízo sofrido pela impetrante.

O Estado do Maranhão foi regularmente intimado da decisão que deferiu a liminar. Na condição de Procurador do Estado do Maranhão, redija a peça de defesa, invocando todas as teses cabíveis.

» COMENTÁRIOS

I. DO CABIMENTO DO RECURSO

O recurso cabível é o **Agravo de Instrumento**, tendo em vista que é o meio recursal apto a impugnar decisão interlocutória que defere tutela de urgência (art. 1.015, inciso I, do Novo CPC).

Além disso, o artigo 7º, § 1º, da Lei do Mandado de Segurança preceitua:

> Da decisão do juiz de primeiro grau que conceder ou denegar a liminar caberá agravo de instrumento, observado o disposto na Lei no 5.869, de 11 de janeiro de 1973 – Código de Processo Civil.

É oportuno lembrar que o Novo Código de Processo Civil deu novo tratamento ao recurso de Agravo de Instrumento.

Na fase de conhecimento, as decisões agraváveis estão arroladas taxativamente no art. 1.015 do Novo CPC. De outra banda, contra as decisões interlocutórias não constantes do rol do art. 1.015 do Novo CPC, o recurso de Agravo de Instrumento não é cabível.

Por esse motivo, é importante que o candidato enquadre o cabimento do Agravo de Instrumento em uma das hipóteses previstas no art. 1.015 do NCPC. No presente caso, o enquadramento correto corresponde ao art. 1.015, inciso I, do NCPC.

Esse regime de recorribilidade taxativa das decisões interlocutórias aplica-se também aos procedimentos extravagantes, como, por exemplo, o Mandado de Segurança.

Nesse sentido, o Enunciado 351 do Fórum Permanente de Processualistas Civis:

> "O regime da recorribilidade das interlocutórias do CPC aplica-se ao procedimento do mandado de segurança.".

Dica: É aconselhável abrir um tópico específico para explicar o cabimento da peça processual escolhida pelo candidato em duas situações:

a) quando a questão trouxer um rito procedimental previsto em lei extravagante, como, por exemplo: Mandado de Segurança, Ação Popular e Ação Civil Pública.

b) quando o caso exposto deixar dúvidas a respeito do recurso cabível, como, por exemplo: Agravo de Instrumento ou Apelação contra decisão interlocutória não agravável, REsp ou RExt e etc.

No presente caso, como o rito é previsto em legislação extravagante, revela-se oportuna a explicação sobre o cabimento do Agravo de Instrumento, consoante os artigos 1.015, inciso I, do Novo CPC e art. 7º, § 1º, da Lei do Mandado de Segurança.

II. DAS FORMALIDADES

As seguintes formalidades do recurso de Agravo de Instrumento devem ser destacadas:

a) *Direcionamento do recurso*

O candidato deve proceder ao direcionamento do recurso para o próprio tribunal, na forma do art. 1.016 do CPC.

Dica (Caio Souza): É muito comum que os candidatos sintam dúvida sobre se, logo após o preâmbulo, iniciam a redação do recurso propriamente dito ou se pedem deferimento na página de rosto, assinando-a ao final, para só então, na próxima página, redigir as razões recursais. Tecnicamente, não é necessário o pedido de deferimento e assinatura na primeira página, pois, como dito, não se trata de petição de interposição dirigida a um juízo *a quo*. Todavia, caso o candidato, por estilo, prefira fazê-lo, o prejuízo será tão somente em relação ao número de linhas, pois não serão descontados pontos se houver dirigido o recurso corretamente ao presidente do tribunal, apresentando suas razões recursais, na sequência, aos desembargadores componentes da câmara competente.

b) ***Tempestividade***

Embora a questão não tenha mencionado a data da intimação, é sempre válido demonstrar conhecimento, abrindo um tópico específico para a tempestividade.

Nesse ponto, os artigos 1003, § 5º, 183 e 219 do NCPC preceituam que a Fazenda Pública terá o prazo de **30 (trinta) dias úteis** para apresentar o recurso de Agravo de Instrumento. Assim, na ausência de elementos informativos no enunciado, basta sentenciar, em poucas linhas, que o recurso é tempestivo, já que obedecido o prazo legal referenciado.

c) ***Desnecessidade do preparo***

Em regra, o candidato não precisa abrir um tópico específico para tanto. Todavia, na folha de rosto, após o preâmbulo, deve-se mencionar a isenção da Fazenda Pública em relação ao preparo recursal, na forma do artigo 1007, § 1º, do NCPC.

d) ***Nome e endereço dos causídicos da contraparte***

Com efeito, o art. 1.016 vaticina:

> Art. 1.016. O agravo de instrumento será dirigido diretamente ao tribunal competente, por meio de petição com os seguintes requisitos:
>
> I - os nomes das partes;
>
> II - a exposição do fato e do direito;
>
> III - as razões do pedido de reforma ou de invalidação da decisão e o próprio pedido;
>
> IV - o nome e o endereço completo dos advogados constantes do processo.

O único requisito que destoa dos demais recursos é o contido no inciso IV, qual seja, o nome e o endereço completo dos advogados constantes do processo.

Desse modo, o candidato deve se atentar a essa formalidade, registrando, ao menos, o seguinte: "*Em cumprimento da exigência do art. 1.016, IV, do CC, o endereço do advogado da contraparte é (endereço não fornecido pelo enunciado).*"

e) ***Indicação de que todas as peças obrigatórias e necessárias à elucidação da questão acompanham o recurso***

Também é necessário indicar que todas as peças obrigatórias e necessárias à elucidação da questão acompanham o recurso, para fins de cumprimento do art. 1.017 do CPC.

III. DAS RAZÕES RECURSAIS

No mérito do recurso de Agravo de Instrumento, o candidato deve demonstrar que não estão configurados os dois requisitos autorizadores para concessão da liminar, quais sejam, a probabilidade do direito e o perigo de dano ou risco ao resultado útil do processo (art. 300 do NCPC).

No caso narrado, a ausência de probabilidade do direito resta demonstrada a partir dos seguintes argumentos:

III.1. Da ausência de probabilidade do direito

a) *Incompetência absoluta*

Na presente hipótese, o Mandado de Segurança indicou como autoridade coatora o Presidente da Comissão de Licitações da Secretaria de Infraestrutura do Estado do Maranhão, órgão cuja sede fica em São Luís. Nada obstante, o Mandado de Segurança foi impetrado na Comarca de Bacabal - MA.

Por essa razão, o candidato deve apontar a incompetência absoluta do juízo da Vara da Fazenda Pública da Comarca de Bacabal - MA, uma vez que o *writ* foi impetrado em comarca diversa da sede funcional da suposta autoridade coatora.

Com efeito, a competência para processar e julgar o Mandado de Segurança é fixada com base na **sede funcional** e **na categoria hierárquica** da autoridade coatora. Trata-se de competência absoluta e, portanto, improrrogável.

Sobre o tema, o STJ é firme:

> (...) 3. No mérito, destaca-se que, na origem, a parte ora recorrente, ***residente em Porto Alegre/RS interpôs mandado de segurança em face de ato praticado pelo Presidente do Instituto nacional de Propriedade***

> ***Intelectual - INPI - na seção judiciária de sua residência.*** No entanto, o Tribunal Regional Federal a quo reconheceu a sua incompetência absoluta, ***vez que, em se tratando de competência funcional, é competente para o julgamento da demanda a subseção judiciária da sede funcional da autoridade apontada como coatora e a sua categoria profissional.***
>
> 4. Esta conclusão recorrida se coaduna com a jurisprudência deste Sodalício, que orienta no sentido de que, "***em se tratando de mandado de segurança, a competência para processamento e julgamento da demanda é estabelecida de acordo com a sede funcional da autoridade apontada como coatora e a sua categoria profissional, o que evidencia a natureza absoluta e a improrrogabilidade da competência, bem como a possibilidade de seu conhecimento ex officio***". (CC 41.579/RJ, Rel. Ministra DENISE ARRUDA, PRIMEIRA SEÇÃO, julgado em 14/09/2005, DJ 24/10/2005 p. 156).
>
> 5. Agravo regimental parcialmente conhecido, e, nesta extensão, negado provimento à insurgência. (AgRg no AREsp 253.007/RS, Rel. Ministro MAURO CAMPBELL MARQUES, SEGUNDA TURMA, julgado em 06/12/2012, DJe 12/12/2012)

Desse modo, o Mandado de Segurança deveria ter sido impetrado na Comarca de São Luís/MA, tendo em vista a sede do órgão ao qual pertence a autoridade coatora.

O candidato deve pedir que o processo seja remetido ao juízo competente e que, por oportuno, o juízo revogue a liminar pelas razões que serão demonstradas, na forma do art. 64, § 3º e § 4º, do CPC.

Nesse ponto, é importante fazer duas observações.

A primeira delas é sobre o pedido de remessa dos autos ao juízo competente. Sob a égide do antigo CPC, muito se discutiu se o reconhecimento da incompetência absoluta no Mandado de Segurança importava na extinção do processo sem resolução de mérito ou na remessa dos autos ao juízo competente.

Na oportunidade, o Superior Tribunal de Justiça definiu que o reconhecimento da incompetência absoluta no Mandado de Segurança gera a remessa dos autos ao juízo competente, na forma do artigo 113, § 2º, do antigo CPC, *in verbis:*

> (...) ***3. Aplica-se ao mandado de segurança a regra contida no art. 113, § 2º, do CPC, que autoriza o magistrado a encaminhar o processo para o juízo competente, nos casos em que reconhecer sua incompetência***

absoluta. (MS 21.744/DF, Rel. Ministro OG FERNANDES, PRIMEIRA SEÇÃO, julgado em 23/09/2015, DJe 05/10/2015)

Como o artigo 113, § 2º, do antigo CPC equivale ao artigo 64, § 3º, do Novo CPC, não há razão para alteração do entendimento com o advento do novo diploma processual.

Aliás, o Novo CPC veio a reforçar a remessa dos autos ao invés da extinção do processo sem resolução de mérito, através do instituto da *"translatio iudicii"*, que significa a preservação da litispendência, a despeito do reconhecimento da incompetência do juízo.

Um de seus efeitos é que a incompetência não deve, em regra, levar à extinção do processo. Por essa razão, o pedido de remessa dos autos ao juízo competente é oportuno.

A segunda observação é sobre o pedido de revogação da liminar. Com efeito, pela *"translatio iudicii"*, o reconhecimento da incompetência absoluta não gera mais a automática invalidação dos atos decisórios praticados, na forma do art. 64, § 4º, do Novo CPC.

Atentando-se, portanto, ao novo regramento processual, pedir a nulidade dos atos decisórios é equivocado. O correto é pedir a revogação da liminar pelas razões que serão demonstradas.

b) *Decadência*

Sempre que o caso prático for uma peça processual em Mandado de Segurança, o candidato deve atentar-se à possibilidade de alegar a decadência, na forma do art. 23 da Lei do Mandado de Segurança, *in verbis:*

> Art. 23. O direito de requerer mandado de segurança extinguir-se-á decorridos 120 (cento e vinte) dias, contados da ciência, pelo interessado, do ato impugnado.

No presente caso, Bacabal Bus LTDA. impetrou Mandado de Segurança, com vistas à anulação do Contrato de Permissão de Serviços Públicos n. 23/2016-SEINFRA.

Em outras palavras, a empresa reputou ilegal a assinatura do contrato, tanto que indicou como autoridade coatora o Presidente da Comissão de Licitações da Secretaria de Infraestrutura do Estado do Maranhão.

Nada obstante, o ato que violou concretamente a órbita jurídica da empresa não foi a assinatura do contrato, mas a notificação da imediata retomada dos serviços de transporte intermunicipal. Foi nesse momento que Bacabal Bus LTDA. perdeu a delegação dos serviços públicos.

Essa notificação deu-se pouco antes da publicação do Edital da Concorrência n. 002/2016, que ocorreu em 05.05.2016. Por sua vez, o Mandado de Segurança foi impetrado em 26.09.2016, restando configurado o transcurso de 120 (cento e vinte) dias entre a data do ato coator e a data da impetração do *writ.*

Pelo exposto, o candidato deveria apontar a ocorrência da decadência, na forma do art. 23 da LMS.

c) ***Ilegitimidade passiva***

Como dito, o ato que violou concretamente a órbita jurídica da empresa não foi a assinatura do contrato, mas a notificação da imediata retomada dos serviços de transporte intermunicipal, pois foi nesse momento que Bacabal Bus LTDA. perdeu a delegação dos serviços públicos.

Por essa razão, a autoridade coatora não é o Presidente da Comissão de Licitações da Secretaria de Infraestrutura do Estado do Maranhão, mas o Secretário de Infraestrutura do Estado do Maranhão.

Assim sendo, o candidato deve alegar a ilegitimidade passiva da autoridade coatora apontada pela impetrante.

Ato contínuo, como as informações já foram prestadas, é oportuno abordar a inaplicabilidade da teoria da encampação.

Ora, tal teoria induz a ideia de que o juiz, a despeito da ilegitimidade passiva da autoridade coatora, pode julgar o mérito quando restarem preenchidos os seguintes requisitos: **a)** autoridade superior defender o mérito do ato impugnado; **b)** vínculo hierárquico entre a autoridade coatora e a apontada como coatora; **c)** não modificação da competência absoluta.

O julgado a seguir é elucidativo:

> 1. A aplicação da teoria da encampação exige o preenchimento dos seguintes requisitos: ***(a) existência de vínculo hierárquico entre a autoridade que prestou informações e a que ordenou a prática do ato impugnado; (b) manifestação a respeito do mérito nas informações prestadas; (c) ausência de modificação de competência estabelecida na Constituição Federal.*** Precedentes. 2. Na espécie, (a) existe o vínculo de hierarquia entre a autoridade indicada na ação mandamental (Governador de Estado), e uma outra que é a verdadeiramente competente para a prática e desfazimento do ato administrativo (Secretaria de Estado de Planejamento e Gestão – SEPLAG – nos termos do Decreto estadual

> nº 44.817/2008); (b) houve a defesa do ato praticado pelo órgão administrativo subalterno; (c) não há modificação da competência atribuída pela Constituição do Estado ao Tribunal de Justiça (art. 106, "c", da CE). (AgRg no RMS 43.289/MG, Rel. Ministro MAURO CAMPBELL MARQUES, SEGUNDA TURMA, julgado em 15/12/2015, DJe 18/12/2015)

Na hipótese, dois dos três requisitos não restaram atendidos.

É de se observar que a autoridade que prestou informações é hierarquicamente inferior à autoridade realmente coatora, de modo que inexistiu encampação do ato.

Outrossim, no caso exposto, haveria modificação de competência absoluta, tendo em vista que, em geral, compete aos Tribunal de Justiça o julgamento de Mandado de Segurança contra atos de Secretários de Estado, por imposição do princípio da simetria. A título ilustrativo, veja o que dispõe o art. 81, VI, da Constituição do Estado do Maranhão, *in verbis:*

> O habeas-corpus e o mandado de segurança contra atos do Governador do Estado, da Mesa da Assembleia Legislativa, do Tribunal de Contas do Estado dos Procuradores-Gerais, dos Secretários de Estado e do próprio Tribunal de Justiça.

Por essas razões, é inaplicável a teoria da encampação.

Diante da ilegitimidade passiva, resta saber se o processo deve ser extinto sem resolução de mérito ou se o polo passivo pode ser modificado, diante do novo regramento processual, contido nos arts. 338 e 339 do NCPC, *in verbis:*

> Art. 338. Alegando o réu, na contestação, ser parte ilegítima ou não ser o responsável pelo prejuízo invocado, o juiz facultará ao autor, em 15 (quinze) dias, a alteração da petição inicial para substituição do réu.
>
> Parágrafo único. Realizada a substituição, o autor reembolsará as despesas e pagará os honorários ao procurador do réu excluído, que serão fixados entre três e cinco por cento do valor da causa ou, sendo este irrisório, nos termos do art. 85, § 8º.
>
> Art. 339. Quando alegar sua ilegitimidade, incumbe ao réu indicar o sujeito passivo da relação jurídica discutida sempre que tiver conhecimento, sob pena de arcar com as despesas processuais e de indenizar o autor pelos prejuízos decorrentes da falta de indicação.
>
> § 1º O autor, ao aceitar a indicação, procederá, no prazo de 15 (quinze) dias, à alteração da petição inicial para a substituição do réu, observando-se, ainda, o parágrafo único do art. 338.

> § 2º No prazo de 15 (quinze) dias, o autor pode optar por alterar a petição inicial para incluir, como litisconsorte passivo, o sujeito indicado pelo réu.

Com efeito, sob a égide do antigo CPC, em casos tais, o STJ entendia ser o caso de extinção do processo sem resolução do mérito.

Todavia, os artigos 338 e 339 do NCPC preceituam a possibilidade de modificação do sujeito passivo, por emenda à inicial, em prol da primazia do julgamento de mérito. Discute-se se essa regra é aplicável ou não ao Mandado de Segurança.

Leonardo José Carneiro da Cunha, na 13ª edição de seu livro, defende a aplicação. Em defesa de sua posição, cita o seguinte enunciado do Fórum Permanente De Processualistas Civis, *in verbis:*

> 511. A técnica processual prevista nos arts. 338 e 339 pode ser usada, no que couber, para possibilitar a correção da autoridade coatora, bem como da pessoa jurídica, no processo de mandado de segurança.

Reconhecida a ilegitimidade passiva, cabe o pedido de intimação do autor para emenda à inicial e, caso efetivada, posterior remessa dos autos ao Tribunal de Justiça do Estado do Maranhão.

Como ainda não há posição fixada pelo Superior Tribunal de Justiça a respeito do assunto, é também aceitável a posição do candidato que pedir a extinção do processo sem resolução de mérito, desde que fundamente a inaplicabilidade do art. 338 e 339 do CPC em razão da ordinarização do rito.

d) *Litisconsórcio passivo necessário*

O candidato deve apontar a existência de litisconsórcio passivo necessário, pois a anulação do contrato certamente afetaria não só os interesses do Estado do Maranhão como também os interesses da empresa Transportes Maranhenses LTDA.

Por essa razão, o CPC prevê:

> Art. 115. A sentença de mérito, quando proferida sem a integração do contraditório, será: I – nula, se a decisão deveria ser uniforme em relação a todos que deveriam ter integrado o processo;
>
> Parágrafo único. Nos casos de litisconsórcio passivo necessário, o juiz determinará ao autor que requeira a citação de todos que devam ser litisconsortes, dentro do prazo que assinar, sob pena de extinção do processo.

Ante a redação do dispositivo legal, cabe o candidato explicar a existência de litisconsórcio passivo necessário, indicando a unitariedade da relação jurídica.

Por fim, o Estado do Maranhão deve pedir a intimação da parte autora para que requeira a citação da empresa, sob pena de extinção do processo.

e) *Ausência de direito líquido e certo e inadequação da via eleita*

No caso enunciado, Bacabal Bus LTDA. requereu a anulação do contrato, a indenização decorrente dos prejuízos causados pela Lei n. 12.345/2013 e, também, a indenização, na forma do art. 35, § 4º e 37, da Lei n. 8.987/95.

Para demonstrar o prejuízo advindo da lei que concedeu meia-passagem aos doadores de sangue, a empresa anexou notícias de jornais que divulgavam que a doação de sangue, no Estado do Maranhão, aumentou cerca de 200% nos anos de 2014 e 2015.

Com efeito, isso não demonstra cabalmente os prejuízos sofridos pela empresa. Outrossim, acaso devida, não é possível aferir o valor da indenização do art. 35, § 4º e 37, da Lei n. 8.987/95 pleiteada pela impetrante. Sem dúvidas, é necessária dilação probatória, a fim de demonstrar os prejuízos oriundos dessas duas situações.

Em razão disso, o Mandado de Segurança não é a via idônea para perseguir o direito do impetrante. Os pedidos indenizatórios demandam dilação probatória ao passo que o remédio constitucional exige prova pré-constituída.

Por esse motivo, a via eleita é inadequada e o processo deve ser extinto sem resolução de mérito, sem prejuízo do acesso ao Judiciário pelas vias ordinárias, na forma do art. 485, VI, do CPC.

Caso se entenda que o direito perseguido pelo autor não demanda dilação probatória e que não houve, na verdade, foi a comprovação do fato constitutivo de seu direito, o candidato deve pedir a extinção do Mandado de Segurança com resolução de mérito, pugnando pela denegação da segurança, na forma do art. 487, inciso I, c/c 373, I, do CPC.

f) *Utilização do Mandado de Segurança como ação de cobrança*

O candidato deve apontar a impossibilidade de o Mandado de Segurança ser utilizado como sucedâneo da ação de cobrança.

Com efeito, a empresa persegue indenização pelos prejuízos sofridos e pela retomada dos serviços públicos. O rito expedito do Mandado de Segurança coíbe a prática de atos ilegais, de modo que o comando sentencial deve quase sempre corresponder a uma obrigação de fazer ou de se abster em fazer algo. A tutela é, portanto, mandamental.

Todavia, a empresa requer tutela evidentemente condenatória, razão pela qual se vislumbra a intenção de utilizar o Mandado de Segurança como verdadeira ação de cobrança, o que é vedado pelos verbetes sumulares n. 269 e 271 do STF:

> ***Súmula 269 do STF:*** O mandado de segurança não é substitutivo de ação de cobrança.
>
> ***Súmula 271 do STF:*** Concessão de mandado de segurança não produz efeitos patrimoniais em relação a período pretérito, os quais devem ser reclamados administrativamente ou pela via judicial própria.

g) *Da inexistência de direito adquirido à contratação por prazo indeterminado*

A impetrante alegou que, desde 1985, prestava o serviço público de transporte intermunicipal entre São Luís-Bacabal, através de contrato firmado com o Estado do Maranhão por prazo indeterminado.

Sustentou que, embora o antigo contrato não tivesse sido precedido de licitação, ele atendeu aos requisitos formais vigentes à época e, portanto, tinha direito adquirido a continuar como permissionária dos serviços públicos.

Todavia, não há falar em direito adquirido à contratação por prazo indeterminado.

A doutrina clássica sempre defendeu a natureza de ato administrativo para permissão de serviços públicos.

Com o advento da Constituição Federal de 1988, as concessões e permissões de serviços públicos receberam tratamento uniforme pelo art. 175 da Constituição Federal:

> Art. 175. Incumbe ao Poder Público, na forma da lei, diretamente ou sob regime de concessão ou permissão, sempre através de licitação, a prestação de serviços públicos.

Interpretando o dispositivo constitucional, o Supremo Tribunal Federal manifestou-se no sentido de que a permissão é contrato administrativo e, por isso, exige prévio procedimento licitatório.

Por essa razão, não se pode dizer que a impetrante tem direito adquirido à contratação com o Estado do Maranhão, por prazo indeterminado.

O pretenso direito viola as disposições constitucionais. E, nesse passo, descabe invocar direito adquirido para obstar a incidência do novo texto constitucional, razão pela qual os efeitos contratuais posteriores à vigência da nova constituição não podem ser reclamados pela empresa.

Afinal, **o Poder Constituinte Originário é ilimitado e o Supremo Tribunal Federal já definiu que a retroatividade mínima incide automaticamente sobre as novas disposições constitucionais, alcançando, portanto, efeitos futuros de contratos firmados sob a égide da antiga Constituição Federal** (RE 140.499/GO).

Na mesma toada, ao regulamentar o art. 175 da Constituição Federal, a Lei n. 8.987/95 previu, em suas disposições transitórias, regras para adaptar os antigos contratos de concessão e permissão à nova realidade constitucional, como se observa de seus artigos 42 e 43.

Sobre o assunto, o STJ decidiu da seguinte forma:

> A não adoção pelo poder concedente das providências do § 3º do art. 42 da Lei 8.987/1995 não justifica a permanência por prazo muito longo de permissões para a prestação de serviços de transporte coletivo concedidas sem licitação antes da Constituição Federal de 1988. A redação do § 2° do art. 42 da Lei 8.987/1995 fixa o prazo de 24 meses como tempo mínimo necessário que deve ser observado pela Administração Pública para a realização de levantamentos e avaliações indispensáveis à organização das licitações exigidas. Já a exigibilidade da licitação é proveniente da CF. Assim, a legislação infraconstitucional deve ser compatibilizada com os preceitos insculpidos nos arts. 37, XXI, e 175 da CF, não podendo admitir-se um longo lapso temporal, com respaldo no art. 42, § 2º, da Lei 8.987/1995, uma vez que o comando constitucional deve ser plenamente cumprido. Dessa forma, com a prorrogação do contrato de permissão por longo prazo, fundamentada na necessidade de se organizar o procedimento licitatório, prevaleceria suposto direito econômico das empresas, que não pode se sobrepor ao preceito constitucional que obriga a licitar e visa garantir e resguardar o interesse público da contratação precedida de licitação. AgRg no REsp 1.435.347-RJ, Rel. Min. Mauro Campbell Marques, julgado em 19/8/2014.

h) ***Da precariedade da permissão de serviços públicos e a consequente ausência do dever indenizatório pela retomada dos serviços***

Além disso, o art. 40 da Lei n. 8.987/95 previu o seguinte:

A permissão de serviço público será formalizada mediante contrato de adesão, que observará os termos desta Lei, das demais normas pertinentes e do edital de licitação, inclusive quanto à precariedade e à revogabilidade unilateral do contrato pelo poder concedente.

Embora a natureza da permissão de serviços públicos seja de contrato administrativo, essa forma de delegação é norteada pela **precariedade** e **revogabilidade unilateral do contrato.**

Não é outro o entendimento do STJ em casos análogos:

> No mais, o fato de o parágrafo único do art. 40 da Lei 8.987/1995 determinar a aplicação às permissões de todos os demais preceitos legais não a desnatura nem tampouco a torna idêntica à concessão, até porque, segundo regra hermenêutica, a norma não pode ser interpretada em dissonância com o todo legal ou mesmo com o caput do artigo que integra. ***O caput do art. 40 confirma o que diz o art. 2º, IV, da mesma lei, ou seja, que a permissão será formalizada mediante licitação e observará os termos legais, sobretudo – diferentemente da concessão –, quanto à precariedade e à revogabilidade unilateral pelo poder concedente.*** AgRg no REsp 1.435.347-RJ, Rel. Min. Mauro Campbell Marques, julgado em 19/8/2014.

Tendo em vista a precariedade da delegação dos serviços públicos, inexiste, via de regra, direito à indenização em virtude da retomada dos serviços.

Celso Antônio Bandeira de Mello[6] ensina o seguinte:

> "A precariedade significa, afinal, que a Administração dispõe de poderes para, flexivelmente, estabelecer alterações ou encerrá-la, a qualquer tempo, desde que fundadas razões de interesse público o aconselhem, sem obrigação de indenizar o permissionário".

Ademais, sobre o assunto o STJ manifesta-se da seguinte forma:

> 1. A permissão e a concessão são modalidades de delegação de serviço público para que seja prestado por terceiro mediante remuneração por tarifa, não havendo, contudo, confusão entre ambos os institutos, que se diferem primordialmente em razão do caráter precário do primeiro, que, por isso, pode ser revogado unilateralmente por ato do poder concedente. Inteligência dos arts. 2.º e 9.º da Lei 8.987/1995 2. ***<u>Por via de</u>***

6. De Mello, Celso Antônio Bandeira, Curso De Direito Administrativo, p. 760.

regra, essa revogação unilateral da permissão não enseja reparação de danos pela Administração Pública, exatamente em decorrência de ser o permissionário sabedor do caráter precário da delegação, admitindo--se, no entanto, conforme as peculiaridades do caso concreto, pretenda o delegatário, mediante ação própria, a indenização por investimentos feitos para o desempenho do serviço.

3. Ainda que fosse esse o caso dos autos, essa perspectiva não dá direito, em princípio, ao permissionário de impedir, enquanto não lhe seja paga a indenização, o curso de procedimento licitatório instaurado para regularizar a delegação do serviço, ou seja, não se condiciona a instauração ou o prosseguimento do certame à prévia realização de estudos para a definição do montante ou ao prévio pagamento da indenização. (...) (REsp 1410158/DF, Rel. Ministro MAURO CAMPBELL MARQUES, SEGUNDA TURMA, julgado em 10/12/2013, DJe 16/12/2013)

i) *Inexistência de reequilíbrio financeiro decorrente da lei estadual que concedeu meia-passagem aos doadores de sangue*

A impetrante alegou que a Lei Estadual n. 12.345/2013 gerou desequilíbrio econômico-financeiro no contrato, o qual merece ser indenizado. Isso porque todos os passageiros frequentes resolveram doar sangue para se beneficiar da norma.

Todavia, a jurisprudência do STJ é pacífica no sentido de que **não há garantia da manutenção do equilíbrio econômico-financeiro do contrato de permissão de serviço de transporte público realizado sem prévia licitação.**

> ADMINISTRATIVO E PROCESSUAL CIVIL. PERMISSIONÁRIAS DE SERVIÇO PÚBLICO – TRANSPORTE COLETIVO. REAJUSTE DE TARIFAS. EQUILÍBRIO ECONÔMICO-FINANCEIRO. INDENIZAÇÃO. IMPOSSIBILIDADE. FALTA DE LICITAÇÃO. ACÓRDÃO COM FUNDAMENTAÇÃO NA LEGISLAÇÃO LOCAL. SÚMULA 280/STF. NECESSIDADE DE EXAME DE CLÁUSULAS CONTRATUAIS. SÚMULAS 5 E 7/STJ. RECURSO ESPECIAL ADESIVO PREJUDICADO.
>
> (...) 10. De qualquer forma, o segundo fundamento adotado pelo Tribunal de origem e impugnado no especial encontra-se em harmonia com a jurisprudência desta Corte, no sentido de ***ser necessário o prévio procedimento licitatório para a garantia da manutenção do equilíbrio econômico-financeiro do contrato de permissão de serviço de transporte público.*** (REsp 1352497 / DF, Min. Og Fernandes, 04/02/2014)

Por fim, incumbe afastar as críticas da impetrante à política estadual de implementar meia-passagem aos doadores de sangue. Com efeito, trata-se de lei que visa orientar a economia, prestigiando o direito à vida.

Nesse sentido, o Supremo Tribunal Federal entendeu:

> 1. É certo que a ordem econômica na Constituição de 1.988 define opção por um sistema no qual joga um papel primordial a livre iniciativa. Essa circunstância não legitima, no entanto, a assertiva de que o Estado só intervirá na economia em situações excepcionais. Muito ao contrário. 2. Mais do que simples instrumento de governo, a nossa Constituição enuncia diretrizes, programas e fins a serem realizados pelo Estado e pela sociedade. Postula um plano de ação global normativo para o Estado e para a sociedade, informado pelos preceitos veiculados pelos seus artigos 1º, 3º e 170. 3. A livre iniciativa é expressão de liberdade titulada não apenas pela empresa, mas também pelo trabalho. Por isso a Constituição, ao contemplá-la, cogita também da "iniciativa do Estado"; não a privilegia, portanto, como bem pertinente apenas à empresa. 4. A Constituição do Brasil em seu artigo 199, § 4º, veda todo tipo de comercialização de sangue, entretanto estabelece que a lei infraconstitucional disporá sobre as condições e requisitos que facilitem a coleta de sangue. 5. O ato normativo estadual não determina recompensa financeira à doação ou estimula a comercialização de sangue. 6. Na composição entre o princípio da livre iniciativa e o direito à vida há de ser preservado o interesse da coletividade, interesse público primário. 7. Ação direta de inconstitucionalidade julgada improcedente. (STF – ADI: 1950 SP, Relator: Min. EROS GRAU, Data de Julgamento: 03/11/2005)

III.2. DA AUSÊNCIA DE PERIGO DE DANO OU RESULTADO ÚTIL DO PROCESSO

Também não há perigo de dano ou de risco ao resultado útil do processo, pois, se procedentes os pedidos da impetrante ao final da demanda, não haverá risco para utilidade do provimento jurisdicional.

Ao revés, o risco de dano está em desfavor do Estado do Maranhão, em razão do perigo de irreversibilidade dos efeitos da decisão.

É crível que a empresa não consiga ressarcir o erário no caso de revogação da liminar, tendo em vista sua iminente falência. Além disso, a coletividade pode ser severamente prejudicada com a suspensão do contrato de permissão, pois haverá descontinuidade na prestação dos serviços públicos.

Sobre o assunto, o CPC dispõe:

> Art. 300. § 3º. A tutela de urgência de natureza antecipada não será concedida quando houver perigo de irreversibilidade dos efeitos da decisão.

Ademais, o artigo 7º, § 2º, da Lei n. 12.016/2009 previu o seguinte:

> Art. 7º, § 2º. Não será concedida medida liminar que tenha por objeto a compensação de créditos tributários, a entrega de mercadorias e bens provenientes do exterior, a reclassificação ou equiparação de servidores públicos e a concessão de aumento ou a extensão de vantagens ou pagamento de qualquer natureza.

Tal dispositivo, conjuntamente com **a impossibilidade de pagamento de valores em execução provisória de quantia certa contra a Fazenda Pública e a sistemática de pagamentos da Fazenda Pública pelo rito do precatório**, fundamentam a absoluta impossibilidade de pagamento, via liminar, pelo Estado do Maranhão das indenizações postuladas pela impetrante.

IV. DA CONCESSÃO DE EFEITO SUSPENSIVO AO AGRAVO DE INSTRUMENTO

O candidato deve requerer a concessão de efeito suspensivo ao recurso de Agravo de Instrumento, na forma do art. 1.019, I, do CPC, tanto na folha de rosto quanto na fundamentação.

Para a demonstração da necessidade do efeito suspensivo, o art. 995 do CPC exige a presença dos seguintes requisitos, quais sejam:

a) probabilidade de provimento do recurso;

b) risco de dano grave, de difícil ou impossível reparação.

> **Dica:** O candidato deve reservar esse tópico sempre para o final. Isso porque, nesse momento da prova, já terá levantado todos os argumentos que demonstram a probabilidade de provimento do recurso. Desse modo, bastará indicar que a probabilidade de provimento do recurso ficou demonstrada pelo exposto acima, resumindo brevemente as teses levantadas. Após isso, deve-se abordar o risco de dano grave ou de difícil reparação.

A probabilidade de provimento do recurso restou cabalmente demonstrada pelas razões trazidas no bojo da fundamentação recursal, tais como: incompetência absoluta, decadência, ilegitimidade da autoridade coatora, manejo do Mandado de Segurança como ação de cobrança, ausência de direito líquido e certo, ausência de direito adquirido à contratação por tempo indeterminado, inexistência de direito à indenização, entre outras teses.

O risco de lesão grave e de difícil reparação está na improbabilidade de reversão do provimento no caso de revogação da liminar, até mesmo porque a própria impetrante declarou a situação de iminente falência.

Ademais, o pagamento imediato de quantias pelo Poder Público, sem a observância do regramento constitucional e legal, por si só, lesa os cofres públicos, pois determinações judiciais desse jaez desarranjam as contas públicas e violam o ordenamento jurídico.

V. DOS PEDIDOS E FECHAMENTO

O pedido deve apontar, de forma bem resumida, as teses defendidas e o provimento requerido pelo Estado do Maranhão no sentido da revogação da liminar. Por oportuno, deve-se reiterar a necessidade de concessão de efeito suspensivo ao apelo.

Para fechar a peça, como de praxe, deve-se consignar as expressões designativas de "local, data" e "Procurador do Estado".

Obs. (Caio Souza): também é bastante comum ser questionada a necessidade de se aviar, ao final do Agravo de Instrumento, a petição de comunicação ao juízo de primeiro grau em 3 (três) dias, na forma do art. 1.018, § 2º, do CPC/2015. Nesse ponto, é preciso ter bastante cuidado: **1)** geralmente em concursos organizados por bancas profissionais, como CESPE e FCC, exige-se a interposição de apenas uma única peça processual, hipótese em que será dispensada a petição de comunicação referida, já que esta é autônoma em relação ao agravo de instrumento; **2)** todavia, existem alguns concursos de procuradorias, como o da PGE/PA, que demandam do candidato o manejo de todas as peças possíveis para a situação proposta, caso em que é obrigatório o ajuizamento, também, da petição de comunicação ao juízo de 1º grau. Esta última possibilidade ocorreu, de fato, no concurso da PGE/PA em 2015.

» CRITÉRIOS DE AVALIAÇÃO

AGRAVO DE INSTRUMENTO
I. ACERTO DA PEÇA E FORMALIDADES: 1. Cabimento do Agravo de Instrumento (artigos 1.015, I, CPC e 7º, § 1º, da LMS); 2. Direcionamento correto; 3. Pedido na folha de rosto de efeito suspensivo ao Agravo de Instrumento; 4. Isenção de preparo (artigo 1.007, § 1º, do NCPC); 5. Indicação do endereço dos causídicos (art. 1.016, IV, do NCPC); 6. Juntada de todas as peças obrigatórias e necessárias à elucidação do caso (art. 1.017 do NCPC).
II. AUSÊNCIA DE PROBABILIDADE DO DIREITO: 1. Competência funcional do MS determinada pela sede funcional da autoridade coatora; 1.1. Pedido de remessa dos autos ao juízo competente e revogação da liminar; 2. Decadência; 3. Ilegitimidade passiva da autoridade coatora; 3.1. Inaplicabilidade da teoria da encampação; 3.2. Possibilidade de alteração do polo passivo, segundo os artigos 338 e 339 do NCPC, **OU** impossibilidade de alteração do polo passivo, tendo em vista que tais dispositivos ordinarizam o rito; 4. Litisconsórcio passivo necessário; 5. Ausência de direito líquido e certo; 5.1. Não comprovação do direito e extinção com resolução do mérito; 6. Utilização do Mandado de Segurança como ação de cobrança; 7. Inexistência de direito adquirido contra obra do Poder Constituinte Originário - Retroatividade mínima - Necessidade de licitação; 8. Permissão é contrato precário e revogável de forma unilateral; 9. Inexistência, em regra, de direito à indenização pela retomada imediata, tendo em vista a precariedade; 10. Inexistência de reequilíbrio-financeiro, tendo em vista a ausência de licitação prévia - entendimento do STJ;
III. AUSÊNCIA DE PERIGO DE DANO OU RESULTADO ÚTIL AO PROCESSO: 1. Irreversibilidade da medida (art. 300,§ 3º, do CPC); 2. Vedação à liminar (7º, § 2º);
IV. PEDIDO DE EFEITO SUSPENSIVO: 1. Fundamentos: 995 e 1.019, I, do CPC.
V. PEDIDOS E FECHAMENTO: 1. Indicação correta dos pedidos; 2. Local e assinatura.

Proposta 5: Bens públicos

Autor: Caio Vinícius Sousa e Souza

» ENUNCIADO

O Município de Porto Alegre, após regular notificação administrativa de desocupação de terra pública municipal, imitiu-se na posse da Fazenda Manganês, construída pelo Sr. João das Terras na zona rural da cidade de Porto Alegre/RS, para construir obras destinadas à ampliação do programa "Caminhos Rurais".

Inconformado com a situação, o Sr. João das Terras ingressou, na 2ª Vara dos Feitos da Fazenda Pública da Comarca de Porto Alegre, com ação de reintegração de posse, com pedido liminar, cumulada com pedido de danos em face do ente municipal, sustentando, em resumo, que: 1) estaria na posse das terras litigadas há mais de 15 anos, motivo pelo qual estaria exercendo "melhor posse" em relação ao ente requerido, que jamais havia afetado o imóvel a alguma finalidade pública; 2) o ato público que materializou a imissão na posse seria nulo, em razão da indispensável necessidade de autorização judicial para tanto; 3) teria construído benfeitorias úteis, necessárias e voluptuárias, no valor de R$ 1.000.000,00 (um milhão de reais), sendo descabida a tomada de posse da Fazenda Manganês, sem a correspondente indenização por tais benfeitorias, já que era possuidor de boa-fé.

Após o regular processamento do feito, o juízo responsável pelo processo, acolhendo a defesa do ente público, julgou improcedentes os pleitos autorais, tendo sido sua sentença desafiada por apelação de João das Terras.

O TJ/RS, por maioria de votos, acatou parcialmente os argumentos do autor, condenando o Município a pagar indenização pelas benfeitorias realizadas, já que, de fato, conquanto provado o domínio público, a posse do autor foi exercida durante anos sem clandestinidade, precariedade ou violência, restando inconteste, por isso, a sua boa-fé.

O ente público, insurgindo-se contra o capítulo do acórdão que lhe foi desfavorável, interpôs recurso especial, que foi admitido na origem, mas teve seguimento obstado pelo Ministro Relator no STJ, sob o fundamento de que a pretensão recursal seria revolver fatos e provas.

Um mês após o trânsito em julgado do acórdão condenatório, que ocorreu em 27 de setembro de 2016, João das Terras ingressou com pedido de cumprimento de sentença. O juiz, então, intimou o ente público na forma do art. 535 do CPC.

Na condição de Procurador do Município de Porto Alegre, tendo recebido os autos em remessa, ingresse em juízo com a medida judicial adequada para, a um só tempo, discutir o mérito da causa e suspender o cumprimento de sentença.

» COMENTÁRIOS

O primeiro passo para se identificar uma peça forense é saber qual decisão ou ato deve ser atacado. No caso narrado, o examinador deu pistas suficientes ao candidato, mencionando a necessidade de, além de suspender o cumprimento de sentença, discutir-se o mérito da causa, já transitado em julgado.

Com tais elementos informativos constantes do enunciado, o candidato deveria investigar qual o instrumento processual adequado, dentre os possíveis, para atacar a coisa julgada formada sobre a demanda.

Na esteira de Didier,[7]

> A coisa julgada, no direito brasileiro, pode ser impugnada, basicamente, por três meios: ***a ação rescisória*** (que é o meio mais comum e amplo), ***a querela nullitatis*** e a ***impugnação de decisão judicial prevista no § 12 do art. 525 e no § 5º do art. 535 do CPC.***

7. *Curso de Direito Processual Civil*, 13.ª Ed., 2016, p. 422

De forma esquematizada, tem-se:

MEIOS PARA IMPUGNAR A COISA JULGADA		
Ação rescisória	**Querela *nullitatis***	**Embargos rescisórios**
1. Cabível contra decisões de mérito, quando se verificar alguma das hipóteses do art. 966 do NCPC; 2. Cabível contra decisões que não sejam de mérito, mas que: i) impeçam a repropositura da demanda; ii) impeçam a admissibilidade de recurso. (Art. 966, § 2º, NCPC).	Cabível contra decisão proferida em desfavor do réu, em processo que correu à sua revelia, quer porque não fora citado, quer porque o fora de maneira defeituosa (art. 525, I e 535, I, do NCPC).	Cabível contra decisão fundada em lei ou ato normativo considerado inconstitucional pelo Supremo Tribunal Federal, ou fundado em aplicação ou interpretação da lei ou do ato normativo tido pelo Supremo Tribunal Federal como incompatível com a Constituição Federal, em controle de constitucionalidade concentrado ou difuso (art. 525, § 12 e 535, § 5º, do NCPC).

A partir dessas informações, não seria difícil concluir pelo cabimento da **Ação Rescisória**, já que o examinador exigiu discussão sobre o mérito de causa transitada em julgado. Ademais, não há dados na narrativa que justifiquem o cabimento dos outros meios acima citados – querela *nullitatis* e embargos rescisórios.

Identificada a medida judicial apta a desfazer os efeitos do acórdão, restaria tecer comentários sobre a ilegitimidade dessa decisão, conforme as hipóteses de cabimento da ação rescisória (art. 966 do CPC). Em outras palavras, deveria o candidato responder o porquê de o acórdão atacado merecer rescisão.

MUITO CUIDADO! Nesse ponto, importante destacar que o objeto da ação rescisória não será a decisão do Relator do REsp no STJ. Isso porque, embora esta tenha sido a última decisão do processo, nela não se abordou o mérito da causa, sendo, por isso mesmo, o acórdão de segunda instância o objeto a ser rescindido na conformidade do *caput* do art. 966 do CPC.

Com efeito, no âmbito do NCPC, não se olvida a possibilidade de rescisão de decisão unipessoal de relator que não admite recurso. Todavia, o examinador exigiu debate acerca do mérito da causa, o que não

> poderia ser feito na rescisória contra a decisão unipessoal do Relator, especialmente por falecer competência ao Tribunal *ad quem* para rescindir mérito decidido pelo Tribunal *a quo*.
>
> Também não se nega, na esteira de Didier, a possibilidade de cumular pedido de desconstituição da decisão unipessoal do relator com pedido subsidiário de desconstituição da decisão de mérito. Contudo, tal hipótese somente é possível quando a decisão de mérito for uma sentença, pois, nesse caso, seria cumprida a exigência do art. 327, § 1º, II, do NCPC, já que o tribunal de segunda instância seria o competente para reanálise da decisão do seu relator, como também para rescisão da sentença de piso. Quando, todavia, a decisão de mérito for um acórdão e a decisão unipessoal for de membro de tribunal superior, tal como ocorreu na questão sob comento, não é possível cumular tais pedidos, dada a distinção de competência funcional para o corte rescisório.

Em razão do objeto referenciado, a competência para o processamento e julgamento da ação rescisória será do TJ/RS, pois, como dito, os tribunais têm competência para rescindir suas próprias decisões.

Superados esses itens prefaciais, deve o candidato atentar para o fato de que o acórdão rescindendo foi desfavorável ao Município de Porto Alegre apenas em relação ao **capítulo referente às indenizações**, pelo que sua pretensão rescisória deve se ater a este limite. Tal conclusão está afinada com o art. 966, § 3º, do NCPC, segundo o qual *"a ação rescisória pode ter por objeto apenas 1 (um) capítulo da decisão"*.

Nesse ponto, deve o candidato afirmar que o cabimento da ação rescisória reside no fato de o acórdão rescindendo ter **violado manifestamente norma jurídica** (art. 966, V, CPC), apontando, por oportuno, as seguintes formalidades:

1. A tempestividade da ação, por não ter transcorrido o prazo de dois anos, contados do trânsito em julgado da decisão (art. 975 do CPC); e
2. A desnecessidade de depósito prévio de 5% sobre o valor da causa, por força do art. 968, § 1º, do NCPC.

No mérito da ação rescisória, cumpre ao candidato alegar que **a ocupação de área pública, quando irregular, não pode ser reconhecida como posse (art. 1.204 do CC), mas como mera detenção (art. 1.208 do CC)**. Se o direito de retenção ou de indenização pelas acessões realizadas depende da configuração da posse, não se pode, ante a consideração da inexistência desta, admitir o surgimento daqueles direitos, o que resulta na inexistência do dever de se indenizar as benfeitorias erigidas sobre o terreno público (REsp 863.939/RJ, Rel. Min. Eliana Calmon, Segunda Turma, DJe 24.11.2008).

Ademais, como João das Terras não pode ser considerado possuidor, o Judiciário rio-grandense não poderia ter deferido pleito indenizatório formulado em ação de reintegração de posse, porquanto esta somente é viável em situações de posse e não de mera detenção, consoante dicção dos arts. 560, 561, I e 555, I, do CPC:

> Art. 560. O ***possuidor*** tem direito a ser mantido na posse em caso de turbação e reintegrado em caso de esbulho.
>
> (...)
>
> Art. 561. Incumbe ao autor provar:
>
> I – a sua ***posse***;
>
> (...)
>
> Art. 555. É lícito ao autor cumular ao pedido ***possessório*** o de:
>
> I – condenação em perdas e danos;

No STJ, o assunto é pacífico:

> ADMINISTRATIVO. OCUPAÇÃO DE ÁREA PÚBLICA POR PARTICULARES. CONSTRUÇÃO. BENFEITORIAS. INDENIZAÇÃO. IMPOSSIBILIDADE. 1. Hipótese em que o Tribunal de Justiça reconheceu que a área ocupada pelos recorridos é pública e não comporta posse, mas apenas mera detenção. No entanto, o acórdão equiparou o detentor a possuidor de boa-fé, para fins de indenização pelas benfeitorias. 2. O legislador brasileiro, ao adotar a Teoria Objetiva de Ihering, definiu a posse como o exercício de algum dos poderes inerentes à propriedade (art. 1.196 do CC). 3. O art. 1.219 do CC reconheceu o direito à indenização pelas benfeitorias úteis e necessárias, no caso do possuidor de boa-fé, além do direito de retenção. O correlato direito à indenização pelas construções é previsto no art. 1.255 do CC. 4. ***O particular jamais exerce poderes de propriedade (art. 1.196 do CC) sobre imóvel público, impassível de usucapião (art. 183, § 3º, da CF). Não poderá, portanto, ser considerado possuidor dessas áreas, senão mero detentor***. 5. Essa impossibilidade, por si só, afasta a viabilidade de indenização por acessões ou benfeitorias, pois não prescindem da posse de boa-fé (arts. 1.219 e 1.255 do CC). Precedentes do STJ. 6. Os demais institutos civilistas que regem a matéria ratificam sua inaplicabilidade aos imóveis

> públicos. 7. ***A indenização por benfeitorias prevista no art. 1.219 do CC implica direito à retenção do imóvel, até que o valor seja pago pelo proprietário. Inadmissível que um particular retenha imóvel público, sob qualquer fundamento, pois seria reconhecer, por via transversa, a posse privada do bem coletivo, o que está em desarmonia com o Princípio da Indisponibilidade do Patrimônio Público.*** 8. O art. 1.255 do CC, que prevê a indenização por construções, dispõe, em seu parágrafo único, que o possuidor poderá adquirir a propriedade do imóvel se "a construção ou a plantação exceder consideravelmente o valor do terreno". O dispositivo deixa cristalina a inaplicabilidade do instituto aos bens da coletividade, já que o Direito Público não se coaduna com prerrogativas de aquisição por particulares, exceto quando atendidos os requisitos legais (desafetação, licitação etc.). 9. Finalmente, a indenização por benfeitorias ou acessões, ainda que fosse admitida no caso de áreas públicas, pressupõe vantagem, advinda dessas intervenções, para o proprietário (no caso, o Distrito Federal). Não é o que ocorre em caso de ocupação de áreas públicas. 10. Como regra, esses imóveis são construídos ao arrepio da legislação ambiental e urbanística, o que impõe ao Poder Público o dever de demolição ou, no mínimo, regularização. Seria incoerente impor à Administração a obrigação de indenizar por imóveis irregularmente construídos que, além de não terem utilidade para o Poder Público, ensejarão dispêndio de recursos do Erário para sua demolição. 11. ***Entender de modo diverso é atribuir à detenção efeitos próprios da posse, o que enfraquece a dominialidade pública, destrói as premissas básicas do Princípio da Boa-Fé Objetiva, estimula invasões e construções ilegais e legitima, com a garantia de indenização, a apropriação privada do espaço público.*** 12. Recurso Especial provido. (REsp 945.055, Rel. Min. Herman Benjamin, 2ª Turma, Dje 20.08.2009)

Em resumo, o entendimento que deve ser levado para as provas segue o seguinte raciocínio:

(i) Nos termos do art. 1.196 do CC/02, possuidor é aquele que exerce algum dos poderes inerentes à propriedade;

(ii) O particular jamais pode exercer poderes inerentes à propriedade sobre bem público. Logo, não pode ser considerado possuidor, mas mero detentor: não há posse, mas simples detenção.

(iii) Assim, não havendo posse, não deve ser aplicado o seu regime jurídico, que contempla as ações possessórias e os direitos do possuidor de boa-fé.

Atenção: É muito comum em provas de advocacia pública (AGU/2012, PGDF/2013, PGEBA/2014, PGM/Palmas 2016) a cobrança do tema. Em resumo, questiona-se se o particular ocupante de imóvel público pode se valer do regime jurídico da posse, para, por exemplo, ajuizar ações possessórias ou requerer indenização por benfeitorias.

Recentemente, o tema foi cobrado na segunda fase da PGM Palmas 2016 da seguinte forma:

"A fictícia Fundação Pública Municipal "Universidade Para Todos", no ato de sua criação, recebeu do município vasta área localizada no perímetro urbano. Sr. Ambrósio Celestino, de boa-fé, adentrou em parte da área e construiu um imóvel residencial, com uma lanchonete na frente da construção, erguida sem projeto arquitetônico nem alvará de construção, local onde reside com sua família e retira seu sustento. Aproximadamente 48 (quarenta e oito) meses após a ocupação, Sr. Ambrósio recebe uma notificação para desocupar o local. Imediatamente, procurou um Advogado, que propôs uma Ação Judicial de Interdito Proibitório com pedido alternativo de Indenização pela construção e Retenção até que a indenização seja paga.

Como Procurador do Município, quais fundamentos jurídicos Vossa Senhoria utilizaria para defender os interesses da Fundação Pública Municipal, em relação a cada pedido formulado pelo autor?"

O espelho, como esperado, trouxe os fundamentos abordados linhas atrás:

"A ocupação do Sr. Ambrósio ***não pode ser considerada como posse, mas sim como mera detenção****, sendo inadmissível o pleito da proteção possessória contra o órgão público ou para proteger mera detenção.*

Não terá direito à indenização pelas acessões feitas, mesmo que de boa-fé, pois como não tem posse não exerce poderes inerentes à propriedade. A indenização por benfeitorias ou acessões pressupõe ainda, vantagem ao proprietário e impede que haja enriquecimento sem causa, já com a ocupação de áreas públicas não há vantagem, pois, além da construção não ter utilidade para o Poder Público, ensejará dispêndio para sua demolição, o que afasta o pleito indenizatório e por consequência o direito de retenção. O Estado deve fornecer moradia aos desamparados através das Políticas Públicas de Habitação e não beneficiando aqueles que invadem bens públicos".

Assentados os argumentos de fundo, deve o candidato atentar-se para o enunciado da questão, que reclama especial destaque à possibilidade de suspensão do cumprimento de sentença.

Nesse ponto, deve-se lembrar que o mero ajuizamento da ação rescisória não impede o cumprimento ou execução da sentença rescindenda, na forma do art. 969 do CPC, que, contudo, encarta a possibilidade de suspensão da tutela executiva, **acaso deferida tutela provisória neste sentido.**

> Art. 969. A propositura da ação rescisória não impede o cumprimento da decisão rescindenda, ***ressalvada a concessão de tutela provisória.***

Portanto, neste particular, deve-se apontar **a necessidade da tutela provisória para suspender o cumprimento de sentença** já requerido pela parte vencedora. Para tanto, deve o candidato alegar que estão presentes os pressupostos para o deferimento, quais sejam, a urgência ou evidência do direito.

Nesse particular, pode o candidato afirmar que: **1)** a tutela de urgência deve ser deferida, pois há probabilidade do direito, lastreada nas razões acima mencionadas, bem como há o perigo de dano ao ente municipal, caso prossiga processo de execução instaurado contra si de forma indevida (art. 300 do NCPC); ou que **2)** a tutela de evidência é de rigor, na medida em que as alegações fáticas declinadas podem ser demonstradas apenas documentalmente, não sendo possível ao réu elidir, por exemplo, a tese de que é mero detentor (art. 311, IV, do NCPC).

Por fim, é oportuno observar que, cuidando-se de caso prático, o ajuizamento da ação rescisória não encerraria as possibilidades de atuação do advogado público competente, pois foi instaurado pedido de cumprimento de sentença, sendo o Município de Porto Alegre intimado sobre ele.

Porém, embora na prática o advogado público devesse aviar também uma manifestação sobre o cumprimento de sentença, cobrou-se, como de praxe, apenas uma peça para a proposição. Assim, verifica-se que o caso é, mesmo, de **Ação Rescisória com pedido de tutela antecipada**, pois apenas essa ação é capaz de, a um só tempo, rescindir a sentença de mérito e de suspender o seu cumprimento, na forma dos arts. 966, V e 969 do NCPC. Se o candidato manejasse apenas impugnação ao cumprimento de sentença, a sentença ilegítima permaneceria sob o manto da coisa julgada.

» INFORMAÇÃO COMPLEMENTAR

No início de 2016, o STJ, em julgado noticiado no informativo 579, incrementou o tema, analisando a possibilidade de o particular manejar ação possessória **contra outro particular** para defesa de bem público ocupado irregularmente. Nessa situação (particular X particular), a Corte entendeu de modo diverso, aceitando a viabilidade da defesa possessória:

> *É cabível o ajuizamento de ações possessórias por parte de invasor de terra pública contra outros particulares.* A ocupação de área pública, sem autorização expressa e legítima do titular do domínio, não pode ser confundida com a mera detenção. Aquele que invade terras e nela constrói sua moradia jamais exercerá a posse em nome alheio. Não há entre ele e o proprietário uma relação de dependência ou subordinação. ***Ainda que a posse não possa ser oposta ao ente público, senhor da propriedade do bem, ela pode ser oposta contra outros particulares, tornando admissíveis as ações possessórias entre invasores.*** (STJ. 3ª Turma. REsp 1.484.304-DF, Rel. Min. Moura Ribeiro, julgado em 10/3/2016 – Info 579).

Embora a fundamentação aparente contradição, para fins de concursos, o candidato deve conhecer a distinção de tratamento, a partir do polo passivo da ação possessória: 1) se figurar o ente público detentor do domínio do bem, a ação possessória não será cabível; 2) se figurar outro particular, a defesa possessória do bem público será cabível, mesmo que a ocupação do autor seja irregular.

» CRITÉRIOS DE AVALIAÇÃO

AÇÃO RESCISÓRIA
ACERTO DA PEÇA E FORMALIDADES: 1. Cabimento de **Ação Rescisória com pedido de tutela provisória** no TJ/RS, com fundamento nos arts. 966, V e 969 do NCPC; 2. Tempestividade; 3. Desnecessidade do depósito prévio.
MÉRITO: 1. Violação dos arts. 1204, 1208 do CC e arts. 560, 561, I e 555, I, do NCPC: inexistência de posse, mas mera detenção; 2. Invocação do art. 969 do CPC, para sustentar arguição de tutela provisória, destinada a suspender, *in continenti*, a execução: demonstração do preenchimento dos requisitos legais.
PEDIDOS E FECHAMENTO: 1. Pedir, com base no art. 968, I, do CPC, para ser rescindido o acórdão, com novo julgamento da causa, julgando-se, ao final, improcedente o pedido de indenização pelas benfeitorias realizadas no imóvel público, com inversão do ônus da sucumbência; 2. Pedir, com base no art. 300 ou 311, IV, do CPC, a concessão de tutela provisória, para suspender a execução, na conformidade do art. 969 do CPC; 3. Valor da causa: R$ 1.000.000,00 (um milhão de reais); 4. Local, data e assinatura.

Proposta 6: Equiparação salarial

Autor: José Américo da Costa Júnior

» ENUNCIADO

João é médico vinculado ao Município de São Luís, aprovado em concurso público para trabalhar em regime de 20h semanais. Aufere vencimento de R$ 5.000,00 (cinco mil reais).

Artur, por sua vez, é médico vinculado à empresa pública Hospitais Ludovicenses S/A, constituída pelo Município de São Luís para administrar os hospitais e postos de saúde municipais. Possui regime de 10h semanais, salário-base de R$ 6.000,00 (reais) e recebe adicionais noturno e de insalubridade, sendo aquele fixado em 20% do salário-base e este no montante equivalente a 2 (dois) salários-mínimos nacionais.

Irresignado com a situação de ganhar menos, embora com jornada superior, João ajuizou ação em face do Município de São Luís, pleiteando equiparação salarial com Artur, especialmente no tocante ao adicional de insalubridade, o qual possui previsão em Decreto Executivo específico que autoriza seu pagamento aos médicos da empresa pública mencionada, porém, silencia quanto aos demais.

Sobre o adicional noturno, João aponta que o direito a essa verba, além do paradigma, fundamenta-se em previsão da Lei Orgânica do Município, a partir de emenda proposta por vereador municipal, mas ainda sem regulamentação pelo prefeito municipal.

O juízo de 1ª instância julgou procedente a ação, considerando que o Decreto acima mencionado poderia ser estendido aos médicos municipais e, além disso, por não fazer sentido que profissionais com mesma nomenclatura e cargo possam perceber remuneração tão díspar.

Restou consignado na sentença, ainda, que: a previsão em Lei Orgânica Municipal ampara o direito à percepção de adicional noturno, independentemente de regulamentação legal ou infralegal, por já ser uma lei em sentido estrito; o paradigma indicado seria adequado para fins de aplicação do direito à equiparação, sendo irrelevante o fato dele estar vinculado a empresa pública municipal, pois o cargo e funções exercidas seriam as mesmas; e, por fim, que os médicos constituem categoria própria, com regulação especial, não podendo o Município criar distinções internas entre esses profissionais.

O município de São Luís apelou dessa sentença, que foi integralmente mantida pelo Tribunal de Justiça do Maranhão. Foram opostos Embargos de Declaração com a alegação de omissão e contradição na sentença, porém, foi-lhe negado provimento, com fundamentação apenas genérica, mediante a afirmação de que o embargante desejava apenas rediscutir o mérito da causa.

Diante desses fatos, interponha o recurso mais adequado em face da última decisão proferida no processo, contendo as alegações de defesa que permitam o seu conhecimento e revisão da decisão na instância superior.

Dados adicionais para a confecção da peça: Considere que a data da intimação da decisão foi 06.05.2016 (sexta-feira), com remessa dos autos para o município. Registre a data do recurso como sendo a do último dia do prazo para sua interposição e despreze eventuais feriados.

» COMENTÁRIOS

I. PEÇA CABÍVEL

A peça cabível, nesse caso, é o **Recurso Extraordinário**, com fundamento no disposto no art. 102, inciso III, "a", da Constituição Federal, considerando que, conforme será melhor detalhado, houve violação a uma série de dispositivos constitucionais. Ademais, a decisão objeto do recurso foi proferida em última instância, em sede de Apelação e já após interposição de Embargos de Declaração com intuito de prequestionamento e integração do julgado.

II. ENDEREÇAMENTO

O endereçamento deve ser feito para o Presidente ou Vice-Presidente do Tribunal de Justiça do Estado – art. 1.029 do Novo CPC.

Obs.: não houve alteração desse ponto em relação ao CPC anterior, embora seja oportuno destacar que, de início, o Novo Código intentou suprimir a admissibilidade no âmbito dos Tribunais de origem, tal como previsto na redação primitiva do art. 1.030, que, no entanto, veio a ser revogada pela Lei n. 13.256/2016, a qual manteve o juízo de admissibilidade no âmbito dos Tribunais recorridos.

III. PRESSUPOSTOS GENÉRICOS E ESPECÍFICOS DE ADMISSIBILIDADE

O recurso extraordinário tem previsão constitucional de pressupostos genéricos e cumulativos e pressupostos específicos e alternativos de admissibilidade, segundo o Professor Daniel Amorim Assumpção Neves (Manual de Direito Processual Civil - V. único, 2016).

Afirma o mencionado doutrinador que só será admitido o recurso extraordinário se a decisão recorrida for de última ou única instância, ocorrer o pré-questionamento (art. 102, III, caput, da CF) e ter repercussão geral (art. 102, § 3.º, da CF).

Esses são os pressupostos genéricos que todo recurso extraordinário precisa reunir, além de exigir a presença da situação descrita em um dos quatro incisos do art. 102, III, da CF, que preveem os pressupostos alternativos.

IV. TEMPESTIVIDADE

No que toca à tempestividade, a questão expressamente mencionou as datas de cada fato processual relevante, bem como exigiu que a petição fosse datada com a indicação do último dia para protocolo, de modo que se presume que exigiu o conhecimento da contagem de prazo para interposição do Recurso Extraordinário, o que torna obrigatória a menção detalhada, porém, concisa, sobre a tempestividade do recurso.

Sobre o prazo recursal especificamente, em primeiro plano, em uma homenagem à celeridade processual, sem descuidar de um prazo diferenciado, o novo estatuto dispõe que a União, os Estados, o Distrito Federal, os Municípios e suas respectivas autarquias e fundações gozarão de **prazo em dobro** para a manifestação em juízo, conforme disposição expressa do artigo 183 do NCPC:

> Art. 183. A União, os Estados, o Distrito Federal, os Municípios e suas respectivas autarquias e fundações de direito público ***gozarão de prazo em dobro para todas as suas manifestações processuais***, cuja contagem terá início a partir da intimação pessoal.

A partir disso, insta observar que os prazos recursais, em geral, foram unificados no NCPC em 15 dias – com exceção dos Embargos de Declaração, que continuou com o prazo de 5 dias –, conforme disposto no art. 1.003, § 5º, do NCPC:

> Art. 1.003. O prazo para interposição de recurso conta-se da data em que os advogados, a sociedade de advogados, a Advocacia Pública, a Defensoria Pública ou o Ministério Público são intimados da decisão.
>
> (...) § 5º. Excetuados os embargos de declaração, o prazo para interpor os recursos e para responder-lhes é de 15 (quinze) dias.

Assim, considerando a prerrogativa do prazo em dobro conferido pelo art. 183 do NCPC, já comentada, e que a contagem dos dias no NCPC se faz levando em consideração apenas os dias úteis (Art. 219 do NCPC), **o prazo para interposição do recurso é de 30 dias úteis e tendo como termo *a quo* o dia 06.05.2016, uma vez que promovida a intimação pessoal do Município nesta data, inclusive com a entrega dos autos via mandado judicial, excluindo-se do cômputo do prazo o dia da intimação.** Assim, excluindo-se o dia de início (sexta-feira) e incluindo-se o dia do vencimento, conforme acentua o art. 224 do NCPC, o último dia de prazo a ser assinado pelo candidato é dia **17/06/2016**, ressaltando-se que a questão foi expressa ao dispensar a existência de feriados.

Obs. 1: não confunda início da CONTAGEM do prazo recursal com início do próprio prazo recursal - são momentos distintos, tecnicamente falando, por foça da dicção do art. 224 do NCPC.

Obs. 2: Sempre que a questão mencionar datas e pedir a interposição do recurso no último dia do prazo, o candidato deve contar detidamente o prazo recursal, **reparando se o termo *ad quem* recairá ou não em dia útil.**

V. REPERCUSSÃO GERAL

Com a Emenda Constitucional 45/2004, foi acrescentado ao art. 102 da CF um terceiro parágrafo, que criou a repercussão geral como um pressuposto genérico de admissibilidade do recurso extraordinário. A toda evidência, o legislador resolveu criar um pressuposto de admissibilidade para que o Supremo Tribunal Federal passe a julgar somente causas de extrema relevância ou de significativa transcendência.

Relembre que a repercussão geral não pode ser analisada pelo órgão prolator da decisão impugnada, ainda que o recurso extraordinário passe por um juízo de admissibilidade perante esse órgão, de sorte que a competência para a sua análise é exclusiva do Supremo Tribunal Federal, nos termos do § 2º do art. 1.035 do Novo CPC.

Na sistemática do CPC/1973 a previsão da repercussão geral como preliminar recursal era, de forma praticamente unânime, induvidosa.

No entanto, o professor Daniel Assumpção Neves afirma que o § 2º do art. 1.035 do Novo CPC, mesmo mantendo a exigência de demonstração da existência de repercussão geral pelo recorrente, suprimiu a previsão de que tal demonstração seja elaborada como preliminar do recurso. Na esteira disso, faz as seguintes considerações:

> "Pode-se argumentar que a mudança tem pouca repercussão prática, porque o recorrente continua obrigado a demonstrar a repercussão geral, podendo fazê-lo em parte final do recurso extraordinário - o que sempre pareceu mais lógico, considerando-se que a repercussão geral é demonstrada pelas razões recursais - e não mais em sede preliminar. O que poderia parecer uma modificação sem maior significado pode esconder uma novidade importante quanto à repercussão geral.
>
> Havendo previsão expressa a exigir que a repercussão geral fosse demonstrada em preliminar do recurso extraordinário, ficava claro que o recorrente devia expressamente demonstrar sua existência. A mera ausência de preliminar, inclusive, vinha levando o Supremo Tribunal Federal a inadmitir o recurso, independentemente de qualquer outra análise, mesmo nos casos de presunção absoluta de repercussão geral. A partir do momento em que a exigência se limita à demonstração de existência da repercussão geral, é possível concluir que o recorrente está dispensado de criar um tópico específico de sua peça recursal nesse sentido, sendo admitido que as próprias razões recursais demonstrem a existência de repercussão geral.
>
> A novidade, por outro lado, pode resolver na prática uma divergência doutrinária a respeito da possibilidade de o Supremo Tribunal Federal reconhecer a repercussão geral de ofício, mesmo que não esteja devidamente demonstrada pelo recorrente. Como cabe ao Supremo Tribunal Federal decidir pela existência de repercussão geral, mesmo que ela não tenha sido devidamente demonstrada pelo recorrente, bastará o tribunal dizer que ela foi demonstrada caso se interesse em julgar o recurso extraordinário. É claro que quando era exigida uma preliminar nesse sentido do recorrente essa "manobra" não seria possível, mas, como já afirmado, essa exigência não faz parte do art. 1.035, do Novo CPC. Há, portanto, espaço para mudança do entendimento do Supremo Tribunal Federal pela inadmissão da repercussão geral implícita."

Todavia, **CUIDADO**: até que o STF proceda a um *overruling* de sua jurisprudência sobre a necessidade da abertura de preliminar para demonstrar a repercussão geral, para fins de concurso público, deve-se redigir por prudência o referido tópico preliminar.

No que importa ao caso prático, é preciso pontuar que existem hipóteses de presunção absoluta de existência da repercussão geral, previstas pelos incisos do § 3º do art. 1.035 do Novo CPC, tendo todas essas hipóteses, segundo escólio doutrinário, um ponto em comum: a valorização dos entendimentos consolidados pelo Supremo Tribunal Federal.

Há presunção absoluta de repercussão geral sempre que o recurso extraordinário impugnar acordão que contrarie súmula ou jurisprudência dominante do Supremo Tribunal Federal (inciso I) e que tenha reconhecido a inconstitucionalidade de tratado ou lei federal, nos termos do art. 97 da Constituição Federal (inciso II).

Nisso se inclui, portanto, a ofensa ao texto de Súmula Vinculante, sendo fundamental pontuar tal questão no âmbito do recurso a ser manejado pelo candidato, sempre quando se deparar com frontal violação dessa natureza.

VI. DO PREQUESTIONAMENTO

Sobre o pressuposto de admissibilidade do prequestionamento, Daniel Amorim Assumpção Neves afirma que

> "(...) Da mesma forma que ocorre no recurso especial, a admissibilidade de todo recurso extraordinário exige o preenchimento do pré-questionamento. Mais uma vez o objetivo é não permitir que o Supremo Tribunal Federal, no julgamento do recurso extraordinário, conheça de forma originária no processo de matéria alegada pelo recorrente, exigindo-se que a matéria já tenha sido objeto de apreciação e solução pelo órgão hierarquicamente inferior que proferiu a decisão recorrida. Registre-se que tanto no recurso extraordinário como no especial, o pré-questionamento exerce a mesma função impeditiva dos tribunais superiores de conhecerem matérias que não tenham sido anteriormente objeto de decisão".

É essencial referir ao prequestionamento, ainda que de forma breve e concisa. Isso porque demonstra ao examinador que o candidato conhece as nuances da peça recursal, já que se trata de elemento básico para o acesso à instância extraordinária, naturalmente para não incorrer em supressão de instância, bem assim para limitar o conhecimento do recurso à discussão de teses jurídicas de relevo, afastando-se eventuais discussões de ordem fática, como mecanismo de verdadeira filtragem do que deve ser submetido à decisão da Suprema Corte.

Ademais, por outro aspecto releva a necessidade de debate quanto ao prequestionamento, qual seja, o fato de que a questão menciona expressamente que foram interpostos Embargos de Declaração com a finalidade de sanar omissões e contradições no julgado. Na prática, o intuito principal de tal recurso vai além da mera integração da decisão recorrida, mas, principalmente, intenciona prequestionar eventuais omissões quanto a discussões jurídicas que podem levar a demanda aos Tribunais Superiores.

Nesse sentido, o Novo CPC trouxe importante solução para os casos em que os Tribunais de origem se abstém de promover a integração de suas decisões, mediante decisões genéricas ou evasivas, ao afirmar que "***Consideram-se incluídos no acórdão os elementos que o embargante suscitou, para fins de pré-questionamento, ainda que os embargos de declaração sejam inadmitidos ou rejeitados, caso o tribunal superior considere existentes erro, omissão, contradição ou obscuridade***" (art. 1.025).

O Novo CPC, portanto, exauriu o debate acerca do prequestionamento ficto, inadmitido no âmbito do STJ durante a vigência do CPC/73. Agora, basta que o embargante articule as teses que pretende ver conhecidas nos Tribunais Superiores, para que o prequestionamento reste configurado, mesmo que a segunda instância sobre elas não tenha debatido.

Ou seja, resta claro que não será mais necessário que, no âmbito dos Tribunais Superiores, promova-se a simples anulação do acordão recorrido e que este retorne para novo julgamento das questões objeto dos Embargos Declaratórios, para fins de mero prequestionamento, o que torna nitidamente mais eficaz o processo, em ampla sintonia com os postulados dos princípios da instrumentalidade e economia processual.

Daí surge a importância de que o candidato/Procurador aborde expressamente o fato de que foram opostos Embargos de Declaração na origem, com o intuito de prequestionar os temas objeto do recurso extraordinário, notadamente diante da regra prevista no art. 1.025 do Novo CPC.

VII. DO MÉRITO

Sobre o mérito do recurso, é essencial que o candidato aborde os seguintes temas:

a) ***Da vedação à equiparação salarial por meio de decisão judicial - princípio da legalidade (art. 37, X) - súmula vinculante n. 37 - separação de poderes - regimes jurídicos distintos - violação ao art. 37, XIII, CF/1988***

O caso prático refere-se à problemática concernente à equiparação salarial e desvio de função no serviço público.

O direito à equiparação salarial consiste em instituto jurídico que implica a intervenção do Estado no poder de direção do empregador, no sentido de coibir tratamentos discriminatórios em termos de remuneração, de modo a garantir a observância do princípio do "trabalho igual, salário igual", o que é, senão, uma forma de prestigiar o princípio da isonomia.

Na espécie, um servidor público *scrictu sensu*, ou seja, submetido a regime estatutário, uma vez que vinculado à administração direta de ente público e com atribuições definidas em lei, objetiva a equiparação salarial em relação a empregado público, que, por sua vez, observa a CLT na sua relação com o empregador, que vem a ser entidade da administração indireta, empresa pública controlada pelo Município de São Luís, porém, sem identidade de personalidade e regime jurídico.

Nesses casos, é imperioso ressaltar que **o recorrente/candidato deve, de plano, arguir o óbice contido no comando do art. 37, X, da Constituição Federal de 1988**, que determina a submissão de qualquer ajuste remuneratório no serviço público à previsão legal. Criou-se, no mencionado dispositivo constitucional, uma *reserva legal* para o tema, além de consignar a **necessidade de observar a iniciativa pertinente para deflagrar o processo legislativo, como forma de preservar o princípio da Separação dos Poderes.**

Embora já existente antiga súmula do STF sobre o tema (Enunciado 339: "*Não cabe ao Poder Judiciário, que não tem a função legislativa, aumentar vencimentos de servidores públicos sob o fundamento de isonomia*"), em função da ainda comum reiteração de decisões judiciais que equiparam indevidamente a remuneração de servidores públicos, foi editada a Súmula Vinculante n. 37, a qual objetiva coibir tal prática jurisprudencial, mesmo que motivada pela aplicação do princípio da isonomia:

> ***Súmula Vinculante 37:*** Não cabe ao poder Judiciário, que não tem função legislativa, aumentar vencimentos de servidores públicos sob o fundamento de isonomia.

No voto condutor do acordão que deu ensejo à redação da referida súmula, proferido no âmbito do RE n. 592.317/RJ, o Ministro Gilmar Mendes anotou que "*Dos precedentes que originaram essa orientação jurisprudencial sumulada, resta claro que esta Corte, pacificou o entendimento no sentido de que* ***aumento de vencimentos de servidores depende de Lei e não pode ser efetuado apenas com suporte no princípio da isonomia****. Entre outros, confiram-se: RE 40.914, Rel. Min Antonio Villas Boas, DJ 7.4.1960; RE 42.186, Rel. Min. Nelson Hungria, DJ 21.9.1960; RMS 9.122, Rel. Min. Vitor Nunes, DJ 26.10.1961 e RE 47.340, Rel. Min. Barros Barreto, DJ 26.10.1961*".

Além dessas ponderações, é imperioso que o candidato ressalte a violação ao art. 37, XIII, da Constituição Federal de 1988, que veda qualquer tipo de equiparação e/ou vinculação de remuneração no serviço público estatutário e, além disso, conforme leciona o professor Rogério Neiva, apontar **uma situação jurídica típica do conflito entre a lógica do Direito do Trabalho e a do Direito Administrativo**, o que não poderia levar a uma equiparação remuneratória entre servidores públicos submetidos a regimes jurídicos diversos.

O STF tem mansa e pacífica jurisprudência sobre o tema:

> "A norma questionada aponta para a possibilidade de serem equiparados os servidores de toda e qualquer fundação privada, instituída ou mantida pelo Estado, aos das fundações públicas. ***Sendo diversos os regimes jurídicos, diferentes são os direitos e os deveres que se combinam e formam os fundamentos da relação empregatícia firmada. A equiparação de regime, inclusive o remuneratório, que se aperfeiçoa pela equiparação de vencimentos, é prática vedada pelo art. 37, XIII, da Constituição brasileira e contrária à Súmula 339 do Supremo Tribunal Federal.***" (ADI 191, rel. min. Cármen Lúcia, julgamento em 29-11-2007, Plenário, DJE de 7-3-2008.)

Vale dizer, apenas por ser oportuno e como reforço argumentativo, que **o TST também solucionou a questão a partir da separação das instâncias orgânicas da Administração Pública.**

Conforme a tese inicialmente firmada por meio da OJ 297 da SBDI-1, considerou-se que o art. 461 da CLT **NÃO** é aplicável no âmbito da Administração Direta, Autárquica e Fundacional, em função do disposto no art. 37, XIII, da CF, de modo que, nas referidas esferas administrativas, **NÃO** subsiste o direito à equiparação salarial.

Trata-se de hipótese típica de ineficácia normativa, em função da prevalência da lógica do Direito Administrativo, em detrimento da lógica do Direito do Trabalho, o que não poderia resultar, portanto, na pretendida equiparação, *in casu*.

b) ***Não cabimento do adicional noturno – fixação de verba remuneratória por meio de emenda parlamentar à lei orgânica – violação à iniciativa de lei do poder executivo – violação ao disposto nos arts. 61, § 1º, inciso II, alíneas "a" e "c", da Constituição Federal de 1988:***

Sobre o adicional noturno, cabe ao candidato apontar **a violação do artigo 61, § 1º, inciso II, alíneas "a" e "c", da Constituição Federal de 1988**, uma vez que a fixação do adicional noturno ocorreu mediante direta inserção dessa verba no texto da Lei Orgânica do Município, o que, *prima facie*, já não seria possível, por não se destinar tal texto normativo à regulamentação minuciosa de direitos trabalhistas dos servidores públicos, sendo agravada tal condição, *in casu*, **em função do adicional ter sido inserido mediante Emenda Parlamentar, em ofensa ao processo legislativo pertinente**, considerando que a iniciativa de Lei para fixação da remuneração dos servidores do Executivo é privativa do Chefe deste Poder.

Também é pacífica a jurisprudência do STF sobre o tema:

> CONTROLE DE CONSTITUCIONALIDADE – TRIBUNAL DE JUSTIÇA – ATUAÇÃO – REVISÃO. ***Ante a possibilidade de vir à baila entendimento que possua ligação com a Constituição Federal, como ocorre quanto aos preceitos sensíveis, de adoção obrigatória pela Carta estadual, admissível é o recurso extraordinário – Recurso Extraordinário nº 199.293/SP, de minha relatoria, e Questão de Ordem na Ação Direta de Inconstitucionalidade nº 1.529/MT, da relatoria do ministro Octavio Gallotti.***
>
> LEI ORGÂNICA DE MUNICÍPIO – SERVIDORES – DIREITOS. Descabe, em lei orgânica de município, a normatização de direitos dos servidores, porquanto a prática acaba por afrontar a iniciativa do Chefe do Poder Executivo – Ações Diretas de Inconstitucionalidade nº 2.944/PR, relatada pela ministra Cármen Lúcia, 3.176/AP, 3.295/AM, relatadas pelo ministro Cezar Peluso, e 3.362/BA, de minha relatoria.
>
> (RE 590829, Relator(a): Min. MARCO AURÉLIO, Tribunal Pleno, julgado em 05/03/2015, ACÓRDÃO ELETRÔNICO DJe-061 DIVULG 27-03-2015 PUBLIC 30-03-2015)

Desse modo, o **adicional noturno, embora possua fonte normativa própria, diferentemente da mera equiparação salarial, não foi fixado mediante o processo legislativo adequado, ocorrendo vício formal na sua introdução na legislação municipal** (vícios de iniciativa e de campo legislativo, posto que a Lei Orgânica não é o canal mais adequado para fixação de direitos dessa natureza).

Ressalte-se que eventual argumento da ausência de regulamentação infralegal, no caso, não seria cabível, uma vez que, eventualmente ultrapassada a inconstitucionalidade aludida, o debate desse tema incorreria em análise de legislação infraconstitucional e pertinente a direito local, além de que eventual inconstitucionalidade seria meramente indireta, eis que seria necessária a análise de norma interposta para sua aferição, razão pela qual o recurso extraordinário não poderia ser conhecido. Seguem julgados exemplificativos:

> ADMINISTRATIVO. RECURSO EXTRAORDINÁRIO COM AGRAVO. MANDADO DE INJUNÇÃO. ESTADO DE PERNAMBUCO. SERVIDORES PÚBLICOS. ART. 7º, IX, DA CONSTITUIÇÃO. REGULAMENTAÇÃO DO PAGAMENTO DE ADICIONAL NOTURNO. MATÉRIA INFRACONSTITUCIONAL. AUSÊNCIA DE REPERCUSSÃO GERAL.
>
> 1. ***A controvérsia relativa à regulamentação do pagamento de adicional noturno para servidores públicos do Estado de Pernambuco, fundada na interpretação da Lei Estadual 10.784/92, é de natureza infraconstitucional.***
>
> 2. É cabível a atribuição dos efeitos da declaração de ausência de repercussão geral quando não há matéria constitucional a ser apreciada ou quando eventual ofensa à Carta Magna se dê de forma indireta ou reflexa (RE 584.608 RG, Min. ELLEN GRACIE, DJe de 13/3/2009).
>
> 3. Ausência de repercussão geral da questão suscitada, nos termos do art. 543-A do CPC" (ARE n. 837.041-RG, Relator o Ministro Teori Zavascki, Plenário, DJe 5.12.5014). "
>
> EXTENSÃO AO MAGISTÉRIO PÚBLICO ESTADUAL DE ADICIONAL NOTURNO.
>
> 1. Segundo o acórdão do Tribunal de Justiça do Estado do Rio Grande do Sul, a ausência de lei regulamentando o direito ao adicional noturno do magistério público justifica a aplicação das regras do Estatuto dos Servidores Públicos Civis do Estado (LCE nº 10.098/1994) até a edição de norma legislativa própria.
>
> ***2. Discussão que envolve aplicação de direito local, sendo, por isso mesmo, matéria de natureza infraconstitucional.***
>
> 3. Inexistência de repercussão geral (ARE n. 820.903-RG, Relator o Ministro Roberto Barroso, Plenário, DJe 21.10.2014).

c) *Fixação de adicional de insalubridade vinculado ao salário mínimo – violação ao art. 7º, IV, DA CF/1988 e da Súmula Vinculante n. 4*

Embora suficientes os argumentos anteriormente destacados, para, de *per si*, afastar tanto a equiparação salarial como a pretendida percepção de adicionais noturno e de insalubridade, caberia ao candidato, em reforço argumentativo, apontar que é vedada a fixação de verbas salariais vinculadas ao salário mínimo, o que provoca uma indexação natural da economia e consequentes aumentos independentemente de lei específica - inclusive podendo ocasionar violação reflexa ao art. 37, X, da Constituição Federal.

Tal vedação, saliente-se, é objeto de norma própria e específica no texto constitucional - art. 7º, IV –, restando clara, aqui, outra violação literal do texto da Constituição, além de que, diante de reiteradas decisões judiciais em sentido contrário, o STF decidiu por veicular em Súmula Vinculante tal proibição, a fim de pacificar definitivamente o tema, o que foi feito nos seguintes termos:

> ***Súmula Vinculante n. 4:*** Salvo nos casos previstos na Constituição, o salário mínimo não pode ser usado como indexador de base de cálculo de vantagem de servidor público ou de empregado, nem ser substituído por decisão judicial.

Ademais, segue julgado com a aplicação do mencionado dispositivo constitucional em situação similar à ora veiculada nessa peça prática:

> Ementa: CONSTITUCIONAL E TRABALHISTA. NORMA COLETIVA. ADICIONAL DE INSALUBRIDADE. FIXAÇÃO DA BASE DE CÁLCULO. VINCULAÇÃO AO SALÁRIO-MÍNIMO. VEDAÇÃO. ***SÚMULA VINCULANTE 4. ATUAÇÃO DO PODER JUDICIÁRIO COMO LEGISLADOR POSITIVO.*** INOCORRÊNCIA. EXISTÊNCIA DE NORMA COLETIVA DEFININDO A BASE DE CÁLCULO DO ADICIONAL DE INSALUBRIDADE. ANÁLISE DE CLÁUSULA DE ACORDO COLETIVO DE TRABALHO. IMPOSSIBILIDADE. SÚMULA 454/STF.
>
> 1. ***O STF, no julgamento do RE 565.714, Rel. Min. Cármen Lúcia, reconheceu a vedação constitucional de utilização do salário mínimo como base de cálculo para cálculo qualquer vantagem de servidor público ou de empregado, como o adicional de insalubridade.***
>
> 2. A jurisprudência do Supremo Tribunal Federal reconhece a possibilidade de fixação da base de cálculo dessa vantagem por meio de lei ou de convenção coletiva de trabalho.
>
> 3. Agravo regimental a que se nega provimento. (Processo: ARE 646895 RS. Relator(a): Min. TEORI ZAVASCKI. Julgamento: 03/09/2013. Órgão Julgador: Segunda Turma. Publicação: ACÓRDÃO ELETRÔNICO DJe-183 DIVULG 17-09-2013 PUBLIC 18-09-2013

VIII. DOS PEDIDOS E FECHAMENTO

Para encerrar, deve o candidato pugnar pelo conhecimento e total provimento do apelo extraordinário, a fim de que sejam afastadas as violações constitucionais verificadas no acórdão recorrido, sendo este, ao final, reformado.

Por derradeiro, deve o candidato datar a peça em **17.06.2016** e assinar como Procurador do Município de São Luís.

» CRITÉRIOS DE AVALIAÇÃO

RECURSO EXTRAORDINÁRIO
1º) QUESTÕES FORMAIS E PRELIMINARES: A) PEÇA CABÍVEL: Recurso extraordinário, com fundamento no art. 102, III, "a", da CF/1988; B) ENDEREÇAMENTO - Presidente ou Vice-Presidente do TJ-SP; C) TEMPESTIVIDADE - A data de interposição do recurso deve ser 17.06.2016; D) PREQUESTIONAMENTO - Apontar expressamente a aplicabilidade do art. 1.025, do CPC/2015, para fins de possibilitar o debate diretamente no STF, independentemente da eventual omissão do TJ-SP quanto às teses veiculadas; E) REPERCUSSÃO GERAL - Mencionar a aplicabilidade do art. 1.035, § 3º, I, do CPC/2015, como hipótese de presunção absoluta de repercussão geral;
2º) MÉRITO: A) Da vedação à equiparação salarial por meio de decisão judicial - princípio da legalidade (art. 37, x) - súmula vinculante n. 37 - separação de poderes - regimes jurídicos distintos - violação ao art. 37, XIII, CF/1988: B) Não cabimento do adicional noturno - fixação de verba remuneratória por meio de emenda parlamentar à lei orgânica - violação à iniciativa de lei do poder executivo - violação ao disposto nos arts. 61, § 1º, inciso II, alíneas "a" e "c", da constituição federal de 1988; C) Impossibilidade de fixação de adicional de insalubridade vinculado ao salário mínimo - violação ao art. 7º, IV, da CF/1988 e da súmula vinculante n. 4;
3º) PEDIDO: Necessariamente, inserir pedido de reforma da decisão e possibilidade de conhecimento do recurso com aplicação do art. 1.025 do CPC.

Proposta 7: RDC

Autores: Anderson Vieira da Costa e Caio Vinícius Sousa e Souza

» ENUNCIADO

O Estado do Mato Grosso do Sul promoveu, através de edital lançado em fevereiro de 2016, procedimento licitatório na modalidade do Regime Diferenciado de Contratações, que tinha como objeto a implantação de uma enorme obra hídrica para assegurar a navegabilidade dos rios estaduais, impedir tanto o assoreamento nas margens quanto as inundações nos períodos de cheia, além de construir, na cidade de Corumbá, uma gigantesca marina para barcos dos mais diversos portes e finalidades, inclusive para fins de segurança nacional. A obra, que foi definida no edital de forma clara e precisa, será financiada por convênio celebrado entre o Estado do Mato Grosso do Sul e a União, com repasse de ambos os entes que totalizam R$ 270.000.000,00 (duzentos e setenta milhões de reais).

O objeto da contratação envolve o desenvolvimento dos projetos básico e executivo, a execução das obras e serviços de engenharia, a montagem, a realização de testes, a pré-operação e todas as demais operações necessárias e suficientes para a entrega final do objeto.

Além das especificações do objeto e demais disposições padrões, o edital da licitação RDC-XXX/2016 trouxe uma série de peculiaridades, contra as quais houve insurreição de um dos consórcios participantes (Fluvius SPE), que, invocando a legislação federal pertinente, impugnou o edital administrativamente para atacar os seguintes pontos: houve contratação integral, somando-se diversos procedimentos que seriam necessários sob o ponto de vista da licitação nos moldes usuais, resumindo as fases internas e externas; segredo a respeito do orçamento estimado, além da forma sigilosa que deveria ser conduzido o procedimento, o que gera flagrante afronta ao princípio da publicidade; o interessado deve demonstrar experiência em elaboração, execução, supervisão ou coordenação de projetos de "obras hídricas com extensão superior a 1km", em flagrante direcionamento; índice de liquidez corrente de 1,5, o que não é justificado, pois a obra será contratada e paga pelo Estado do Mato Grosso do Sul com recursos do convênio celebrado com a União; por fim, condena a previsão do "bônus" estipulado no edital para a eventualidade de atingimento de metas, pois compromete a elaboração das propostas, podendo prejudicar a competitividade.

O recurso administrativo foi totalmente refutado pela autoridade competente. Em razão disso, a Fluvius SPE ingressou, em 15 de agosto de 2016, com um Mandado de Segurança em que repetiu todos os argumentos suscitados acima, sem, contudo, investir contra a decisão da autoridade administrativa. O MS, impetrado na 1ª Vara Federal de Corumbá, atacou exclusivamente do edital da licitação, apontando como autoridade coatora aquela que o lançou e como sujeito passivo o Estado do Mato Grosso do Sul.

No remédio constitucional requestou-se pela anulação do procedimento licitatório e, via de consequência, do contrato que eventualmente dele tenha decorrido, além de requerer a elaboração de novo edital, desta feita em consonância com a legislação geral das licitações.

O pleito autoral foi totalmente indeferido pelo juízo de primeiro grau, desafiando recurso de apelação por parte da sociedade impetrante, que o interpôs com os mesmos fundamentos da inicial. Em sede recursal, o Tribunal Regional Federal da 3ª Região, apesar de apreciar todos os argumentos de defesa, acatou - em votação unânime - as razões da apelação, dando-lhe integral provimento para reformar o julgado vergastado em todos os seus termos.

De posse dessas informações, na qualidade de Procurador do Estado do Mato Grosso do Sul, interponha a competente medida judicial para reverter a decisão acima mencionada.

» COMENTÁRIOS

I. DO CABIMENTO DO RECURSO

O recurso cabível é o **Recurso Especial**, tendo em vista que é o meio recursal apto a impugnar acórdão de causas decididas, em única ou última instância, pelos Tribunais Regionais Federais ou pelos tribunais dos Estados, do Distrito Federal e Territórios.

Além do requisito citado acima, o acórdão recorrido deve incidir em uma das hipóteses previstas no art. 105, III, da Constituição Federal, cujo teor segue:

> Art. 105. Compete ao Superior Tribunal de Justiça: [...]
>
> III – julgar, em recurso especial, as causas decididas, em única ou última instância, pelos Tribunais Regionais Federais ou pelos tribunais dos Estados, do Distrito Federal e Territórios, quando a decisão recorrida:
>
> a) contrariar tratado ou lei federal, ou negar-lhes vigência;
>
> b) julgar válido ato de governo local contestado em face de lei federal;
>
> c) der a lei federal interpretação divergente da que lhe haja atribuído outro tribunal.

No caso em análise, o enunciado da questão trouxe os fundamentos suscitados pela sociedade que se insurgiu contra a decisão, deixando expresso que foram arguidas teses estribadas na "legislação federal pertinente", o que, como esposado a seguir, subsome-me à hipótese da alínea "a" do dispositivo supra.

Há de se observar, igualmente, que não seria cabível o recurso de Embargos de Declaração, ainda que para efeitos de prequestionamento, posto que o enunciado não trouxe informações que levassem o candidato a crer na ocorrência de obscuridade, contradição, omissão ou erro material (art. 1.022, CPC).

Por fim, a questão expressamente noticia que a reforma da decisão em sede apelação se deu por votação unânime dos Desembargadores Federais, informação que seria fundamental na vigência do CPC de 1973, haja vista a antiga possibilidade de interposição de Embargos Infringentes. Atualmente, no entanto, os dispositivos que cuidavam desse recurso não têm correspondentes no CPC/2015, apesar da natureza do instituto ter se mantido no art. 942 do hodierno diploma processual civil.

> **Dica:** É aconselhável abrir um tópico específico para explicar o cabimento da peça processual escolhida pelo candidato em duas situações:
>
> **a)** quando a questão trouxer um rito procedimental previsto em lei extravagante, como, por exemplo: Mandado de Segurança, Ação Popular e Ação Civil Pública.
>
> **b)** quando o caso exposto deixar dúvidas a respeito do recurso cabível, como, por exemplo: Agravo de Instrumento ou Apelação contra decisão interlocutória não agravável, REsp ou RExt e etc.

No presente caso, o próprio Código de Processo Civil exige a demonstração de cabimento do recurso, senão vejamos:

> Art. 1.029. O recurso extraordinário e o recurso especial, nos casos previstos na Constituição Federal, serão interpostos perante o presidente ou o vice-presidente do tribunal recorrido, em petições distintas que conterão:
>
> I - a exposição do fato e do direito;
>
> II - a demonstração do cabimento do recurso interposto;
>
> III - as razões do pedido de reforma ou de invalidação da decisão recorrida.

Logo, é aconselhável ao candidato abrir tópico próprio para tratar sobre o cabimento do recurso com base nos dispositivos citados acima, quais sejam: art. 105, III da Constituição da República e art. 1.029 e seguintes do Código de Processo Civil.

II. DAS FORMALIDADES

As seguintes formalidades do Recurso Especial devem ser apresentadas (geralmente após a exposição fática, também exigida pelo artigo já citado):

a) *Direcionamento do recurso*

O candidato deve proceder ao direcionamento do recurso para o presidente ou vice-presidente do tribunal recorrido, na forma do *caput* do art. 1.029 do CPC.

> **Dica:** Não é demais lembrar que nos recursos interpostos perante o tribunal *a quo*, mas com razões e pedidos direcionados ao tribunal *ad quem*, exige-se que seja apresentada uma petição de interposição direcionada à corte recorrida, sendo esta responsável por oportunizar o contraditório à parte recorrida e proceder com o juízo de admissibilidade (art. 1.030, CPC) antes da remessa do recurso ao tribunal superior.

b) *Tempestividade*

Embora a questão não tenha exigido a demonstração de interposição dentro do prazo e a sua forma de contagem, é sempre válido revelar conhecimento, abrindo um tópico específico para a tempestividade.

Nesse ponto, os artigos 1003, § 5º, 183 e 219 do NCPC preceituam que a Fazenda Pública terá o prazo de **30 (trinta) dias úteis** para apresentar qualquer recurso, à exceção dos Embargos de Declaração. Assim, na ausência de exigência do enunciado, basta sentenciar, em poucas linhas, que o recurso é tempestivo, já que obedecido o prazo legal referido.

c) *Desnecessidade do preparo*

Em regra, o candidato não precisa abrir um tópico específico para tanto. Todavia, na folha de rosto (petição de interposição), após o preâmbulo, deve-se mencionar a isenção da Fazenda Pública em relação ao preparo recursal, na forma do artigo 1007, § 1º, do NCPC.

d) *Prequestionamento*

O prequestionamento trata da exigência de que o Tribunal recorrido, no acórdão atacado pelo Recurso Especial (ou extraordinário), tenha analisado a matéria federal (ou constitucional, no caso de RE) objeto da impugnação nesta via especial, de sorte que se entende vedada a interposição do recurso quando a matéria for inédita ou não tenha sido apreciada pelo juízo *a quo*.

A exigência do prequestionamento é oriunda, ainda que de forma implícita, do texto constitucional, o qual prevê que tanto o STJ quanto o STF irão apreciar e julgar causas decididas em única ou última instância, conforme impõem os arts. 102, inciso III, e 105, inciso III, da Constituição Federal de 1988.

O instituto em comento, muito embora seja implícito na legislação, é tido como uma condição indispensável para conhecimento do recurso. Nada obstante a ausência de exigência expressa, ambos os tribunais possuem súmulas a respeito do tema, sendo o entendimento do Superior Tribunal de Justiça cristalizado no enunciado nº 211:

> "Súmula 211/STJ: Inadmissível recurso especial quanto à questão que, a despeito da oposição de embargos declaratórios, não foi apreciada pelo Tribunal a quo."

Destarte, quando não prequestionada a matéria, ainda que tenha sido arguida pelo recorrente, este deve apresentar Embargos de Declaração para sanar o vício. Não sendo reparada a omissão no julgado, o Recurso Especial deve ser interposto também por violação ao artigo que trata sobre os Embargos de Declaração (art. 1.022, CPC).

Segundo disposto pelo próprio Superior Tribunal de Justiça (Min. Mauro Campbell Marques), "é bem verdade que, enfrentada a questão/tese pelo Tribunal a quo, haverá prequestionamento. No entanto, se a questão não houver sido examinada por esse, não obstante ter sido instada a se manifestar - *ainda que em sede de embargos declaratórios* - é dever da parte recorrente interpor recurso especial por violação ao art. 1.022 do CPC/2015, demonstrando em qual ponto o exame de tal dispositivo seria capaz de comprometer a verdade posta nos autos. Quedando-se inerte quanto a tal providência, incide, sim, à espécie o enunciado sumular nº 211/STJ: 'Inadmissível recurso especial quanto à questão que, a despeito da oposição de embargos declaratórios, não foi apreciada pelo Tribunal a quo.'" - Recurso Especial Nº 1.656.011 - PA.

Outra hipótese que merece menção se dá quando o tribunal recorrido, apesar de ter analisado, debatido e julgado a matéria, não faz constar, de maneira explícita, os dispositivos federais ou constitucionais que fundamentaram o acórdão, o que se convencionou chamar de **prequestionamento implícito**, que é devidamente aceito pela jurisprudência pátria.

> "O Superior Tribunal de Justiça admite o prequestionamento implícito nas hipóteses em que a tese jurídica tratada no recurso especial seja objeto de análise/discussão pelo Tribunal de origem, ainda que não haja expressa menção aos dispositivos legais correspondentes."

No caso narrado, o enunciado deixou claro que a matéria foi devidamente prequestionada ao registrar que o Tribunal acolheu a pretensão recursal, "apesar de apreciar todos os argumentos de defesa".

Desse modo, o candidato deve se atentar a essa formalidade, registrando, em tópico próprio, ainda que sem maiores delongas, o prequestionamento da matéria (seja ele explícito ou implícito).

III. DAS RAZÕES RECURSAIS

No mérito do Recurso Especial o candidato deve demonstrar <u>a ocorrência de alguma das hipóteses constitucionais elencadas no art. 105, III, da Carta Magna</u>.

No caso narrado, após tecer breve escorço fático, deve-se demonstrar a violação a preceito de lei federal pelo acórdão ora recorrido.

a) *Incompetência absoluta. Ausência de pressuposto de desenvolvimento válido e regular do processo. Violação ao art. 485, IV, do CPC*

Inicialmente, o candidato deve suscitar a incompetência da justiça federal para julgar o feito, pois, em que pese o financiamento de parte da obra por convênio realizado junto à União, foi o Estado do Mato Grosso do Sul que promoveu a licitação e lançou o edital, ato contra o qual se impetrou o MS.

Além disso, a própria impetrante não apontou a União no polo passivo da demanda, como litisconsorte, de modo que nada justifica a escolha da justiça federal.

Assim, deve-se postular a anulação do acórdão, por violação ao **art. 485, IV, do NCPC**, uma vez demonstrada a ausência de pressuposto de constituição e desenvolvimento válido e regular do processo.

b) *Decadência. Violação ao art. 23 da LMS*

Além do mais, deve-se alegar a perda do prazo para impetrar Mandado de Segurança, pois a Fluvius SPE utilizou-se desse remédio constitucional para atacar o edital lançado em fevereiro de 2016, e não a decisão administrativa que lhe negou os pedidos.

O edital, quando devidamente divulgado, já se revelava apto a gerar efeitos lesivos na esfera jurídica da impetrante, de modo que, **após os 120 dias do art. 23 da Lei 12.016/09**, esse instrumento processual não é mais adequado.

O acórdão recorrido, por mais esse motivo, deve ser anulado e o processo extinto sem resolução do mérito, nos termos do art. 485, IV, do Código de Processo Civil.

c) *Possibilidade de contratação integrada. Violação ao art. 9º da Lei do RDC*

Cumpre informar, de antemão, que o procedimento licitatório narrado na questão se deu na modalidade Regime Diferenciado de Contratação – RDC, o qual possui regramento próprio instituído pela Lei 12.426/2011, cujo texto prevê diversas inovações em relação ao regime jurídico da Lei 8.666/93. Uma das alterações consiste na previsão de um novo regime de execução contratual – a contratação integrada. A Lei 12.462/11 assim dispõe:

> Art. 9º Nas licitações de obras e serviços de engenharia, no âmbito do RDC, ***poderá ser utilizada a contratação integrada***, desde que técnica e economicamente justificada e cujo objeto envolva, pelo menos, uma das seguintes condições:
>
> I - inovação tecnológica ou técnica;
>
> II - possibilidade de execução com diferentes metodologias; ou
>
> III - possibilidade de execução com tecnologias de domínio restrito no mercado.
>
> § 1º ***A contratação integrada compreende a elaboração e o desenvolvimento dos projetos básico e executivo, a execução de obras e serviços de engenharia, a montagem, a realização de testes, a pré-operação e todas as demais operações necessárias e suficientes para a entrega final do objeto.***

Conforme ensina Marçal Justen Filho,[8] com base na legislação de regência, no RDC, a contratação integrada é reservada para a execução de obras e serviços de engenharia (art. 9º, caput). A adoção desse regime é preferencial para serviços e obras de engenharia (art. 8º, § 1º), ao lado dos regimes de empreitada integral e por preço global.

Ainda com base nas lições do autor referenciado, o ponto de identidade entre esses três regimes reside em que eles devem ser em regra reservados a **prestações contratuais não fracionáveis, isto é, a objetos que devem ser executados de forma conjunta ou unitária. Utilizam-se esses regimes quando, por razões técnicas ou econômicas, afasta-se a viabilidade de licitar parcelas desses serviços ou obras de engenharia como unidades autônomas**. É o que se extrai da leitura conjugada dos **arts. 8º, § 1º, e 11, § 2º, da Lei do RDC**: enquanto o primeiro dispositivo prevê que as obras e serviços de engenharia devem ser contratados preferencialmente mediante a adoção dos regimes acima mencionados, o segundo esclarece que tais prestações não podem ser objeto de contratação simultânea de mais de uma empresa para o objeto contratado. Ou seja: devem ser desenvolvidas de forma unitária.

Tendo em vista o disposto no art. 9º, § 1º, da Lei 12.462, pode-se dizer que a contratação integrada abrange os mesmos encargos da empreitada integral, **com o acréscimo da participação do particular na própria concepção do projeto básico do objeto contratado. <u>Caberá ao contratado desenvolver os projetos básico e executivo da obra ou do serviço a ser executado.</u>**

---

8. *Comentários à Lei de Licitações e Contratos Administrativos*, 14 Ed., São Paulo: Ed. Dialética, 2010.

Marçal Justen Filho leciona que esse tipo de contratação é inspirado por uma lógica de cooperação mais acentuada. Isto se dá na medida em que o particular é chamado a participar da concepção da prestação a ser contratada. Reputa-se que, por um lado, **o envolvimento do parceiro privado na elaboração do projeto pode possibilitar a obtenção de ganhos de eficiência na execução do contrato, dada a sua potencial *expertise***. Por outro lado, **promove-se o deslocamento de uma parcela maior dos riscos relativos à execução do contrato ao particular, na proporcional medida das novas responsabilidades assumidas em razão da concepção do projeto a ser implementado**.

Assim como ocorre com os demais regimes, a utilização da contratação integrada pela Administração Pública não é livre, mas, ao revés, deve ter sua **utilização motivada**. Nesse sentido, **o art. 9º da Lei 12.462** impõe que a utilização da contratação integrada só será possível se "técnica e economicamente justificada". Significa dizer que a Administração Pública deve demonstrar a viabilidade e a utilidade técnica de atribuir ao particular a elaboração dos projetos. É necessário apontar também as possíveis vantagens econômicas decorrentes da adoção de tal regime.

Em síntese, a adoção da contratação integrada pode justificar-se a partir da demonstração de que ela constitui solução mais eficiente em determinado caso – **seja porque mais econômica, seja por possibilitar agregar maior qualidade técnica à futura contratação**.

Estes devem ser, em suma, os fundamentos articulados pelo candidato, para defender a violação dos dispositivos supramencionados.

d) *Possibilidade de orçamento e procedimentos sigilosos. Violação ao art. 6º da Lei do RDC*

Também é inovação do RDC em relação à Lei n.º 8.666/93 a possibilidade de se manter em sigilo o orçamento do contrato e o procedimento a ser adotado. Observe a legislação federal utilizada:

> Art. 6º Observado o disposto no § 3º, ***o orçamento previamente estimado para a contratação será tornado público apenas e imediatamente após o encerramento da licitação***, sem prejuízo da divulgação do detalhamento dos quantitativos e das demais informações necessárias para a elaboração das propostas. [...]
>
> § 3º Se não constar do instrumento convocatório, ***a informação referida no caput deste artigo possuirá caráter sigiloso e será disponibilizada estrita e permanentemente aos órgãos de controle externo e interno.***

> Art. 15. ***Será dada ampla publicidade aos procedimentos licitatórios e de pré-qualificação disciplinados por esta Lei, ressalvadas as hipóteses de informações cujo sigilo seja imprescindível à segurança da sociedade e do Estado***, devendo ser adotados os seguintes prazos mínimos para apresentação de propostas, contados a partir da data de publicação do instrumento convocatório: [...]

Veja que há previsão legal para tanto, não havendo que se questionar a escolha do Estado por manter algumas informações em sigilo. Ademais, tais regras são válidas e eficazes, inexistindo qualquer decisão, ao menos em controle concentrado, que as tenha afastado do ordenamento jurídico pátrio.

Em sendo assim, se, por um lado, a publicidade dos atos administrativos não se revela como uma faculdade, mas condição *sine qua non* de consolidação do exercício do poder democrático, é necessário invocar-se, por outro lado, o juízo de ponderação, para que um princípio apenas venha a preceder o outro, sem superposição.

Resta evidente, portanto, a violação do acórdão vergastado ao art. 6º da Lei do RDC.

e) *Possibilidade de exigência da demonstração de experiência. Violação aos arts. 30, I, do RDC e 30, II e § 3º da Lei n.º 8.666/93*

No que se refere à demonstração de experiência, não há direcionamento ou qualquer ilegalidade, pois se trata tão só de uma exigência para comprovar qualificação técnica da empresa concorrente. A propósito, tais exigências não são sequer uma peculiaridade do Regime Diferenciado, sendo recomendadas também na **Lei 8.666/93**, consoante disposto no seu **Art. 30, II e § 3º**.

Somado a isso, o Regime Diferenciado de Contratação também prevê uma fase de pré-qualificação, senão vejamos:

> ***Art. 29.*** São procedimentos auxiliares das licitações regidas pelo disposto nesta Lei:
>
> I – pré-qualificação permanente;
>
> [...]
>
> ***Art. 30.*** Considera-se pré-qualificação permanente o procedimento anterior à licitação destinado a identificar:
>
> I – fornecedores que reúnam condições de habilitação exigidas para o fornecimento de bem ou a execução de serviço ou obra nos prazos, locais e condições previamente estabelecidos; e

II - bens que atendam às exigências técnicas e de qualidade da administração pública.

A título de aprofundamento, cumpre registrar o teor do **art. 30, II e § 1º, da Lei de Licitações:**

> Art. 30. A documentação relativa à qualificação técnica limitar-se-á a:
>
> (...) II - comprovação de aptidão para desempenho de atividade pertinente e compatível em características, quantidades e prazos com o objeto da licitação, e indicação das instalações e do aparelhamento e do pessoal técnico adequados e disponíveis para a realização do objeto da licitação, bem como da qualificação de cada um dos membros da equipe técnica que se responsabilizará pelos trabalhos;
>
> (...) § 1º A comprovação de aptidão referida no inciso II do "caput" deste artigo, no caso das licitações pertinentes a obras e serviços, será feita por atestados fornecidos por pessoas jurídicas de direito público ou privado, devidamente registrados nas entidades profissionais competentes, limitadas as exigências a:
>
> I – capacitação técnico-profissional: comprovação do licitante de possuir em seu quadro permanente, na data prevista para entrega da proposta, profissional de nível superior ou outro devidamente reconhecido pela entidade competente, detentor de atestado de responsabilidade técnica por execução de obra ou serviço de características semelhantes, limitadas estas exclusivamente às parcelas de maior relevância e valor significativo do objeto da licitação, vedadas as exigências de quantidades mínimas ou prazos máximos;

Com base no referido dispositivo, algumas empresas se insurgiram contra editais semelhantes ao da questão , aduzindo, basicamente, que seria manifestamente ilegal a exigência editalícia relacionada à comprovação de experiência das empresas licitantes na execução do serviço, pois a lei de licitações restringiria tal exigência aos profissionais, não sendo alcançada pela norma, por isso, a própria pessoa jurídica.

Todavia, tal argumento não encontrou amparo na jurisprudência do STJ e TCU, que entendem ser **possível a exigência de experiência TAMBÉM da empresa em obra similar.**

Cuida-se do que Marçal Justen Filho[9] chama de **"qualificação técnica-operacional"**, distinguindo-a da "qualificação técnica-profissional", que

9. *Comentários...* p. 327.

indica, esta sim, a necessidade de haver profissionais na empresa com experiência na execução de objeto contratual idêntico.

> "A qualificação técnica operacional consiste em qualidade pertinente às empresas que participam da licitação. Envolve a comprovação de que a empresa, como unidade jurídica e econômica, participara anteriormente de contrato cujo objeto era similar ao previsto para a contratação almejada pela Administração Pública. Por outro lado, utiliza- se a expressão 'qualificação técnica profissional' para indicar a existência, nos quadros (permanentes) de uma empresa, de profissionais em cujo acervo técnico contasse a responsabilidade pela execução de obra similar àquela pretendida pela Administração. A questão da qualificação técnica profissional somente pode ser compreendida em face de obras e serviços de engenharia. (...) Em síntese, a qualificação técnica operacional é um requisito referente a empresa que pretende executar a obra ou serviços licitados. Já a qualificação técnica profissional é requisito referente às pessoas físicas que prestam serviços à empresa licitante (ou contratada pela Administração Pública)."

O TCU sumulou o entendimento em seu enunciado n.º 263:

> Para a comprovação da capacidade técnico-operacional das licitantes, e desde que limitada, simultaneamente, às parcelas de maior relevância e valor significativo do objeto a ser contratado, *é legal a exigência de comprovação da execução de quantitativos mínimos em obras ou serviços com características semelhantes*, devendo essa exigência guardar proporção com a dimensão e a complexidade do objeto a ser executado.

Assim, "não fere a igualdade entre os licitantes, tampouco a ampla competitividade entre eles, o condicionamento editalício referente à experiência prévia dos concorrentes no âmbito do objeto licitado, a pretexto de demonstração de qualificação técnica, **nos termos do art. 30, inc. II, da Lei n. 8.666/93**" (REsp 1.257.886-PE, julgado em 3/11/2011), motivo pelo qual se tem por violados as normas federais de regência acima indicadas.

f) *Correção do índice de liquidez. Violação ao art. 31, § 5º, da Lei 8.666/93*

Quanto ao índice de liquidez, este também não se afigura desarrazoado, pois se trata de uma obra de grande vulto, com orçamento estimado em 270 milhões de reais. O fato de a obra ser paga com dinheiro público não exime o participante de demonstrar saúde financeira, mesmo porque o Poder Público não adianta pagamento. A liquidação só é possível após a entrega da obra (ou de etapas da obra), havendo medições que comprovem a realização do objeto contratado para, então, permitir-se o pagamento.

Sobre o tema, ver o **art. 31, § 5º, da Lei 8.666**, que diz que "**A comprovação de boa situação financeira da empresa será feita de forma objetiva, através do cálculo de** índices contábeis previstos no edital e devidamente justificados no processo administrativo da licitação que tenha dado início ao certame licitatório, vedada a exigência de índices e valores não usualmente adotados para correta avaliação de situação financeira suficiente ao cumprimento das obrigações decorrentes da licitação".

A título de informação, o Índice de Liquidez Corrente (ILC) indica quanto a empresa possui em recursos disponíveis, bens e direitos realizáveis a curto prazo, para fazer face ao total de suas dívidas de curto prazo. Cada objeto contratado possui o índice que se mostre adequado, não havendo que se falar em um número padrão para todos os casos. Na hipótese da questão, a obra demanda demonstração de ótimas condições financeiras, pois se trata de custo elevadíssimo.

Por mais essa razão, merece reforma o acórdão atacado.

g) *Possibilidade de "bônus" pecuniário ao contratado. Violação ao art. 10 do RDC*

Por fim, o "bônus" previsto em edital não é maculado por qualquer ilegalidade, mas, pelo contrário, possui expressa previsão na Lei do RDC, vejamos:

> ***Art. 10.*** Na contratação das obras e serviços, inclusive de engenharia, poderá ser estabelecida remuneração variável vinculada ao desempenho da contratada, com base em metas, padrões de qualidade, critérios de sustentabilidade ambiental e prazo de entrega definidos no instrumento convocatório e no contrato.
>
> Parágrafo único. A utilização da remuneração variável será motivada e respeitará o limite orçamentário fixado pela administração pública para a contratação.

O mecanismo de se vincular a remuneração do contratado ao seu desempenho pode propiciar significativas vantagens à Administração Pública.

Não há nenhum impedimento a que a Administração remunere o prestador na proporção de uma vantagem efetivamente propiciada por aquela contratação.

Pelo contrário, a vinculação da remuneração à obtenção de uma vantagem previamente determinada pode ser a solução mais vantajosa tanto para a contratante quanto para o contratado.

IV. DOS PEDIDOS E FECHAMENTO

O pedido deve requer o conhecimento do recurso especial e, no mérito, seu integral provimento, a fim de reformar o acórdão vergastado. Para apresentar-se de forma mais completa, é aconselhável, mesmo no pedido, apontar os dispositivos federais violados que justificam a reforma do acórdão recorrido.

Para fechar a peça, como de praxe, deve-se consignar as expressões designativas de "local, data" e "Procurador do Estado".

» CRITÉRIOS DE AVALIAÇÃO:

RECURSO ESPECIAL
I. ACERTO DA PEÇA E FORMALIDADES 1. Interposição de Recurso Especial (artigo 105, III, "a", CF e art. 1.029 e seguintes do CPC); 2. Petição de Interposição para o Tribunal *a quo* separada das razões para o Tribuna *ad quem*; 2. Direcionamento correto ao Presidente ou Vice o TRF3; 3. Isenção de preparo (artigo 1.007, § 1º, do NCPC); 4. Tempestividade; 5. Tópico específico de cabimento do REsp; 5. Prequestionamento da matéria.
II. RAZÕES DE REFORMA DO ACÓRDÃO - MÉRITO RECURSAL 1. Incompetência da Justiça Federal - art. 485, IV, CPC; 2. Perda do prazo para o MS - art. 23 da LMS; 3. Possibilidade de contratação integrada no RDC - art. 9º da Lei 12.426/11; 4. Legalidade da manutenção do sigilo nos termos do art. 6º, § 3º e art. 15, ambos da Lei 12.426/11; 5. Legalidade da exigência de qualificação técnica - art. 30, II e § 3º da Lei 8.666/93 e art. 29, I c/c art. 30, I, ambos da Lei 12.426/11; 6. Legalidade da exigência de saúde financeira - art. 31, § 5º, da Lei 8.666/93; 7. Legalidade da utilização de "bônus" para o atingimento de metas - art. 10 da Lei 12.426/11;
V. PEDIDOS E FECHAMENTO DA APELAÇÃO 1. Indicação correta dos pedidos; 2. Local e assinatura.

Proposta 8: Desapropriação

Autor: Caio Vinícius Sousa e Souza

» ENUNCIADO

Com o objetivo de construir um grande hospital de urgência, o Estado do Amazonas emitiu decreto expropriatório, em 13/01/2016, indicando a utilidade pública da totalidade de um imóvel situado na Avenida Djalma Batista em Manaus, cuja propriedade pertencia a João Rico, casado com a senhora Maria das Dores sob o regime de comunhão parcial de bens.

Em razão de o proprietário não concordar com os valores ofertados pelo Poder Público, em 30/09/2016, foi ajuizada ação de desapropriação por utilidade pública, citando-se João Rico para no prazo legal apresentar contestação, na qual foi alegado o baixo valor da indenização ofertada, especialmente em razão das benfeitorias úteis e voluptuárias erigidas sobre o imóvel nos últimos seis meses.

No curso do processo, sobreveio urgência a indicar a necessidade de imissão provisória na posse, o que foi requerido pelo Estado do Amazonas, após depositar em juízo o valor da oferta. Todavia, sustentando a obrigatoriedade de o montante do depósito prévio dever ser apurado em avaliação judicial provisória, o juízo responsável pelo feito, em decisão interlocutória, negou o pedido de imissão provisória na posse, ordenando, ademais, a citação de Maria das Dores para contestar a ação, já que, cuidando-se a demanda sobre direito real imobiliário, ambos os cônjuges deveriam ter sido citados.

Assim, após a citação referida, Maria das Dores arguiu o baixo valor da indenização, por não ter o decreto expropriatório considerado outro imóvel do casal contíguo e acessório àquele objeto de intervenção do Estado, o que findaria por torná-lo inútil.

Após a fase dos articulados, o juízo determinou a realização de perícia judicial para apurar o valor atual dos imóveis objetos da contenda, a fim de que fosse assegurado o direito constitucional ao justo preço.

Assim, adotando integralmente o laudo pericial, o juízo competente proferiu sentença favorável aos réus, condenando o Estado do Amazonas a pagar indenização por desapropriação do imóvel declarado de utilidade pública e suas respectivas benfeitorias, bem como do imóvel acessório aventado por Maria das Dores, este com esteio no direito de extensão. Ademais, condenou o ente público ao pagamento de honorários advocatícios no percentual máximo de 5% sobre o valor da indenização.

A decisão judicial foi publicada no Diário Eletrônico do TJ/AM no dia 16/12/2016 (sexta-feira), tendo sido remetidos os autos à Procuradoria-Geral do Estado apenas no dia 23/01/2017 (segunda-feira). Sendo a referida ação distribuída aos seus cuidados, como Procurador do Estado do Amazonas adote a medida judicial mais adequada à defesa dos interesses do ente público, datando-a no último dia de prazo (desconsidere, para tanto, a eventual existência de feriados).

» COMENTÁRIOS

Novamente estamos diante de sentença condenatória contra o ente público demandado, pelo que decorre a necessidade de interposição do recurso de **Apelação**, com esteio no art. 1.009 do CPC/2015. Ademais, como será melhor explicado em tópico específico, há no enunciado decisão interlocutória não agravável, que desafia, também, o apelo ordinário.

Como o cabimento e formalidades do recurso já foram explanados por ocasião da **Proposta 1**, nestes comentários, seremos breves em relação ao ponto. Para facilitação do entendimento, abordaremos as explicações em tópicos:

I. FORMALIDADES

Como já registrado em outra ocasião, não é demais demonstrar ao examinador conhecimento acerca das formalidades que circundam o recurso. No recurso de apelação, são suficientes a exposição acerca do **cabimento, tempestividade e desnecessidade de preparo.**

a) *Cabimento*

Como dito, o cabimento da apelação tem fundamento no art. 1.009 do NCPC:

> Art. 1.009. Da sentença cabe apelação.

A novidade, em relação a este enunciado fica por conta da existência, também, de decisão interlocutória não agravável, que, segundo o § 1º do art. 1.009 do CPC/2015, deve ser impugnada em preliminar de apelação:

> § 1º As questões resolvidas na fase de conhecimento, se a decisão a seu respeito não comportar agravo de instrumento, não são cobertas pela preclusão e devem ser suscitadas em ***preliminar de apelação***, eventualmente interposta contra a decisão final, ou nas contrarrazões.

Assim, como as decisões a serem reformadas são uma sentença e uma interlocutória não agravável (como será adiante explicado), resta inconteste o cabimento do recurso de apelação.

b) *Desnecessidade de preparo*

Quanto à desnecessidade do preparo recursal, em regra, o candidato não precisa abrir um tópico específico para tanto. Todavia, na folha de rosto, por perfeição, deve-se sempre mencionar a isenção do Estado em relação ao preparo recursal, na forma do art. 1.007, § 1º, do CPC.

c) *Tempestividade*

No que tange a tempestividade, já que foram fornecidos elementos no enunciado, é obrigatório abrir um tópico específico, de poucas linhas, afirmando que o recurso obedeceu ao prazo legal de **30 dias úteis, para a fazenda pública**, tendo em vista a combinação dos artigos 183, 219 e 1003, § 5º.

Como o enunciado exige o protocolo da peça recursal no último dia de prazo, o candidato deve contar detidamente o lapso recursal, reparando se o termo *ad quem* cai ou não em dia útil. Ademais, para acertar a data correta, o candidato deve ter conhecimento de que, a partir da vigência do NCPC, as intimações das Fazendas Públicas estaduais e municipais passaram a ser pessoais, com remessa ou carga dos autos, tratando-se de processo físico; ou por meio eletrônico, se o feito tramitar virtualmente.

> Art. 183. A União, os Estados, o Distrito Federal, os Municípios e suas respectivas autarquias e fundações de direito público gozarão de prazo em dobro para todas as suas manifestações processuais, cuja contagem terá início a partir da ***intimação pessoal***.
>
> § 1º ***A intimação pessoal far-se-á por carga, remessa ou meio eletrônico.***

Desta feita, cotejando-se os dados da questão com as normas processuais sobreditas, tem-se que o termo inicial do prazo de 30 dias úteis é o dia da remessa dos autos – 23/01/2017.

Assim, excluindo-se o dia de início e incluindo-se o dia do vencimento, conforme acentua o art. 224 do NCPC, o último dia de prazo a ser assinado pelo candidato é dia **06/03/2017**, ressaltando-se que a questão foi expressa ao dispensar a existência de feriados.

Nesse passo, cumpre ao candidato afirmar que o recurso é tempestivo, eis que, sendo protocolado dia 06/03/2017, restou cumprido o prazo legal de 30 dias úteis, conforme os arts. 183, 219 e 1003, § 5º do NCPC.

III. PRELIMINARES: DECISÕES INTERLOCUTÓRIAS NÃO IMPUGNÁVEIS POR AGRAVO DE INSTRUMENTO: ART. 1.009, § 1º, DO CPC

A questão alerta o candidato para o conhecimento do regime de impugnação das decisões interlocutórias não agraváveis no sistema do novo Código de Processo Civil brasileiro. Em outras palavras, a questão exige que o candidato saiba qual é o meio pelo qual se podem impugnar as decisões interlocutórias contra as quais não caiba agravo de instrumento no sistema do CPC/2015.

Para começar, é indispensável saber que *"o Código de Processo Civil de 2015 eliminou a figura do agravo retido e estabeleceu um rol de decisões sujeitas a agravo de instrumento. Somente são agraváveis as decisões nos casos expressamente previstos em lei. As decisões não agraváveis devem ser atacadas na apelação"*.[10]

Com efeito o art. 1.015 do CPC/2015 enumera, em **rol taxativo** (*numerus clausus*), as decisões interlocutórias que são passíveis de ataque por meio do agravo de instrumento. As decisões interlocutórias a respeito de matérias não constantes desse rol taxativo são, em regra, não agraváveis.

Isto é, se a decisão versa sobre matéria que não se encontra no art. 1.015 do CPC/2015, contra tal decisão não cabe agravo de instrumento. Trata-se de uma decisão interlocutória não agravável.

Nesse caso, qual é o meio pelo qual a parte pode impugnar essa decisão interlocutória não agravável?

A resposta se encontra no art. 1.009, § 1º, do CPC/2015:

> "§ 1º As questões resolvidas na fase de conhecimento, ***se a decisão a seu respeito não comportar agravo de instrumento***, não são cobertas pela preclusão ***e devem ser <u>suscitadas</u> em preliminar de apelação***, eventualmente interposta contra a decisão final, ***ou nas contrarrazões***."

---

10. DIDIER JR., Fredie; CUNHA, Leonardo Carneiro da. *Curso de Direito Processual Civil*, vol. 3, 13.ª ed. Salvador: JusPodivm, 2016, pp. 164 e seguintes.

A propósito, é indispensável a leitura da explicação de Leonardo Carneiro da Cunha e Fredie Didier Jr.:

> "***A apelação servirá para impugnar a sentença e as decisões interlocutórias não agraváveis desfavoráveis ao apelante. A apelação visará a duas espécies de decisão: a sentença e a interlocutória não agravável.*** É possível que haja várias decisões interlocutórias não agraváveis aptas a ser impugnadas pelo vencido na apelação. O mérito da apelação poderá conter tantas pretensões recursais quantas sejam as decisões impugnadas; como as decisões impugnadas podem ter, cada uma, mais de um capítulo, a apelação poderá veicular mais pretensões recursais do que o número de decisões impugnadas. Haverá aí uma cumulação de pedidos recursais. À cumulação de pedidos recursais aplica-se o regramento geral da cumulação de pedidos (art. 327 do CPC). Há dois pedidos: ***um formulado contra a decisão interlocutória e outro contra a sentença***".

Superado este ponto introdutório, passa-se às teses para reforma das decisões interlocutórias não agraváveis.

a) ***Desnecessidade de o depósito prévio para imissão provisória na posse ser apurado em avaliação judicial provisória: jurisprudência do STF***

No caso hipotético do enunciado, o Estado do Amazonas teve contra si proferida uma decisão interlocutória, por meio da qual o juízo indeferiu o requerimento de imissão provisória na posse do imóvel, "sustentando a obrigatoriedade de o montante do depósito prévio dever ser apurado em avaliação judicial provisória". Pontue-se que tal decisão, por não se inserir no rol taxativo do art. 1.015 do CPC, enquadra-se no que se intitulou de decisão interlocutória "não agravável".

> **ATENÇÃO**! Não se desconhece posição doutrinária no sentido de considerar o rol do art. 1.015 do CPC taxativo, mas passível de interpretação extensiva. Para esta concepção doutrinária, certamente, seria cabível agravo de instrumento contra a decisão interlocutória que indefere o pedido de imissão provisória na posse, com fundamento no inciso I do referido artigo, que cuida das tutelas provisórias. De todo modo, como não houve menção alguma no enunciado sobre a interposição do agravo de instrumento, é prudente e necessário que o candidato arti-

cule tal pedido em preliminar de apelação, tal como explanado nestes comentários. Seja esperto: houve uma decisão interlocutória não agravada pelo Estado do Amazonas. A partir desse fato, poderiam ser seguidos dois caminhos: ou se admite a preclusão pela não interposição do agravo de instrumento, ou se argui a preliminar na apelação, por se considerar tal decisão não agravável. A segunda hipótese atende melhor aos interesses da Fazenda Pública, neste caso particular, pelo que deve ser adotada. Em provas objetivas, adotar a posição majoritária, pela possibilidade de interpretação extensiva do rol; em discursivas, abordar ambas as posições, concluindo com a concepção prevalecente, salvo se se exigir postura de defesa da Fazenda Pública.

Sobre o tema de direito material discutido pelo juízo, mais uma vez, são precisas as lições de Leonardo Carneiro da Cunha:[11]

> Em razão da contumaz inadimplência de alguns entes públicos, que deixaram de pagar os créditos inscritos em precatórios decorrentes de ações de desapropriação, foi avolumando-se o entendimento jurisprudencial no sentido de que seria necessária, para se deferir a imissão provisória, uma avaliação prévia, em que se deveria estabelecer qual seria o valor do bem. Houve, por assim dizer, uma reação do Judiciário à iterativa inadimplência de créditos decorrentes de desapropriações em imóveis urbanos. Com esse entendimento, a imissão provisória dependeria do depósito prévio do valor fixado, em avaliação prévia. Não se deveria adotar qualquer critério fixado na legislação de regência, cumprindo atender o que exige o texto constitucional: o pagamento haveria de ser prévio e justo. Sem tal pagamento, restaria inviável a imissão provisória.

No âmbito do Superior Tribunal de Justiça, durante muito tempo prevaleceu o entendimento segundo o qual "*a imissão provisória em imóvel expropriado, somente é possível mediante prévio depósito de valor apurado em avaliação judicial provisória*".

Todavia, a doutrina e a jurisprudência do STF sempre assentaram entendimento diverso:

> Esse entendimento do STJ resta por afastar a aplicação do art. 15 do Decreto-Lei 3.365/1941, por aparentemente conflitar com a regra inscrita no art. 5º, XXIV, da Constituição Federal de 1988, que exige jus-

11. *A Fazenda Pública em Juízo*, Ed. Método, 2016, p. 740 e 741.

> ta e prévia indenização em dinheiro para que se efetive a desapropriação. Acontece, porém, que ***a exigência de justa e prévia indenização em dinheiro está relacionada com a imissão definitiva da posse, e não com a imissão provisória***. *É a imissão definitiva da posse que resulta da transferência› do bem, que depende do pagamento prévio do justo preço fixado por sentença, proferida em regular procedimento, no qual se deve realizar perícia regular ou acordo entre as partes* (Decreto-lei 3.365/1941, art. 29). (...) Aliás, O Supremo Tribunal Federal sempre proclamou - e vem reafirmando - a constitucionalidade da regra inserta no art. 15 do Decreto-lei 3.365/1941, ***exatamente porque a necessidade de prévia e justa indenização diz respeito à imissão definitiva na posse, que decorre da transferência do bem; tal exigência não se relaciona com a imissão provisória na posse***. Realmente, é bem antigo o entendimento da Corte Suprema no sentido de que "a imissão provisória do expropriante na posse do bem declarado de utilidade pública não viola o direito de propriedade". (...)
>
> O entendimento da Suprema Corte manteve-se ao longo do tempo, vindo a ser reafirmada a constitucionalidade do art. 15 do Decreto-lei 3.365/1941.41 De fato, "subsiste, no regime da Constituição Federal de 1988 (art. 5', XXIV), a jurisprudência firmada pelo Supremo Tribunal sob a égide das Cartas anteriores, ao assentar que ***só a perda da propriedade, no final da ação de desapropriação - e não a imissão provisória na posse do imóvel - está compreendida na garantia da justa e previa indenização***': Aliás, esse entendimento do STF restou consolidado no enunciado 652 de sua Súmula de Jurisprudência, cujo teor assim soa: "Não contraria a Constituição o art. 15, parágrafo l°, do Decreto-lei 3.365/1941 (Lei da Desapropriação por utilidade pública)': Posteriormente, o STJ passou a dar sinais de que deve modificar seu entendimento para não exigir mais a avaliação prévia, como requisito para a imissão provisória na posse do bem a ser desapropriado."

Nesse contexto, o STJ curvou-se, recentemente, ao entendimento da Suprema Corte, *in verbis*:

> A imissão provisória na posse do imóvel objeto de desapropriação, caracterizada pela urgência, ***prescinde de avaliação prévia ou de pagamento integral***, exigindo apenas o depósito judicial nos termos do art. 15, § 1º, do Decreto-Lei n. 3.365/1941. (Jurisprudência em teses, n.º 46, Desapropriação).

O quadro atual pode ser assim resumido:

STF, STJ e doutrina
É desnecessária a avaliação provisória do imóvel para definição do depósito prévio. Tal expediente somente é exigido para imissão definitiva. A garantia constitucional ao justo preço não se refere à imissão provisória.

Portanto, deve o candidato defender a reforma da decisão interlocutória que se apegou a entendimento superado do STJ.

b) Desnecessidade da citação de Maria das Dores. Aplicação do art. 16 do Decreto-Lei 3.365/41. Jurisprudência do STJ

O enunciado informa que o juízo competente ordenou de ofício *"a citação de Maria das Dores para contestar a ação, já que, cuidando-se a demanda sobre direito real imobiliário, ambos os cônjuges deveriam ter sido citados"*.

Nesse ponto, a decisão judicial merece reparos por diversas razões. A primeira delas é que, no âmbito das desapropriações judiciais, somente se aplica o NCPC em casos de omissão, pois, havendo norma expressa no Decreto-Lei 3.365/41, deve-se seguir a legislação específica. Assim, não seria aplicável ao caso a disposição processual utilizada pelo magistrado para fundamentar sua decisão (art. 73, § 1º, I), mas sim o art. 16 do Decreto-Lei n.º 3.365/41:

> Art. 16. ***A citação far-se-á por mandado na pessoa do proprietário dos bens; a do marido dispensa a da mulher***; a de um sócio, ou administrador, a dos demais, quando o bem pertencer a sociedade; a do administrador da coisa no caso de condomínio, exceto o de edifício de apartamento constituindo cada um propriedade autônoma, a dos demais condôminos e a do inventariante, e, se não houver, a do cônjuge, herdeiro, ou legatário, detentor da herança, a dos demais interessados, quando o bem pertencer a espólio.

A jurisprudência do STJ abona a tese ora defendida:

> DIREITO ADMINISTRATIVO E PROCESSUAL CIVIL. DISPENSA DE CITAÇÃO DO CÔNJUGE NA DESAPROPRIAÇÃO POR UTILIDADE PÚBLICA. ***Na ação de desapropriação por utilidade pública, a citação do proprietário do imóvel desapropriado dispensa a do respectivo cônjuge.*** Isso porque o art. 16 do Decreto-Lei 3.365/1941 (Lei das Desapropriações) dispõe que a "citação far-se-á por mandado na pessoa do proprietário dos bens; a do marido dispensa a da mulher". Ressalte-se

> que, apesar de o art. 10, § 1º, I, do CPC dispor que "ambos os cônjuges serão necessariamente citados para as ações que versem sobre direitos reais imobiliários", o art. 42 do referido Decreto-Lei preconiza que o CPC somente incidirá no que for omissa a Lei das Desapropriações. Assim, havendo previsão expressa quanto à matéria, não se aplica a norma geral. Precedente citado do STF: RE 86.933, Segunda Turma, DJ 18/6/1979. REsp 1.404.085-CE, Rel. Min. Herman Benjamin, julgado em 5/8/2014.

Além disso, para reforçar a impropriedade da decisão interlocutória atacada, o candidato poderia erigir a impossibilidade de o juízo, de ofício, ordenar o ingresso de outro réu no polo passivo da demanda. Isso porque essa intervenção forçada não é autorizada pelo art. 115, parágrafo único, do NCPC, que estabelece, isto sim, a necessidade de o juiz determinar ao autor que requeira a citação de todos os litisconsortes necessários, dentro do prazo que assinar, sob pena de extinção do processo sem resolução do mérito.

Para finalizar, o candidato deve concluir que o ato processual de citação e todos os dele decorrentes, como a própria contestação de Maria das Dores e o capítulo da sentença que a acolheu, devem ser considerados nulos, revogando-se a condenação imposta ao Estado do Amazonas.

IV. MÉRITO

a) *Impossibilidade de se considerar as benfeitorias no cálculo do valor indenizatório: fixação do "estado do bem" após a declaração de utilidade pública*

Na desapropriação, a fase declaratória é pressuposto para o regular procedimento, indicando-se, no decreto expropriatório, os fundamentos, o sujeito passivo, o objeto e a destinação a ser dada ao bem.

A declaração de utilidade pública, como a do caso narrado, possui os seguintes efeitos:

(i) **Sujeição do imóvel à força expropriatória do Estado**;

(ii) **Fixação do "estado do bem"**. Isso significa que, após essa fase, as benfeitorias de mero deleite ou voluptuárias feitas no imóvel não serão indenizáveis. O proprietário as fez porque assim desejou. Contudo, as benfeitorias necessárias serão sempre indenizáveis, independe de autorização do Poder Público. Por outro, as úteis serão indenizáveis apenas se autorizadas pelo Estado (art. 26 do DL 3.365/41). Assim, em resumo, antes da fixação do estado do bem com a declaração, todas as benfeitorias serão indenizáveis; se feitas depois, deve-se seguir as regras acima anotadas.

(iii) **Atribui ao Estado o direito de adentrar no imóvel declarado** (art. 7º do DL 3.365/41). Porém, em face da garantia constitucional da inviolabilidade o domicílio (art. 5, XI, CF/88), esse efeito deve ser conciliado com a exigência de prévia autorização judicial.

(iv) **Fixação do termo inicial para o prazo de caducidade da declaração**. Prazo que o Poder Público possui para dar início à fase executória e efetivar a desapropriação. Esse prazo é de 5 anos quando o fundamento da desapropriação for utilidade ou necessidade pública; e de 2 anos quando o fundamento for interesse social, inclusive para fins de reforma agrária. Obs.: Na primeira hipótese, há previsão expressa no sentido de que o decurso do prazo de 5 anos não é fatal, pois é possível a renovação do ato declaratório 1 ano após expirado o prazo de decadência (art. 10 do DL 3.365/41). Em relação ao prazo de 2 anos, embora não haja norma específica, a doutrina majoritária tende a afirmar a aplicação analógica do referido artigo à hipótese, concluindo pela possibilidade de renovação da declaração de interesse social.

No que importa para a peça processual ora comentada, o candidato deve defender que **a declaração de utilidade pública fixa, na linha do tempo, o "estado do bem", não sendo indenizáveis benfeitorias voluptuárias e úteis, ressalvada, quantos a estas, a autorização do poder público**. Assim dispõe o art. 26, § 1º, do DL 3.365/41:

> § 1º Serão atendidas as benfeitorias necessárias feitas após a desapropriação; as úteis, quando feitas com autorização do expropriante.

A doutrina interpreta a expressão "após a desapropriação" como sendo *após o início do procedimento de desapropriação*, que se opera com a publicação do decreto expropriatório, pois, uma vez ultimada a expropriação, sequer seria possível, no plano dos fatos, a realização de benfeitorias pelo particular.

Indenização de benfeitorias APÓS o decreto expropriatório		
Voluptuárias	**Úteis**	**Necessárias**
Não são indenizáveis.	São indenizáveis apenas se houver autorização do poder público.	São indenizáveis.

Neste particular, portanto, deve o candidato postular a reforma da sentença, para que o valor da indenização seja subtraído do valor das benfeitorias úteis e volutuárias.

Dica: Como dito, é possível se computar o valor de benfeitorias úteis no cálculo da indenização pela desapropriação, desde que o poder público anua com isso. Todavia o enunciado foi silente em relação à tal autorização, não se podendo imaginar a existência da referida autorização no caso narrado. **Interprete o silêncio como silêncio**. Jamais considere fatos não registrados no enunciado.

b) ***Impossibilidade de se considerar o imóvel contíguo no cálculo da indenização: direito de extensão se restringe a desapropriações parciais de um mesmo imóvel***

De início, pontue-se que o presente argumento ostenta cariz sucessivo em relação ao pedido de nulidade da sentença, no que tange ao capítulo do direito de extensão, pois este é resultado de ato processual também nulo – citação de Maria das Dores. Todavia, em homenagem à eventualidade, o candidato deve refutar também o mérito.

A contestação, em sede de desapropriação, é de *cognição limitada*, pois o expropriado pode erigir discussão apenas sobre o *valor indenizatório*, descabendo, por isso, o manejo de reconvenção no procedimento referido.

Entretanto, excepciona tal regra a possibilidade de o contestante postular o chamado *"direito de extensão"*, entendido como o direito que assiste ao particular de, impugnando o valor ofertado pelo Poder Público, pleitear a extensão da desapropriação, para que esta alcance **parte remanescente do bem** que se tornaria inútil ou de difícil utilização, caso desapropriado apenas parcialmente.

Nesse sentido, a doutrina de José dos Santos Carvalho Filho:[12]

12. *Manual de Direito Administrativo*, Ed. Atlas, 28 ed, 2015, p. 920.

O réu, impugnando o valor ofertado pelo expropriante, apresenta outra avaliação do bem, ***considerando a sua integralidade, e não a sua parcialidade***, como pretendia o autor. O juiz, se reconhecer presentes os elementos do direito, fixará a indenização correspondente à integralidade do bem. Resulta daí que é o bem, da mesma forma em sua integralidade, que se transferirá ao patrimônio do expropriante.

No caso narrado, Maria das Dores arguiu o direito de extensão para que fosse alcançado outro bem imóvel, distinto e apartado daquele objeto do desejo expropriatório do Estado do Amazonas. Portanto, afigura-se totalmente descabido o acolhimento do direito de extensão pela sentença atacada, para que fosse majorada a indenização ao proprietário.

c) *Excesso na condenação às verbas honorárias*

O enunciado informa ao candidato a condenação em honorários advocatícios "no percentual máximo de 5% sobre o valor da indenização".

O fato de o percentual máximo estar de acordo com a legislação de regência, talvez, tenha ofuscado o equívoco da sentença em relação à base de cálculo, que não é o valor da indenização, **mas sim o valor da diferença entre a oferta e a indenização**, como estabelece o art. 27, § 1º, do Decreto-Lei 3.365/41:

> § 1º A sentença que fixar o valor da indenização quando este for superior ao preço oferecido condenará o desapropriante a pagar honorários do advogado, ***que serão fixados entre meio e cinco por cento do valor da diferença***, observado o disposto no § 4º do art. 20 do Código de Processo Civil, não podendo os honorários ultrapassar R$ 151.000,00 (cento e cinqüenta e um mil reais).

As súmulas 617 do STF e 141 do STJ abordam o tema com maior clareza:

> ***Súmula 617 do STF:*** A base de cálculo dos honorários de advogado em desapropriação *é a diferença entre a oferta e a indenização*, corrigidas ambas monetariamente.
>
> ***Súmula 141 do STJ:*** Os honorários de advogado em desapropriação direta são calculados ***sobre a diferença entre a indenização e a oferta***, corrigidas monetariamente.

Assim, também em relação ao capítulo dos honorários advocatícios, merece reforma a sentença.

IV. ANTECIPAÇÃO DA TUTELA RECURSAL

De imediato, cumpre advertir ao candidato a distinção técnica entre "antecipação da tutela recursal" e "efeito suspensivo do recurso", embora haja identidade dos institutos no que tange à cronologia para sua apreciação. O primeiro refere-se a um pedido de antecipação de tutela satisfativa em grau recursal, para que se iniciem efeitos positivos em favor do recorrente. O segundo, por sua vez, diz respeito a um pedido de tutela obstrutiva, para que sejam paralisados efeitos da sentença já em vigor. Portanto, em linhas mais didáticas, a antecipação da tutela recursal "faz acontecer", enquanto que o efeito suspensivo "faz parar de acontecer".

No caso narrado, o pedido tecnicamente adequado é a antecipação de tutela recursal, pois não há o que suspender, já que, tratando-se de sentença condenatória contra a Fazenda Pública, a execução somente pode ser iniciada após o trânsito em julgado, por imperativo do art. 100 da Constituição Federal.

A bem da verdade, a pretensão da Fazenda Pública estadual é imitir-se provisoriamente no imóvel objeto da desapropriação, tanto que requereu isso ao juízo de primeiro grau. Cuida-se de tutela satisfativa a ser antecipada em grau recursal, desde que demonstrados os requisitos do art. 300 do NCPC:

> Art. 300. A tutela de urgência será concedida quando houver elementos que evidenciem a probabilidade do direito e o perigo de dano ou o risco ao resultado útil do processo.

Atenção: no âmbito da apelação, não há dispositivo específico para antecipação de tutela recursal, sendo tecnicamente equivocada a utilização do art. 1.012, § 4º, do NCPC, que se refere ao pedido de efeito suspensivo, embora o conteúdo desta norma seja idêntico ao do art. 300 do NCPC.

Nesse passo, o candidato deveria demonstrar, de forma sucinta, os dois requisitos exigidos pelo art. 300 do NCPC, afirmando, por exemplo, que: 1) a probabilidade do direito está presente, conforme jurisprudência do STF sobre a desnecessidade da avaliação prévia para imissão provisória na posse; e 2) o perigo de dano se revela presente em razão da urgência declarada pelo Estado do Amazonas.

V. PEDIDOS E FECHAMENTO

Ao final, deve o candidato postular conhecimento do recurso e o seu ulterior provimento, para anular a sentença, no que tange ao capítulo concernente à indenização pelo imóvel contíguo; ou para reformá-la, totalmente, por acolhimento das teses de mérito, acatando-se como preço pela desapropriação o valor ofertado na inicial. Além disso, deve o candidato postular, inclusive em antecipação de tutela recursal, a reforma da decisão interlocutória que indeferiu o pedido de tutela provisória na posse.

> **Dica:** Na apelação, sempre que o candidato sustentar argumentos com base em dispositivos federais ou constitucionais, por zelo pela técnica, é importante requerer o seu prequestionamento ao TJ, para que este se manifeste expressamente sobre a tese arguida pela defesa, possibilitando o futuro manejo dos recursos excepcionais.

Em arremate, deve o candidato assinar "local", a data "06/03/2017" e a designação "Procurador do Estado".

» CRITÉRIOS DE AVALIAÇÃO:

APELAÇÃO
ACERTO DA PEÇA E FORMALIDADES 1. Apelação dirigida ao juízo da X vara da Comarca de Manaus e razões recursais endereçadas ao TJ/AM; 2. Cabimento, desnecessidade de preparo e tempestividade;
PRELIMINARES 1. Decisão interlocutória: imissão provisória na posse; 2. Decisão interlocutória: desnecessidade de citação de Maria das Dores;
MÉRITO: 1. Necessidade de subtração da indenização do valor das benfeitorias. Art. 26, § 1º, do DL 3365/41; 2. Necessidade de subtração da indenização do valor do imóvel contíguo. Limitação do direito de extensão a desapropriações parciais de um mesmo bem; 3. Excesso nos honorários advocatícios: base de cálculo equivocada.
ANTECIPAÇÃO DA TUTELA RECURSAL: Argumentação para concessão de antecipação da tutela recursal, com base no art. 300 do NCPC;
PEDIDOS E FECHAMENTO: 1. Conhecimento e provimento do recurso para anular ou reformar a sentença; 2. Local, 06/03/2017, Procurador do Estado.

Proposta 9: Concurso público

Autores: Natália Aguiar Parente e Caio Vinícius Sousa e Souza

» ENUNCIADO

A Prefeitura Municipal de Campinas promoveu concurso público para o provimento de 40 (quarenta) cargos de Professor da Educação Básica e formação de cadastro de reserva. Regido sob o Edital n.º 01/2013, o concurso previa que somente os 400 (quatrocentos) primeiros colocados na fase objetiva se submeteriam às provas discursivas. Após a fase discursiva, apenas os 100 (cem) primeiros seriam aprovados e o restante seria considerado eliminado do certame. Além disso, o Edital n.º 01/2013 previu a validade do concurso por dois anos, prorrogável por igual período.

Tomando conhecimento da publicação do Edital n.º 01/2013, o campinense Fernando inscreveu-se no concurso referido. Aprovado em todas as fases, Fernando terminou o concurso público classificado na posição 56º.

Homologado o resultado final em 03/02/2014, o Secretário de Educação do Município, logo convocou os 40 (quarenta) primeiros colocados. Dentre os convocados, ninguém desistiu. Todos os nomeados foram empossados, razão pela qual Fernando perdeu as esperanças de ser convocado um dia.

Em 03/04/2015, a Prefeitura de Campinas criou 40 (quarenta) novos cargos de Professor da Educação Básica. Ao tomar conhecimento da notícia, Fernando impetrou Mandado de Segurança, com pedido liminar, contra ato omissivo ilegal do Secretário de Educação, consistente em não efetivar o preenchimento dos cargos.

O Mandado de Segurança, impetrado em 10/10/2015, alegava que o surgimento de novas vagas dentro do prazo de validade do concurso gerava o direito subjetivo à nomeação e posse. Nesse passo, pugnou pelo pagamento do salário que deixou de auferir desde a data da criação da lei (data de sua publicação) até o efetivo cumprimento da decisão judicial. Por fim, diante da iminente expiração do concurso, requereu, de forma subsidiária, que a autoridade coatora prorrogasse o concurso, pois, uma vez negado o pedido principal e acolhido o pedido subsidiário, ele teria mais chances de ser nomeado e empossado no cargo vindicado.

Após notificação da autoridade coatora e intimação do Município de Campinas, o juízo da 2ª Vara dos Feitos concedeu a liminar perseguida, determinando a nomeação e posse de Fernando e o imediato pagamento das verbas salariais não percebidas.

Devidamente intimado sobre a decisão, na condição de Procurador do Município de Campinas, elabore o recurso cabível, alegando toda a matéria de direito para a defesa do ente público. Dispense o relatório dos fatos.

» COMENTÁRIOS

I. FORMALIDADES

a) *Cabimento*

O recurso cabível é o **Agravo de Instrumento**, por força do art. 7º, § 1º, da Lei n.º 12.016 (LMS) c/c o art. 1015, I, do CPC/2015, que assim dispõem:

> LMS, Art. 7º (...)
>
> § 1º Da decisão do juiz de primeiro grau que conceder ou denegar a liminar caberá agravo de instrumento, observado o disposto na Lei no 5.869, de 11 de janeiro de 1973 - Código de Processo Civil.
>
> CPC/15, Art. 1.015. Cabe agravo de instrumento contra as decisões interlocutórias que versarem sobre:
>
> I - tutelas provisórias;

Como já foram explanadas maiores considerações processuais sobre a peça, remete-se o leitor aos comentários à **Proposta 4**.

b) *Direcionamento*

O Agravo de Instrumento, diferente da Apelação, é direcionado **diretamente** ao órgão *ad quem*, que, no caso da questão, é o Tribunal de Justiça do Estado de São Paulo.

No referido recurso, inexiste, portanto, a chamada "petição de interposição" para o juízo de primeiro grau, para que este proceda à juízo prévio de admissibilidade e, em caso positivo, suba o recurso ao tribunal.

A autoridade judicial a quem deve ser dirigido o Agravo de Instrumento depende do regimento do tribunal, sendo, no mais das vezes, ao presidente da corte. Alguns tribunais estendem ao vice-presidente essa tarefa.

Não sendo cobrado o regimento interno do tribunal de justiça local, recomenda-se utilizar-se da regra, direcionando o Agravo de Instrumento, no caso, ao **Presidente do Tribunal de Justiça do Estado de São Paulo.**

c) *Desnecessidade de preparo*

Quanto à desnecessidade do preparo recursal, basta mencionar, na folha de rosto, a isenção da Fazenda Pública em relação ao preparo recursal, na forma do art. 1.007, § 1º, do CPC.

d) *Tempestividade*

No que tange a tempestividade, embora não tenham sido fornecidos elementos no enunciado, é recomendável abrir um tópico genérico, de poucas linhas, afirmando que o recurso obedeceu ao prazo legal de **30 dias úteis, para a fazenda pública**, tendo em vista a combinação dos artigos 183, 212 e 1003, § 5º.

Nesse contexto, cumpre ao candidato afirmar que o recurso é tempestivo, eis que protocolado no prazo legal de 30 dias úteis, conforme os arts.183, 212 e 1003, § 5º do NCPC. Caso a banca pontue as formalidades da peça, o candidato estará coberto com tal afirmação a respeito da tempestividade.

e) *Peças que devem instruir o Agravo de Instrumento*

Nos termos do art. 1.017 do NCPC,

> A petição de agravo de instrumento será instruída:
>
> I – obrigatoriamente, com cópias da petição inicial, da contestação, da petição que ensejou a decisão agravada, da própria decisão agravada, da certidão da respectiva intimação ou outro documento oficial que comprove a tempestividade e das procurações outorgadas aos advogados do agravante e do agravado;

Assim, também é de todo pertinente mencionar, brevemente, que o recurso está instruído com peças obrigatórias de que trata o sobredito art. 1.017 do NCPC.

II. RAZÕES PARA REFORMA DA DECISÃO LIMINAR

a) *Ausência de direito subjetivo à nomeação no caso de aprovação fora do número de vagas e superveniente criação de novas vagas pela Administração Pública*

Nesse ponto, o recurso interposto pelo ente público deve conter duas linhas defensivas:

(i) A ausência de direito subjetivo à nomeação no caso de aprovação fora do número de vagas;

(ii) A superveniente criação de novas vagas pela Administração Pública, por si só, não transforma a mera expectativa de direito em direito subjetivo à nomeação.

Há um bom tempo, os Tribunais Superiores posicionam-se no sentido de que os aprovados dentro do número de vagas previstas no edital do concurso público têm direito subjetivo à nomeação. Ao revés, os aprovados fora do número de vagas não têm direito subjetivo à nomeação, mas mera expectativa de direito.

Em função do princípio da vinculação ao edital, a Administração Pública e os candidatos inscritos no certame devem obedecer rigorosamente aos seus termos. Disso decorre que o quantitativo de vagas previsto no edital vincula tanto a Administração quanto os candidatos. Se, de um lado, a Administração não pode deixar de nomear os candidatos aprovados dentro do número de vagas; do outro, os candidatos aprovados fora do número de vagas não podem pleitear sua nomeação e posse.

No que se refere à superveniente criação de novos cargos durante a validade do concurso, a jurisprudência do STF e STJ oscilou por um bom tempo. Todavia, **a jurisprudência sempre previu a necessidade de demonstração inequívoca do interesse da Administração no provimento dos novos cargos**, a fim de que a mera expectativa de direito se transforme em direito subjetivo à nomeação.

Com efeito, o STF, em julgado com fixação de tese em repercussão geral, consolidou de vez a necessidade de prova inequívoca de interesse da Administração e a subsequente frustração dessa expectativa por meios escusos por parte do Poder Público. Em outras palavras, **o mero surgimento de vagas durante o prazo de validade do concurso não é o bastante para convolar a mera expectativa de direito dos aprovados fora do número de vagas em direito subjetivo**.

Veja, então, o paradigmático julgado do STF, em que foi decidida a nomeação de novos Defensores Públicos do Estado do Piauí:

> (...) ***6. A publicação de novo edital de concurso público ou o surgimento de novas vagas durante a validade de outro anteriormente realizado não caracteriza, por si só, a necessidade de provimento imediato dos cargos. É que, a despeito da vacância dos cargos e da publicação do novo edital durante a validade do concurso, podem surgir circunstâncias e legítimas razões de interesse público que justifiquem a inocorrência da nomeação no curto prazo, de modo a obstaculizar eventual pretensão de reconhecimento do direito subjetivo à nomeação dos aprovados em colocação além do número de vagas.*** Nesse contexto, a Administração Pública detém a prerrogativa de realizar a escolha entre a prorrogação de um concurso público que esteja na validade ou a realização de novo certame. 7. A tese objetiva assentada em sede desta repercussão geral é a de que ***o surgimento de novas vagas ou a abertura de novo concurso para o mesmo cargo, durante o prazo de validade do certame anterior, não gera automaticamente o direito à nomeação dos candidatos aprovados fora das vagas previstas no edital, ressalvadas as hipóteses de preterição arbitrária e imotivada por parte da administração, caracterizadas por comportamento tácito ou expresso do Poder Público capaz de revelar a inequívoca necessidade de nomeação do aprovado durante o período de validade do certame, a ser demonstrada de forma cabal pelo candidato.*** Assim, a discricionariedade da Administração quanto à convocação de aprovados em concurso público fica reduzida ao patamar zero (Ermessensreduzierung auf Null), fazendo exsurgir o direito subjetivo à nomeação, verbi gratia, nas seguintes hipóteses excepcionais: ***i) Quando a aprovação ocorrer dentro do número de vagas dentro do edital (RE 598.099); ii) Quando houver preterição na nomeação por não observância da ordem de classificação (Súmula 15 do STF); iii) Quando surgirem novas vagas, ou for aberto novo concurso durante a validade do certame anterior, e ocorrer a preterição de candidatos aprovados fora das vagas de forma arbitrária e imotivada por parte da administração nos termos acima.*** (...) (RE 837311/PI, rel. Min. Luiz Fux, 15.04.2016).

Por essas razões, como não houve prova do interesse inequívoco da Administração Pública no provimento desses 40 (quarenta) novos cargos, não assiste direito relativo à nomeação e posse de Fernando.

O candidato deve, portanto, pedir a reforma da decisão, para que a liminar seja cassada.

b) ***Pagamento de indenização por danos materiais decorrentes de nomeação judicial tardia***

Fernando impetrou Mandado de Segurança, requerendo o pagamento das verbas salariais que deixaram de ser percebidas entre o advento da lei criadora de novos cargos e sua efetiva nomeação e posse.

Nesse tópico, há três argumentos a serem usados em favor do Município de Campinas.

O primeiro deles refere-se ao entendimento firmado pelo STF no RE 724347/DF, em sede de repercussão geral, julgado em 26.02.2015. Nessa ocasião, o STF pacificou o entendimento de que, **na hipótese de posse em cargo público por decisão judicial, o servidor não faz jus à indenização por danos materiais ou morais, sob o fundamento de que deveria ter sido empossado em momento anterior, salvo situação de flagrante arbitrariedade**.

Com efeito, a percepção de salários decorre do efetivo exercício da função pública. Assim sendo, se há não efetivo exercício, não pode haver remuneração, sob pena de enriquecimento sem causa do postulante.

Ademais, o caso exposto não se enquadra na exceção consistente em "flagrante arbitrariedade". Isso porque a regra de inexistência à indenização só cederá a casos extremos que revelem verdadeiro abuso do Poder Público, o que não ocorreu na presente hipótese.

O segundo argumento diz respeito à **impossibilidade de o Mandado de Segurança ser utilizado como sucedâneo da ação de cobrança**.

Com efeito, Fernando postula as verbas salariais não percebidas entre a vigência da lei até a efetiva nomeação posse. Ocorre que, entre a vigência da lei até a data da impetração do Mandado de Segurança, decorreram cerca de 6 (seis) meses, o que revela o intuito do impetrante de usar o Mandado de Segurança para cobrança de verbas pretéritas.

O rito expedito do Mandado de Segurança coíbe a prática de atos ilegais, de modo que o comando sentencial é quase sempre uma obrigação de fazer ou de se abster em fazer algo. A tutela é, via de regra, mandamental.

Embora Leonardo José Carneiro da Cunha[13] afirme que a tutela no Mandado de Segurança também possa ser condenatória, ele conclui que, na verdade, a própria inclusão de determinada verba em folha de pagamento trata também de uma determinação em fazer algo, ou seja, uma tutela mandamental. O aclamado autor ensina que:

---

13. A Fazenda Pública em juízo. Cunha, Leonardo José Carneiro da. 11ª edição, pg. 588 e 589.

> "A sentença, no mandado de segurança, também pode ser condenatória, quando acolhe pleito de servidor público, visando à obtenção de vantagem ou diferença de vencimentos. Nesse caso, não cabe a liminar, mas se permite o manejo do mandado de segurança. Acontece, entretanto, que "o mandado de segurança não é substitutivo de ação de cobrança" (Súmula 269 do STF). Demais disso, o pagamento de vantagens pecuniárias asseguradas em writ somente será efetuado relativamente às prestações que se vencerem a contar da data do ajuizamento da inicial (Lei nº 12.016/2009, art. 14, parágrafo 4º). Nesse sentido, "consoante jurisprudência do STJ, o pagamento de verbas atrasadas em sede de mandado de segurança restringe-se às parcelas existentes entre a data da impetração e a concessão da ordem. Quer isso dizer que, concedida a segurança para impor o pagamento de diferenças estipendárias, seu cumprimento será feito a partir do trânsito em julgado. Significa que, a partir do trânsito em julgado, deve ser a vantagem incluída em folha, consistindo em verdadeira obrigação de fazer, caracterizando uma tutela mandamental. ***Quando ao período que antecede ao ajuizamento do writ, não estará compreendido pela sentença, devendo o impetrante cobrá-lo pelas vias ordinárias. Realmente, nos termos da Súmula 271 do SF, "concessão de mandado de segurança não produz efeitos patrimoniais, em relação ao período pretérito, os quais devem ser reclamados administrativamente ou pela via judicial própria".***

Voltando ao caso concreto, não se nega que a principal tutela pretendida por Fernando é mandamental, consistente na determinação à autoridade coatora que proceda à sua nomeação e posse e que os efeitos pecuniários que dela decorrerão são meramente secundários.

Todavia, Fernando também requereu tutela condenatória, pois postulou o pagamento das verbas salarias pretéritas que deixaram de ser percebidas. Sendo assim, vislumbra-se a intenção de Fernando de fazer do Mandado de Segurança verdadeira ação de cobrança, o que é vedado pelos verbetes sumulares n. 269 e 271 do STF e também pela própria natureza do Mandado de Segurança.

> ***Súmula 269 do STF:*** O mandado de segurança não é substitutivo de ação de cobrança.
>
> ***Súmula 271 do STF:*** Concessão de mandado de segurança não produz efeitos patrimoniais em relação a período pretérito, os quais devem ser reclamados administrativamente ou pela via judicial própria.

Por fim, vale rememorar o art. 14, § 4º, da LMS, *in verbis:*

O pagamento de vencimentos e vantagens pecuniárias assegurados em sentença concessiva de mandado de segurança a servidor público da administração direta ou autárquica federal, estadual e municipal ***somente será efetuado relativamente às prestações que se vencerem a contar da data do ajuizamento da inicial.***

CUIDADO!

Não se olvida a recente e polêmica decisão do STJ que afirmou a possibilidade de, em sede de mandado de segurança, reconhecer-se efeitos financeiros pretéritos ao ajuizamento da demanda.

Eis o teor da ementa:

DIREITO ADMINISTRATIVO E PROCESSUAL CIVIL. EFEITOS FINANCEIROS DA CONCESSÃO DE ORDEM MANDAMENTAL CONTRA ATO DE REDUÇÃO DE VANTAGEM DE SERVIDOR PÚBLICO. ***Em mandado de segurança impetrado contra redução do valor de vantagem integrante de proventos ou de remuneração de servidor público, os efeitos financeiros da concessão da ordem retroagem à data do ato impugnado****. Não se desconhece a orientação das Súmulas n. 269 e 271 do STF, à luz das quais caberia à parte impetrante, após o trânsito em julgado da sentença mandamental concessiva, ajuizar nova demanda de natureza condenatória para reivindicar os valores vencidos em data anterior à impetração do mandado de segurança. Essa exigência, contudo, não apresenta nenhuma utilidade prática e atenta contra os princípios da justiça, da efetividade processual, da celeridade e da razoável duração do processo. Ademais, essa imposição estimula demandas desnecessárias e que movimentam a máquina judiciária, de modo a consumir tempo e recursos de forma completamente inútil, e enseja inclusive a fixação de honorários sucumbenciais, em ação que já se sabe destinada à procedência. Corroborando esse entendimento, o STJ firmou a orientação de que,* ***nas hipóteses em que o servidor público deixa de auferir seus vencimentos ou parte deles em razão de ato ilegal ou abusivo do Poder Público, os efeitos financeiros da concessão de ordem mandamental devem retroagir à data do ato impugnado, violador do direito líquido e certo do impetrante****. Isso porque os efeitos patrimoniais são mera consequência da anulação do ato impugnado que reduz o valor de vantagem nos proventos ou remuneração do impetrante (MS 12.397-DF, Terceira Seção, DJe 16/6/2008). Precedentes citados: EDcl no REsp 1.236.588-SP,*

Segunda Turma, DJe 10/5/2011; e AgRg no REsp 1.090.572-DF, Quinta Turma, DJe 1º/6/2009. EREsp 1.164.514-AM, Rel. Min. Napoleão Nunes Maia Filho, julgado em 16/12/2015, DJe 25/2/2016.

Todavia, não há dúvidas de que o advogado público deva defender a posição sumulada do STF, pois essa, sim, atende aos interesses da Fazenda.

A terceira linha de defesa em favor do Município de Campinas consiste na **impossibilidade de execução de condenação relativa ao pagamento de quantia certa** antes do trânsito em julgado.

Com efeito, o art. 100 da Constituição Federal prevê a sistemática de precatórios para a Fazenda Pública cumprir decisões condenatórias de pagar quantia certa. Outrossim, o art. 14, § 3º c/c art. 7º, § 2º, da LMS preceituam também a impossibilidade de execução provisória, senão veja-se:

> Art. 14. § 3º . A sentença que conceder o mandado de segurança pode ser executada provisoriamente, salvo nos casos em que for vedada a concessão da medida liminar.
>
> Art. 7º, § 2º. Não será concedida medida liminar que tenha por objeto a compensação de créditos tributários, a entrega de mercadorias e bens provenientes do exterior, a reclassificação ou equiparação de servidores públicos e a concessão de aumento ou a extensão de vantagens ou pagamento de qualquer natureza.

Desse modo, o candidato deve invocar a impossibilidade do pagamento imediato das verbas pretéritas, seja em relação: **a)** aos salários antes do ajuizamento do Mandado de Segurança (óbice também nas Súmulas 269 e 271 do STF), ou; **b)** aos salários não percebidos entre o ajuizamento do Mandado de Segurança e a efetivação da nomeação e posse.

Assim decidiu o STJ:

> No mandado de segurança impetrado por servidor público contra a Fazenda Pública, ***as parcelas devidas entre a data de impetração e a de implementação da concessão da segurança devem ser pagas por meio de precatórios, e não via folha suplementar***. STJ. 2ª Turma. REsp 1.522.973-MG, Rel. Min. Diva Malerbi (Desembargadora convocada do TRF da 3ª Região), julgado em 4/2/2016 (Info 576)

c) *Vedação à concessão da liminar atacada: regime jurídico processual aplicável à Fazenda Pública*

Não bastassem as razões acima para o provimento do recurso, impõe-se registrar que a medida liminar redunda em afronta a dispositivo infraconstitucional que regulamenta a sua concessão contra a Fazenda Pública.

A Lei 8.437/92, que dispõe sobre a concessão de medidas cautelares contra atos do Poder Público e dá outras providências, estabelece em seu artigo 1º, § 3º:

> Art. 1º Não será cabível medida liminar contra atos do Poder Público, no procedimento cautelar ou em quaisquer outras ações de natureza cautelar ou preventiva, toda vez que providência semelhante não puder ser concedida em ações de mandado de segurança, em virtude de vedação legal.
>
> (...)
>
> ***§ 3º Não será cabível medida liminar que esgote, no todo ou em parte, o objeto da ação.***

No caso da questão, vê-se que a concessão da liminar esgota totalmente o objeto da ação, qual seja, nomeação e posse, mais pagamento das verbas não percebidas.

> **Dica:** Essa é uma defesa típica da Fazenda Pública em agravos de instrumento ou agravos internos contra decisões liminares de primeiro grau ou monocráticas no Tribunal. Esteja atento!

III. EFEITO SUSPENSIVO AO AGRAVO DE INSTRUMENTO

Os artigos 1019, I e 995 do CPC/2015 permitem ao relator do agravo de instrumento atribuir efeito suspensivo ao recurso em casos dos quais possa haver risco de dano grave, de difícil ou impossível reparação e ficar demonstrada a probabilidade de provimento do recurso.

Assim, cumpre ao candidato demonstrar:

a) *Probabilidade de provimento do recurso*

Esse requisito é constatado pela leitura dos itens indicados anteriormente, lastreados em farta jurisprudência. A verdade é que o provimento jurisdicional concedido a Fernando está em desconformidade com seus requisitos legais, razão por que deve ser reformado.

b) ***Risco de dano grave***

Nesse ponto, deve o candidato demonstrar que a manutenção da decisão recorrida, mesmo que somente até o julgamento do presente recurso, causará graves lesões ao Município de Campinas, eis que o ente público ficará obrigado a cumprir uma obrigação de fazer de forma dissonante dos parâmetros delineados pela Constituição e pela jurisprudência pátria.

Assim, o candidato deve arguir que **o desembolso de numerário dos cofres públicos ao impetrante dificilmente será reversível no caso de este, ao final, sucumbir, tendo em vista o caráter alimentar.**

Demais disso, pode fundamentar que o pagamento imediato de quantias pelo Poder Público, sem a observância do regramento constitucional e legal, lesa, por si só, os cofres públicos. Isso porque, nada obstante o valor, determinações judiciais desse jaez provoca o **desarranjo orçamentário**.

IV. PEDIDOS E FECHAMENTO

Ao final, o candidato deve encerrar o recurso com o pedido adequado de atribuição de efeito suspensivo pelo Relator e, ao final, a procedência recursal para que a decisão liminar atacada seja reformada.

Como a questão não solicitou o apontamento da data do recurso, como sendo o último dia de prazo, deve o candidato apenas mencionar "local, data" e, por fim, assinar como "Procurador do Município de Campinas".

» CRITÉRIOS DE AVALIAÇÃO:

AGRAVO DE INSTRUMENTO
ACERTO DA PEÇA E FORMALIDADES Cabimento; Direcionamento correto; Pedido na folha de rosto de efeito suspensivo ao agravo de instrumento; Isenção de preparo; Tempestividade; Peças que instruem o Agravo;

AGRAVO DE INSTRUMENTO
AUSÊNCIA DE DIREITO SUBJETIVO À NOMEAÇÃO Jurisprudência do STF e STJ relativa à mera expectativa de direito do candidato aprovado fora do número de vagas; Jurisprudência do STF quanto à necessidade de prova inequívoca do interesse da Administração em prover novos cargos; Inexistência dessa comprovação pelo impetrante;
IMPOSSIBILIDADE DE PAGAMENTO RETROATIVO 1. Jurisprudência do STF que nega direito à indenização por nomeação judicial tardia; 2. MS não pode ser sucedâneo de ação de cobrança (S. 269 e 271 do STF); 3. Art. 100 da CF e vedações à execução provisória da sentença que concede a segurança nesses casos;
EFEITO SUSPENSIVO Art. 1.019, I e 995 do NCPC - Requisitos;
PEDIDOS E FECHAMENTO DO AGRAVO 1. Indicação correta dos pedidos; 2. Local, data e assinatura.

Proposta 10: Servidores públicos: tríplice cúmulo

Autores: Caio Vinícius Sousa e Souza e Anderson Vieira da Costa

» ENUNCIADO

No ano de 2014, a Controladoria-Geral do Estado do Maranhão, no curso de processo administrativo destinado a apurar irregularidades na acumulação remunerada de cargos públicos pelos servidores do Estado, tomou conhecimento de que o servidor João da Silva percebia, desde 1995, proventos do cargo de professor da Universidade Estadual e, desde 1996, proventos do cargo de professor da rede municipal de ensino. No bojo do mesmo procedimento, verificou-se que o servidor, por meio de novo concurso público, ingressou em 1997 como professor da rede estadual de ensino, vinculado à Secretaria de Estado da Educação (SEDUC).

Ante os fatos narrados, foi instaurado, no âmbito da SEDUC, processo administrativo disciplinar para apurar e atestar a situação irregular em que se encontrava o servidor, oportunizando-se ampla defesa e contraditório, direitos que foram exercidos, por opção própria, sem a assessoria de um advogado. Ao final, concluiu-se que João da Silva acumulava cargos e proventos fora das hipóteses previstas na Constituição, o que ocasionou a sua demissão do cargo de professor estadual em abril de 2015.

Inconformado, João impetrou, em junho de 2016, Mandado de Segurança no TJ/MA contra o ato do Secretário Estadual de Educação, apontando como litisconsorte passivo o Estado do Maranhão. No citado writ, alegou que: 1) o processo administrativo é nulo, pois a sua defesa ficou comprometida pela ausência de advogado; 2) não poderia a Administração Estadual desfazer, em 2015, ato administrativo aperfeiçoado em 1997, já que operados os efeitos da decadência administrativa; 3) não houve irregularidade na cumulação de proventos e cargos, pois: i) os horários sempre foram compatíveis, ii) os proventos são devidos, sob pena de configuração de enriquecimento ilícito do Estado, porque contribuiu ao longo da vida profissional; iii) apesar da tríplice cumulação ser atualmente vedada pela Constituição, a sua situação se enquadra na exceção prevista pelo art. 11

da EC 20/98, que autoriza o tríplice vínculo quando o reingresso no serviço público tiver ocorrido por concurso público, antes da promulgação da referida emenda. Esclarece ainda que, por se tratar de prestação de trato sucessivo, o direito à impetração do writ não decaiu, haja vista sua renovação contínua, mês a mês.

Ao final, requereu condenação do Estado à sua reintegração no cargo de professor estadual, bem como o pagamento das vantagens pecuniárias não percebidas desde a sua demissão.

O TJ/MA proferiu acórdão concessivo da segurança, acatando todas as alegações veiculadas no mandamus, determinando a reintegração do servidor no quadro de servidores do Estado para imediato pagamento da remuneração vincenda, bem como o pagamento das vantagens vencidas desde a ocorrência do ato coator.

Contra a referida decisão colegiada foram opostos Embargos de Declaração com a finalidade de prequestionar a matéria debatida, sendo-lhe, porém, negado provimento, com fundamentação genérica, que não enfrentou os pontos suscitados nos aclaratórios.

Diante desses fatos, interponha o recurso mais adequado em face da última decisão proferida no processo, contendo as alegações de defesa que permitam o conhecimento do apelo e a revisão da decisão na instância superior.

» COMENTÁRIOS

I. PEÇA CABÍVEL

Não há dúvidas de que a proposta veiculada, na prática, comportaria o cabimento de dois recursos excepcionais (Recurso Extraordinário e Recurso Especial), já que a decisão a ser atacada violou dispositivos constitucionais e federais (Lei n.º 12.016/2009 e Lei n.º 9.874/99).

Todavia, cuidando-se de uma situação de concurso público, que exija a interposição de apenas um recurso, é necessário ser esperto e optar pelo instrumento processual que possibilite abordar a **matéria principal** cobrada pelo examinador. Por exemplo, nessa proposta, o núcleo do problema descrito é o debate sobre o tríplice cúmulo de remunerações por servidor público, tema este de matriz constitucional, devendo-se, por isso, manejar **Recurso Extraordinário**, com fundamento no disposto no art. 102, inciso III, "a", da Constituição Federal.

II. ENDEREÇAMENTO

O endereçamento deve ser feito para o Presidente ou Vice-Presidente do Tribunal de Justiça do Estado – art. 1.029 do Novo CPC.

> **Obs.**: não houve alteração desse ponto em relação ao CPC anterior, embora seja oportuno destacar que, de início, o Novo Código intentou suprimir a admissibilidade no âmbito dos Tribunais de origem, tal como previsto na redação primitiva do art. 1.030, que, no entanto, veio a ser revogada pela Lei n. 13.256/2016, a qual manteve o juízo de admissibilidade no âmbito dos Tribunais recorridos.

III. PRESSUPOSTOS GÉNERICOS E ESPECÍFICOS DE ADMISSIBILIDADE

Conforme já comentado, só será admitido o recurso extraordinário se a decisão recorrida for de última ou única instância, ocorrer o **pré-questionamento** (art. 102, III, caput, da CF) e o tema ser de **repercussão geral** (art. 102, § 3.º, da CF).

O candidato deve abordar tais pressupostos, a fim de justificar o conhecimento do apelo extremo.

IV. TEMPESTIVIDADE

Considerando-se a prerrogativa do prazo em dobro conferido pelo art. 183 do NCPC, já comentada, e que a contagem dos dias no NCPC se faz levando em consideração apenas os dias úteis (Art. 219 do NCPC), **o prazo para interposição do recurso é de 30 dias úteis.**

No caso da questão, embora não tenha sido exigida a contagem do prazo recursal, não seria demais abrir um tópico curto, com duas linhas, afirmando que o recurso era tempestivo, eis que protocolado no prazo legal de 30 dias úteis, conforme preconizam o art. 183 c/c art. 1.003, § 5º, do NCPC.

V. REPERCUSSÃO GERAL

Com a Emenda Constitucional 45/2004, foi acrescentado ao art. 102 da CF um terceiro parágrafo, que criou a repercussão geral como um pressuposto genérico de admissibilidade do recurso extraordinário. A toda evidência, o legislador resolveu criar um pressuposto de admissibilidade para que o Supremo Tribunal Federal passasse a julgar somente causas de extrema relevância ou de significativa transcendência.

Relembre que a repercussão geral não pode ser analisada pelo órgão prolator da decisão impugnada, ainda que o recurso extraordinário passe por um juízo de admissibilidade perante esse órgão, de sorte que a competência para a sua análise é exclusiva do Supremo Tribunal Federal, nos termos do § 2º do art. 1.035, do Novo CPC.

Sob a égide do CPC/73, o STF firmou sólida jurisprudência no sentido da necessidade de se abrir tópico preliminar exclusivo para demonstração da repercussão geral do tema. Consoante comentários acima registrados, Daniel Assumpção entende que tal entendimento não se sustenta na vigência do NCPC. Entretanto, **CUIDADO**: para fins de provas práticas, recomenda-se que o candidato mantenha a exigência de abrir um tópico preliminar para destacar a existência de repercussão geral.

Também é preciso pontuar que **existem hipóteses de presunção absoluta de existência da repercussão geral**, previstas pelos incisos do § 3º, do art. 1.035 do Novo CPC, tendo todas essas hipóteses, segundo escólio doutrinário, um ponto em comum: **a valorização dos entendimentos consolidados pelo Supremo Tribunal Federal.**

Há presunção absoluta de repercussão geral sempre que o recurso extraordinário impugnar acordão que: contrarie súmula ou jurisprudência dominante do Supremo Tribunal Federal (inciso I) e que tenha reconhecido a inconstitucionalidade de tratado ou lei federal, nos termos do art. 97 da Constituição Federal (inciso III).

Assim, no tópico, o candidato deve afirmar que **o acórdão recorrido violou diversas súmulas do STF**, o que impõe **presunção absoluta de repercussão geral** sobre o apelo extraordinário. Além disso, deve pontuar que a discussão relativa à acumulação tríplice de cargos ou proventos públicos, com base na EC 20/1998, "é de inegável relevância dos pontos de vista jurídico e econômico, pois a tese a ser fixada se direciona ao funcionalismo público de todos os entes da Federação", a teor do quanto decidido pela Suprema Corte.

VI. DO PREQUESTIONAMENTO

É essencial referir ao prequestionamento, ainda que de forma breve e concisa, *in casu*, primeiro porque demonstra ao examinador que o candidato conhece as nuances da peça recursal, já que se trata de elemento básico para o acesso à instância extraordinária.

Ademais, por outro aspecto releva a necessidade de debate quanto ao prequestionamento, qual seja, o fato de que a questão menciona expressamente que foram interpostos Embargos de Declaração com a finalidade de sanar omissões e contradições no julgado. Na prática, o intuito principal de tal recurso vai além da mera integração da decisão recorrida, mas, principalmente, intenciona **prequestionar** eventuais omissões quanto a discussões jurídicas que podem levar a demanda aos Tribunais Superiores.

Nesse sentido, o Novo CPC trouxe importante solução para os casos em que os Tribunais de origem se abstém de promover a integração de suas decisões, mediante decisões genéricas ou evasivas, ao afirmar que "***Consideram-se incluídos no acórdão os elementos que o embargante suscitou, para fins de pré-questionamento, ainda que os embargos de declaração sejam inadmitidos ou rejeitados, caso o tribunal superior considere existentes erro, omissão, contradição ou obscuridade***" (art. 1.025).

O Novo CPC, portanto, exauriu o debate acerca do prequestionamento ficto, inadmitido no âmbito do STJ durante a vigência do CPC/73. Agora, basta que o embargante articule as teses que pretende ver conhecidas nos Tribunais Superiores, para que o prequestionamento reste configurado, mesmo que a segunda instância sobre elas não tenha debatido.

Daí surge a importância de que o candidato aborde expressamente o fato de que foram opostos Embargos de Declaração na origem, com o intuito de prequestionar os temas objeto do recurso extraordinário, notadamente diante da regra prevista no art. 1.025 do Novo CPC.

VII. DO MÉRITO

Sobre o mérito do recurso, é essencial que o candidato aborde os seguintes temas:

a) *Decadência do MS*

De início, cabe pontuar que, embora o recurso extraordinário seja de fundamentação vinculada, devendo, como regra, adstringir-se às hipóteses de cabimento do art. 102, III, da CF, seu **efeito translativo ou devolutivo em profundidade** permite a alegação de ordem pública, já que estas são cognoscíveis até mesmo de ofício.

Assim, uma vez conhecido o recurso pelos fundamentos constitucionais abaixo declinados e estando a matéria prequestionada, nada impede que o STF aprecie matéria de ordem pública, como a decadência, mesmo que esta esteja prevista em legislação infraconstitucional (no caso, art. 23 da Lei n.º 12.016/2009).

Nesse sentido, Didier[14] arremata ao comentar sobre o tema:

> Para fins de julgamento (profundidade do efeito devolutivo), porém, uma vez conhecido o recurso extraordinário ou especial, ***poderá o tribunal examinar todas as matérias que possam ser conhecidas a qualquer tempo, inclusive a prescrição, a decadência e as questões de que trata o § 30 do art. 485 do CPC***, "porque não é crível que, verificando a nulidade absoluta ou até a inexistência do processo [ou do próprio direito, acrescente-se], profira decisão eivada de vício, susceptível de desconstituição por meio de ação rescisória ou ação declaratória de inexistência de decisão judicial"

A matéria está tratada, da mesma forma, na Súmula 456 do STF e no art. 1.034 do NCPC, que reproduziu o comando jurisprudencial referido:

> ***Súmula 456 do STF***: o Supremo Tribunal Federal, conhecendo do recurso extraordinário, julgará a causa aplicando o Direito à espécie.
>
> ***Art. 1.034 do NCPC.*** Admitido o recurso extraordinário ou o recurso especial, o Supremo Tribunal Federal ou o Superior Tribunal de Justiça julgará o processo, aplicando o direito.

Na espécie, considerando que João da Silva foi exonerado em abril de 2015 e só manejou o writ em junho de 2016, o candidato deve demonstrar a **decadência do direito de impetrar o mandado de segurança**, eis que superado o prazo legal de 120 (cento e vinte) dias para fazê-lo.

> Art. 23. O direito de requerer mandado de segurança extinguir-se-á decorridos 120 (cento e vinte) dias, contados da ciência, pelo interessado, do ato impugnado.

Com efeito, quando a violação do direito se dá por ato único, que o suprime de uma vez por todas, conta-se o prazo decadencial a partir da data em que o beneficiário tomou conhecimento de tal ato, não havendo renovação periódica como ocorre nos descontos que se dão, por exemplo, mês a mês.

---

14. *Curso de Direito Processual Civil*, Vol. III, Ed. Juspodivm, 2016, p. 323.

Havendo, pois, no caso em tela, supressão total do direito de ser servidor do Estado, com sua demissão, o prazo começa a correr a partir da prática do ato (que coincide com a data de seu conhecimento por parte do servidor) e, por isso, o direito restou fulminado pela decadência ainda em meados de 2015, quando completados 120 dias.

b) ***Da violação ao art. 5º, LV, da CF/88: ampla defesa em processos administrativos e facultatividade de representação por advogado. Súmula Vinculante 5***

Dispõe o art. 5, LV, da CF/88:

> LV – aos litigantes, em processo judicial ou administrativo, e aos acusados em geral são assegurados o contraditório e ampla defesa, com os meios e recursos a ela inerentes;

Durante muito tempo, discutiu-se acerca da natureza da representação do administrado por advogado nos autos de processo administrativo disciplinar, se facultativa ou obrigatória, como no judicial, já que o inciso se refere indistintamente às duas instâncias.

No caso narrado, João da Silva aventou a nulidade do processo administrativo disciplinar, arguindo a ausência de representação por advogado, o que foi acolhido pelo Tribunal de Justiça. Todavia, o candidato deve aduzir que o acórdão recorrido merece reparos, na medida em que, nos termos de jurisprudência consolidada do STF, a representação do servidor por advogado em PAD é meramente facultativa.

> ***Súmula Vinculante n.º 5:*** A falta de defesa técnica por advogado no processo administrativo disciplinar não ofende a Constituição.

> **Dica:** pela literalidade do art. 102 da Constituição, NÃO cabe RE contra decisão de última ou única instância que contrarie Súmula do STF. Todavia, uma vez contrariado enunciado jurisprudencial desta estirpe, "por tabela", também haverá violação ao dispositivo constitucional que o embasa. Assim, não deve o candidato abrir tópico com dizeres do gênero *"Da violação à súmula X do STF"*, mas sim *"Da violação ao art. X da CF: entendimento do STF cristalizado na Súmula Y"*.

c) *Da violação ao art. 37, § 10º, da CF e do art. 11 da EC nº 20/98: impossibilidade de tríplice acumulação, mesmo quando os vínculos tenham se originado antes da EC n.º 20/98*

Sobre a tríplice cumulação de cargos e proventos, o candidato deve ter conhecimento de que ela é inadmitida em qualquer caso quando posterior à Emenda Constitucional 20, publicada e em vigor desde 15 de dezembro de 1998.

A aludida vedação se dá por força do art. 37, § 10º, da CF:

> § 10. É vedada a percepção simultânea de proventos de aposentadoria decorrentes do art. 40 ou dos arts. 42 e 142 com a remuneração de cargo, emprego ou função pública, ressalvados os cargos acumuláveis na forma desta Constituição, os cargos eletivos e os cargos em comissão declarados em lei de livre nomeação e exoneração. (Incluído pela Emenda Constitucional nº 20, de 1998)

No caso narrado na questão, a acumulação se iniciou antes da entrada em vigor da EC 20/98, quando João retornou à ativa após aprovação em concurso público em 1997.

A resolução do problema jurídico demanda análise do art. 11 da EC n.º 20/98, cujo teor assevera:

> Art. 11 - A vedação prevista no art. 37, § 10, da Constituição Federal, não se aplica aos membros de poder e aos inativos, servidores e militares, que, até a publicação desta Emenda, tenham ingressado novamente no serviço público por concurso público de provas ou de provas e títulos, e pelas demais formas previstas na Constituição Federal, ***sendo-lhes proibida a percepção de mais de uma aposentadoria pelo regime de previdência a que se refere o art. 40 da Constituição Federal***, aplicando-se-lhes, em qualquer hipótese, o limite de que trata o § 11 deste mesmo artigo.

Durante certo tempo, pairou divergência no STF acerca da correta interpretação a ser dada ao artigo 11 da EC n.º 20/98. Debateu-se se, antes da reforma constitucional, era possível o tríplice vínculo com a Administração Pública, considerando que a primeira parte do referido art. 11 desaplica a vedação de cumulação de proventos de aposentadoria e vencimentos de cargo público fora das hipóteses do art. 37, XVI, da CF.

O Supremo chegou a permitir o tríplice vínculo, desde que formado por DOIS cargos públicos em atividade e UMA aposentadoria, vedando, em todo caso, a cumulação de duas aposentadorias e um cargo público:

> "AGRAVO REGIMENTAL NO RECURSO EXTRAORDINÁRIO. MAGISTÉRIO. ACUMULAÇÃO DE PROVENTOS DE UMA APOSENTADORIA COM DUAS REMUNERAÇÕES. RETORNO AO SERVIÇO PÚBLICO POR CONCURSO PÚBLICO ANTES DO ADVENTO DA EMENDA CONSTITUCIONAL N. 20/98. POSSIBILIDADE. 1. *É possível a acumulação de proventos oriundos de uma aposentadoria com duas remunerações quando o servidor foi aprovado em concurso público antes do advento da Emenda Constitucional n. 20. 2. O artigo 11 da EC n. 20 convalidou o reingresso – até a data da sua publicação – do inativo no serviço público, por meio de concurso*. 3. A convalidação alcança os vencimentos em duplicidade se os cargos são acumuláveis na forma do disposto no artigo 37, XVI, da Constituição do Brasil, ***vedada, todavia, a percepção de mais de uma aposentadoria***. Agravo regimental a que se nega provimento." (RE-AgR 489.776, Rel. Min. EROS GRAU, Segunda Turma, DJe 1.8.2008)
>
> "DIREITO ADMINISTRATIVO. SERVIDOR PÚBLICO. ACUMULAÇÃO DE VENCIMENTOS DE PROFESSOR COM PROVENTOS DE DUAS APOSENTADORIAS. CUMULAÇÃO TRÍPLICE. IMPOSSIBILIDADE. INAPLICÁVEL O ART. 11 DA EMENDA CONSTITUCIONAL Nº 20/98. ACÓRDÃO RECORRIDO PUBLICADO EM 12.5.2008. O acórdão recorrido decidiu em consonância com o entendimento deste Supremo Tribunal Federal no sentido ***da impossibilidade de se acumular dois proventos de aposentadorias com vencimentos de um novo cargo público, ainda que o provimento neste tenha ocorrido antes da vigência da EC nº 20/98.*** Precedentes. Agravo regimental conhecido e não provido.
>
> "AGRAVO REGIMENTAL EM AGRAVO DE INSTRUMENTO. ADMINISTRATIVO. SERVIDOR PÚBLICO. MAGISTÉRIO. ACUMULAÇÃO DE PROVENTOS DE DOIS CARGOS DE PROFESSOR COM VENCIMENTOS DE UM TERCEIRO CARGO. ART. 11, DA EC 20/98. INAPLICABILIDADE. AGRAVO IMPROVIDO. I – Somente se admite a acumulação de proventos e vencimentos quando se tratar de cargos, empregos ou funções acumuláveis em atividade, na forma prevista pela Constituição Federal. Precedentes. ***II – Não é permitida a acumulação de proventos de duas aposentadorias com os vencimentos de cargo público, ainda que proveniente de aprovação em concurso público antes da EC 20/98***. Precedentes. III – Agravo regimental improvido"

Todavia, atualmente, **o STF tem entendido que a tríplice cumulação é vedada em TODO E QUALQUER CASO, até mesmo na hipótese de dois vínculos de atividade e um de inatividade**.

Segundo a Corte, a *ratio legis* do art. 11 da EC nº 20/98 foi a de convalidar situações de fato, em vigor quando de sua promulgação, **estritamente para fins de acumulação de proventos de uma (e só uma) aposentadoria com vencimentos de um (e só um) novo cargo, independente das hipóteses do art. 37, XVI, da CF,** autorizando-se uma excepcional hipótese de cumulação de cargos públicos, que não comporta interpretação extensiva.

Ou seja, o sentido do art. 11 da EC n.º 20/98 é tão somente afastar a vedação "temática" dos cargos acumuláveis, como o fez o art. 37, XVI, da CF, a fim de que não se atinja relações jurídicas já constituídas sob o pálio do regime anterior. Pela EC, por exemplo, é possível a cumulação de um cargo de engenheiro e policial civil, desde que tal hipótese tenha ocorrido antes da publicação do texto reformador.

Assim, a tese principal do RE é a de que a EC 20/1998, admite a possibilidade de acumulação de um provento de aposentadoria com a remuneração de um cargo na ativa, no qual se tenha ingressado antes da publicação da referida emenda, ainda que, segundo a regra geral, os cargos sejam inacumuláveis. Mas que **a jurisprudência do STF é no sentido de que essa permissão deve ser interpretada de forma restritiva, vedando, em qualquer hipótese, a acumulação tríplice de remunerações não importando se proventos ou vencimentos**.

Avançando, seria oportuno ao candidato mencionar que, no caso narrado, não se operou a decadência do direito de a Administração proceder à demissão do servidor, mesmo que o vínculo desfeito tenha se iniciado há 18 (dezoito) anos.

Aqui duas teses seriam pertinentes:

1. Foi mencionado expressamente no enunciado que apenas no ano de 2014, a partir da instauração de processo administrativo disciplinar, a Administração tomou conhecimento da situação jurídica do servidor João da Silva. Assim, nos termos de jurisprudência pacífica do STF e STJ, **a contagem do prazo para que a Administração Pública venha a perder o direito de invalidar seus próprios atos contaminados com nulidade insanável tem início com o conhecimento da irregularidade, por aplicação da teoria da *actio nata***. Significa que, ainda que a ilicitude tenha ocorrido há dezoito anos, como na hipótese em análise, a decadência só irá ocorrer cinco anos após a Administração tomar conhecimento do fato e que-

dar-se inerte, o que não ocorreu no caso, já que, finalizado o PAD, o servidor foi demitido em 2016.

2. Ademais, também é pacífica a jurisprudência pátria no sentido de que **a acumulação ilegal de cargos públicos, expressamente vedada pelo art. 37, XVI, da Constituição Federal, caracteriza uma situação que se protrai no tempo, motivo pelo qual é passível de ser investigada pela Administração a qualquer tempo**. Em outras palavras, a *"acumulação de cargos ou aposentadorias fora das hipóteses constitucionais é mácula que não se convalida com o tempo, podendo ser sindicada a qualquer momento"*.

d) ***Da violação art. 5º, LXIX, da CF/88: natureza estritamente mandamental da ordem proferida em mandado de segurança. Impossibilidade de condenação em pecúnia referente a período anterior ao ajuizamento do writ. Súmulas 269 e 271 do STF***

Conforme preconiza o art. 5º, LXIX, da CF/88,

> LXIX – conceder-se-á mandado de segurança para proteger direito líquido e certo, não amparado por habeas corpus ou habeas data, quando o responsável pela ilegalidade ou abuso de poder for autoridade pública ou agente de pessoa jurídica no exercício de atribuições do Poder Público;

O referido artigo consagrou uma garantia constitucional do cidadão frente ao Poder Público, para desfazer atos de autoridade eivados de ilegalidade. Assim, **dada a natureza mandamental da ordem de segurança, não é possível conceder efeitos pecuniários retroativos à data do ajuizamento do mandamus, sob pena de torná-lo sucedâneo de ação de cobrança com rito mais célere,** conforme acentuam as Súmulas 269 e 271 do STF:

> ***Súmula 269 do STF***: O mandado de segurança não é substitutivo de ação de cobrança.
>
> ***Súmula 271 do STF:*** Concessão de mandado de segurança não produz efeitos patrimoniais em relação a período pretérito, os quais devem ser reclamados administrativamente ou pela via judicial própria.

Dessa feita, deve o candidato pontuar a violação ao art. 5, LXIX, da CF/88, pugnando também pela reforma do acórdão recorrido no capítulo referente à condenação de verbas pretéritas.

CUIDADO: Não se desconhece a recente decisão do STJ que reconheceu a possibilidade de se conceder efeitos financeiros pretéritos ao ajuizamento do mandado de segurança, como medida de economia processual. Assim decidiu a Corte Cidadã:

DIREITO ADMINISTRATIVO E PROCESSUAL CIVIL. EFEITOS FINANCEIROS DA CONCESSÃO DE ORDEM MANDAMENTAL CONTRA ATO DE REDUÇÃO DE VANTAGEM DE SERVIDOR PÚBLICO. Em mandado de segurança impetrado contra redução do valor de vantagem integrante de proventos ou de remuneração de servidor público, os efeitos financeiros da concessão da ordem retroagem à data do ato impugnado. Não se desconhece a orientação das Súmulas n. 269 e 271 do STF, *à luz das quais caberia à parte impetrante, após o trânsito em julgado da sentença mandamental concessiva, ajuizar nova demanda de natureza condenatória para reivindicar os valores vencidos em data anterior à impetração do mandado de segurança.* ***Essa exigência, contudo, não apresenta nenhuma utilidade prática e atenta contra os princípios da justiça, da efetividade processual, da celeridade e da razoável duração do processo. Ademais, essa imposição estimula demandas desnecessárias e que movimentam a máquina judiciária, de modo a consumir tempo e recursos de forma completamente inútil, e enseja inclusive a fixação de honorários sucumbenciais, em ação que já se sabe destinada à procedência. Corroborando esse entendimento, o STJ firmou a orientação de que, nas hipóteses em que o servidor público deixa de auferir seus vencimentos ou parte deles em razão de ato ilegal ou abusivo do Poder Público, os efeitos financeiros da concessão de ordem mandamental devem retroagir à data do ato impugnado, violador do direito líquido e certo do impetrante.*** *Isso porque os efeitos patrimoniais são mera consequência da anulação do ato impugnado que reduz o valor de vantagem nos proventos ou remuneração do impetrante (MS 12.397-DF, Terceira Seção, DJe 16/6/2008). Precedentes citados: EDcl no REsp 1.236.588-SP, Segunda Turma, DJe 10/5/2011; e AgRg no REsp 1.090.572-DF, Quinta Turma, DJe 1º/6/2009. EREsp 1.164.514-AM, Rel. Min. Napoleão Nunes Maia Filho, julgado em 16/12/2015, DJe 25/2/2016.*

Todavia, para fins de concurso público, ainda se deve considerar como prevalecente o entendimento do STF, já que sedimentado em súmulas. Além disso, como se trata de prova prática, não há dúvida de que deve ser defendido com veemência o entendimento mais favorável aos interesses da Fazenda Pública.

VIII. DOS PEDIDOS E FECHAMENTO

Para encerrar, deve o candidato pugnar pelo conhecimento e total provimento do apelo extraordinário, a fim de que sejam afastadas as violações constitucionais verificadas no acórdão recorrido, sendo este, ao final, reformado.

Por derradeiro, deve o candidato registrar as designações "Local, data" e consignar "Procurador do Estado", se outra não for a orientação da banca.

» CRITÉRIOS DE AVALIAÇÃO:

RECURSO EXTRAORDINÁRIO
ACERTO DA PEÇA E FORMALIDADES 1. Cabimento de Recurso Extraordinário endereçado ao Presidente do TJ/MA para remessa ao STF, com fundamento nos arts. 102, III, "a", da CF, art. 18 da Lei nº 12.016/2009 e 1.029 e ss do CPC; 2. Tempestividade; 3. Repercussão geral: mencionar obrigatoriamente a presunção de que trata o art. 1.035, I, do STF; 4. Prequestionamento: mencionar obrigatoriamente a interposição de EDcl e o prequestionamento a partir do art. 1.025 do NCPC;
MÉRITO 1. Decadência do MS; 2. Violação ao art. 5, LV, da CF e Súmula Vinculante nº 5: Desnecessidade de advogado para garantir ampla defesa e contraditório no processo administrativo disciplinar; 3. Violação ao art. 37, § 10º, da CF e 11 da EC 20/98: inconstitucionalidade do acúmulo, mesmo que anterior à EC 20/98; 4. Não ocorrência de decadência administrativa: início do prazo decadencial a partir do conhecimento da irregularidade, por aplicação da teoria da actio nata; acumulação de cargos e proventos de aposentadoria é mácula inconstitucional que se protrai no tempo. 5. Violação ao art. 5º, LXIX, da CF e súmulas 269 e 271: Mandado de Segurança não comporta condenação em pecúnia com efeitos pretéritos.
PEDIDOS E FECHAMENTO Seja o recurso conhecido e provido para, acatando-se as razões recursais, reformar a decisão recorrida; Data, local. Assinatura.

Proposta 11: Desvio de função

Autor: José Américo da Costa Júnior

» ENUNCIADO

O Estado do Mato Grosso do Sul, com fundamento na Lei federal nº 10.029, de 20 de outubro de 2000, que autorizou os Estados e o Distrito Federal a instituir a prestação voluntária de serviços administrativos e de serviços auxiliares de saúde e de defesa civil nas polícias militares e nos corpos de bombeiros militares, bem como em legislações similares de outras unidades federativas, editou norma estadual que instituiu o Serviço Auxiliar Voluntário - SAV, como instrumento de apoio à Polícia Militar do Estado.

Promoveu-se processo seletivo para escolha dos voluntários, ao cabo do qual Juliano veio a ser o primeiro colocado no certame e foi, tão logo finalizado o processo seletivo, admitido para prestação de serviços junto à Direção Geral da PM-MS, mediante atividades de cunho essencialmente administrativo, tais como organização de inventários, estoques, almoxarifado, etc., na condição de Soldado Voluntário Temporário.

Não obstante isso, após 18 meses do seu ingresso no SAV da PM-MS, Juliano ingressou com ação contra o Estado do MS, alegando, em síntese que: estava em desvio de função, pois tinha que participar de rondas ostensivas e, inclusive, portando arma de fogo; a remuneração básica mensal de um salário mínimo não é condizente com a situação de militar do serviço ativo, devendo receber os mesmos benefícios dos policiais em mesma situação, incluindo auxílios indenizatórios (alimentação; saúde; e fardamento), 13º salário, férias, etc; os requisitos para ingresso no cargo são similares aos dos servidores efetivos; prestou concurso para ingresso no SAV e, por isso, não precisaria especificamente de outro concurso para ser efetivado; a jornada semanal de trabalho é a mesma dos servidores efetivos e está igualmente sujeito ao mesmo regime de sanções disciplinares.

Nesse contexto, requereu, ao final, a condenação do Estado do Mato Grosso do Sul a: efetivá-lo na função de Soldado-PM; pagar as diferenças remuneratórias de todo o período, incluindo auxílios-indenizatórios, montante que estimou em R$ 20.000,00; pagamento de indenização por danos morais e materiais no valor de R$ 30.000,00, em face da supressão de direitos remuneratórios fundamentais (férias, 13º salário, adicionais de insalubridade e periculosidade, horas extras e noturnas, etc.), bem como pelo desvio de função; condenação do Estado do MS em honorários sucumbenciais e nas despesas processuais. Atribuiu à causa o valor de R$ 1.000,00 e a direcionou ao Juizado Especial da Fazenda Pública da Capital.

A título de provas, acostou documentos que atestam a realização de rondas com outros policiais para o serviço de vigilância dos quartéis da PM-MS, sem indicação do uso de arma de fogo, e comprovantes de pagamentos no valor mensal de R$ 1.500,00.

Oficiada para prestar informações, a PM-MS apontou que os Soldados Temporários não fazem ronda portando armas de fogo, mas apenas auxiliam na vigilância de prédios públicos e na execução de atividades administrativas. Ademais, esclarece que a retribuição mensal do Soldado efetivo é de R$ 1.800,00, incluindo todos os benefícios, ao passo que os Soldados temporários recebem uma bolsa mensal de R$ 1.000,00 acrescida de auxílios-alimentação e saúde, estes no valor total de R$ 500,00.

Diante disso, apresente contestação à ação apresentada, com a dedução de todas as matérias preliminares e de mérito cabíveis para a melhor defesa do Estado do MS.

» COMENTÁRIOS

No caso narrado, não se criou qualquer dúvida em relação à peça a ser apresentada, já que o examinador registrou a necessidade de confecção de **contestação**. Isso não é tão incomum. A título de exemplo, a banca CESPE fez o mesmo na PGE/PI/2014 e PGE/AM/2017.

No que tange ao direito material, optou-se pela cobrança de temas relacionados ao sistema remuneratório do servidor público, que ocupa boa parte da atividade dos Procuradores de Estado.

I. PRELIMINAR

Segundo Daniel Assumpção (Novo CPC Comentado), as defesas processuais, também chamadas por parte da doutrina de *defesas indiretas* por não terem como objeto a essência do litígio, estão previstas no art. 337 do NCPC. Na praxe forense são tratadas como defesas preliminares em razão do local ideal dentro da contestação para serem alegadas (antes da defesa de mérito).

> **Dica:** uma vez identificada a contestação como peça adequada, debruce-se sobre o enunciado para encontrar alguma ou algumas das preliminares elencadas no art. 337 do NCPC. Com certeza, o examinador pontuará o espelho com uma ou mais preliminares.

a) ***Impugnação ao valor da causa***

Na forma do art. 293 do NCPC, cumpre ao réu, em preliminar de contestação, impugnar o valor da causa sob pena de preclusão.

> Art. 293. O réu poderá impugnar, em preliminar da contestação, o valor atribuído à causa pelo autor, sob pena de preclusão, e o juiz decidirá a respeito, impondo, se for o caso, a complementação das custas.

A sistemática, no NCPC, foi alterada, pois antigamente a petição de impugnação ao valor da causa era inicial e deveria ser processada em apenso aos autos principais. Agora, como visto, deverá ser arguida em preliminar de contestação.

No caso narrado, percebam que o autor, mesmo estimando os pedidos no valor de R$ 50.000,00 (cinquenta mil reais), atribuiu à causa o valor de R$ 1.000,00 (um mil reais).

Na prática isso é muito comum de ocorrer, principalmente por dois motivos: 1º) para o autor fugir de elevados ônus sucumbenciais; e 2º) para escapar da competência das Varas Comuns e inserir a causa na alçada dos Juizados Especiais.

A migração da ação para o Juizado Especial é prejudicial ao exercício do direito de defesa pela Fazenda Pública, pela simplificação do procedimento e presumida dificuldade de acesso às vias extraordinárias, eis que é vedada a interposição de Recurso Especial (permitida apenas a Uniformização de Jurisprudência) e existente natural complexidade para a admissibilidade do Recurso Extraordinário.

Assim, deve o candidato impugnar o valor da causa, por ter ficado expresso e claro na inicial o montante estimado da condenação, que é de R$ 50.000,00, não se constituindo em demanda cuja estimação pecuniária só seria possível ao longo da instrução processual ou mesmo em sede de liquidação de sentença. Ademais, sabe-se que, havendo cumulação de pedidos, o valor da causa é a soma de todos eles (Art. 292, VI, do CPC/2015).

Denote-se que a exata determinação do valor da causa além de ser essencial para determinar a competência, o rito sobre o qual tramitará o processo, é importante para a fixação dos honorários advocatícios e para possíveis sanções processuais, além de interferir na seara tributária, visto alterar o valor do tributo a ser cobrado pelo ingresso em juízo (taxa judiciária).

II. MÉRITO

Após levantar as preliminares cabíveis, em homenagem ao princípio da eventualidade, o candidato deveria apontar as seguintes questões de mérito:

a) ***Princípio da acessibilidade aos cargos efetivos via concurso público. Inexistência de direito a convolação do serviço voluntário em provimento de posto militar***

Inicialmente, o candidato deve arguir que não merece prosperar o pedido de a equiparação ou conversão dos SAV em soldados do Estado do Mato Grosso do Sul, tornando-os policiais militares efetivos, de forma a permitir o gozo de direitos e assunção de deveres inerentes aos servidores públicos.

Isso porque o ingresso no quadro permanente do efetivo da Polícia Militar pressupõe prévia aprovação em concurso público específico, tudo na forma do artigo 37, inciso II, da Constituição Federal:

> Art. 37. (...) II – a investidura em cargo ou emprego público depende de aprovação prévia em concurso público de provas ou de provas e títulos, ***de acordo com a natureza e a complexidade do cargo ou emprego, na forma prevista em lei***, ressalvadas as nomeações para cargo em comissão declarado em lei de livre nomeação e exoneração;

Ao contrário do que ocorre nas relações de emprego entre particulares, eventual desvio funcional do servidor público não tem o condão de lhe atribuir direitos e deveres inerentes exclusivamente aos efetivos titulares de tais cargos. Por oportuno, transcreve-se decisão do colendo STF nesse sentido:

> "***Fere o princípio*** inscrito no art. 37, II, da Constituição Federal, ***a atribuição, independentemente de concurso público, dos vencimentos de cargo superior que haja desempenhado, por desvio de função***, o servidor." (RE 219.934-SP, rel. Min. Octavio Gallotti, Lex-JSTF 269/191 e RTJ 176/964, grifado).

Se há nulidade do provimento de cargo sem concurso, não se pode reconhecer efeitos ao provimento assim realizado. Por isso o STF já decidiu que:

> "A ***aprovação em concurso público*** de provas, ou de provas e títulos, configura ***requisito constitucional subordinante da própria validade e eficácia do ato de provimento em cargos públicos***, razão pela qual a investidura funcional do servidor administrativo em caráter efetivo depende, essencialmente, da observância desse pressuposto ***insuprimível*** estabelecido pela Constituição. ***Precedentes do STF***" (ADIN 1.203-PI, RTJ 161/832, grifamos).

Assim, conclui-se de forma inarredável que o pedido de transformação de serviço voluntário em cargo efetivo de soldado **afronta ao art. 37, II, da Constituição Federal de 1988, violando, ademais, a Súmula Vinculante 43:**

> *É inconstitucional toda modalidade de provimento que propicie ao servidor investir-se, sem prévia aprovação em concurso público destinado ao seu provimento, em cargo que não integra a carreira na qual anteriormente investido.*

b) ***Da impossibilidade de concessão de isonomia remuneratória***

Em casos como o da narrativa, em que a parte autora postula isonomia remuneratória, o candidato deve arguir a conhecida **vedação de aumento de vencimentos pelo Poder Judiciário a pretexto de prestigiar a igualdade**, nos termos da Súmula Vinculante n. 37 do STF:

> Não cabe ao Poder Judiciário, que não tem função legislativa, aumentar vencimentos de servidores públicos sob o fundamento de isonomia.

O entendimento do STF acima esposado se sustenta no **princípio da reserva legal**, que condiciona a regulação do sistema remuneratório de servidores públicos à lei específica, na forma do art. 37, X, da CF:

> X – a remuneração dos servidores públicos e o subsídio de que trata o § 4º do art. 39 somente poderão ser fixados ou alterados por lei específica, observada a iniciativa privativa em cada caso, assegurada revisão geral anual, sempre na mesma data e sem distinção de índices;

Subsidiariamente, o candidato deve arguir que eventual desvio de função, se de fato ocorrido, precisa ser comprovado em sede de instrução processual e **resolve-se, apenas, pelo pagamento da diferença da remuneração durante**

o período em que, comprovadamente, o servidor tenha atuado em desvio, de modo a vedar o enriquecimento indevido do ente estatal. Nesse sentido:

> SERVIDOR PÚBLICO. DESVIO DE FUNÇÃO REENQUADRAMENTO. IMPOSSIBILIDADE. ***DIREITO AO RECEBIMENTO DA DIFERENÇA DAS REMUNERAÇÕES, SOB PENA DE INACEITÁVEL ENRIQUECIMENTO SEM CAUSA DO PODER PÚBLICO.*** RECURSO DE AGRAVO IMPROVIDO. (STF, RE n. 595.566/SP. Relator: Min. CELSO DE MELLO. Órgão Julgador: Segunda Turma, Publicação: DJe-054, divulgado no dia 22-03-2011. Julgamento 1 de Março de 2011).

c) ***Do não cabimento de qualquer indenização***

Por último, o candidato deve destacar que se mostra completamente descabido qualquer pleito indenizatório à parte Autora, na medida em que, primeiro, todos os direitos pertinentes à situação do SAV estão previstos a nível legal e eram de amplo conhecimento quando da submissão ao certame público seletivo, inexistindo razão para, nessa altura, reclamar direitos não conferidos pela lei, e, como visto, trata-se de diploma legal de constitucionalidade reconhecida.

Descabe, assim, qualquer pleito de ressarcimento material, já que não houve inadimplemento dos direitos previstos na lei do SAV.

Ademais, nada indica, a *priori*, que o simples desvio de função, se efetivamente reconhecido, seja apto, por si só, a provocar abalos de ordem psíquica na honra ou na imagem do Autor, ensejadora, por conseguinte, da reparação por dano extrapatrimonial.

Tal dever de indenizar somente decorreria do fato de que o demandante teria sofrido pressão, constrangimento ou humilhação no exercício de suas rotinas funcionais, o que não foi alegado na peça exordial.

Em prestígio a eventualidade, deve o candidato arguir a exorbitância dos danos morais postulados, para o caso de a tese da improcedência restar superada.

> **Dica:** sempre quando for pedida indenização por danos morais, deve o candidato sustentar: 1) inicialmente, a improcedência da pretensão autoral, em razão do não cumprimento dos requisitos necessários à responsabilização; 2) sucessivamente, a fixação do quantum indenizatório em valor menor do que o postulado pela parte.

d) *Impugnação à condenação em honorários sucumbenciais*

Vale ressaltar, desde já, que a competência para o processamento da causa é do Juizado Especial da Fazenda Pública, uma vez que o valor da causa é inferior a 60 salários mínimos, além de não se tratar de causa complexa ou que se insira em algumas das exceções elencadas nos parágrafos do art. 2º da Lei n. 12.153/2009.

À vista disso, caberia impugnar o pedido de condenação em honorários de sucumbência, notadamente porque prevista expressa vedação legal no art. 55 da Lei n. 9.099/1995 (Lei dos Juizados Especiais Cíveis e Criminais comuns), de aplicação subsidiária na seara dos Juizados Especiais da Fazenda Pública (art. 27 da Lei n. 12.153/2009)._

III. DOS PEDIDOS

O pedido deve fazer uma síntese do que fora exposto na parte da fundamentação, de sorte que deve conter os seguintes pleitos:

a) impugnação do valor da causa, com a declaração do valor que entende correto;

b) improcedência total dos pedidos de mérito;

c) impugnação do pedido de condenação em honorários sucumbenciais;

d) subsidiariamente, em caso de reconhecimento do desvio de função, a concessão apenas das diferenças remuneratórias, sem extensão de outros direitos ou da possibilidade de efetivação no cargo;

d) subsidiariamente, a fixação de indenização por danos morais em valor razoável, desacolhendo-se o quantum postulado pelo autor;

e) Produção de todas as provas em direito admitido, especialmente documental.

Por fim, o candidato deve apor local/data, assinando como “Procurador do Estado”, se outra não for a designação requerida pela banca.

» CRITÉRIOS DE AVALIAÇÃO

CONTESTAÇÃO
ACERTO DA PEÇA E DIRECIONAMENTO: 1. Contestação direcionada ao Juizado Especial da Fazenda Pública;
PRELIMINAR: 1. Impugnação ao valor da causa;
MÉRITO: 1. Impossibilidade de efetivação no cargo público - argumentos-chave: princípio da acessibilidade dos cargos públicos por meio de concurso (art. 37, II, da CF/1988): o desvio de função, se efetivamente comprovado, gera apenas direito à diferença remuneratória, sendo vedada a transposição e/ou efetivação no cargo/função exercida em desvio. Súmula Vinculante 43; 2. Vedação à concessão de isonomia remuneratória - argumentos-chave: Súmula Vinculante n. 37 do STF e art. 37, X, da CF; 3. Improcedência do pedido de fixação de indenização extrapatrimonial - argumentos-chave: a ausência de alegação de transtornos psíquicos na peça inicial; e o desvio de função, mesmo quando comprovado, por si só não gera dano moral. Subsidiariamente, a minoração do quantum indenizatório; 4. Improcedência do pedido de honorários advocatícios: art. 55 da Lei n. 9.099/1995.
PEDIDOS E FECHAMENTO: 1. Impugnação ao valor da causa - necessariamente apontar o valor correto (R$ 50.000,00); 2. Pedido de julgamento improcedente da pretensão de mérito; 3. Pedido subsidiário para pagamento apenas das diferenças remuneratórias, em caso de reconhecimento do desvio de função, sendo vedadas a efetivação no cargo e a concessão de outros direitos; e para minoração da indenização por danos morais, subsidiariamente. 4. Impugnação ao pedido de condenação em honorários de sucumbência; 5. Provar o alegado por todos os meios de prova admitidos;

Proposta 12: Tutela coletiva e políticas públicas

Autor: Anderson Vieira da Costa

» ENUNCIADO

O Estado do Mato Grosso, à semelhança do que ocorre com a maioria dos estados brasileiros, vem enfrentando uma severa crise financeira que tem colocado em situação emergencial diversas atividades administrativas.

Em razão da mencionada crise, o governo estadual tem procedido a uma série de cortes de gastos, na tentativa de equilibrar as contas públicas e de respeitar os limites impostos pela Lei de Responsabilidade Fiscal.

Não havendo outra saída, o governo elegeu prioridades, de modo que as verbas passaram a ser, preferencialmente, destinadas ao tripé básico dos serviços públicos (saúde, educação e segurança).

Não obstante os esforços empreendidos pelo governo estadual para melhor gerir as finanças públicas, a ONG "Direitos dos Manos", constituída no corrente ano, na forma de associação e cujo escopo é exclusivamente a defesa dos direitos humanos dos presidiários sob custódia do Estado do Mato Grosso, ajuizou Ação Civil Pública na comarca de Cuiabá/MT, apontado supostas ilegalidades e omissões do Poder Público no Presídio Estadual de Tangará da Serra (PETS), na região sudoeste do estado.

A referida ACP, ajuizada em face do Estado do Mato Grosso, tem como causa de pedir a negligência do Poder Público em relação aos custodiados do PETS, pois eles estariam sendo submetidos a condições degradantes e tratamentos desumanos, causados, sobretudo, pela superlotação carcerária e pela insalubridade das celas de reclusão. Alega, também, que o Estado estaria sendo omisso em seu dever de guarda, pois não teria adotado quaisquer medidas tendentes a sanar a situação precária, não cumprindo, sequer, com a obrigação de fornecer os medicamentos necessários à preservação da saúde dos presos.

A peça portal está instruída com: i) autorização estatutária, genericamente conferida à associação para atuação em juízo na defesa de direitos de seus associados; ii) as assinaturas de mais da metade dos filiados; iii) procuração ao advogado subscritor; e iv) recortes de jornais destinados a evidenciar suas alegações.

Ante o exposto, requereu que o judiciário mato-grossense determinasse ao ente réu, inclusive em sede de liminar, o fornecimento dos referidos medicamentos, mantendo um estoque mínimo para evitar situações de falta, bem como que reformasse o Presídio Estadual de Tangará da Serra, de modo a sanar os problemas de estrutura e superlotação.

O juízo da 3ª Vara dos Feitos da Fazenda Pública da Comarca de Cuiabá/MT, para o qual foi distribuída a referida ACP, deferiu, antes mesmo da citação do ente requerido, a tutela de urgência pleiteada pela associação, acatando todos os seus termos.

A decisão judicial foi publicada no Diário Eletrônico do TJ/MT no dia 15/07/2016 (sexta-feira), tendo sido remetidos os autos à Procuradoria-Geral do Estado apenas no dia 26/08/2016 (sexta-feira). Sendo a referida ação distribuída aos seus cuidados, como Procurador do Estado do Mato Grosso adote a medida judicial mais adequada à defesa dos interesses do ente público, datando-a no último dia de prazo (desconsidere, para tanto, a eventual existência de feriados).

» COMENTÁRIOS

I. FORMALIDADES

a) ***Cabimento***

O recurso cabível é o **Agravo de Instrumento**, por força do art. 12 da Lei n.º 7.347/85 c/c o art. 1015, I, do CPC/2015. Assim dispõem os citados artigos:

LACP, Art. 12: Poderá o juiz conceder mandado liminar, com ou sem justificação prévia, em decisão sujeita a agravo.

CPC/15, Art. 1.015. Cabe agravo de instrumento contra as decisões interlocutórias que versarem sobre:

I - tutelas provisórias;

b) ***Direcionamento***

O Agravo de Instrumento, diferente da Apelação, é direcionado **diretamente** ao órgão *ad quem*, que, no caso da questão, é o Tribunal de Justiça do Estado do Mato Grosso.

No referido recurso, não existe, portanto, a chamada "petição de interposição" para o juízo de primeiro grau, para que este proceda à juízo prévio de admissibilidade e, em caso positivo, suba o recurso ao tribunal.

A autoridade judicial a quem deve ser dirigido o Agravo de Instrumento depende do regimento do tribunal, sendo, no mais das vezes, ao presidente da corte. Alguns tribunais estendem ao vice-presidente essa tarefa.

Não sendo cobrado o regimento interno do tribunal de justiça local, recomenda-se utilizar-se da regra, direcionando o Agravo de Instrumento, no caso, ao **Presidente do Tribunal de Justiça do Estado do Mato Grosso.**

Dica: É muito comum que os candidatos sintam dúvida sobre se, logo após o preâmbulo, iniciam a redação do recurso propriamente dito ou se pedem deferimento na página de rosto, assinando-a ao final, para só então, na próxima página, redigir o recurso.

Tecnicamente, não é necessário o pedido de deferimento e assinatura na primeira página, pois, como dito, não se trata de petição de interposição dirigida a um juízo a quo. Todavia, caso o candidato, por estilo, prefira fazê-lo, o prejuízo será tão somente em relação ao número de linhas, pois não serão descontados pontos se houver dirigido o recurso corretamente ao presidente do tribunal, apresentando suas razões recursais, na sequência, aos desembargadores componentes da câmara competente.

c) *Desnecessidade de preparo*

Quanto à desnecessidade do preparo recursal, em regra, o candidato não precisa abrir um tópico específico para tanto. Todavia, na folha de rosto, por zelo pela técnica, deve-se sempre mencionar a isenção do Estado em relação ao preparo recursal, na forma do art. 1.007, § 1º, do CPC.

d) *Tempestividade*

No que tange a tempestividade, já que foram fornecidos elementos no enunciado, é obrigatório abrir um tópico genérico, de poucas linhas, afirmando que o recurso obedeceu ao prazo legal. O prazo para a interposição do agravo de instrumento é de **30 dias úteis, para a fazenda pública**, tendo em vista a combinação dos artigos 183, 219 e 1003, § 5º.

> Art. 183. A União, os ***Estados***, o Distrito Federal, os Municípios e suas respectivas autarquias e fundações de direito público gozarão de ***prazo em dobro para todas as suas manifestações processuais***, cuja contagem terá início a partir da intimação pessoal.
>
> Art. 219. Art. 219. Na contagem de prazo em dias, estabelecido por lei ou pelo juiz, computar-se-ão somente os ***dias úteis***.

> Art. 1.003. O prazo para interposição de recurso conta-se da data em que os advogados, a sociedade de advogados, a Advocacia Pública, a Defensoria Pública ou o Ministério Público são intimados da decisão.
>
> § 5º ***Excetuados os embargos de declaração, o prazo para interpor os recursos e para responder-lhes é de 15 (quinze) dias.***

Como o enunciado exige o protocolo da peça recursal no último dia de prazo, o candidato deve contar detidamente o lapso recursal, reparando se o termo *ad quem* cai ou não em dia útil. Ademais, para acertar a data correta, o candidato deve ter conhecimento de que, a partir da vigência do NCPC, as intimações das Fazendas Públicas estaduais e municipais passaram a ser pessoais, com remessa ou carga dos autos, tratando-se de processo físico; ou por meio eletrônico, se o feito tramitar virtualmente.

> Art. 183. A União, os Estados, o Distrito Federal, os Municípios e suas respectivas autarquias e fundações de direito público gozarão de prazo em dobro para todas as suas manifestações processuais, cuja contagem terá início a partir da ***intimação pessoal***.
>
> § 1º ***A intimação pessoal far-se-á por carga, remessa ou meio eletrônico.***

Desta feita, cotejando-se os dados da questão com as normas processuais sobreditas, tem-se que o termo inicial do prazo de 30 dias úteis é o dia da remessa dos autos – 26/08/2016, figurando a publicação no Diário da Justiça apenas como "elemento de confusão". Assim, excluindo-se o dia de início e incluindo-se o dia do vencimento, conforme acentua o art. 224 do NCPC, o último dia de prazo a ser assinado pelo candidato é dia **07/10/2016**, ressaltando-se que a questão foi expressa ao dispensar a existência de feriados.

Nesse passo, cumpre ao candidato afirmar que o recurso é tempestivo, eis que, sendo protocolado dia 07/10/2016, restou cumprido o prazo legal de 30 dias úteis, conforme os arts. 183, 219 e 1003, § 5º do NCPC.

e) *Peças que devem instruir o Agravo de Instrumento*

Nos termos do art. 1.017 do NCPC,

> A petição de agravo de instrumento será instruída:
>
> I – obrigatoriamente, com cópias da petição inicial, da contestação, da petição que ensejou a decisão agravada, da própria decisão agravada, da certidão da respectiva intimação ou outro documento oficial que comprove a tempestividade e das procurações outorgadas aos advogados do agravante e do agravado;

Assim, também é de todo pertinente mencionar, de forma breve, que o recurso está instruído com peças obrigatórias de que trata o sobredito art. 1.017 do NCPC.

II. PRELIMINARES

a) *Incompetência do juízo – art. 2º e 2º-A da Lei n.º 7.347/85*

Pelo exposto na questão, percebe-se, de antemão, que a Ação Civil Pública foi proposta na comarca de Cuiabá/MT, enquanto o dano alegado ocorreu na comarca de Tangará da Serra/MT, o que enseja **incompetência do juízo**. Note que, mesmo que a incompetência seja territorial, ela é excepcionalmente absoluta por força do art. 2º da Lei da ACP (Lei nº 7347/85):

> Art. 2º As ações previstas nesta Lei serão propostas no foro do local onde ocorrer o dano, cujo juízo terá competência funcional para processar e julgar a causa.

Destarte, não tendo o magistrado a reconhecido de ofício, é dever do Estado alegá-la na primeira oportunidade em que falar nos autos.

Somado a isso, importante que o candidato tenha conhecimento do art. 2ª-A da Lei 9.494/97, cujo teor dispõe:

> Art. 2º-A. A sentença civil prolatada em ação de caráter coletivo proposta por entidade associativa, na defesa dos interesses e direitos dos seus associados, abrangerá apenas os substituídos que tenham, na data da propositura da ação, domicílio no âmbito da competência territorial do órgão prolator.

Ainda que no caso em análise não haja sentença, é possível defender que também a decisão interlocutória não irá abranger aqueles com domicílio em comarca distinta do juízo prolator, até porque não faz sentido negar tal extensão à sentença e permiti-la a decisões precárias, como é a liminar da espécie.

b) *Ilegitimidade ativa da ONG autora – art. 5º, V, da Lei n.º 7.347/85*

Neste ponto o candidato deve veicular dois argumentos: constituição da associação há menos de 1 (um) ano e ausência de pertinência temática da ONG com os bens curados pela Lei n.º 7.347/85.

No que tange ao primeiro argumento, o art. 5º, V, "a", da Lei n.º 7.347/85 dispõe que apenas as associações constituídas há mais de 1 (um) ano terão legitimidade para ajuizar ações civis públicas, *in verbis*:

> Art. 5º Têm legitimidade para propor a ação principal e a ação cautelar:

> V – a associação que, concomitantemente: (Incluído pela Lei nº 11.448, de 2007).
>
> a) esteja constituída há pelo menos 1 (um) ano nos termos da lei civil;

Analisando-se os elementos informados no enunciado, verifica-se que a ONG "Direitos dos Manos" foi "constituída no corrente ano", devendo o candidato perceber tal sutileza e concluir que não foi atingido o lapso temporal exigido pela lei, decorrendo daí sua ilegitimidade ativa para a presente ACP.

Atenção: Não se olvida a jurisprudência pacífica do STF e STJ no sentido de que a exigência temporal de constituição das associações há, pelo menos, 1 (um) ano poderia ser dispensada, caso a pretensão defendida fosse de **manifesto interesse social**:

É dispensado por lei, na ação civil pública proposta por associação, o requisito da constituição há mais de ano, quando a causa se revela de ***manifesto interesse social, evidenciado pela dimensão ou característica do dano, ou pela relevância do bem jurídico a ser protegido***. (STF - ARE: 661509 MA, Relator: Min. GILMAR MENDES, Data de Julgamento: 17/10/2013, Data de Publicação: DJe-210 DIVULG 22/10/2013 PUBLIC 23/10/2013)

Todavia, como se está diante de uma peça de defesa dos interesses da Fazenda Pública, deve o candidato sustentar a literalidade da lei, pois esta, sim, lhe é conveniente.

Além de todo o exposto, é flagrante a ilegitimidade da ONG para propositura da Ação Civil Pública também por aplicação da alínea "b" do inciso V do art. 5º da Lei n.º 7.347/85:

> Art. 5º Têm legitimidade para propor a ação principal e a ação cautelar: [...]
>
> V – a associação que, concomitantemente:
>
> (...)
>
> b) inclua, entre suas finalidades institucionais, ***a proteção ao patrimônio público e social, ao meio ambiente, ao consumidor, à ordem econômica, à livre concorrência, aos direitos de grupos raciais, étnicos ou religiosos ou ao patrimônio artístico, estético, histórico, turístico e paisagístico***.

No caso, a ONG "Direitos dos Manos" tem como sua finalidade funcional *"exclusivamente a defesa dos direitos humanos dos presidiários sob custódia do Estado do Mato Grosso"*, o que não se enquadra na dicção do comando normativo citado.

c) *Vício de representação da ONG autora – ausência de autorização específica*

Ainda sobre o art. 2ª-A da Lei 9.494/97, cumpre observar o disposto no seu parágrafo único:

> Art. 2º-A. Parágrafo único. Nas ações coletivas propostas contra a União, os Estados, o Distrito Federal, os Municípios e suas autarquias e fundações, a petição inicial deverá obrigatoriamente estar instruída com a ***ata da assembleia da entidade associativa que a autorizou, acompanhada da relação nominal dos seus associados*** e indicação dos respectivos endereços.

Pelo texto transcrito acima, nota-se que há vício de autorização para a associação demandar em juízo, porquanto não há ata específica da assembleia da entidade comprovando a deliberação e a permissão para tanto.

Nesse sentido, perfilha a jurisprudência do STF:

> **A autorização estatutária genérica conferida à associação não é suficiente para legitimar a sua atuação em juízo na defesa de direitos de seus filiados. Para cada ação, é indispensável que os filiados autorizem de forma expressa e específica a demanda, salvo no caso de impetração de mandado de segurança coletivo.** STF. Plenário. RE 573232/SC, rel. orig. Min. Ricardo Lewandowski, red. p/ o acórdão Min. Marco Aurélio, julgado em 14/5/2014.

d) *Impossibilidade de concessão de medida liminar em ACP sem prévia oitiva da Fazenda Pública e que esgote o objeto da ação*

No caso narrado, o examinador deixa claro que juízo de primeira instância deferiu o pleito liminar *inaudita altera pars*, ou seja, sem determinar audiência prévia do representante do Estado.

Ora, não é preciso uma análise jurídica aprofundada para perceber que a decisão atacada é flagrantemente ilegítima, pois não obedeceu ao art. 2º da Lei n.º 8.437/92:

> Art. 2º No mandado de segurança coletivo e na ação civil pública, a liminar será concedida, quando cabível, ***após a audiência do representante judicial da pessoa jurídica de direito público***, que deverá se pronunciar no prazo de setenta e duas horas.

Ademais, o enunciado foi claro ao aduzir que a tutela de urgência foi deferida em "todos os seus termos", o que revela afronta também ao art. 1º, § 3º, da Lei n.º 8.437/92:

> § 3° Não será cabível medida liminar que esgote, no todo ou em qualquer parte, o objeto da ação.

A liminar, na forma como fora acatada, findou por esgotar totalmente o objeto da ação, evidenciando-se, por mais esse motivo, a necessidade de reforma da decisão vergastada.

> **Dica:** A Lei n.º 8.437/92 é importante instrumento legislativo a ser manejado em favor da Fazenda Pública, compondo o chamado "Direito Processual do Príncipe". Assim, quando o caso envolver tutelas de urgência, deve o candidato atentar para o uso do referido diploma, pois certamente será cobrado no espelho.

III. MÉRITO

Na hipótese da questão o que se verifica é flagrante violação ao **princípio da separação dos poderes**, pois o Judiciário está se imiscuindo na função do Executivo, passando a determinar metas e prioridades do Estado, assim como interferindo na gestão de suas verbas.

Veja que o caso narra uma situação de crise financeira, de modo que a decisão atacada interfere na própria gestão das verbas, pois não há recursos suficientes para bancar todas as políticas públicas necessárias ao Estado. O Administrador deixou de realizar estoque mínimo de remédio ou de reformar o presídio não por mera liberalidade, mas sim porque o Estado não possui *comprovadamente* condições para tanto.

É aí que o candidato deve suscitar outra tese habitualmente utilizada pela Fazenda Pública: a **reserva do possível**, aplicada no Brasil como uma forma de tentar adequar a realização de direitos à realidade orçamentária do país.

O que separa o desejado daquilo que é de possível efetivação no âmbito social é uma linha tênue, pois na existência de base constitucional, o mínimo para a dignidade humana não pode ser obstado; as prestações positivas que devem ser suportadas pelo Estado na implementação dos direitos sociais não podem ser ofuscadas por limitações orçamentárias. Por outro lado, indaga-se sobre a origem dos recursos necessários para atender todas as necessidades coletivas sem gerar profundos esgotamentos de recursos.

> **Dica:** para aprofundar o tema, leia o artigo publicado pelo professor Caio Souza no blog do Coaching PGE (www.coachingpge.com.br/blog), intitulado "Neoconstitucionalismo, jurisdição constitucional e efetivação de Direitos Fundamentais".

Perceba que no caso narrado o Estado não está se valendo da reserva do possível para eximir-se de suas obrigações públicas (como vem corriqueiramente acontecendo país afora). Conforme os termos narrados, há uma severa crise que assola o Estado do Mato Grosso, além de que o caixa do governo se encontra no limite, sem possibilidade de arcar com os gastos da aludida determinação judicial.

Nesse caso, a escassez não seria fruto da escolha de atividades não prioritárias, mas sim da real insuficiência orçamentária. Em situações limítrofes como essa, não há como o Poder Judiciário imiscuir-se nos planos governamentais, pois estes, dentro do que é possível, estão de acordo com a Constituição, não havendo omissão injustificável.

O Judiciário excepcionalmente pratica esse tipo de controle nos atos do Executivo, quando este é omisso na realização dos direitos fundamentais. Ocorre que, no caso em análise, a decisão do judiciário teve efeito reverso, pois impossibilitaria a consecução das prioridades eleitas, legitimamente, pelo Executivo.

Portanto, no mérito recursal a argumentação do candidato deve tangenciar o **princípio da separação de poderes**, aplicável em razão de o juiz ter se substituído na discricionariedade do administrador; e a **tese da reserva do possível**, estribada na impossibilidade *comprovada* de se realizar a postulação autoral acatada liminarmente.

IV. EFEITO SUSPENSIVO

Por fim, no Agravo de Instrumento, caberia invocar o art. 1.019, I, do CPC, para que o recurso fosse recebido no efeito suspensivo também.

> Art. 1.019. Recebido o agravo de instrumento no tribunal e distribuído imediatamente, se não for o caso de aplicação do art. 932, incisos III e IV, o relator, no prazo de 5 (cinco) dias:
>
> I – ***poderá atribuir efeito suspensivo ao recurso ou deferir, em antecipação de tutela, total ou parcialmente, a pretensão recursal, comunicando ao juiz sua decisão***;

A incidência do dispositivo sobredito depende da comprovação dos elementos que justificam a concessão de tutela de urgência, devendo o candidato demonstrar que, se a decisão atacada esvair os seus efeitos de imediato, haverá risco de dano grave ou de difícil reparação ao Estado do Mato Grosso, sendo certa, ainda, a grande probabilidade de êxito do recurso, sobretudo, pela existência dos diversos vícios apontados.

V. PEDIDOS E FECHAMENTO

Postos todos os argumentos, o candidato deve requerer o conhecimento do recurso, para que lhe seja concedido efeito suspensivo; e, ao final, provimento, para, acatando as razões recursais, invalidar a decisão atacada ou, alternativamente, reformá-la em todos os seus termos.

Por exigência do art. 1.016, IV, do NCPC, não seria demais indicar espaço para aposição do endereço das partes, já que o requisito é obrigatório.

Ao final, assinar a data de "07/10/2016" e o cargo de "Procurador do Estado".

» CRITÉRIOS DE AVALIAÇÃO

AGRAVO DE INSTRUMENTO
ACERTO DA PEÇA Cabimento de **Agravo de Instrumento, com pedido de concessão de efeito suspensivo,** endereçado diretamente ao Presidente do TJMT, com fundamento no art. 1.015, I e 1.019, I, do CPC;
FORMALIDADES 1. Cabimento; 2. Direcionamento; 3. Desnecessidade de preparo; 4. Tempestividade; 5. Peças que instruem o agravo;
PRELIMINARES (invalidação da decisão): 1. Incompetência Territorial Absoluta; 2. Ilegitimidade ativa da ONG: a) ausência de constituição há menos de um ano e; b) vício na finalidade institucional da ONG para ajuizar ACP; 3. Vício de representação da ONG: ausência de autorização específica da associação para demandar; 4. Impossibilidade de se conceder, em sede de Ação Civil Pública, provimento liminar que esgote o objeto da ação e sem prévia oitiva da Fazenda Pública;
MÉRITO (reforma da decisão) 1. Separação dos Poderes; 2. Reserva do Possível;
PEDIDOS E FECHAMENTO 1. Conhecimento do recurso, concedendo-lhe efeito suspensivo, e provimento para invalidar a decisão atacada, em razão das diversas preliminares arguidas ou, alternativamente, para reformá-la, por aplicação das teses de mérito. 2. Data correta e assinatura pertinente;

Proposta 13: Greve no serviço público

Autor: Caio Vinícius Sousa e Souza

» ENUNCIADO

O Sindicato dos Professores do Município de Fortaleza – SINPROFOR, após reunião de sua diretoria realizada em 06.03.2017 (segunda-feira), deflagrou greve geral dos educadores da rede municipal de ensino, com o início da paralisação marcado para o dia seguinte.

Os professores reivindicam, dentre outros direitos, o aumento dos vencimentos e do auxílio-transporte, bem como melhorias estruturais nas escolas da rede municipal de ensino localizadas nas zonas rurais.

Com os referidos pleitos, o movimento paredista logrou adesão de, pelo menos, 80% do quadro total dos professores vinculados à Secretaria Municipal de Educação – SME/Fortaleza, conforme notícias veiculadas pela imprensa local, repassadas pelos próprios grevistas.

O Secretário de Educação, em ofício dirigido à Procuradoria-Geral do Município, informou que, em razão da escassez de professores, o ano letivo restaria comprometido, caso não fosse imediatamente garantido o retorno dos alunos às salas de aula. Pontuou, ademais, que a rede pública de ensino oferece merenda e almoço, este na educação integral, sendo comum que os alunos, que são, em sua grande maioria, provenientes de família de baixa renda, contem com as refeições oferecidas pela escola para seu regular desenvolvimento físico.

Ressaltou, também, o teor de informações apresentadas à polícia do Estado do Ceará por diretor de instituição de ensino, narrando situação de grevistas que realizaram manifestação agressiva em determinada escola, impedindo a realização das aulas e agredindo professores que não aderiram ao movimento, com fins a acentuar os efeitos da greve como forma de barganha com o governo municipal.

Encerrou, aduzindo que, na presente data o movimento paredista completa 46 (quarenta e seis) dias, posicionando-se a categoria profissional de forma irredutível, mesmo a Administração tendo procedido aos descontos salariais referentes aos dias de paralisação.

Nesse contexto, supondo-se que o caso esteja sob seus cuidados, como Procurador do Município de Fortaleza, adote a medida judicial cabível para solucionar o problema narrado. Dispense o relatório fático.

» COMENTÁRIOS

No enunciado acima, narrou-se situação extremamente comum na Administração Pública de todos os entes federados: o exercício do direito de greve por professores da rede pública de ensino.

Sobre o tema, é importante saber que a Constituição Federal garante aos servidores públicos o direito de greve, a ser exercido nos termos e nos limites definidos em lei específica. Entretanto, o Poder Legislativo ainda não editou norma de regência, motivo pelo qual o Supremo Tribunal Federal estabeleceu, diante da ausência legislativa, a aplicação analógica das Leis Federais n.º 7.783/89, que regulamenta o exercício do direito de greve dos trabalhadores em geral; e n.º 7.707/88, que define a competência dos Tribunais do Trabalho, em processos trabalhistas.

Sendo assim, o candidato deve estar atento aos comandos da referida lei, para detectar que o movimento paredista narrado viola uma série de seus dispositivos, afigurando-se a greve, por isso, **abusiva**.

> **Obs.**: Existe doutrina que difere abusividade de ilegalidade de greve, referindo-se a primeira aos casos em que a lei de greve é descumprida, e a segunda aos casos em que a própria deflagração da greve não é permitida pela CF, o que ocorre, por exemplo, com a categoria dos servidores militares.

Perceba, ainda, que a hipótese analisada requer o ajuizamento de uma **ação inicial**, tendo-se em conta a inexistência de processo judicial até então.

Assim, a fim ultimar o movimento grevista, obrigando-se o retorno dos professores da rede pública a suas atividades, o candidato deveria ajuizar **Ação Declaratória de Abusividade de Greve com pedido de tutela de urgência**, tecendo comentários pontuais a respeito de cada uma das violações à Lei n.º 7.783/89, a seguir demonstradas.

> **Obs.**: O *nomen juris* dado à ação é irrelevante no campo processual, sendo apenas resultado da praxe forense, pois o que define uma ação

são os seus elementos objetivos (causas de pedir e pedidos). Todavia, impõe-se registrar um alerta importante para fins de técnica processual: não é raro nominar ações ordinárias destinadas à declaração de abusividade de greve ou à cominação de obrigações de conduta (como, por exemplo, retornar ao serviço) de **Dissídio de Greve** ou **Dissídio Coletivo de Greve**. Tecnicamente as nomenclaturas referidas são inadequadas, pois esta espécie de ação é exclusiva do processo coletivo trabalhista e possui natureza constitutiva, bem revelada pelo cariz normativo da sentença que a resolve. Ademais, a instauração de um Dissídio de Greve deve obedecer ao procedimento específico de que trata o art. 114, § 2º, da CF, que não é exigido para simples declaração de abusividade do movimento paredista. Assim, ainda que, na prática, não se deva julgar improcedente uma ação mal nominada e que, no concurso, não se deva julgar o candidato com eliminação (o que pelo menos se espera), é importante ser técnico e identificar a ação em razão de seus elementos objetivos.

I. DA COMPETÊNCIA

De início, cumpre alertar ao candidato que, sempre quando a peça exigida for uma petição inicial, é importante abrir um tópico de poucas linhas explicando a competência para apreciação e julgamento da ação. Os exemplos mais comuns de ações iniciais, na prática da advocacia pública, são as ações civis públicas e as ações de improbidade administrativa, cuja fixação das competências possui certas peculiaridades, como a extensão do dano, na primeira, e a ausência de foro por prerrogativa de função na segunda.

No caso de ações envolvendo direito de greve no serviço público da administração direta, autárquica e fundacional, diante da omissão legislativa em relação ao direito de greve dos servidores públicos, o Supremo Tribunal Federal determinou a aplicação das **Leis nº 7.707/88 e 7.783/89**, estabelecendo expressamente, no Mandado de Injunção nº 670/ES, que**, se a controvérsia estiver adstrita ao âmbito municipal ou estadual, a competência será do respectivo Tribunal de Justiça** (ou TRF, se se cuidar de servidores federais); enquanto que, nos casos de greves nacionais, a competência será do STJ.

> "(...) Para o caso da jurisdição no contexto estadual ou municipal, se a controvérsia estiver adstrita a uma unidade da federação, a competência

> será do respectivo Tribunal de Justiça (também por aplicação analógica do art. 6º da Lei no 7.701/1988). ***As greves de âmbito local ou municipal serão dirimidas pelo Tribunal de Justiça ou Tribunal Regional Federal com jurisdição sobre o local da paralisação, conforme se trate de greve de servidores municipais, estaduais ou federais***".

Sobre o tema, é importante ter em mente que a competência da Justiça do Trabalho, para o julgamento de ações relacionadas ao direito de greve, restringe-se às hipóteses em que os grevistas são trabalhadores da iniciativa privada ou, sendo do serviço público, sejam regidos pela CLT.

> **Súmula Vinculante 23**: A Justiça do Trabalho é competente para processar e julgar ação possessória ajuizada em decorrência do exercício do direito de greve pelos trabalhadores da iniciativa privada.

Por fim, há que se consignar que a competência originária dos tribunais para ações envolvendo direito de greve é ampla, alcançando toda e qualquer ação pertinente ao tema. Confira-se:

> AÇÃO DECLARATÓRIA DE ABUSIVIDADE DE GREVE DE SERVIDORES PÚBLICOS CIVIS. COMPETÊNCIA DO SUPERIOR TRIBUNAL DE JUSTIÇA. APLICAÇÃO SUBSIDIÁRIA DA LEI Nº 7.783/89. PREENCHIMENTO DOS REQUISITOS. NÃO ABUSIVIDADE DA PARALISAÇÃO. SERVIÇOS ESSENCIAIS. FIXAÇÃO DE PERCENTUAL MÍNIMO. 1. A partir do julgamento do Mandado de Injunção nº 708/DF pelo Supremo Tribunal Federal, o Superior Tribunal de Justiça passou a admitir, originariamente, os dissídios coletivos de declaração sobre a paralisação do trabalho decorrente de greve pelos servidores públicos civis e as respectivas medidas cautelares quando em âmbito nacional ou abranger mais de uma unidade da federação, aplicando-se a Lei nº 7.783/89 enquanto a omissão não for devidamente regulamentada por lei específica para os servidores públicos civis, nos termos do inciso VII do artigo 37 da Constituição Federal. ***2. Tal competência, não fosse já qualquer decisão, em regra, primariamente declaratória, compreende a declaração sobre a paralisação do trabalho decorrente de greve, o direito ao pagamento dos vencimentos nos dias de paralisação, bem como sobre as medidas cautelares eventualmente incidentes relacionadas ao percentual mínimo de servidores públicos que devem continuar trabalhando, os interditos possessórios para a desocupação de dependências***

> ***dos órgãos públicos eventualmente tomados por grevistas e as demais medidas cautelares que apresentem conexão direta com o dissídio coletivo de greve***. (...)(STJ – Pet: 7884 DF 2010/0067370-5, Relator: Ministro HAMILTON CARVALHIDO, Data de Julgamento: 22/09/2010, S1 – PRIMEIRA SEÇÃO, Data de Publicação: DJe 07/02/2011)

Competência para julgar ações envolvendo direito de greve no serviço público da administração direta, autárquica e fundacional	
Greves de âmbito municipal ou estadual	**Greves de âmbito nacional**
TJ ou TRF	STJ

II. DA ABUSIVIDADE DA GREVE

Superado esse ponto sobre a competência, que é extremamente importante, cumpre ao candidato demonstrar as inúmeras violações à Lei 7.783/89 praticadas pelo SINPROFOR.

De imediato, percebe-se que houve vício formal de deflagração da greve da categoria profissional, pois o art. 4º da Lei n.º 7.783/89 exige **convocação da assembleia para deliberação sobre a paralisação**, enquanto que, no caso narrado, o movimento foi resultado de decisão da diretoria do sindicato.

> Art. 4º Caberá à entidade sindical correspondente convocar, na forma do seu estatuto, assembleia geral que definirá as reivindicações da categoria e deliberará sobre a paralisação coletiva da prestação de serviços.
>
> § 1º O estatuto da entidade sindical deverá prever as formalidades de convocação e o quórum para a deliberação, tanto da deflagração quanto da cessação da greve.
>
> § 2º Na falta de entidade sindical, a assembleia geral dos trabalhadores interessados deliberará para os fins previstos no "caput", constituindo comissão de negociação.

Passando-se pelo enunciado da questão, verifica-se, ademais, que **o Poder Público Municipal e usuários não foram comunicados com antecedência mínima de 72 horas**, já que a paralisação, no caso narrado, iniciou-se no dia seguinte à deliberação da diretoria do sindicato, ao arrepio também do art. 13 da Lei n.º 7.783/89:

> Art. 13 Na greve, em serviços ou atividades essenciais, ficam as entidades sindicais ou os trabalhadores, conforme o caso, obrigados a comunicar a decisão aos empregadores e aos usuários com antecedência mínima de 72 (setenta e duas) horas da paralisação.

Com efeito, apesar de não constar a educação como serviço ou atividade essencial no artigo 10 da Lei n.º 7.783/89, a jurisprudência é pacífica em afirmar que referido **rol é meramente exemplificativo.** A título de exemplo, transcreva-se o seguinte aresto:

> EMBARGOS DE DECLARAÇAO NOS AUTOS DO DISSÍDIO COLETIVO DE GREVE -VÍCIO INEXISTENTE – REEXAME DA CAUSA -IMPOSSIBILIDADE – RECURSO IMPROVIDO. ***Na esteira do entendimento do STF, que a despeito de não constar a educação no rol da lei nº 7.783/1989, ela é sim serviço público essencial, sendo aquele rol meramente exemplificativo.*** Inexistindo qualquer vício na decisão embargada e considerando que não é permitido o reexame da causa em sede de declaratórios, nega-se provimento ao recurso. Decisão unânime. (TJPI, DC N.º 200900010039357, Relator Des. Joaquim Dias de Santana Filho, j. 18.11.2010)

Também com esse fundamento, o candidato deve apontar abuso do movimento em relação ao percentual de adesão à paralisação, que **não respeitou o mínimo exigido para que se dê continuidade ao serviço público essencial que é a educação**. Com efeito, estabelece a Lei n.º 7.783/89, em seu artigo 11, que "nos serviços ou atividades essenciais, os sindicatos, os empregadores e os trabalhadores ficam obrigados, de comum acordo, a garantir, durante a greve, a prestação dos serviços indispensáveis ao atendimento das necessidades inadiáveis da comunidade".

No mesmo sentido, segundo posicionamento do Superior Tribunal de Justiça, **a greve de servidores públicos deve garantir, de comum acordo com a Administração Pública, a prestação de serviços inadiáveis cuja paralisação possa resultar prejuízo à população** (STJ, Pet n.º 6.642, relator Min. Napoleão Nunes, j. 12.05.2010).

Ressalte-se que a legislação não estabelece um percentual mínimo de manutenção. Já a jurisprudência, utilizando da razoabilidade e proporcionalidade, a depender da atividade, determina a **manutenção** dos serviços em percentuais elevados. A título de exemplo, o TST entendeu que, na greve dos trabalhadores ferroviários de São Paulo, deveriam ser mantidas 90% das atividades nos horários de maior movimento e 70% no restante do dia.

No movimento paredista sob exame, informações noticiam a paralisação de 80% da categoria. Assim, o percentual de adesão é muito superior ao razoável, atingindo quase a totalidade dos trabalhadores, em prejuízo evidente da manutenção das atividades tidas como inadiáveis.

Outra ilegalidade observada diz respeito ao **<u>caráter agressivo da greve</u>**, havendo informações, inclusive, de agressões aos professores dissidentes, em flagrante violação ao art. 6º da Lei n.º 7.783/89:

> Art. 6º São assegurados aos grevistas, dentre outros direitos:
>
> I – o emprego de ***meios pacíficos*** tendentes a persuadir ou aliciar os trabalhadores a aderirem à greve;
>
> II – a arrecadação de fundos e a livre divulgação do movimento.
>
> § 1º ***Em nenhuma hipótese, os meios adotados por empregados e empregadores poderão violar ou constranger os direitos e garantias fundamentais de outrem.***
>
> § 2º É vedado às empresas adotar meios para constranger o empregado ao comparecimento ao trabalho, bem como capazes de frustrar a divulgação do movimento.
>
> § 3º As manifestações e atos de persuasão utilizados pelos grevistas ***não poderão impedir o acesso ao trabalho nem causar ameaça ou dano à propriedade ou pessoa.***

Por fim, deve o candidato pleitear, também, **<u>o reconhecimento da legitimidade do direito de descontar do contracheque dos professores grevistas os dias de paralisação</u>**. Isso porque a deflagração de greve pelo servidor público se equipara à suspensão do contrato de trabalho e, por esse motivo, os dias não trabalhados não devem ser pagos.

A tese acima é abonada pelo Tema 531 de Repercussão Geral firmado pelo STF no RE 693.456/SP:

> ***<u>A administração pública deve proceder ao desconto dos dias de paralisação decorrentes do exercício do direito de greve pelos servidores públicos, em virtude da suspensão do vínculo funcional que dela decorre, permitida a compensação em caso de acordo.</u>*** O desconto será, contudo, incabível se ficar demonstrado que a greve foi provocada por conduta ilícita do Poder Público.

Obs.: a título de informação complementar, existe tese fazendária no sentido de que, ainda que o movimento grevista não seja considerado abusivo, a regra deve ser o não pagamento de salários, a não ser que haja a compensação dos dias parados e o parcelamento dos descontos sejam objeto de negociação. **Para essa corrente, o desconto só não poderia ser realizado se a paralisação fosse provocada por atraso no pagamento ou se, por outro motivo excepcional, restasse justificado o afastamento da relação de trabalho.**

I. DA TUTELA DE URGÊNCIA

Para finalizar a ação declaratória, o candidato deve tecer comentários sobre a necessidade da concessão de tutela de urgência, cotejando-se os elementos da questão com os requisitos exigidos pelo art. 300 do CPC.

> Art. 300. A tutela de urgência será concedida quando houver elementos que evidenciem a probabilidade do direito e o perigo de dano ou o risco ao resultado útil do processo.

Assim, a **probabilidade do direito** restaria evidenciada pela envergadura das teses jurídicas acima apontadas, que atestam com clareza a abusividade da greve. Por outro lado, o **perigo de dano** seria evidenciado pelos diversos dados da questão, concernentes às consequências desastrosas do movimento, como a perda do ano letivo pelos alunos e, até mesmo, sua impossibilidade de alimentação diária.

II. DOS PEDIDOS E FECHAMENTO

Iniciando o tópico com designação conclusiva, deve o candidato desenvolvê-lo, preferencialmente, em tópicos, expondo com brevidade os pedidos de: 1) declaração da abusividade da greve; 2) a consecução dos efeitos da declaração da abusividade, como o imediato retorno dos professores grevistas, com a devida cominação de multa para o caso de descumprimento, e o reconhecimento da legitimidade dos descontos dos dias em que houve paralisação; 3) a tutela de urgência acima descrita; 4) condenação aos ônus da sucumbência; 5) citação do réu para exercer, caso queira, o direito ao contraditório e ampla defesa.

Como a peça cuida de ação inicial, não se deve olvidar a consignação das expressões indicativas do valor da causa, data, pedido de deferimento e a assinatura.

» CRITÉRIOS DE AVALIAÇÃO:

AÇÃO DECLARATÓRIA DE ABUSIVIDADE DE GREVE
ACERTO DA PEÇA 1. Cabimento de **Ação Declaratória de Abusividade de Greve, com pedido de tutela de urgência**, endereçada ao Egrégio Tribunal de Justiça do Estado do Ceará, com fundamento na Lei de Greve.
COMPETÊNCIA Demonstrar a competência do TJ/CE. Greve de âmbito municipal. Jurisprudência do STF.
ABUSIVIDADE DA GREVE 1. Abusividade pela não convocação de assembleia (art. 4º da Lei 7783/89); 2. Abusividade pela não comunicação do Poder Público a respeito da paralisação com antecedência mínima de 72 horas (art. 13 da Lei 7783/89); 3. Abusividade pelo caráter não pacífico e constrangedor da greve (art. 6º, I e §§ 1º e 3º, da Lei 7783/89); 4. Abusividade pela não manutenção de percentual mínimo indispensável à continuidade de serviço público essencial (art. 11 da Lei 7783/89); 5. Pedido de reconhecimento da legitimidade dos descontos: analogia com a suspensão de contrato de trabalho e tese de RG reconhecida pelo STF;
TUTELA DE URGÊNCIA Demonstrar o preenchimento dos requisitos legais: probabilidade do direito e perigo de dano.
PEDIDOS E FECHAMENTO 1. Seja declarada a abusividade da greve deflagrada pelo SINPROFOR, inclusive em sede de antecipação de tutela, em razão da não observância das normas de regência, compelindo-se, ao fim e ao cabo, o retorno dos professores grevistas às atividades laborais, sob pena de cominação de multa coercitiva a ser arbitrada pelo tribunal competente. 2. Seja reconhecida a legitimidade do desconto pecuniário no contracheque dos professores referente aos dias de paralisação; 3. Seja provida a ação em todos os seus termos, impondo-se ao réu os ônus da sucumbência. 4. Seja citado o réu para que exerça seu direito constitucional ao contraditório, caso assim deseje, sob pena de lhe ser impingidos os efeitos da revelia; 5. Valor da causa, local, data e assinatura.

DIREITO E PROCESSO TRIBUTÁRIO

Proposta 1: ICMS: descontos condicionados e embalagens personalizadas

Autor: Caio Vinícius Sousa e Souza

» ENUNCIADO

Com o objetivo de contornar a famigerada crise econômica vivenciada atualmente em todo Brasil, a empresa Som Disc LTDA, especializada na venda de CDs e DVDs, decidiu promover uma campanha promocional no mês de dezembro de 2010, aproveitando a vinda da aclamada banda de rock Rolling Stones à cidade de Manaus.

O pacote promocional de dezembro consistia na concessão de 30% de desconto aos clientes que fossem ao show nos álbuns da banda, que seriam entregues em capas personalizadas com uma foto exclusiva do cliente junto aos astros do Rock. As capas seriam produzidas pela empresa Embalagens Personalizadas LTDA, integrante do mesmo grupo empresarial da Som Disc LTDA, tendo o seu valor embutido no preço dos discos.

Após o sucesso do evento, a Som Disc LTDA emitiu as respectivas notas fiscais de faturamento e recolheu ICMS ao fisco do Estado do Amazonas, desconsiderando da base de cálculo do imposto o desconto sobre os discos vendidos na promoção e o valor das embalagens personalizadas.

Ao tomar ciência da operação, em abril de 2011, o fisco amazonense notificou a empresa sobre o lançamento da diferença do ICMS incidente sobre a venda dos CDs e DVDs, bem como sobre as capas personalizadas. Após o devido processo administrativo, remeteu os autos para a Procuradoria-Geral do Estado para que procedesse com a inscrição em dívida ativa e ajuizasse a competente de execução fiscal, o que foi feito em julho do mesmo ano.

Devidamente citada, a empresa apresentou seus embargos à execução, alegando ser indevida a cobrança sobre o valor total das vendas dos CDs e DVDs, uma vez que o desconto concedido, de forma alguma, integra a base de cálculo do ICMS; e que o fornecimento de embalagens personalizadas e sob encomenda é serviço sujeito ao ISS, o que afasta a incidência do ICMS.

O executivo fiscal seguia o trâmite legal, quando, em 12/12/2016, a empresa executada, repetindo a pretensão e fundamentos veiculados nos embargos à execução fiscal, ofereceu ação anulatória de débito fiscal com pedido liminar, para suspensão do crédito tributário e emissão da respectiva certidão negativa de débitos fiscais, justificando a concessão do pleito de urgência na necessidade de concessão de créditos junto ao mercado, que tem sido obstada pelas pendências fiscais narradas.

Citado sobre o teor da ação anulatória, o Procurador-Geral do Estado do Amazonas distribuiu o feito a você, para que adote a medida processual adequada aos interesses da Fazenda Pública estadual. Dispense o relatório dos fatos.

» COMENTÁRIOS

De imediato, cumpre alertar que os temas cobrados na peça são de suma importância para concursos de procuradorias, sobretudo, para as fases discursiva e prática. O candidato, portanto, não pode deixar brechas em relação à matéria, devendo dominar as principais nuances relacionadas ao **ICMS** e à **execução fiscal**, especialmente aquelas relacionadas à legislação de regência e à jurisprudência pátria.

No que tange aos aspectos processuais, foi cobrada a peça mais frequente na prática da advocacia pública: a **contestação**.

Nessa peça, o que, de fato, demanda atenção é a precisão em relação às preliminares cobradas no enunciado e às teses de mérito, que devam ser suscitadas pelo candidato.

Superadas essas considerações introdutórias, abordemos as teses exigidas pelo examinador:

I. PRELIMINARES

a) *Litispendência*

Nos termos do art. 337, XI e §§ 1º, 2º e 3º, do NCPC:

> Art. 337. Incumbe ao réu, antes de discutir o mérito, alegar:
>
> VI – litispendência;
>
> § 1º Verifica-se a litispendência ou a coisa julgada quando se reproduz ação anteriormente ajuizada.
>
> § 2º Uma ação é idêntica a outra quando possui as mesmas partes, a mesma causa de pedir e o mesmo pedido.
>
> *§ 3º Há litispendência quando se repete ação que está em curso.*

No caso narrado, a empresa executada manejou em juízo a mesma demanda aviada anteriormente no bojo da execução fiscal, tendo o enunciado sido claro ao afirmar a repetição na ação anulatória da "pretensão e fundamentos veiculados nos embargos à execução fiscal".

Sobre o tema, leciona João Aurino de Melo Filho:[15]

> Como a ação anulatória e os embargos à execução fiscal são meios de impugnação específicos, pode-se, em tese, imaginar uma situação na qual as duas medidas judiciais existam concomitantemente. Neste caso, deve ser reconhecida a litispendência entre os embargos à execução e a ação anulatória, se identificados, nos dois processos, as mesmas partes, causa de pedir e pedido.

Cumpre lembrar, por oportuno, a natureza cognitiva dos embargos à execução fiscal, mesmo que sejam ajuizados em procedimento executivo. Assim, não restam dúvidas acerca da identidade dos elementos da ação, mencionados no § 2º do art. 337 do NCPC (mesmas partes, mesma causa de pedir e mesmo pedido), devendo o candidato, por isso, pugnar pela ex-

15. *Execucao Fiscal Aplicada*, Ed. Juspodivm, 2014, p. 573.

tinção do feito sem resolução do mérito, com base no art. 487, V, do mesmo diploma.

b) ***Ausência de interesse de agir (tese minoritária, mas a ser considerada em peças de defesa)***

Há quem defenda que a ação anulatória de débito fiscal não pode ser ajuizada depois de iniciada a execução fiscal, tendo em vista serem os embargos à execução fiscal o meio adequado para atacar a pretensão executiva.

Sendo os embargos o meio específico, inclusive com prazo e características próprias, o ajuizamento posterior da ação anulatória burlaria todo o seu sistema. Os autores que defendem essa tese questionam, por exemplo: por que se deve respeitar o prazo dos embargos à execução fiscal, se é possível o manejo da ação anulatória, respeitando-se, nesse caso, apenas o lustro prescricional, que é bem maior?

Mauro Luís Rocha Lopes, que defende a referida tese, ensina que:

> O princípio da concentração da defesa nos embargos (LEF, art. 16, § 2º) impede a propositura de ação anulatória de débito já submetido a execução fiscal, notadamente após o decurso in albis do prazo daqueles.

No STJ, a tese já foi acolhida:

> Proposta a execução, torna-se despicienda e, portanto, falece interesse de agir a propositura de ação declaratória, porquanto os embargos cumprem o desígnio de eventual ação autônoma (REsp 722.303/RS, 31.08.2006).

Todavia, **CUIDADO**: a jurisprudência majoritária, com base no **princípio da ampla defesa e da inafastabilidade da jurisdição**, admite o ajuizamento de ação anulatória, mesmo depois de ajuizada a execução fiscal, independente da oposição ou fluência do prazo dos embargos à execução fiscal. É que a preclusão decorrente da fluência do prazo para oposição dos embargos somente produz efeitos endoprocessuais, não podendo atingir, portanto, uma ação manejada fora do processo executivo, que se submete tão somente ao prazo prescricional.

Entretanto, embora seja prevalecente posição em sentido contrário, em peças práticas de defesa da Fazenda Pública, o candidato deve sustentar a posição minoritária, sobretudo porque defendida por doutrina especializada. O alerta se acentua em provas CESPE, que já exigiu teses minoritárias em peças práticas, como ocorreu, por exemplo, na terceira fase da PGE/

PI, em cujo espelho constou a exigência da defesa do prazo em quádruplo, com esteio no revogado art. 188 do CPC/73, para contestar ação popular.

O tema pode ser assim esquematizado:

Mauro Luís Rocha Lopes e posição minoritária do STJ	Posição majoritária do STJ
Não é possível o manejo de ação anulatória depois de iniciada a execução fiscal, mormente após o transcurso do prazo para a oposição de embargos à execução fiscal. Os embargos seriam o meio adequado, por aplicação do princípio da concentração da defesa previsto no art. 16, § 2º, da LEF. Permitir-se o ajuizamento de outra ação tornaria inútil o sistema dos embargos, especialmente no que tange ao prazo para sua oposição. **Posição minoritária:** 1. Defender em provas práticas; 2. Abordar em provas discursivas, com a ressalva de ser minoritária; 3. Desconsiderar em provas objetivas.	É possível o manejo de ação anulatória, mesmo depois de ajuizada a execução fiscal, independente da oposição ou fluência do prazo dos embargos à execução fiscal. Tem aplicação, na espécie, os princípios da ampla defesa e da inafastabilidade da jurisdição. Ademais, o transcurso do prazo in albis para a oposição de embargos à execução fiscal resulta em preclusão, que, como tal, somente produz efeitos endoprocessuais, não podendo evitar o ajuizamento de ação autônoma fora do processo executivo. **Posição majoritária:** 1. Desconsiderar em provas práticas; 2. Abordar em provas discursivas; 3. Considerar em provas objetivas.

II. PREJUDICIAL DE MÉRITO: PRESCRIÇÃO

Na esteira de João Aurino de Melo Filho, o devedor dispõe de um prazo prescricional para exercer a pretensão de anular o ato administrativo constitutivo do crédito fiscal, pois a ação anulatória de lançamento tributário possui eficácia constitutiva negativa e não simplesmente declaratória.

Consoante jurisprudência do STJ, na ausência de norma específica, deve ser aplicado o prazo previsto no art. 1º do Decreto-Lei n.º 20.910/32, que trata, de modo geral, do prazo de **prescrição quinquenal** de pretensões formuladas contra a Fazenda Pública.

> Art. 1º As dívidas passivas da União, dos Estados e dos Municípios, bem assim todo e qualquer direito ou ação contra a Fazenda federal, estadual ou municipal, seja qual for a sua natureza, prescrevem em cinco anos contados da data do ato ou fato do qual se originarem.

O termo inicial do lustro prescricional, segundo o STJ, é **a data da notificação do ato administrativo do lançamento**: *"isto porque o escopo da demanda é a anulação total ou parcial de um crédito tributário constituído pela autoridade fiscal, mediante lançamento de ofício, em que o direito de ação contra a Fazenda Pública decorre da notificação desse lançamento"*.

No caso narrado, a notificação do lançamento das diferenças ocorreu em abril de 2011, tendo a executada ajuizado a ação anulatória somente em 12/12/2016, portanto, depois de passados mais de 5 (cinco) anos do marco acima referido. Assim, deve o candidato postular a extinção do feito com resolução do mérito, com base no art. 487, II, do NCPC, por ter a pretensão autoral sido fulminada pela prescrição quinquenal.

III. MÉRITO

a) *Descontos condicionais integram a base de cálculo*

A empresa executada se insurgiu contra a execução fiscal proposta pelo Estado do Amazonas, "alegando ser indevida a cobrança sobre o valor total das vendas dos CDs e DVDs, uma vez que o desconto concedido, de forma alguma, integra a base de cálculo do ICMS".

Sobre o tema, insta registrar que a Lei Complementar n.º 87/96 é expressa ao afirmar que a base de cálculo do ICMS é o valor da operação da qual decorre a saída da mercadoria.

> Art. 13. A base de cálculo do imposto é:
>
> I – na saída de mercadoria prevista nos incisos I, III e IV do art. 12, o valor da operação;

Por essa razão, entende o STJ que os descontos **incondicionais e as bonificações** não se incluem na base de cálculo do ICMS, exatamente porque não compõem o valor da operação pela qual decorre a saída da mercadoria. Nesse sentido, a Súmula 459 do STJ: *"os descontos **incondicionais** nas operações mercantis **não** se incluem na base de cálculo do ICMS"*.

Todavia, diferente é o tratamento dispensado aos **descontos condicionais**, que integram a base de cálculo do ICMS, por força do art. 13, § 1º, II, a, da Lei Kandir:

> § 1º Integra a base de cálculo do imposto, inclusive na hipótese do inciso V do caput deste artigo

> II – o valor correspondente a:
>
> a) seguros, juros e demais importâncias pagas, recebidas ou debitadas, ***bem como descontos concedidos sob condição;***

No enunciado, restou clara a concessão condicionada do desconto sobre o preço dos discos, pois, para conseguir o abatimento no valor da mercadoria, os clientes deveriam ir ao show da banca de rock que ilustrou a narrativa.

Portanto, deve o candidato defender a improcedência da pretensão anulatória, em relação ao lançamento das diferenças concernentes à integração da base de cálculo pelo valor dos descontos condicionados.

b) *Embalagens utilizadas em processo subsequente de comercialização*

A executada defendeu que o valor das capas dos discos não poderia ser considerado na base de cálculo do imposto, já que "o fornecimento de embalagens personalizadas e sob encomenda é serviço sujeito ao ISS, o que afasta a incidência do ICMS".

Não se nega que, caso prevaleça a prestação de serviço personalizado, ainda que acompanhada do fornecimento de mercadoria, haverá a incidência apenas do ISS. Nesse sentido, preceitua a súmula 156 do STJ: *"a prestação de serviço de composição gráfica, personalizada e sob encomenda, ainda que envolva fornecimento de mercadorias, está sujeita, apenas, ao ISS"*.

Todavia, o referido enunciado jurisprudencial NÃO se aplica ao caso narrado, pois para incidência apenas do ISS, os serviços de impressão gráfica devem preponderar na operação comercial. Se, por outro lado, as embalagens personalizadas integrarem o processo produtivo de comercialização, sendo deste apenas mais um elemento, haverá incidência do ICMS, e não do ISS.

O STJ e STF abonam a tese ora defendida:

> TRIBUTÁRIO. ISS. CONFECÇÃO DE SACOS DE PAPEL COM IMPRESSÃO GRÁFICA PERSONALIZADA. ATIVIDADE PREPONDERANTEMENTE INDUSTRIAL. SÚMULA 156 DO STJ. NÃO INCIDÊNCIA. 1. A atividade de confecção de sacos para embalagens de mercadorias, prestada por empresa industrial, deve ser considerada, para efeitos fiscais, atividade de industrialização. ***A inserção, no produto assim confeccionado, de impressões gráficas, contendo a identificação da mercadoria a ser embalada e o nome do seu fornecedor, é um elemento eventual, cuja importância pode ser mais ou menos significativa, mas é invariavelmente secundária no conjunto da operação.*** 2. A súmula

156 do STJ, segundo a qual "a prestação de serviço de composição gráfica, personalizada e sob encomenda, ainda que envolva fornecimento de mercadorias, esta sujeita, apenas, ao ISS", tem por pressuposto, conforme evidenciam os precedentes que a sustentam, que os serviços de impressão gráfica sejam preponderantes na operação considerada. ***Pode-se afirmar, portanto, sem contradizer à súmula, que a fabricação de produtos, ainda que envolva secundariamente serviços de impressão gráfica, não está sujeita ao ISS.*** 3. Recurso especial a que se dá provimento (REsp 725.246/PE, Teori Zavaski, DJ 14/11/2005).

CONSTITUCIONAL. TRIBUTÁRIO. CONFLITO ENTRE IMPOSTO SOBRE SERVIÇOS DE QUALQUER NATUREZA E IMPOSTO SOBRE OPERAÇÃO DE CIRCULAÇÃO DE MERCADORIAS E DE SERVIÇOS DE COMUNICAÇÃO E DE TRANSPORTE INTERMUNICIPAL E INTERESTADUAL. PRODUÇÃO DE EMBALAGENS SOB ENCOMENDA PARA POSTERIOR INDUSTRIALIZAÇÃO (SERVIÇOS GRÁFICOS). AÇÃO DIRETA DE INCONSTITUCIONALIDADE AJUIZADA PARA DAR INTERPRETAÇÃO CONFORME AO O ART. 1º, CAPUT E § 2º, DA LEI COMPLEMENTAR 116/2003 E O SUBITEM 13.05 DA LISTA DE SERVIÇOS ANEXA. FIXAÇÃO DA INCIDÊNCIA DO ICMS E NÃO DO ISS. MEDIDA CAUTELAR DEFERIDA. (...) ***O ISS não incide sobre operações de industrialização por encomenda de embalagens, destinadas à integração ou utilização direta em processo subsequente de industrialização ou de circulação de mercadoria. Presentes os requisitos constitucionais e legais, incidirá o ICMS.*** (STF, ADI 4.389-MC)

Em resumo, têm-se:

ISS	ICMS
Preponderância do serviço de composição gráfica, ainda que envolva secundariamente o fornecimento de mercadoria.	Preponderância da circulação de mercadoria, ainda que envolva secundariamente a prestação de serviço de composição gráfica. As embalagens, nesse caso, são apenas mais um elemento do processo produtivo da mercadoria e, por isso, devem compor a base de cálculo do ICMS.

Assim, deve o candidato defender a improcedência das razões da executada também neste particular, pois o valor das embalagens embutido no preço dos discos deve compor a base de cálculo do ICMS, exatamente porque integraram o processo de comercialização de mercadoria.

IV. IMPOSSIBILIDADE DA CONCESSÃO DE TUTELA DE URGÊNCIA, PARA SUSPENSÃO DA EXECUÇÃO E EMISSÃO DE DECLARAÇÃO NEGATIVA DE DÉBITOS

Dispõe o art. 38 da Lei n.º 6.830/85:

> A discussão judicial da Dívida Ativa da Fazenda Pública só é admissível em execução, na forma desta Lei, salvo as hipóteses de mandado de segurança, ação de repetição do indébito ou ***ação anulatória do ato declarativo da dívida, esta precedida do depósito preparatório do valor do débito***, monetariamente corrigido e acrescido dos juros e multa de mora e demais encargos.

Como não poderia deixar de ser, a jurisprudência tem declarado a inconstitucionalidade do referido dispositivo, exatamente porque, a partir dele, estaria se exigindo depósito prévio como requisito de admissibilidade de ação judicial, em que se pretenda discutir a exigibilidade de crédito tributário, em afronta direta à Súmula Vinculante 28 (é inconstitucional a exigência de depósito prévio como requisito de admissibilidade de ação judicial na qual se pretenda discutir a exigibilidade de crédito tributário).

Todavia, embora não se possa exigir o depósito prévio como pressuposto de admissibilidade de ação judicial, **o simples ajuizamento da pretensão anulatória, desacompanhada de qualquer garantia, não possui o condão de suspender a exigibilidade do crédito tributário, tampouco o curso da execução fiscal**. É que, por força do art. 784, § 1º, do NCPC, "a propositura de qualquer ação relativa a débito constante de título executivo não inibe o credor de promover-lhe a execução".

Com efeito, as hipóteses de suspensão da exigibilidade do crédito tributário estão previstas no art. 151 do CTN, sendo o depósito do montante integral uma delas:

> Art. 151. Suspendem a exigibilidade do crédito tributário:
>
> I – moratória;
>
> ***II – o depósito do seu montante integral;***
>
> III – as reclamações e os recursos, nos termos das leis reguladoras do processo tributário administrativo;

IV – a concessão de medida liminar em mandado de segurança.

V – a concessão de medida liminar ou de tutela antecipada, em outras espécies de ação judicial;

VI – o parcelamento.

Todavia, embora a executada não tenha efetuado o depósito prévio, poderia se imaginar a possibilidade de o pedido de suspensão da exigibilidade do crédito tributário se estribar no inciso V do art. 151. Porém, **CUIDADO: proposta a ação anulatória DEPOIS de iniciada a execução fiscal, devem ser aplicadas, à ação anulatória, as mesmas restrições que seriam aplicáveis aos embargos à execução fiscal, sob pena de se relegar esta defesa à completa inutilidade**.

Ora, se a concessão da tutela de urgência, na ação anulatória, dependesse tão somente dos requisitos do art. 300 do NCPC (probabilidade do direito e risco de dano), o executado não teria interesse no manejo dos embargos à execução fiscal, cujos efeitos suspensivos dependem, além dos requisitos mencionados, da garantia do juízo.

João Aurino de Melo Filho pondera que a literalidade do art. 151, V, do CTN não distingue o momento em que ajuizada a ação, se antes ou depois da propositura da execução fiscal. Segue afirmando, contudo, que, como a suspensão da exigibilidade do crédito implica a suspensão da própria execução fiscal, "forçoso reconhecer, por imposição lógica, que, depois de ajuizada a execução fiscal, a exigibilidade do crédito poderá, sim, ser suspensa por decisão judicial, **mas apenas no caso de estar presentes os requisitos do art. 919, § 1º, do NCPC", dentre os quais, a garantia do juízo**.

É possível esquematizar o tema da seguinte forma:

Tutela de urgência requerida ANTES do início da execução	Tutela de urgência requerida DEPOIS do início da execução
A concessão depende do preenchimento dos requisitos previstos na fase de conhecimento, quais sejam, probabilidade do direito e o perigo de dano ou o risco ao resultado útil do processo (art. 300 do NCPC). É desnecessária, portanto, a garantia do juízo ou o depósito prévio.	A concessão depende do preenchimento dos requisitos previstos para o deferimento do efeito suspensivo aos embargos à execução, quais sejam, probabilidade do direito e o perigo de dano ou o risco ao resultado útil do processo e **desde que a execução já esteja garantida por penhora, depósito ou caução suficientes** (art. 919, § 1º, do NCPC).

Assim, o candidato deve combater o pedido liminar "para suspensão do crédito tributário e emissão da respectiva certidão negativa de débitos fiscais", justificando que, para tal concessão, não basta a alegação de urgência, devendo o executado demonstrar a probabilidade do direito e, também, a garantia do juízo, o que não ocorreu no caso narrado.

Além disso, sequer em tese seria possível a concessão da liminar para emissão de Certidão Negativa de Débito, já que o art. 206 do CTN confere ao devedor tão somente o direito à Certidão Positiva com Efeitos de Negativa, quando estiver em curso ou suspensa execução fiscal.

V. PEDIDOS E FECHAMENTO

Ao final, deve o candidato organizar os seus pedidos, preferencialmente, em tópicos, conforme a sucessão de teses apresentadas na peça. Segue exemplo:

Diante do exposto, o Estado do Amazonas requer sucessivamente:

a) *A extinção do feito sem resolução do mérito, com base no art. 485, V c/c art. 337, VI, do NCPC, em razão da litispendência;*

b) *A extinção do feito sem resolução do mérito, com base no art. 485, VI, do NCPC, em razão da ausência de interesse de agir;*

c) *A extinção do feito com resolução do mérito, com base no art. 487, II, do NCPC, em razão da prescrição;*

d) *A total improcedência dos pedidos e o indeferimento do pedido liminar, uma vez não demonstrados os requisitos autorizadores da medida.*

Para fechar a peça contestatória, o candidato deve protestar pela produção de provas e assinar as designações "local, data" e "Procurador do Estado", se outra não for a orientação da banca.

» CRITÉRIOS DE AVALIAÇÃO

CONTESTAÇÃO
ACERTO DA PEÇA 1. Cabimento de **Contestação**, endereçada ao juízo da X Vara dos Feitos da Fazenda Pública da Comarca de Manaus, com fulcro no art. 335 do CPC;
PRELIMINARES 1. Litispendência; 2. Ausência de interesse de agir;
PREJUDICIAL DE MÉRITO Prescrição quinquenal da pretensão anulatória, na forma do art. 1º do Dec. 20.910/32;
MÉRITO 1. Descontos condicionados integram a base de cálculo do ICMS. Aplicação do art. 13, § 2º, I, a, da Lei Kandir. 2. Embalagens, ainda que personalizadas, integraram o processo de circulação de mercadoria, devendo compor a base de cálculo do ICMS;
PEDIDO LIMINAR 1. Impossibilidade de concessão do pedido liminar, para suspensão da execução e expedição de CND, em razão do não cumprimento dos requisitos autorizadores da medida. Necessidade de demonstração da probabilidade do direito e da garantia do juízo; 2. Impossibilidade da liminar para emissão de CND. Acaso suspensa a execução fiscal, o devedor teria direito à CPEN e não à CND.
PEDIDOS E ENCERRAMENTO Deve-se requerer que o feito seja extinto sem resolução do mérito, por litispendência ou ausência de interesse de agir, ou, sucessivamente, com resolução do mérito, por incidência da prescrição. Requerer, ao final, a total improcedência da pretensão autoral, protestar por provas, local e data e assinar da forma devida.

Proposta 2: ICMS: *e-commerce*

Autor: Anderson Vieira da Costa

» ENUNCIADO

Airton Sérgio, presidente da Associação de Pesca Recreativa da cidade de Marabá/PA, pessoa jurídica sem fins lucrativos e que não desenvolve atividade de comércio, entrou em contato com a empresa Peixe na Rede Ltda., com sede em Fortaleza/CE, para a compra de diversos equipamentos de pesca para uso próprio e dos mais de 400 (quatrocentos) associados.

Após diversas tratativas, Airton finalizou, em março de 2016, a compra do material pelo valor de R$ 400.000,00 (quatrocentos mil reais), montante pago diretamente pelos associados sem qualquer lucro para a associação que intermediou o negócio.

Com a emissão da nota fiscal, a empresa Peixe na Rede Ltda. declarou ao fisco estadual a venda para pessoa jurídica não contribuinte, aplicando, por isso, a alíquota interna de ICMS do Estado do Ceará sobre o valor total da nota, qual seja o de 17% sobre os R$ 400.000,00 (quatrocentos mil reais), que resultou no recolhimento à Fazenda Estadual do Ceará de R$ 68.000,00 (sessenta e oito mil reais).

Ao tomar ciência da realização do negócio e do pagamento de ICMS apenas ao Estado de origem da mercadoria, o Fisco Estadual do Pará notificou a empresa em comento acerca do débito referente à venda do material de pesca e, após o devido processo administrativo, remeteu os autos para a Procuradoria-Geral do Estado para que procedesse com a inscrição em dívida ativa e ajuizasse a ação de execução fiscal.

Considerando que a alíquota de ICMS interno do Pará é de 17%, e que a alíquota interestadual entre o Ceará e o Pará é de 12%, a Procuradoria inscreveu em dívida o débito de R$ 8.000,00 (oito mil reais).

Nesse ínterim, mais especificamente em novembro de 2016, a empresa Peixe na Rede Ltda. mudou seu endereço para a cidade de Vitória, no Espírito Santo, onde passou a exercer a mesma atividade comercial de antes.

Em dezembro do mesmo ano, a Procuradoria do Estado do Pará ajuizou, na cidade de Fortaleza/CE (2ª Vara dos Feitos da Fazenda), execução fiscal em desfavor da empresa Peixe na Rede Ltda., que apresentou, com o juízo devidamente garantido, embargos à execução fiscal, alegando, em suma: i) incompetência do juízo com base no art. 46, § 5º, do CPC, pois entende que a regra é a apresentar a ação no domicílio do réu; ii) a inépcia da inicial, pois, embora tenha sido apresentado o art. 155, § 2º, VII, da CF como fundamento para a cobrança, o valor cobrado não corresponderia ao resultante do cálculo descrito no dispositivo, o que teria impossibilitado a defesa; iii) a inconsistência do pedido de execução, pois alega ter pago o ICMS corretamente, haja vista que utilizou a alíquota cheia sobre o valor total da venda, e, por isso, não remanesceu qualquer dívida com nenhum ente federado; iv) que, mesmo se considerado existente o débito, este deve ser pago pelo Estado do Ceará, haja vista este ter recebido o valor calculado pela Requerida.

Recebidos os embargos, o juiz titular da 2ª Vara dos Feitos intimou devidamente o Estado do Pará sobre a ação referenciada. Na condição de Procurador do Estado do Pará, apresente a medida judicial cabível para melhor atender aos interesses da Fazenda Pública estadual.

» COMENTÁRIOS

Na fase processual descrita na questão, a medida judicial cabível à Fazenda Pública é a **Impugnação aos Embargos à Execução Fiscal**, prevista no art. 17 da Lei de Execução Fiscal (Lei nº 6.830/80):

> Art. 17 – Recebidos os embargos, o Juiz mandará intimar a Fazenda, para impugná-los no prazo de 30 (trinta) dias, designando, em seguida, audiência de instrução e julgamento.

Observe que o prazo de 30 dias estabelecido no artigo é próprio para a Fazenda Pública, não incidindo a prerrogativa do art. 183 do Código de Processo Civil.

Superado esse item prefacial, o candidato deve atentar para a situação jurídica dos personagens, se contribuintes ou não de ICMS, pois a partir daí se revela a regra aplicável para o cálculo do imposto (todas previstas no artigo 155 da Constituição).

Para tanto, pertinente relembrar o conceito de contribuinte segundo a Lei Complementar 87/95 (Lei Kandir):

> Art. 4º Contribuinte é qualquer pessoa, física ou jurídica, que realize, com habitualidade ou em volume que caracterize intuito comercial, ope-

> rações de circulação de mercadoria ou prestações de serviços de transporte interestadual e intermunicipal e de comunicação, ainda que as operações e as prestações se iniciem no exterior.

Pela narrativa fática, logo se percebe que a vendedora da mercadoria o faz com intuito comercial, caracterizando-se como *contribuinte* do imposto em comento. Por outro lado, a pessoa jurídica compradora não comercializa os bens, mas utiliza-os como consumidora final, sendo, portanto, classificada como *não contribuinte*.

De posse dessas informações e ciente das alterações advindas com a Emenda Constituição nº 87/15, fica fácil identificar que os fatos incidem na regra do inciso VII do art. 155, cujo teor dispõe:

> Art. 155. VII – nas operações e prestações que destinem bens e serviços a consumidor final, contribuinte ou não do imposto, localizado em outro Estado, adotar-se-á a alíquota interestadual e caberá ao Estado de localização do destinatário o imposto correspondente à diferença entre a alíquota interna do Estado destinatário e a alíquota interestadual;

Como dito acima, a redação do inciso transcrito foi alterada pela EC 87/15, que começou a produzir efeitos a partir de 1º de janeiro de 2016, haja vista o período de *vacatio legis* previsto no seu art. 3º, de sorte que sua aplicação é imperativa.

Cumpre salientar que, embora a questão não tenha deixado dúvida sobre a responsabilidade da empresa vendedora pelo recolhimento do tributo, é importante lembrar que tal ônus é previsto no art. 155, VIII, "b", da CF:

> "VIII – a responsabilidade pelo recolhimento do imposto correspondente à diferença entre a alíquota interna e a interestadual de que trata o inciso VII será atribuída: [...]
>
> b) ao remetente, quando o destinatário não for contribuinte do imposto;".

Identificada a regra aplicável e o sujeito passivo da obrigação tributária, que também é responsável pelo recolhimento do ICMS, é necessária a realização do cálculo do imposto para refutar os argumentos utilizados em sede de embargos à execução.

Neste particular, a alegação de excesso de execução alvitrada pela executada não merece sequer conhecimento, pois o art. 917, § 4º, II, do NCPC, à semelhança do CPC/73, **exige que o argumento referido esteja estribado**

em memorial de cálculo, que deve ser apresentado pelo embargante junto com sua petição de embargos, o que não ocorreu na espécie.

> § 4º Não apontado o valor correto ou não apresentado o demonstrativo, os embargos à execução:
>
> I - serão liminarmente rejeitados, sem resolução de mérito, se o excesso de execução for o seu único fundamento;
>
> II - serão processados, se houver outro fundamento, mas o juiz não examinará a alegação de excesso de execução.

Todavia, adentrando-se ao mérito da alegação, ainda assim não assiste razão à embargante. Com efeito, adotando o disposto no inciso VII, tem-se que é devido ao Estado do Ceará (estado de origem) a alíquota interestadual já informada na questão, qual seja a de 12% sobre o valor da venda, que corresponde a R$ 48.000,00 (quarenta e oito mil reais).

Para o Estado do Pará (estado de destino), o dispositivo informa que é devida a diferença entre a alíquota interna (17%) e a interestadual (12%), ou seja, cabe à Fazenda paraense 5% sobre o valor total da venda, que em números corresponde a R$ 20.000,00 (vinte e mil reais).

Note que esse montante apurado em favor do Estado do Pará não corresponde à quantia inscrita em dívida ativa pela Procuradoria-Geral, pois, embora decorra do cálculo previsto no inciso VII do art. 155, fica limitado à regra de transição trazida pela EC 87 e adicionada ao art. 99 do ADCT:

> Art. 99. Para efeito do disposto no inciso VII do § 2º do art. 155, no caso de operações e prestações que destinem bens e serviços a consumidor final não contribuinte localizado em outro Estado, o imposto correspondente à diferença entre a alíquota interna e a interestadual será partilhado entre os Estados de origem e de destino, na seguinte proporção: (Incluído pela Emenda Constitucional nº 87, de 2015)
>
> I - para o ano de 2015: 20% (vinte por cento) para o Estado de destino e 80% (oitenta por cento) para o Estado de origem;
>
> ***II - para o ano de 2016: 40% (quarenta por cento) para o Estado de destino e 60% (sessenta por cento) para o Estado de origem;***
>
> III - para o ano de 2017: 60% (sessenta por cento) para o Estado de destino e 40% (quarenta por cento) para o Estado de origem;
>
> IV - para o ano de 2018: 80% (oitenta por cento) para o Estado de destino e 20% (vinte por cento) para o Estado de origem;
>
> V - a partir do ano de 2019: 100% (cem por cento) para o Estado de destino.

Destarte, aplicando a regra de transição do art. 99, II, do ADCT, tem-se que é devido ao Estado do Pará 40% sobre os R$ 20.000,00 (vinte mil reais) incialmente apurados, e o restante (60%) fica com o Estado do Ceará. Sendo assim, da compra descrita na questão resulta um crédito tributário de R$ 8.000,00 (oito mil reais) em favor do Estado do Pará, exatamente o mesmo valor inscrito em dívida e executado na ação posta aos cuidados do candidato.

Essa quantia deveria ser recolhida ao Estado credor pelo contribuinte responsável (empresa Peixe na Rede Ltda. – art. 155, VIII, CF), independente da atuação dos entes envolvidos, pois, como se sabe, o ICMS é um imposto cujo lançamento se opera por homologação (art. 150 do CTN), ou seja, o contribuinte tem o dever de calcular o tributo e antecipar o pagamento do mesmo sem prévio exame da autoridade administrativa.

Ora, se a responsabilidade cabe à empresa vendedora, e o ICMS é pago independente da atuação inicial do Fisco, é forçoso reconhecer que a causa de inadimplência só pode ser imposta à empresa Peixe na Rede Ltda., de modo que o Estado do Ceará não tem legitimidade para integrar qualquer dos polos da demanda.

Atenção: Fosse o caso de lide entre entes federados, com potencial lesivo ao pacto federativo, a competência seria deslocada para o Supremo Tribunal Federal por força do art. 102, I, "f", da Constituição Federal.

Por derradeiro, cumpre ainda destacar que a mudança de endereço do devedor antes da propositura da ação não é suficiente para deslocar a competência do juízo. Sobre o tema, importante conhecer o que estabelece o art. 46, § 5º, do NCPC apenas que:

> § 5º A execução fiscal será proposta no foro de domicílio do réu, no de sua residência ou no do lugar onde for encontrado.

Nesse passo, cumpre ao candidato exercer esforço argumentativo no sentido de obstar a pretensão de declínio de competência, podendo invocar, para tanto, aplicação sistemática do art. 781, V, do NCPC, segundo o qual:

> Art. 781. A execução fundada em título extrajudicial será processada perante o juízo competente, observando-se o seguinte:
>
> V – a execução poderá ser proposta no foro do lugar em que se praticou o ato ou em que ocorreu o fato que deu origem ao título, mesmo que nele não mais resida o executado.

Corrobora a tese ora esposada o entendimento do STJ, que certamente será mantido no âmbito no NCPC, no sentido de que "**o devedor não tem assegurado o direito de ser executado no foro de seu domicílio, salvo se nenhuma das espécies do parágrafo único [do art. 578 do CPC/73] se verificar**. (ERESP n.º 787.977/SE, Primeira Seção, DJ. 25.02.2008). (Precedentes: REsp 1128139/MS, Rel. Ministra ELIANA CALMON, SEGUNDA TURMA, julgado em 01/10/2009, DJe 09/10/2009; REsp 1062121/SP, Rel. Ministro LUIZ FUX, PRIMEIRA TURMA, julgado em 25/08/2009, DJe 21/09/2009; REsp 905.943/MS, Rel. Ministra DENISE ARRUDA, PRIMEIRA TURMA, julgado em 03/02/2009, DJe 26/02/2009)".

Entende-se, portanto, que a Fazenda Pública pode optar, conforme previsão dos dispositivos processuais, independente de ordem de preferência, pelo foro do lugar em que se praticou o ato ou ocorreu o fato que deu origem à dívida, embora nele não mais resida o réu.

» CRITÉRIOS DE AVALIAÇÃO*:*

IMPUGNAÇÃO AOS EMBARGOS À EXECUÇÃO FISCAL
ACERTO DA PEÇA Cabimento de **impugnação aos embargos à execução fiscal** perante a 2ª vara dos feitos da fazenda de Fortaleza/CE, com fundamento no art. 17 da LEF;
FUNDAMENTOS JURÍDICOS 1. Competência do juízo de Fortaleza: art. 781, V, do NCPC, entendimento do STJ; 2. Não conhecimento da alegação de excesso de execução, em razão de o pedido não estar sustentado em memorial de cálculo; 3. Correção do cálculo apresentado pela fazenda pública paraense: EC 87/2015 e regra de transição; 4. Responsabilidade da embargante pelo recolhimento do ICMS: natureza do lançamento por homologação e art. 155, VIII, "b", da CF;
PEDIDOS Requerer a total improcedência dos embargos, com o prosseguimento da execução fiscal, condenando-se o embargante ao pagamento dos honorários advocatícios e demais ônus de sucumbência. Pode ser postulado, ainda, o imediato julgamento do feito, já que o caso não demanda dilação probatória (art. 17, parágrafo único, da Lei n º 6.830/80 c/c o art. 330, I, do CPC);

Proposta 3: Prescrição tributária

Autor: Helton Kramer Lustoza

» ENUNCIADO

A empresa João Roubalo Ltda. adquiriu, em 1990, imóvel então situado na zona urbana do Município de São Luís, onde exerce suas atividades comerciais e também possui domicílio.

Inesperadamente, no dia 01/12/2015, o zelador da empresa, Sr. Antônio Tavares, recebeu a citação de uma execução fiscal.

O Sr. João Roubalo, representante legal da sociedade Ltda., ao tomar conhecimento da execução fiscal, foi até a 2ª Vara da Fazenda Pública de São Luís, onde descobriu que se trata do executivo fiscal n. 001/2015, que engloba débitos de IPTU lançados no dia 10/02/2010, totalizando o valor de R$ 50.000,00 (cinquenta mil reais), que a empresa não pagou. Também descobriu que a ação foi ajuizada no dia 03/01/2015, sendo que o despacho de citação foi proferido em 01/07/2015.

Sem ter pago o valor nem nomeado bens à penhora, a empresa recebeu a visita do Oficial de Justiça, oportunidade em que houve a penhora de um dos terrenos que possui no município e que está avaliado no mesmo valor da dívida. A empresa João Roubalo foi intimada da penhora no dia 25/01/2016, sendo o mandado juntado aos autos dia 25/02/2016, quando, através de advogado, interpôs Embargos à Execução Fiscal no dia 18/03/2016.

Após análise dos Embargos à Execução Fiscal e da respectiva Impugnação da Fazenda Pública, o juízo competente proferiu sentença, declarando a nulidade da CDA e extinguindo a execução fiscal, com os seguintes fundamentos: a) nulidade da citação, por não ter sido efetuada na pessoa do representante legal da empresa; b) prescrição do crédito tributário, uma vez que o lançamento é do período de fevereiro de 2010 e a citação somente ocorreu em 01/12/2015; c) foi publicada uma lei municipal em 10/07/2013 que beneficiava o contribuinte, nos termos do art. 106 do CTN, pois concedeu isenção tributária para os imóveis desta região, tornando a respectiva CDA inexigível; e) a penhora é nula pelo fato de o imóvel, além de ser sede da empresa, destinar-se à única residência do executado;

Com base em tais informações, e diante da situação que a intimação da sentença ocorreu 25 (vinte e cinco) dias atrás, utilize a peça jurídica cabível em defesa da Fazenda Pública Municipal. É dispensável a apresentação dos fatos.

» COMENTÁRIOS

I. RECURSO DE APELAÇÃO

A Apelação, como os demais recursos, deve guardar consonância com os pressupostos genéricos de admissibilidade. Seu cabimento está descrito no art. 1.009 do CPC, que define a possibilidade de sua interposição em face de sentença terminativa ou definitiva. O § 1º do mesmo dispositivo, por sua vez, erige a possibilidade de a apelação ser aviada contra decisões interlocutórias não agraváveis.

Segundo o princípio da congruência, o julgador está vinculado ao pedido formulado pela parte (art. 492 do CPC), ou seja, o Tribunal somente poderá alterar a decisão recorrida nos limites desta impugnação. Contudo, tal princípio não terá aplicação no que se refere a apreciação de matérias de ordem pública, como as condições da ação, decadência, prescrição, etc., bem como, todas as questões suscitadas e discutidas no processo, ainda que a sentença não as tenha julgado por inteiro (art. 1013 do CPC). Isso significa que poderá fazer parte do objeto do recurso os antecedentes jurídicos suscitados no processo que possam interferir em seu acolhimento. Inclusive, as questões de fato, não propostas no juízo inferior, desde que a parte recorrente comprove que deixou de fazê-lo por motivo de força maior (art. 1014 do CPC).

A Apelação terá o efeito devolutivo e suspensivo, de modo que as matérias discutidas no julgado são devolvidas para reanálise do Tribunal. Existem casos em que a Apelação somente terá efeito devolutivo, exatamente nas hipóteses do art. 1.012 do Código de Processo Civil.

O prazo para Fazenda Pública interpor o recurso de Apelação é de **30 dias** úteis, contados da **intimação pessoal** (1.003, § 5º, art. 219 e 183, § 1º, do NCPC).

No Novo Código de Processo Civil, preservou-se a forma de interposição do recurso, **apenas modificando o exame de admissibilidade**.

Desta forma, o juízo monocrático não fará o exame prévio de admissibilidade da Apelação, concentrando-se a totalidade do ato processual no próprio Tribunal.

> **CUIDADO**! Todavia, a retirada do juízo de admissibilidade do juízo *a quo* não resulta no dever de ajuizar o apelo diretamente no Tribunal. Mesmo após o NCPC, o recurso de apelação deve ser interposto no juízo de primeira instância, para que este remeta os autos ao Tribunal. Assim, em caso de cobrança da peça, deve o candidato elaborar a chamada "petição de interposição".

II. FORMALIDADES

Não é demais demonstrar ao examinador conhecimento acerca das formalidades que circundam o recurso. O alerta fica por conta da necessidade de o candidato fazê-lo em poucas linhas, pois a probabilidade de o ponto aparecer no espelho é média ou baixa. Todavia, se aparecer, a cautela do candidato garantirá os pontos dispensados pela banca.

No recurso de apelação, são suficientes a exposição acerca do cabimento, tempestividade e desnecessidade de preparo.

III. PRELIMINARES

a) *Intempestividade dos Embargos à Execução Fiscal*

Com a citação, o executado possui o prazo de cinco dias para nomear bens à penhora, reservando-se a opção de aceite à Fazenda Pública, conforme dispõe o art. 8° da Lei 6830/80. No caso de o executado não ter indicado bens, isto autoriza a realização de penhora, por interesse da Fazenda Pública, de créditos *on-line*, faturamento da empresa, ações, imóveis, veículos, etc., obedecendo a ordem do art. 11 da lei 6830/80, bem como os pressupostos de cada solicitação.

Após a realização da penhora, o juízo promoverá a intimação do executado (e do cônjuge se a penhora for sobre imóvel), a qual poderá ocorrer mediante publicação no órgão oficial, pelo correio ou por oficial de justiça (art. 12 e 16).

Outro detalhe que deve ser observado é de que a intimação do executado acerca da penhora deverá ser **pessoal** se, na citação feita pelo correio, o aviso de recepção não contiver a assinatura do próprio executado, ou de seu representante legal, nos termos do art. 12, § 3º da Lei 6830/80:

> Art. 12 – Na execução fiscal, far-se-á a intimação da penhora ao executado, mediante publicação, no órgão oficial, do ato de juntada do termo ou do auto de penhora.
>
> (...)
>
> § 3º – Far-se-á a intimação da penhora pessoalmente ao executado se, na citação feita pelo correio, o aviso de recepção não contiver a assinatura do próprio executado, ou de seu representante legal.

Pelo fato de a penhora ser condição de admissibilidade dos Embargos à Execução, enquanto aquela não for realizada o prazo dos Embargos não começa a correr. Portanto, nos termos do art. 16 da lei 6830/80, o executado poderá oferecer Embargos, no prazo de 30 (trinta) dias, contados:

> I – do depósito;
>
> II – da juntada da prova da fiança bancária;
>
> III – ***da intimação da penhora***".

Ao contrário do que dispõe a legislação processual civil, na Execução Fiscal o prazo para opor Embargos à Execução Fiscal começa a correr **da data da intimação da penhora e não da juntada da carta de intimação**[16].

Inclusive, o Superior Tribunal de Justiça, através da sistemática de recursos repetitivos (Tema 131), pacificou entendimento de que o termo inicial para oposição de Embargos à Execução Fiscal é a intimação da penhora e não a juntada aos autos do mandado:

> PROCESSUAL CIVIL. NULIDADE DO ACÓRDÃO POR FALTA DE MOTIVAÇÃO. ARTS.
>
> 131, 165 E 458, II, DO CPC. NÃO-OCORRÊNCIA. VIOLAÇÃO DO ART. 535 DO CPC. DEFICIÊNCIA NA FUNDAMENTAÇÃO. SÚMULA 284/STF. TERMO A QUO DO PRAZO PARA EMBARGOS À EXE-

16. O dies a quo do prazo para o ajuizamento de embargos à execução fiscal é a data da efetiva intimação da penhora (Precedente da Primeira Seção submetido ao rito do artigo 543-C, do CPC: REsp 1112416/MG, Rel. Ministro Herman Benjamin, julgado em 27.05.2009, DJe de 09.09.2009), o que, entrementes, não afasta a proposição de que a fluência do aludido prazo reclama a constatação de que efetivamente garantido o juízo. (REsp 1126307/MT, Rel. Ministro LUIZ FUX, PRIMEIRA TURMA, julgado em 01/03/2011, DJe 17/05/2011)

CUÇÃO FISCAL. GARANTIA DO JUÍZO MEDIANTE PENHORA. JUNTADA DO MANDADO. RECURSO REPETITIVO. ART. 543-C DO CPC.

1. Não há nulidade no julgamento se a fundamentação, embora concisa, for suficiente para a solução da demanda.

2. Não se conhece de Recurso Especial em relação a ofensa ao art. 535 do CPC quando a parte não aponta, de forma clara, o vício em que teria incorrido o acórdão impugnado. Aplicação, por analogia, da Súmula 284/STF.

3. ***O termo inicial para a oposição dos Embargos à Execução Fiscal é a data da efetiva intimação da penhora, e não a da juntada aos autos do mandado cumprido.***

4. Recurso Especial parcialmente conhecido e, nessa parte, não provido. Acórdão sujeito ao regime do art. 543-C do CPC e da Resolução 8/2008 do STJ.

(REsp 1112416/MG, Rel. Ministro HERMAN BENJAMIN, PRIMEIRA SEÇÃO, julgado em 27/05/2009, DJe 09/09/2009)

A regra da previsão do prazo de apresentação dos Embargos à Execução na intimação é de suma importância, na medida em que **nem mesmo o comparecimento espontâneo do executado, após a efetivação da penhora, não suprirá a necessidade de sua intimação com a advertência deste prazo**. Cita-se, nesse sentido, interessante posicionamento jurisprudencial segundo o qual a "*ciência da penhora sucedida pelo comparecimento espontâneo do executado não pode ser equiparada ao ato formal de intimação, que deve se revestir da necessária solenidade da indicação do prazo para oposição dos pertinentes embargos*"[17].

No caso narrado, tendo em vista que a intimação da penhora ocorreu em 25/01/2016 e a oposição dos Embargos somente ocorreu em 18/03/2016, está claro que estes são flagrantemente intempestivos.

Portanto, frente a intempestividade dos Embargos à Execução, estes devem ser extintos sem resolução do mérito.

b) *Regularidade da citação*

Pelas regras da Lei de Execução Fiscal, a citação não precisa ser realizada pessoalmente, desde que a intimação da penhora assim seja (art. 12, § 3º da Lei 6830/80).

17. STJ - gRg no REsp 1.358.204-MG, Rel. Min. Arnaldo Esteves Lima, julgado em 7/3/2013

A alegação de nulidade da citação não procede, pois o entendimento jurisprudencial é no sentido de que **basta a entrega da correspondência no endereço correto do devedor para que surta os efeitos legais, ainda que recebida por terceiros**:

> ***A jurisprudência desta Corte é firme no sentido da validade da citação postal, com aviso de recebimento e entregue no endereço correto do executado, mesmo que recebida por terceiros.*** Também é pacífico o entendimento de que "a citação postal equivale à citação pessoal para o efeito de interromper o curso do prazo prescricional". (STJ – AgRg no REsp 1227958/RS, Rel. Ministro CESAR ASFOR ROCHA, SEGUNDA TURMA, julgado em 24/05/2011)

Esse também é o entendimento da doutrina, conforme Humberto Theodoro Jr leciona:

> "ao contrário, porém, do que determina a legislação codificada, para o aperfeiçoamento da citação postal na execução fiscal, não há necessidade de que o ofício seja entregue em mãos do executado; basta que a entrega se dê em seu endereço"[18].

Caso, mesmo assim, não seja possível localizar o devedor, será ele citado por edital com a nomeação de um curador especial (súmula 414 STJ), situação que também será hipótese de interrupção da prescrição (Resp. 820.723/RS).

Tendo em vista que no caso em tela, embora a citação não tenha sido recebida pelo representante legal, a intimação da penhora foi realizada na sua pessoa, atendendo ao disposto no art. 12, § 3º, da Lei 6830/80.

Ademais, impera na jurisprudência do Superior de Tribunal de Justiça a aplicação da chamada **Teoria da Aparência** na citação de pessoa jurídica, através da qual, se considerará efetiva a citação realizada no endereço da empresa, ainda que não recebida pessoalmente pelo representante legal.

Observe decisão do STJ:

> PROCESSO CIVIL – EXECUÇÃO FISCAL – INTIMAÇÃO – PESSOA JURÍDICA – TEORIA DA APARÊNCIA – SÚMULA 7/STJ – PRECEDENTES – RECURSO ESPECIAL IMPROVIDO.

18. THEODORO JR., Humberto. **Lei de Execução Fiscal**. 3 ed. São Paulo: Saraiva, 1993, p. 46

> 1. A Corte Especial, no julgamento dos embargos de divergência no REsp 156.970/SP (Rel. Min. Vicente Leal, DJ 22.10.2001), consagrou o seguinte entendimento: "(...) *é de se aplicar a teoria da aparência para reconhecer a validade da citação da pessoa jurídica realizada em quem, na sua sede, se apresenta como seu representante legal e recebe a citação, sem qualquer ressalva quanto à inexistência de poderes para representá-la em Juízo».*
>
> 2. No caso dos autos, da análise do conjunto fático-probatório, entendeu o Tribunal de origem o seguinte: "É inconteste que o executado, ora agravante, teve ciência do Mandado de Penhora, Avaliação e Registro", porquanto "alguém, em sua sede e em seu nome, foi intimado e aceitou o encargo de depositário. Sendo assim, despicienda a alegação de que a Sra. Jussara Salazar não é representante legal do agravante, mormente, quando a jurisprudência firmou-se no sentido de que é válida a citação da pessoa jurídica realizada na pessoa que, em sua sede, se apresenta como sua representante legal sem qualquer alegação quanto à falta de poderes de representação, como in casu".
>
> 3. A conclusão a que chegou o acórdão recorrido decorreu da análise do conjunto fático-probatório dos autos, e o acolhimento da pretensão recursal demandaria o reexame e a inversão do mencionado suporte, obstando a admissibilidade do apelo especial da Súmula 7 do Superior Tribunal de Justiça.
>
> Agravo regimental improvido.
>
> (AgRg no REsp 1037329/RJ, Rel. Ministro HUMBERTO MARTINS, SEGUNDA TURMA, julgado em 26/08/2008, DJe 16/09/2008)

O NCPC adotou a tese do STJ, consagrando-a no seu art. 248, § 2º:

> § 2º Sendo o citando pessoa jurídica, será válida a entrega do mandado a pessoa com poderes de gerência geral ou de administração ou, ainda, a funcionário responsável pelo recebimento de correspondências.

Portanto, o ato processual da citação atendeu aos requisitos legais, não havendo fundamento legal para sua nulidade.

III. MÉRITO

a) *Não ocorrência de prescrição tributária*

Sabe-se que até o lançamento tributário, a obrigação tributária está sujeita ao prazo decadencial, enquanto que o período que medeia entre o lançamento até a execução fiscal estará sujeito à prescrição. Sem falar que, durante o trâmite do processo de execução fiscal, poderá a Fazenda Pública sujeitar-se a chamada prescrição intercorrente.

Para melhor analisar a execução fiscal é aconselhável construir um gráfico com as datas importantes descritas no caso concreto:

Período do Débito	10/02/2010
Ajuizamento da ação	03/01/2015
Despacho de citação	01/07/2015
Citação	01/12/2015

Considerando que a execução fiscal foi proposta em 03/01/2015 e a CDA se refere a débitos de IPTU do período de 10/02/2010, tem-se que notar que o ajuizamento atendeu ao prazo do art. 174 do CTN. Vejamos.

Tendo em vista que o caso concreto traz a informação do lançamento, é obvio que a banca queria avaliar o conhecimento do candidato sobre a prescrição (Art. 174 CTN). Se houvesse menção de fatos anteriores ao lançamento seria necessário conhecer o instituto da decadência tributária (art. 173 CTN).

Assim dispõe o art. 174 do CTN:

> Art. 174. A ação para a cobrança do crédito tributário prescreve em cinco anos, contados da data da sua constituição definitiva.
>
> Parágrafo único. A prescrição se interrompe:
>
> I – pelo despacho do juiz que ordenar a citação em execução fiscal; (Redação dada pela Lcp nº 118, de 2005)
>
> II – pelo protesto judicial;
>
> III – por qualquer ato judicial que constitua em mora o devedor;
>
> IV – por qualquer ato inequívoco ainda que extrajudicial, que importe em reconhecimento do débito pelo devedor.

Lembre-se que a prescrição extintiva se opera quando alguém deixa de reclamar ou praticar determinado ato dito como indispensável pela legislação para o exercício de um direito durante certo prazo de tempo.

Sendo assim, a prescrição funciona como uma punição sobre aquele que, para fazer valer seu direito, não se socorre tempestivamente, repousando não somente na segurança jurídica do sistema.

Considerando a previsão do art. 802, § 1º, do Código de Processo Civil, todos os valores cobrados não estão prescritos, uma vez que os efeitos da interrupção da prescrição retroagirão à data do ajuizamento da petição inicial:

> Art. 802. Na execução, o despacho que ordena a citação, desde que realizada em observância ao disposto no § 2º do art. 240, interrompe a prescrição, ainda que proferido por juízo incompetente.
>
> Parágrafo único. ***A interrupção da prescrição retroagirá à data de propositura da ação.***

Primeiro, o magistrado agiu de forma equivocada ao tomar como parâmetro a citação para o efeito de interromper a prescrição. O despacho foi proferido já sob a égide da Lei Complementar 118/2005, a qual alterou a redação do incido I, Parágrafo Único do art. 174 do CTN. Assim, o entendimento do Superior Tribunal de Justiça é de que a retroatividade da interrupção da prescrição pode alcançar os feitos ajuizados antes de 9/6/2005, desde que o despacho ordenador da citação tenha ocorrido quando já em vigor a LC n. 118:

> PROCESSUAL CIVIL E TRIBUTÁRIO - AGRAVO REGIMENTAL NO RECURSO ESPECIAL - EXECUÇÃO FISCAL - DCTF - PRESCRIÇÃO - MARCO INTERRUPTIVO - CITAÇÃO - REDAÇÃO ORIGINAL DO ART. 174, PARÁGRAFO ÚNICO, DO CTN - AÇÃO AJUIZADA ANTERIORMENTE À VIGÊNCIA DA LC 118/2005. 1. Nos termos do entendimento firmado no Resp nº 999.901/RS, DJE de 10/6/2009, na sistemática dos Recursos Repetitivos, a retroatividade da interrupção da prescrição pode alcançar os feitos ajuizados antes de 9/6/2005, desde que o despacho ordenador da citação tenha ocorrido quando já em vigor a LC n. 118. 2. Na espécie, o despacho que ordenou a citação foi proferido em 24/6/2004,anterior à vigência da referida Lei Complementar, razão pela qual não se aplica a referida lei complementar em combinação com o art. 219, § 1º, do CPC, tendo incidência a redação original do art. 174, parágrafo único, do CTN. 3. Agravo regimental não provido. (AgRg no REsp 1267098/SC, Rel. Ministra ELIANA CALMON, SEGUNDA TURMA, julgado em 23/10/2012, DJe 30/10/2012)

Desta maneira, conjugando a interpretação do art. 174, Par. Único, I, do CTN com o art. 802, parágrafo único, do CPC (antigo art. 219 CPC), havendo o despacho de citação, o efeito interruptivo retroagirá à data do ajuizamento da execução fiscal. Este é o entendimento consolidado na jurisprudência do Superior Tribunal de Justiça:

> PROCESSUAL CIVIL. RECURSO ESPECIAL REPRESENTATIVO DE CONTROVÉRSIA. ART. 543-C, DO CPC. TRIBUTÁRIO. EXECUÇÃO FISCAL. PRESCRIÇÃO. CITAÇÃO POR EDITAL. INTERRUPÇÃO. PRECEDENTES. ***A mera prolação do despacho ordinatório da citação do executado, sob o enfoque supra, não produzia, por si só, o efeito de interromper a prescrição, impondo-se a interpretação sistemática do art. 8º, § 2º, da Lei nº 6.830/80, em combinação com o art. 219, § 4º, do CPC e com o art. 174 e seu parágrafo único do CTN***. Recurso especial provido, determinando-se o retorno dos autos à instância de origem para prosseguimento do executivo fiscal, nos termos da fundamentação expendida. Acórdão submetido ao regime do art. 543-C do CPC e da Resolução STJ 08/2008. (REsp 999.901/RS, Rel. Ministro LUIZ FUX, PRIMEIRA SEÇÃO, julgado em 13/05/2009, DJe 10/06/2009)

> TRIBUTÁRIO. AGRAVO REGIMENTAL NO RECURSO ESPECIAL. EXECUÇÃO FISCAL. AJUIZAMENTO DA AÇÃO DENTRO DO PRAZO EXTINTIVO. PRESCRIÇÃO. NÃO OCORRÊNCIA. ***A Primeira Seção desta Corte Superior, no julgamento do REsp 1.120.295/SP, submetido ao rito dos recursos repetitivos, decidiu que os efeitos da interrupção da prescrição devem retroagir à data da propositura da demanda***, de acordo com o disposto no art. 219, § 1º, do CPC, ***não podendo a parte exequente ser prejudicada pela demora atribuída exclusivamente ao Poder Judiciário***. 2. Agravo regimental a que se nega provimento. (AgRg no REsp 1374265/CE, Rel. Ministra DIVA MALERBI (DESEMBARGADORA CONVOCADA TRF 3ª REGIÃO), SEGUNDA TURMA, julgado em 17/03/2016, DJe 31/03/2016)

Outro fato importante no caso em tela é que o despacho de citação demorou mais de 06 meses para ser proferido e a citação quase 01 (um) ano para ser cumprida. Como é sabido, na seara do direito tributário, o instituto da prescrição representa o prazo que os entes públicos dispõem para, uma vez constituído em definitivo o crédito, cobrá-lo. No caso em tela, **a Fazenda Pública Municipal ingressou TEMPESTIVAMENTE com a ação,** mas em razão da demora na citação do executado, teve considerado como prescritos esses valores.

O Judiciário tem interpretado a legislação tributária com certa cautela, de modo a analisar as peculiaridades do caso concreto. Confira o entendimento do Superior Tribunal de Justiça:

> PROCESSUAL CIVIL. TRIBUTÁRIO. RECURSO ESPECIAL REPRESENTATIVO DE CONTROVÉRSIA. ART. 543-C, DO CPC. EXECUÇÃO FISCAL. PRESCRIÇÃO INTERCORRENTE. PARALISAÇÃO DO

PROCESSO POR CULPA DO PODER JUDICIÁRIO. SÚMULA 106 DO STJ. REEXAME DE MATÉRIA FÁTICO-PROBATÓRIA.***A perda da pretensão executiva tributária pelo decurso de tempo é consequência da inércia do credor, que não se verifica quando a demora na citação do executado decorre unicamente do aparelho judiciário***. Inteligência da Súmula 106/STJ. (REsp 1102431/RJ, Rel. Ministro LUIZ FUX, PRIMEIRA SEÇÃO, julgado em 09/12/2009, DJe 01/02/2010)

PROCESSUAL CIVIL. RECURSO ESPECIAL. EXECUÇÃO FISCAL. CRÉDITO TRIBUTÁRIO. SITUAÇÃO FÁTICA EM QUE NÃO SE CONSUMOU A PRESCRIÇÃO.APLICAÇÃO DA SÚMULA 106/STJ.Em relação ao termo ad quem da prescrição para a cobrança de créditos tributários, a Primeira Seção do STJ, ao julgar como representativo da controvérsia o REsp 1.120.295/SP (Rel. Min. Luiz Fux, DJe de 21.5.2010), deixou consignado que se revela incoerente a interpretação segundo a qual o fluxo do prazo prescricional continua a escoar-se, desde a constituição definitiva do crédito tributário, até a data em que se der o despacho ordenador da citação do devedor (ou até a data em que se der a citação válida do devedor, consoante a anterior redação do inciso I do parágrafo único do artigo 174 do CTN). ***Consoante decidido pela Primeira Seção neste recurso repetitivo, o Código de Processo Civil, no § 1º de seu art. 219, estabelece que a interrupção da prescrição, pela citação, retroage à data da propositura da ação, o que significa dizer que, em execução fiscal para a cobrança de créditos tributários, o marco interruptivo da prescrição atinente à citação pessoal feita ao devedor (quando aplicável a redação original do inciso I do parágrafo único do art.***174 do CTN) ***ou ao despacho do juiz que ordena a citação (após a alteração do art. 174 do CTN pela Lei Complementar 118/2005) retroage à data do ajuizamento da execução, a qual deve ser proposta dentro do prazo prescricional.*** (REsp 1337571/PE, Rel. Ministro MAURO CAMPBELL MARQUES, SEGUNDA TURMA, julgado em 28/08/2012, DJe 03/09/2012)

O **princípio do impulso oficial**, nesses casos, afasta a possibilidade de decretação da prescrição durante o trâmite da execução fiscal, haja vista que o desenvolvimento da ação executiva foge do alcance da fazenda pública, razão suficiente para não penalizar injustamente o recorrente.

Esse mesmo posicionamento foi adotado pelo Superior Tribunal de Justiça, conforme demonstra a atual e vigente Súmula nº 106 que assim dispõe:

Súmula 106 do STJ: Proposta a ação no prazo fixado para o seu exercício, a demora na citação, por motivos inerentes ao mecanismo da Justiça, não justifica o acolhimento da arguição de prescrição ou decadência.

Não foi possível constar mora da Fazenda Pública. Pelo contrário, a execução fiscal foi ajuizada dentro do prazo prescricional, sendo que a demora em proferir o despacho de citação e a própria citação é atribuída exclusivamente ao Poder Judiciário.

Portanto, não haverá decretação da prescrição tributária no caso em tela.

b) ***Lei de isenção publicada posteriormente ao fato gerador***

Outro fato que foi apontado no caso concreto é acerca da inexigibilidade do crédito tributário pela circunstância de existir uma lei prevendo isenção do tributo, a qual foi publicada antes do ajuizamento da execução fiscal e depois do lançamento.

Vê-se, portanto, a impropriedade do fundamento utilizado pelo magistrado *a quo*, pois isenção tributária é espécie de **exclusão do crédito tributário** e, como tal, somente pode ser aplicada antes do lançamento.

Com efeito, excluir o crédito tributário significa impedir a sua constituição. Trata-se de situações em que, não obstante a ocorrência do fato gerador e o consequente nascimento da obrigação tributária, não pode haver lançamento, de forma que não surgirá crédito tributário, não existindo, portanto, obrigação de pagamento.

Assim, prevaleceu, no STF, que a isenção não é causa de não incidência, pois, mesmo com ela, os fatos geradores continuam a ocorrer, gerando as respectivas obrigações tributárias, **sendo apenas excluída a etapa do lançamento**.

No caso narrado, como já havia ocorrido o lançamento e, por isso, constituído o crédito tributário, a lei isentiva restou inaplicável.

Ademais, o magistrado está equivocado, na medida em que **o art. 106 somente permite a aplicação retroativa de lei na situação de norma puramente interpretativa ou em matéria de penalidade, quando mais favorável ao contribuinte**:

> Art. 106. A lei aplica-se a ato ou fato pretérito:
>
> I – em qualquer caso, quando seja expressamente interpretativa, excluída a aplicação de penalidade à infração dos dispositivos interpretados;
>
> II – tratando-se de ato não definitivamente julgado:
>
> a) quando deixe de defini-lo como infração;
>
> b) quando deixe de tratá-lo como contrário a qualquer exigência de ação ou omissão, desde que não tenha sido fraudulento e não tenha implicado em falta de pagamento de tributo;

c) quando lhe comine penalidade menos severa que a prevista na lei vigente ao tempo da sua prática.

Como o caso em tela se refere à obrigação principal de pagar o tributo, deve-se aplicar a regra estabelecida no art. 144 do Código Tributário Nacional, que estabelece a aplicação da lei vigente na época da ocorrência do fato gerador:

> Art. 144. O lançamento reporta-se à data da ocorrência do fato gerador da obrigação e rege-se pela lei então vigente, ainda que posteriormente modificada ou revogada.

Nestes termos é o entendimento jurisprudencial:

> TRIBUTÁRIO - ICMS - DEFINIÇÃO DE COMERCIANTE ATACADISTA - LEI POSTERIOR MODIFICATIVA - RETROATIVIDADE - INCABIMENTO - ART. 535, II, DO CPC - REMISSÃO A RAZÕES - RECURSO DEFICIENTE - SÚMULA 284/STF. ***A retroatividade da lei tributária ocorre quando esta for expressamente interpretativa ou quando se atenuar ou excluir a infração tributária, desde que o fato não tenha sido definitivamente julgado (art. 106 do CTN). Inaplicabilidade na hipótese em que a nova lei alterou a definição do sujeito passivo da obrigação tributária.*** (REsp 1040795/ES, Rel. Ministra ELIANA CALMON, SEGUNDA TURMA, julgado em 28/10/2008, DJe 17/11/2008)

> PROCESSUAL CIVIL E TRIBUTÁRIO - IMPOSTO DE TRANSMISSÃO "CAUSA MORTIS" - LEI PAULISTA N. 10.750/00 - ISENÇÃO - RETROATIVIDADE - IMPOSSIBILIDADE - ART. 111 DO CTN - INTERPRETAÇÃO LITERAL - SÚMULA 83/STJ - DIVERGÊNCIA JURISPRUDENCIAL NÃO-CONHECIDA - JULGADOS DO MESMO TRIBUNAL - SÚMULA 13/STJ - DA APLICABILIDADE DO ART. 557 DO CPC - AUSÊNCIA DE VINCULAÇÃO AO JUÍZO DE ADMISSIBILIDADE DO TRIBUNAL DE ORIGEM. 1. Impossibilidade de retroação da Lei Paulista n. 10.750/00 a fato gerador surgido com a transmissão 'causa mortis' da propriedade anterior à norma, nos termos do art. 105 do Código Tributário Nacional. ***2. O art. 106, II, c, do CTN, que dispõe que a lei mais benéfica ao contribuinte aplica-se a ato ou fato pretérito, desde que não tenha sido definitivamente julgado, aplica-se, tão-somente, para penalidades, o que não é o caso dos autos.*** Agravo regimental improvido. (AgRg no REsp 647.518/SP, Rel. Ministro HUMBERTO MARTINS, SEGUNDA TURMA, julgado em 16/10/2008, DJe 05/11/2008)

Portanto, incorreta a interpretação que permite a aplicação retroativa da lei que criou a isenção posteriormente a ocorrência do fato gerador.

c) ***Possibilidade da penhora do imóvel***

Outro fato importante para ser trabalhado no caso concreto é a legitimidade da penhora sobre o imóvel, que, de acordo com o executado, seria considerado bem de família. Segundo fato alegado nos Embargos, o imóvel além de servir como sede da empresa, também era utilizado como única residência do representante legal da pessoa jurídica.

Cabe lembrar que a legislação processual brasileira impede que um imóvel que seja considerado bem de família possa ser utilizado para o pagamento de dívidas inadimplentes de seu proprietário. O objetivo é impedir que o executado fique despido de seu direito constitucional de habitação.

Essa limitação à penhora do bem de família é regulamentada pela Lei n. 8009/90, a qual veda a possibilidade que a casa onde resida o executado e sua família possa ser usada para o pagamento de dívidas civis, previdenciárias ou trabalhistas:

> Art. 1º O imóvel residencial próprio do casal, ou da entidade familiar, é impenhorável e não responderá por qualquer tipo de dívida civil, comercial, fiscal, previdenciária ou de outra natureza, contraída pelos cônjuges ou pelos pais ou filhos que sejam seus proprietários e nele residam, salvo nas hipóteses previstas nesta lei.

Sem afastar, em absoluto, a possibilidade do direito de bem de família, a própria lei, ressalvou a garantia para o caso de o débito ser referente a cobrança de IPTU sobre o mesmo imóvel. É isso que disciplina o art. 3º da Lei 8009/90:

> Art. 3º A impenhorabilidade é oponível em qualquer processo de execução civil, fiscal, previdenciária, trabalhista ou de outra natureza, salvo se movido:
>
> (...)
>
> IV – para cobrança de impostos, predial ou territorial, taxas e contribuições devidas em função do imóvel familiar;

Nesta lógica, **o imóvel pode ser penhorado para o pagamento de dívidas tributárias relativas ao próprio imóvel**. No caso de o proprietário estar inadimplente com o Município, referente ao Imposto Predial Territorial Urbano – IPTU, pode perder o bem de família.

Observe entendimento jurisprudencial majoritário:

> PROCESSUAL CIVIL. EXECUÇÃO FISCAL. BEM DE FAMÍLIA. IMPENHORABILIDADE. EXCEÇÃO. DÉBITO PROVENIENTE DO PRÓPRIO IMÓVEL. IPTU. INTELIGÊNCIA DO INCISO IV DO ART. 3º DA LEI 8.009/90.1. O inciso IV do art. 3º da Lei 8.009/1990 foi redigido nos seguintes termos: "Art. 3º A impenhorabilidade é oponível em qualquer processo de execução civil, fiscal, previdenciária, trabalhista ou de outra natureza, salvo se movido: IV – para cobrança de impostos, predial ou territorial, taxas e contribuições devidas em função do imóvel familiar;" 2. ***A penhorabilidade por despesas provenientes de imposto, predial ou territorial, taxas e contribuições devidas em função do imóvel familiar tem assento exatamente no referido dispositivo, como se colhe nos seguintes precedentes: no STF, RE 439.003/SP, Rel. Min.EROS GRAU, 06.02.2007; no STJ e REsp.160.928/SP, Rel. Min. ARI PARGENDLER, DJU 25.06.01.3***. O raciocínio analógico que se impõe é o assentado pela Quarta Turma que alterou o seu posicionamento anterior para passar a admitir a penhora de imóvel residencial na execução promovida pelo condomínio para a cobrança de quotas condominiais sobre ele incidentes, inserindo a hipótese nas exceções contempladas pelo inciso IV do art. 3º, da Lei 8.009/90. Precedentes. (REsp.203.629/SP, Rel. Min. CESAR ROCHA, DJU 21.06.1999.) 4. Recurso especial a que se nega provimento.(REsp 1100087/MG, Rel. Ministro LUIZ FUX, PRIMEIRA TURMA, julgado em 12/05/2009, DJe 03/06/2009)

Desta forma, ainda que existam alguns entendimentos jurisprudenciais discrepantes, mas por configurar uma exceção dentro da própria lei de bem de família, não há qualquer irregularidade na penhora realizada no caso em tela.

» CRITÉRIOS DE AVALIAÇÃO:

APELAÇÃO
ACERTO DA PEÇA E FORMALIDADES Apelação dirigida ao Excelentíssimo Juiz da 2ª Vara da Fazenda Pública de São Luís; Tempestividade; Correta esquematização da peça; admissibilidade será realizada pelo Tribunal do Justiça de Maranhão;
PRELIMINAR Intempestividade dos Embargos à Execução – termo inicial é a intimação penhora: 25/01/2016;

<table>
<tr><th>APELAÇÃO</th></tr>
<tr><td>MÉRITO
1. Citação regular - desnecessidade de ser na pessoa do executado, se for encaminhado no endereço correto - intimação penhora foi pessoal (art. 12, § 3, da Lei 6830/80 e STJ). Também é aceitável a fundamentação com base na "Teoria da Aparência" - admitida pelo STJ"
2. Ajuizamento da ação ocorreu dentro do prazo prescricional - interrupção da prescrição retroagirá à data do ajuizamento da ação (art. 802, Par. Único, do CPC e STJ);
3. Interrupção da prescrição ocorre com o despacho de citação e não com a citação (despacho proferido sob a vigência da LC 118)
4. Súmula 106 STJ - demora no despacho de citação e na citação foi em decorrência de culpa dos mecanismos do Poder judiciário - ausência de culpa da Fazenda Pública;
5. Lei de isenção é inaplicável ao caso, pois é causa de exclusão do crédito tributário, sendo que o Fato Gerador, na espécie, ocorreu em momento anterior - art. 144 do CTN).
Possibilidade da penhora do imóvel - art. 3º da Lei 8009/90;</td></tr>
<tr><td>FECHAMENTO DA DEFESA
1. Recebimento do recurso e conhecimento pelo Desembargador Relator do TJ-MA;
2. Reforma da sentença de mérito para declarar exigível a CDA, nos termos da fundamentação;
3. Local, data.</td></tr>
</table>

DIREITO E PROCESSO DO TRABALHO

Proposta 1: Equiparação salarial

Autor: Caio Vinícius Sousa e Souza

» ENUNCIADO

Antônio José, após aprovação em concurso público no ano de 2009, ingressou no serviço público estadual no emprego de Arquiteto, Classe III, vinculado à empresa pública estadual Companhia de Habitação do Estado do Maranhão - CHEM. Todavia, logo no início de 2010, Antônio foi cedido à Companhia Municipal de Casas Populares - COMCAP, empresa pública do Município de São Luís, por meio do Convênio de Cooperação Técnica e Administrativa n.º 001/2011, ficando o ente municipal obrigado ao ressarcimento mensal, em favor do Estado do Maranhão, das despesas e vantagens trabalhistas decorrentes da cessão, conforme cláusula terceira do ajuste citado.

Cristina Maria, por sua vez, foi aprovada no ano de 2013 para o emprego de Agente Técnico de Serviços, também vinculada à CHEM, tendo exercido atribuições de assessoramento técnico dos arquitetos da estatal até janeiro de 2014, quando a Administração Estadual anulou o concurso público de ingresso, após ter sido constatada, em processo penal, a ocorrência de fraude no certame.

Inconformada com a situação, Cristina Maria, em 08/11/2016, ajuizou ação trabalhista perante à 2ª Vara Trabalhista de São Luís, sob o rito sumaríssimo, apontando como litisconsortes passivos a CHEM e o Estado do Maranhão. Em resumo, sustentou que: 1) durante todo o período laborado, exerceu as mesmas atribuições que os arquitetos da estatal, apontando como paradigma Antônio José, que, segundo afirma, mesmo estando cedido, permanece vinculado à CHEM; 2) na oportunidade da rescisão contratual, a Administração deixou de pagar aviso prévio indenizado, férias e 13º salário proporcionais, além de horas extras.

Diante de tal causa de pedir, Cristina Maria postulou a equiparação salarial, com efeitos pecuniários retroativos à sua posse, já que, desde o primeiro dia de trabalho, teria exercido as mesmas funções de Antônio José, além da condenação do Estado do Maranhão ao pagamento das verbas rescisórias e da respectiva multa pela intempestividade do seu pagamento.

O Estado do Maranhão, em audiência una, contestou o feito, arguindo todas as teses de defesa possíveis. Todavia, o juízo da 2ª Vara do Trabalho de São Luís aplicou a revelia ao ente público, aduzindo a inexistência de defesa, já que o Procurador do Estado por ela responsável não teria provado sua condição, por meio da juntada do respectivo ato de nomeação. Assim, proferiu sentença de procedência, acatando todos os pedidos da autora, estabelecendo ainda que, em razão da revelia, os pedidos teriam se tornado incontroversos, razão pela qual, com base no art. 467 da CLT, condenou o Estado ao pagamento da multa de 50% sobre as verbas rescisórias.

De posse das informações declinadas, na qualidade de Procurador do Estado do Maranhão, interponha o recurso cabível contra a referida decisão de primeiro grau. Dispense o relatório fático.

» COMENTÁRIOS

Cuidando-se de sentença trabalhista, na hipótese relatada, não há dúvidas acerca do cabimento de **Recurso Ordinário** para o TRT/16ª Região, que tem jurisdição sobre o Estado do Maranhão.

Pontue-se, de início, que toda teoria da apelação é trasladada ao recurso ordinário trabalhista, sendo este, portanto, apelo de fundamentação livre e devolutibilidade ampla. Isso importa, especialmente, para delimitar a extensão do recurso, que, a depender da inocorrência de preclusão no primeiro grau, poderá veicular toda e qualquer matéria fática ou jurídica pertinente à lide.

Eis a importância de o enunciado afirmar que o Estado do Maranhão aviou contestação "arguindo todas as teses de defesa possíveis", pois, por conta disso, será possível ao candidato veicular qualquer matéria pertinente à reforma da sentença de piso. De outro modo, se a contestação fosse limitada a determinados argumentos, por aplicação do efeito preclusivo, o recurso ordinário também o seria, ressalvando-se apenas as matérias de ordem pública, sob pena de inovação recursal e consequente supressão de instância.

Uma última observação introdutória: como se verá nesta questão, peças de Direito e Processo do Trabalho se resolvem, em quase sua totalidade, com súmulas e OJs do TST, daí a importância de o candidato estudá-las com afinco. Sugere-se, para tal fim, alguma obra que as organize por tema.

I. FORMALIDADES

Conforme já ressaltado em outra ocasião, não é demais demonstrar ao examinador conhecimento acerca das formalidades que circundam o recurso. O alerta fica por conta da necessidade de o candidato fazê-lo em poucas linhas, pois a probabilidade de o ponto aparecer no espelho é média ou baixa. Todavia, se aparecer, a cautela do candidato garantirá os pontos dispensados pela banca.

No recurso ordinário, assim como ocorre na apelação, o endereçamento é duplo: dirige-se a peça ao juízo *a quo* e as razões recursais ao juízo *ad quem*. Demais disso, no tópico, são suficientes a exposição acerca do cabimento, tempestividade e desnecessidade de preparo.

a) *Cabimento*

O cabimento do recurso ordinário tem fundamento no art. 895, I, da CLT:

> Art. 895 – Cabe recurso ordinário para a instância superior:
>
> I – das decisões definitivas ou terminativas das Varas e Juízos, no prazo de 8 (oito) dias

Assim, como a decisão a ser reformada é uma sentença, resta inconteste o cabimento do recurso ordinário.

b) *Desnecessidade de preparo:*

Quanto à desnecessidade do preparo recursal, em regra, o candidato não precisa abrir um tópico específico para tanto. Todavia, na folha de rosto, o candidato, por perfeição, deve sempre mencionar a isenção do Estado em relação ao preparo recursal. No processo trabalhista, tal prerrogativa está prevista no art. 1º, IV, do Dec. 779/69.

c) *Tempestividade*

No caso da questão, embora não tenha sido exigida a contagem do prazo recursal, não seria demais abrir um tópico curto, com duas linhas, afirmando que o recurso é tempestivo, eis que protocolado no prazo legal de 16 dias, conforme preconizam o art. 895, I, da CLT c/c art. 1º, III, do Dec. 779/69.

> **Obs.**: em razão de existir previsão expressa na CLT acerca da contagem do prazo recursal, o art. 219 do NCPC, que estabelece a contagem em dias úteis, não se aplica ao processo trabalhista (art. 2º, III, da IN 39/2016 do TST)

II. PRELIMINARES

a) *Da nulidade da sentença: cerceamento de defesa decorrente da má aplicação da revelia*

Conforme consignado no enunciado, o juízo prolator da decisão aplicou a revelia ao Estado do Maranhão, desconsiderando sua defesa, por não ter o Procurador do Estado responsável juntado o respectivo ato de nomeação.

Ocorre que tal expediente é desnecessário, conforme preconiza a Súmula 436 do TST:

> Representação processual. Procurador da união, estados, municípios e distrito federal, suas autarquias e fundações públicas. Juntada de instrumento de mandato.
>
> ***I - A União, Estados, Municípios e Distrito Federal, suas autarquias e fundações públicas, quando representadas em juízo, ativa e passivamente, por seus procuradores, estão dispensadas da juntada de instrumento de mandato e de comprovação do ato de nomeação.***

> II – Para os efeitos do item anterior, é essencial que o signatário ao menos declare-se exercente do cargo de procurador, não bastando a indicação do número de inscrição na Ordem dos Advogados do Brasil.

Sendo assim, há que se pugnar pela nulidade da decisão recorrida, sob pena de se chancelar violação ao art. 5º, LV, da CF, que consagra a garantia ao devido processo legal, manifestado pela exigência do contraditório e ampla defesa:

> LV – aos litigantes, em processo judicial ou administrativo, e aos acusados em geral são assegurados o ***contraditório e ampla defesa***, com os meios e recursos a ela inerentes;

b) *Da nulidade da sentença: processamento do feito por rito inadequado contra a Fazenda Pública*

Essa tese é reiteradamente cobrada em provas práticas trabalhistas, por isso, atenção! Basicamente, o examinador requer conhecimento acerca do teor do art. 852-A da CLT, que estabelece:

> Parágrafo único. ***Estão excluídas do procedimento sumaríssimo as demandas em que é parte a Administração Pública direta, autárquica e fundacional***.

Logo, tendo sido a decisão proferida sob rito inadequado, deve-se pugnar pela sua nulidade, para que o feito retorne ao juízo *a quo* e seja processado pelas regras processuais do rito ordinário.

c) *Da ilegitimidade passiva do Estado do Maranhão por suposto débito de empresa pública estadual*

Nesse particular, deve o candidato fundar suas razões recursais na **teoria da personalidade jurídica**, afirmando que, uma vez constituída empresa estatal, com personalidade jurídica própria, não pode o Estado do Maranhão, nem mesmo nos limites da teoria da asserção, ser demandado por débitos daquela.

É que, sendo pessoas jurídicas distintas e apartadas, não pode uma responder por supostos débitos de outra, ainda que haja vínculo supervisional entre ambas. Com efeito, não foi o Estado do Maranhão que se beneficiou com os serviços prestados pela obreira, senão determinada empresa pública com personalidade jurídica distinta, pelo que deve o ente político ser excluído do polo passivo da lide narrada.

III. PREJUDICIAL DE MÉRITO: PRESCRIÇÃO BIENAL

Estabelece o art. 7º, XXIX, da CF:

> "Art. 7º São direitos dos trabalhadores urbanos e rurais, além de outros que visem à melhoria de sua condição social: (...) XXIX – ação, quanto aos créditos resultantes das relações de trabalho, com prazo prescricional de ***cinco anos*** para os trabalhadores urbanos e rurais, até o limite de ***dois anos após a extinção do contrato de trabalho***".

No mesmo sentido, assevera o art. 11, I, da CLT:

> Art. 11 – O direito de ação quanto a créditos resultantes das relações de trabalho prescreve:
> I – em cinco anos para o trabalhador urbano, até o limite de dois anos após a extinção do contrato.

Cotejando-se as normas sobreditas com os elementos informativos do enunciado, tem-se que a pretensão autoral restou fulminada pela **prescrição bienal**, pois, encerrado o vínculo trabalhista em janeiro de 2014, a autora somente aviou sua pretensão em 08/11/2016.

Assim, deve o candidato arguir a ocorrência de prescrição, para que o feito seja extinto com resolução do mérito, nos termos do art. 487, II, do NCPC.

> **Dica:** em provas práticas trabalhistas SEMPRE esteja atento às datas informadas no enunciado, pois certamente o examinador irá cobrar a ocorrência de prescrição. Na sua redação, é imperiosa a menção ao art. 7º, XXIX, da CF e ao art. 11, I, da CLT.

IV. MÉRITO

a) *Nulidade contratual decorrente da anulação do concurso: aplicação da OJ 128 da SDI 2 e Súmula 363 do TST*

Assentou-se no enunciado que, em decorrência de fraude, o concurso público de ingresso de Cristina Maria foi anulado, razão pela qual fora justificadamente demitida.

Nesses casos, tem aplicação a OJ 128 da SDI 2 do TST:

> Concurso público anulado posteriormente. Aplicação da Súmula n.º 363 do TST. ***O certame público posteriormente anulado equivale à contratação realizada sem a observância da exigência contida no art. 37, II, da Constituição Federal de 1988. Assim sendo, aplicam-se à hipótese os efeitos previstos na Súmula n.º 363 do TST***.

Como estabelecido no enunciado jurisprudencial acima, uma vez decretada a nulidade contratual decorrente da anulação do certame, aplicam-se à hipótese os efeitos da Súmula 363 do TST, segundo a qual:

> Súmula 363. Contrato nulo. Efeitos.
>
> A contratação de servidor público, após a CF/1988, sem prévia aprovação em concurso público, encontra óbice no respectivo art. 37, II e § 2.º, ***somente lhe conferindo direito ao pagamento da contraprestação pactuada, em relação ao número de horas trabalhadas, respeitado o valor da hora do salário mínimo, e dos valores referentes aos depósitos do FGTS***.

Desta feita, caem por terra os pedidos da autora relacionados às verbas trabalhistas rescisórias (aviso prévio, férias, 13º salário e horas extras), bem como à respectiva multa do art. 477 da CLT.

Assim, com esteio na OJ 128 da SDI 2 e Súmula 363 do TST, deve-se postular o reconhecimento da **nulidade contratual** e a consequente reforma da decisão vergastada, para que seja afastada a condenação relativa às verbas rescisórias sobreditas.

b) *Impossibilidade de equiparação salarial: empregado cedido às expensas da cessionária*

Em relação à equiparação salarial, deve o candidato ter em mente os comandos do art. 461 da CLT e da Súmula 6 do TST. No que tange ao tópico, vale transcrever o inciso V do enunciado jurisprudencial citado:

> Equiparação salarial. Art. 461 da CLT.
>
> (...)
>
> ***V – A cessão de empregados não exclui a equiparação salarial, embora exercida a função em órgão governamental estranho à cedente, se esta responde pelos salários do paradigma e do reclamante***.

Assim, como na espécie o enunciado foi claro ao afirmar que o ente municipal ficaria "obrigado ao ressarcimento mensal, em favor do Estado do Maranhão, das despesas e vantagens trabalhistas decorrentes da cessão", deve o candidato arguir a impossibilidade da equiparação postulada e a consequente reforma da sentença no tópico em comento.

c) ***Impossibilidade de equiparação salarial: autora não desenvolve igual trabalho, já que o paradigma lhe antecede em mais de dois anos***

Dispõe o art. 461 da CLT:

> Art. 461 – Sendo idêntica a função, a todo trabalho de igual valor, prestado ao mesmo empregador, na mesma localidade, corresponderá igual salário, sem distinção de sexo, nacionalidade ou idade.
>
> ***§ 1º – Trabalho de igual valor, para os fins deste Capítulo, será o que for feito com igual produtividade e com a mesma perfeição técnica, entre pessoas cuja diferença de tempo de serviço não for superior a 2 (dois) anos.***
>
> § 2º – Os dispositivos deste artigo não prevalecerão quando o empregador tiver pessoal organizado em quadro de carreira, hipótese em que as promoções deverão obedecer aos critérios de antiguidade e merecimento.
>
> § 3º – No caso do parágrafo anterior, as promoções deverão ser feitas alternadamente por merecimento e por antiguidade, dentro de cada categoria profissional.
>
> § 4º – O trabalhador readaptado em nova função por motivo de deficiência física ou mental atestada pelo órgão competente da Previdência Social não servirá de paradigma para fins de equiparação salarial.

Aplicando-se o § 1º do dispositivo à espécie, verifica-se que, por mais esse motivo, merece reforma o capítulo da sentença que deferiu a pretensão equiparatória, já que o paradigma apontado (ingresso em 2009/2010) possui mais de dois anos de exercício em relação à autora (ingresso em 2013).

d) ***Impossibilidade de condenação da Fazenda Pública à multa do art. 467 da CLT***

Não bastasse a aplicação indevida dos efeitos da revelia ao Estado do Maranhão, o juízo prolator da decisão combatida houve por bem condená-lo ao pagamento da multa de 50% sobre as verbas rescisórias, por entender que os pedidos teriam se tornado incontroversos.

No ponto, há duas inconsistências:

1. O art. 467 da CLT não se aplica à Fazenda Pública. É interessante notar que tal impossibilidade foi prevista expressamente no parágrafo único do dispositivo, que assim afirmava: "o disposto no caput não se aplica à União, aos Estados, ao Distrito Federal, aos Municípios e as suas autarquias e fundações públicas". A norma em destaque foi incluída pela Medida Provisória n.º 2.180/2001, que, segundo narra a doutrina, "por um descuido legislativo", não foi convertida em lei, já que o Congresso Nacional deixou transcorrer o prazo constitucional para tanto. Essa é a razão, inclusive, para o Vade Mecum do candidato *não* conter a norma sob análise. Entretanto, mesmo sem previsão legal expressa, a doutrina e a jurisprudência são unânimes em afirmar a inaplicabilidade da multa do art. 467 da CLT à Fazenda Pública, especialmente por conta da necessidade da formação de precatório para execução de valores públicos, por imposição do art. 100 da CF.

2. Ainda que se tivesse pela possibilidade em tese da aplicação do art. 467 da CLT à Fazenda Pública, não seria o caso da questão. É que o juízo de primeiro grau se equivocou ao, aplicando os efeitos da revelia, afirmar a incontrovérsia dos próprios pedidos, quando tais efeitos, a bem da verdade, recaem sobre os fatos articulados pelo autor. Assim, não é porque o réu é revel que os pedidos do autor se tornarão incontroversos, como se afirmou na decisão recorrida.

V. PEDIDOS E FECHAMENTO

Ao final, deve o candidato abrir tópico específico, para, após postular o conhecimento do apelo, declinar, de forma organizada e sequencial, os pedidos de anulação e reforma da sentença. Recomenda-se seguir nos pedidos a ordem dos tópicos elencados no corpo da peça, de modo que sejam retomados, resumidamente, os principais fundamentos de cada tese.

Para encerrar, deve-se alinhavar pedido de deferimento, seguido de expressões que indiquem, nessa ordem, data, local e assinatura (Procurador do Estado do Maranhão, se outra não for a designação exigida pela banca).

Dica: Em concursos públicos, é recorrente a cobrança de algumas teses trabalhistas. Portanto, SEMPRE estejam atentos às seguintes: 1) **nulidade da notificação** para audiência inaugural, por não se respeitar o prazo em quádruplo, que é de 20 dias, na forma do Dec. 779/69; 2) **impossibilidade do processamento pelo rito sumaríssimo**, por força do art. 852-A, parágrafo único, da CLT; 3) **prescrição total ou parcial**; 4) **inviabilidade dos honorários advocatícios**, por aplicação da súmula 219 do TST e normas pertinentes.

» CRITÉRIOS DE AVALIAÇÃO

RECURSO ORDINÁRIO
ACERTO DA PEÇA E FORMALIDADES 1. Cabimento de Recurso Ordinário dirigido ao juízo da 2ª Vara Trabalhista de São Luís, com fundamento no art. 895, I, da CLT; 2. Endereçamento correto das razões recursais, tempestividade, desncessidade de preparo.
PRELIMINARES 1. Nulidade da sentença: cerceamento de defesa. Súmula 436 do TST e art. 5º, LV, da CF; 2. Nulidade da sentença: inaplicabilidade do rito sumaríssimo à Fazenda Pública. Art. 852-A, parágrafo único, da CLT; 3. Ilegitimidade passiva do Estado do Maranhão. Argumentação com base na teoria da personalidade jurídica;
PREJUDICIAL DE MÉRITO Prescrição. Art. 7, XXIX, da CF e art. 11 da CLT;
MÉRITO 1. Nulidade contratual decorrente da anulação do concurso de ingresso. OJ 128 da SDI 2 e Súmula 363 do TST. Reforma do capítulo de condenação a verbas rescisórias e multa do art. 477 da CLT; 2. Impossibilidade de equiparação: paradigma remunerado às expensas da cessionária. Súmula 6, V, do TST; 3. Impossibilidade de equiparação: paradigma em exercício por período superior a dois anos em relação à autora. Art. 461, § 1º, da CLT; 4. Impossibilidade de condenação da Fazenda Pública à multa do art. 467 da CLT. Necessidade de precatório para pagamentos de quantia certa;
PEDIDOS E FECHAMENTO 1. Conhecimento e provimento do recurso para anular a sentença ataca ou reformá-la, com base nos argumentos descritos no corpo da peça. 2. Pedido de deferimento, data, local, assinatura.

Proposta 2: Terceirização

Autor: Helton Kramer Lustoza

» ENUNCIADO

Antônio Ricardo moveu reclamação trabalhista contra a empresa Vai e Vem Ltda. (Concessionária de transporte coletivo), a Limpa Tudo Ltda. (empresa terceirizada que presta serviços de limpeza e vigilância), bem como em face do Município de São Luís.

Relata na inicial que trabalhou de novembro de 2008 a julho de 2015 na concessionária Vai e Vem Ltda. na função de motorista. Segue afirmando que de agosto de 2015 a fevereiro de 2016 trabalhou na empresa Limpa Tudo Ltda., na função de vigilante, estando lotado na segurança do prédio da Prefeitura.

Após ter sido dispensado sem justa causa, ajuizou Reclamação trabalhista em face de suas ex-empregadoras, requerendo diversas verbas remuneratórias e rescisórias, além de honorários advocatícios de 20% sobre o valor da causa. Pediu também a responsabilização solidária do Município de São Luís pelas verbas requeridas, além da tutela antecipada para imediata reintegração, tendo em vista o reconhecimento do vínculo de emprego com o ente público.

A Secretaria de Administração até promoveu uma tentativa de acordo – antes da propositura da ação – entre as empresas e o funcionário, mostrando que o Município cumpriu com todas suas obrigações de pagamento e fiscalização. Frente ao insucesso da negociação, o Sr. Antônio Ricardo buscou seus direitos na via judicial, responsabilizando o Município pelo inadimplemento das parcelas a cargo das empregadoras.

Ao apreciar tal pedido, o juízo da 4ª Vara do Trabalho de São Luís deixou para examinar o pedido de reintegração de Antônio após a apresentação da defesa dos requeridos. Na mesma decisão, determinou-se a notificação das partes, incluindo o Município, na pessoa do Secretário de Administração, para comparecimento à audiência una pelo rito sumaríssimo, em que deverão ser apresentadas as defesas processuais e de mérito.

Considerando a situação hipotética apresentada, na condição de Procurador do Município de São Luís, utilize o instrumento processual hábil para defender os interesses da Fazenda Pública, sem esquecer de abordar os critérios de responsabilização da Administração Pública por dívidas de natureza trabalhista e o entendimento do STF e TST. Dispense o relatório dos fatos.

» COMENTÁRIOS

I. CONTESTAÇÃO TRABALHISTA

A peça contestatória será apresentada, em regra, na audiência inicial, ocasião em que serão entregues, também, os documentos que comprovam os fatos alegados na defesa. Embora o art. 846 da CLT permita que a defesa seja feita de maneira oral, na maioria das vezes, é apresentada de forma escrita.

A defesa trabalhista deve ser elaborada de forma a verificar a possibilidade de alegar a chamada defesa indireta do processo, englobando as exceções de suspeição e incompetência, as quais deverão ser apresentados em peças separadas (art. 799 da CLT), sendo que as demais exceções e as preliminares, previstas no art. 337 do NCPC, serão alegadas como matéria de defesa.

Um segundo passo será averiguar a respeito da existência de prejudiciais do mérito, no caso de prescrição, decadência e inconstitucionalidade de normas aplicáveis ao caso concreto. E, por fim, o desenvolvimento dos argumentos de defesa direta do mérito.

Apesar do Código de Processo Civil e a Consolidação das Leis Trabalhistas não indicarem expressamente os requisitos de validade da contestação, é correto aplicar, analogicamente, a previsão do art. art. 319 NCPC. Amauri Mascaro Nascimento defende que há um paralelismo entre a reclamatória e a contestação, de modo que esta visa responder àquela[19].

Assim, ao contestar, a Fazenda Pública deverá alegar toda a matéria de defesa, observando o art. 336 do NCPC – princípio da eventualidade –, inclusive a prescrição, decadência, compensação ou retenção, sob pena de preclusão, que apenas não alcança matérias relativas a direito superveniente, reconhecíveis de ofício e aquelas que puderem ser alegadas a qualquer tempo (art. 342, I a II do NCPC). Inclusive, quanto à **compensação e retenção**, prevalece na Justiça laboral, o entendimento de que elas só podem ser arguidas como matéria de defesa, não sendo possível, sua alegação em sede de razões finais e fase recursal (art. 767 CLT e súmula 48 TST).

---

19. Cf. NASCIMENTO, Amauri Mascaro. **Curso de Direito processual do trabalho**. São Paulo: Saraiva, 1999, p. 394.

II. PRELIMINARES

a) *Nulidade da citação*

Antes da análise do mérito, insta suscitar a **nulidade da citação da Fazenda Pública Municipal**, pois, nos termos do art. 3º, V, da Lei Municipal 4.118/2002, compete à Procuradoria-Geral do Município:

> V – receber citações, notificações e intimações nas ações em que o Município for autor, réu, assistente ou opoente;

No mesmo sentido dispõe o NCPC, em seu art. 75, III e art. 242, § 3º:

> Art. 75. Serão representados em juízo, ativa e passivamente:
>
> III – o Município, por seu prefeito ou procurador;
>
> (...)
>
> Art. 242. A citação será pessoal, podendo, no entanto, ser feita na pessoa do representante legal ou do procurador do réu, do executado ou do interessado.
>
> § 3º A citação da União, dos Estados, do Distrito Federal, dos Municípios e de suas respectivas autarquias e fundações de direito público será realizada perante o órgão de Advocacia Pública responsável por sua representação judicial.

No caso em análise, a notificação foi dirigida equivocadamente à Secretaria Municipal de Administração e não à Procuradoria-Geral do Município, cabendo ao candidato mencionar a referida nulidade, conquanto o comparecimento aos autos, no prazo legal, supra o referido vício.

b) *Impossibilidade de processamento da demanda pelo rito sumaríssimo*

O candidato deve alegar, preliminarmente, que, segundo a CLT (parágrafo único do art. 852-A), estão excluídas do procedimento sumaríssimo as demandas em que é parte a administração pública direta, autárquica e fundacional.

> Art. 852-A. Os dissídios individuais cujo valor não exceda a quarenta vezes o salário mínimo vigente na data do ajuizamento da reclamação ficam submetidos ao procedimento sumaríssimo.

> Parágrafo único. Estão excluídas do procedimento sumaríssimo as demandas em que é parte a Administração Pública direta, autárquica e fundacional.

c) ***Ilegitimidade passiva ad causam do Município de São Luís***

Conforme se depreende do enunciado da questão, os vínculos mencionados pelo reclamante não dizem respeito à administração municipal. E nem poderia, pois se ergue como óbice intransponível a ausência de aprovação em concurso público.

Assim, mesmo nos estreitos lindes da teoria da asserção, é possível concluir pela ilegitimidade passiva do ente municipal pela ausência de vínculo, devendo o feito ser extinto sem resolução do mérito, conforme previsão dos arts. do art. 17 c/c art. 485, VI, do NCPC.

III. PREJUDICIAL DE MÉRITO: PRESCRIÇÃO PARCIAL

No caso da ausência da prática de um ato em um determinado espaço temporal, perde-se o direito de acionar e/ou movimentar o Poder Judiciário diante do transcurso do prazo previsto em lei. É o fenômeno jurídico da prescrição.

A ideia defendida a partir da prescrição é de que o direito não se eternize, protegendo a segurança jurídica das relações sociais.

O art. 7º, XXIX, da Constituição Federal consagra o prazo prescricional de cinco anos para os trabalhadores urbanos e rurais cobrarem seus créditos trabalhistas, até o limite de dois anos após a extinção do contrato de trabalho:

> Art. 7º...
> XXIX – ação quanto a créditos resultantes das relações de trabalho, com prazo prescricional de:
> a) cinco anos para o trabalhador urbano, até o limite de dois anos após a extinção do contrato;
> b) até dois anos após a extinção do contrato, para o trabalhador rural;

Há, portanto, duas espécies de prescrição: a quinquenal ou parcial e a bienal ou total. Respeitado o biênio posterior ao rompimento do vínculo, a reclamação trabalhista aviada somente perseguirá os créditos relativos aos últimos cinco anos de vínculo, restando prescrita as verbas anteriores ao quinquênio.

No caso em tela, não há prescrição total, pois os vínculos perduraram até 2015 e 2016, havendo, isto sim, **a prescrição dos valores concernentes ao período compreendido entre 2008 e 2010**, quando o reclamante laborava na concessionária Vai e Vem Ltda.

Obs.: como o enunciado não deixou expressa a data do ajuizamento da ação, a contagem levou em consideração apenas os anos, ressaltando-se que foi pontuada também a resposta que apenas mencionou a prescrição parcial, sem apontar datas.

IV. MÉRITO

a) *Terceirização do serviço – período de agosto de 2015 a fevereiro de 2016*

Tratando-se de responsabilidade do Estado nos contratos de terceirização, é importante destacar, de início, a dicção do artigo 71 da Lei 8.666/93:

> Art. 71. O contratado é responsável pelos encargos trabalhistas, previdenciários, fiscais e comerciais resultantes da execução do contrato.
>
> § 1º A inadimplência do contratado, com referência aos encargos trabalhistas, fiscais e comerciais não transfere à Administração Pública a responsabilidade por seu pagamento, nem poderá onerar o objeto do contrato ou restringir a regularização e o uso das obras e edificações, inclusive perante o Registro de Imóveis. (Redação dada pela Lei nº 9.032, de 1995)

A intenção do legislador, segundo Marçal Justen Filho, é de que *"a Administração Pública não se transforma em devedora solidária ou subsidiária perante credores do contratado. Mesmo quando as dívidas se originarem de operações necessárias à execução do contrato, o contratado permanecerá como único devedor perante terceiros"*.[20] Porém aqui o próprio autor faz uma ressalva, quanto à responsabilidade civil prevista no art. 71 da Lei 8.666/93,

20. JUSTEN FILHO, Marçal. **Comentários a Lei de Licitações e Contratos Administrativos**. 14. ed. São Paulo: Dialética, 2010. p. 820

afirmando que: "*Se a advertência do terceiro encontra-se acompanhada de indícios probatórios da irregularidade, a administração deve abster-se de receber o bem, sob pena de incorrer em responsabilidade civil [...]*"[21].

Com relação a responsabilidade trabalhista elencada no § 1° do art. 71 há uma série de discussões e entendimentos jurisprudenciais, inclusive com súmula do TST:

> TST Enunciado nº 331 -
>
> (...)
>
> IV - O inadimplemento das obrigações trabalhistas, por parte do empregador, implica a responsabilidade subsidiária do tomador dos serviços quanto àquelas obrigações, desde que haja participado da relação processual e conste também do título executivo judicial. (Alterado pela Res. 96/2000, DJ 18.09.2000)
>
> V - Os entes integrantes da Administração Pública direta e indireta respondem subsidiariamente, nas mesmas condições do item IV, caso evidenciada a sua conduta culposa no cumprimento das obrigações da Lei n.º 8.666, de 21.06.1993, especialmente na fiscalização do cumprimento das obrigações contratuais e legais da prestadora de serviço como empregadora. A aludida responsabilidade não decorre de mero inadimplemento das obrigações trabalhistas assumidas pela empresa regularmente contratada.
>
> VI - A responsabilidade subsidiária do tomador de serviços abrange todas as verbas decorrentes da condenação referentes ao período da prestação laboral.

O entendimento da justiça laboral - pautada no inciso IV da Súmula 331/TST - busca não aplicar o art. 71 da lei 8666/93, buscando responsabilidade subsidiariamente a Administração Pública.

E o Tribunal de Contas da União, por sua vez, possui posicionamento bem rigoroso em relação a fiscalização administrativa dos contratados:

> "Primeiramente, é necessário esclarecer que pelo art. 71 § 1º, da Lei de Licitações inexiste responsabilidade da Administração por encargos e dívidas pessoais do contratado. Entretanto, na prática, ou seja, na resolução dos casos concretos, a Justiça do Trabalho tem proferido decisões contrárias à Administração Pública, responsabilizando-a, subsidia-

---

21. JUSTEN FILHO, Marçal. **Comentários a Lei de Licitações e Contratos Administrativos**. 14. ed. São Paulo: Dialética, 2010. p. 820

riamente, com fundamento no inciso IV, da Súmula nº 331 do TST, in verbis ... Existem várias formas possíveis de proteger a Administração Pública em face de eventual responsabilidade subsidiária, como exemplo: a) confecção de edital prevendo que – além da contratada recolher todos os encargos trabalhistas devidos aos empregados – comprove, mediante solicitação, os recolhimentos devidos, sob pena de poder ter seus pagamentos futuros bloqueados até regularização de possíveis falhas; b) acompanhamento aos dissídios coletivos; entre outras. Inclusive o TCU recomenda algumas dessas práticas." (Acórdão nº 2.090/2005, Plenário, rel. Min. Lincoln Magalhães da Rocha).[22]

Frente a este dissídio de entendimentos, foi ajuizada a Ação Declaratória de Constitucionalidade n. 16, visando à declaração de constitucionalidade do art. 71, § 1.º, da Lei 8.666/93. Após algumas divergências, o plenário do Supremo Tribunal Federal, por maioria de votos, julgou procedente a referida ação direta, decidindo pela constitucionalidade do artigo 71 e seu parágrafo único. Houve consenso no sentido de que o TST não poderá generalizar os casos e terá de investigar com mais rigor se a inadimplência tem como causa principal a falha ou falta de fiscalização pelo órgão público contratante. Assim ficou assentado na decisão, conforme informativo n. 610:

> Em conclusão, o Plenário, por maioria, julgou procedente pedido formulado em ação declaratória de constitucionalidade movida pelo Governador do Distrito Federal, para declarar a constitucionalidade do art. 71, § 1º, da Lei 8.666/93 ...
>
> Quanto ao mérito, entendeu-se que ***a mera inadimplência do contratado não poderia transferir à Administração Pública a responsabilidade pelo pagamento dos encargos, mas reconheceu-se que isso não significaria que eventual omissão da Administração Pública, na obrigação de fiscalizar as obrigações do contratado, não viesse a gerar essa responsabilidade.*** (STF – ADC 16/DF, rel. Min. Cezar Peluso, 24.11.2010)

Portanto, o entendimento que prevaleceu perante o Supremo Tribunal Federal – reafirmado no julgamento da Reclamação n. 7517[23] -é de que **a responsabilidade subsidiária da Administração Pública não decorre de**

22. JUSTEN FILHO, Marçal. **Comentários a Lei de Licitações e Contratos Administrativos**. 14. ed. São Paulo: Dialética, 2010. p.817

23. STF – Rcl 8150 AgR/SP, rel. orig. Min. Eros Grau, red. p/ o acórdão Min. Ellen Gracie, 24.11.2010.

simples inadimplência trabalhista do contratado, mas sim da omissão do Poder Público na fiscalização da execução do contrato, se houver.

Assim, deve-se defender que a Fazenda Pública não possui responsabilidade na presente reclamação, pois **NÃO há comprovação da falha ou falta de fiscalização da execução do contrato administrativo**.

b) ***Concessão de Serviço Público – período de novembro de 2008 a julho de 2015***

Ao contrário da terceirização de serviços, na concessão de serviços públicos delega-se ao contratado todo um complexo de atividades indispensáveis para a execução do serviço público, e não apenas as ditas atividades meio. Neste caso, o Tribunal Superior do Trabalho possui seu entendimento sedimentado no sentido da **NÃO responsabilização da Administração Pública no caso de débitos trabalhistas da concessionária de serviço público**:

> AGRAVO DE INSTRUMENTO. RECURSO DE REVISTA. CONCESSÃO DE SERVIÇO PÚBLICO. RESPONSABILIDADE SUBSIDIÁRIA. INEXISTÊNCIA. INAPLICABILIDADE DA SÚMULA 331/TST. O regional consignou que – a responsabilidade subsidiária do ente público só se justificaria, quando muito, quando este é o beneficiário direto da prestação de serviços do trabalhador, como ocorre com a terceirização, conforme entendimento do C. TST na súmula 331, IV – e acrescentou – entrementes na hipótese de concessão de serviço pelo Poder público, este somente fiscaliza a quantidade e a qualidade da prestação dos serviços à população, sem atuação direta sobre esta – (fl. 262). Assim, não sendo o Município ***beneficiário direto dos serviços prestados pelo recorrente e sim apenas administrador e fiscalizador do sistema de transporte, não figura o ente público como tomador de serviços, não se confundindo a hipótese dos autos com a de terceirização de serviços***, prelecionada na Súmula nº 331 do TST. Agravo de instrumento conhecido e não provido[24].

> AGRAVO DE INSTRUMENTO. RECURSO DE REVISTA. SPTRANS. RESPONSABILIDADE SUBSIDIÁRIA. OJ Nº 66 DA SBDI-1 -TRANSITÓRIA. O entendimento firmado no Tribunal Superior do Trabalho é de que à SPTrans, porque apenas gerencia o sistema de transporte coletivo urbano, não se aplica a diretriz do item IV da Súmula 331/TST. Por conseguinte, não há como lhe atribuir responsabilidade subsidiária

24. BRASIL. Tribunal Superior do Trabalho. **Agravo de Instrumento em Recurso de Revista nº. 51400-38.2006.5.01.034**. Relator Ministro HUGO CARLOS SCHEUERMANN.

> pelo inadimplemento da primeira reclamada. Jurisprudência pacificada pela OJ-SBDI-1-Transitória nº 66. Agravo de instrumento a que se nega provimento. (AIRR - 282840-78.2003.5.02.0008 , Relator Ministro: Horácio Raymundo de Senna Pires, Data de Julgamento: 28/04/2010, 3ª Turma, Data de Publicação: DEJT 14/05/2010)

Por isso, que o Tribunal Superior do Trabalho possui o entendimento de que **no caso de concessão de serviço público não haverá aplicação da Súmula n. 331**, aplicando-se integralmente o art. 71, § 1º. da Lei n. 8.666/93. Entende-se que o contratado, ao assumir a execução do serviço público através da concessão, estará assumindo integralmente a responsabilidade sobre encargos trabalhistas, não se formando qualquer vínculo jurídico entre os contratados pela concessionária e a Administração Pública.

c) *Impossibilidade de o Município de São Luís cumprir ordem de reintegração*

Em homenagem ao princípio da eventualidade, ainda que se aplique a responsabilidade subsidiária desta Fazenda Pública, o que não se espera, deve-se sustentar a aplicação do enunciado 363 do TST, que assim dispõe: "*A contratação de servidor público, após a CF/1988, sem prévia aprovação em concurso público, encontra óbice no respectivo art. 37, II e § 2º, somente lhe conferindo direito ao pagamento da contraprestação pactuada, em relação ao número de horas trabalhadas, respeitado o valor da hora do salário mínimo, e dos valores referentes aos depósitos do FGTS*".

Desta forma, não cabe, com relação ao Poder Público, pedido para condenação da Fazenda Pública em relação aos valores apontados na exordial

A Fazenda Pública não pode cumprir a liminar de reintegração do empregado, haja vista que tal expediente contraria o art. 37, II da CF/88 e Súmula 363 do TST. Isso porque a concessão de tutela antecipada, *in casu*, obriga o Estado a promover a contratação de empregado **sem o devido concurso público**.

Pelo exposto, incabível a tutela antecipada em face do Poder Pública neste caso.

d) *Honorários advocatícios*

A temática relativa aos honorários advocatícios no âmbito da Justiça do Trabalho é disciplinada pela Lei nº 5.584/70, que regula a concessão do benefício da assistência judiciária previsto na Lei nº 1.060/50.

O art. 14, *caput* e § 1º, do precitado diploma normativo estabelece requisitos pontuais para o deferimento da gratuidade de justiça e a percepção dos honorários assistenciais: necessidade de a parte demonstrar a assistência pelo Sindicato da respectiva categoria profissional e a situação de insuficiência econômica. Entretanto, o enunciado da questão silencia quanto ao preenchimento desses requisitos, merecendo ser rejeitado o pedido deduzido na inicial em relação à verba honorária.

Não é demasiado ressaltar, por fim, que o assunto se encontra pacificado na jurisprudência do Tribunal Superior do Trabalho, consoante expressa o enunciado sumular nº 219 (cuja validade após a promulgação da Constituição Federal de 1988 é referendada pela jurisprudência da mesma Corte Trabalhista - Súmula nº 329):

> HONORÁRIOS ADVOCATÍCIOS. CABIMENTO (alterada a redação do item I e acrescidos os itens IV a VI em decorrência do CPC de 2015) - Res. 204/2016, DEJT divulgado em 17, 18 e 21.03.2016
>
> I - Na Justiça do Trabalho, a condenação ao pagamento de honorários advocatícios não decorre pura e simplesmente da sucumbência, devendo a parte, concomitantemente: a) estar assistida por sindicato da categoria profissional; b) comprovar a percepção de salário inferior ao dobro do salário mínimo ou encontrar-se em situação econômica que não lhe permita demandar sem prejuízo do próprio sustento ou da respectiva família. (art.14,§ 1º, da Lei nº 5.584/1970). (ex-OJ nº 305da SBDI-I).
>
> II - *É cabível a condenação ao pagamento de honorários advocatícios em ação rescisória no processo trabalhista.*
>
> III - São devidos os honorários advocatícios nas causas em que o ente sindical figure como substituto processual e nas lides que não derivem da relação de emprego.
>
> IV - Na ação rescisória e nas lides que não derivem de relação de emprego, a responsabilidade pelo pagamento dos honorários advocatícios da sucumbência submete-se à disciplina do Código de Processo Civil (arts. 85, 86, 87 e 90).
>
> V - Em caso de assistência judiciária sindical ou de substituição processual sindical, excetuados os processos em que a Fazenda Pública for parte, os honorários advocatícios são devidos entre o mínimo de dez e o máximo de vinte por cento sobre o valor da condenação, do proveito econômico obtido ou, não sendo possível mensurá-lo, sobre o valor atualizado da causa (CPC de 2015, art. 85, § 2º).

VI – Nas causas em que a Fazenda Pública for parte, aplicar-se-ão os percentuais específicos de honorários advocatícios contemplados no Código de Processo Civil.

» CRITÉRIOS DE AVALIAÇÃO

CONTESTAÇÃO
ACERTO DA PEÇA E FORMALIDADES Contestação dirigida ao Excelentíssimo Juiz Federal da 4ª Vara do Trabalho de São Luís; Tempestividade; Correta esquematização da peça;
PRELIMINARES a) Nulidade da notificação; b) Ilegitimidade passiva do Município; c) Inaplicabilidade do procedimento sumaríssimo para Fazenda.
PREJUDICIAL DE MÉRITO Prescrição parcial;
MÉRITO 1. Nov/2008 a jul/2015: havia o vínculo com concessionária de Serviço Público. A Administração Pública não possui nenhuma responsabilidade trabalhista. 2. Ago/2015 a fev/2016: havia vínculo com empresa terceirizada. No máximo a Administração Pública poderia ter responsabilidade subsidiária, nos termos da Súmula 331 do TST; 3. Defender o Município com base na Súmula 331 do TST, que estabelece a responsabilidade subsidiária, mas o ente público não teve sua culpa comprovada na fiscalização do contrato; Comentar sobre a ADC 16 e art. 71 da Lei 8666/93; 4. Impossibilidade de formação de vínculo com a Administração Pública. Impossibilidade do cumprimento da reintegração (Súmula 363 TST) 5. Honorários advocatícios na Justiça do Trabalho não decorrem da mera sucumbência; não cumprimento dos requisitos previstos na súmula 219 do TST.
PEDIDOS E FECHAMENTO Requerimentos para extinção do feito sem resolução do mérito e, para o caso de estes restarem superados, pedido de extinção com exame do pedido, pela total improcedência da pretensão reclamada. Local, data, assinatura.

Proposta 3: Estabilidade no serviço público

Autor: Felipe Arruda Aguiar Sobreira da Silveira

» ENUNCIADO

Em 10/10/2005, Cassiano da Silva, aprovado em processo seletivo, foi contratado, em regime celetista, pelo Estado do Amazonas, para assumir emprego de agente de combate às endemias, sob jornada de 40 horas semanais. No entanto, por determinação do Secretário de Estado da Saúde à época, sua jornada de trabalho foi reduzida para 30 horas semanais.

Em 10/01/2008, com a posse do novo Governador e demais gestores por ele nomeados, os contratos dos agentes de endemias foram revistos, tendo sido determinado a Cassiano que voltasse a laborar segundo a jornada legal de 40 horas semanais.

Apesar de sempre ter trabalhado de maneira correta, sem qualquer repreensão, no dia 20/09/2016, foi noticiado, na grande mídia, que o funcionário público Cassiano da Silva, no dia anterior, estivera, em jornada de trabalho, plenamente embriagado, comprometendo a adequada prestação do serviço público. Ciente do ocorrido, o Secretário de Saúde oportunizou prazo para que o empregado se manifestasse, tendo ele confirmado as alegações, mas assegurado que isso não se repetiria. Apesar disso, o Sr. Cassiano foi despedido por justa causa em 10/10/2016.

Inconformado, pois dedicara anos de trabalho ao serviço público, Cassiano, representado por advogado particular, ajuizou, em 10/01/2017, reclamação trabalhista, sob o rito ordinário, em face do Estado do Amazonas, na qual alega que, embora seja detentor de estabilidade no emprego, conforme art. 41 da CF/88, não foi aberto qualquer processo administrativo disciplinar prévio. Subsidiariamente, aduz que a demissão se deu sem justa causa, uma vez que a embriaguez, como motivação para dispensa por justa causa, deve ser habitual, conforme prevê a Consolidação das Leis Trabalhistas. Em acréscimo, sustenta que houve alteração contratual lesiva, na medida em que sua jornada de trabalho fora majorada de 30 para 40 horas. Afirma que, em 2005, quando fora determinada sua redução da jornada de trabalho para 30 horas por semana, esse direito se incorporou ao seu contrato de trabalho.

Diante do exposto, requer, liminarmente, inaudita altera parte, a reintegração ao serviço, com a redução da jornada de trabalho. No mérito, roga pela confirmação da liminar e pela condenação do Estado no pagamento das horas extras trabalhadas e não pagas desde 2008, em virtude do acréscimo na jornada, além do pagamento de danos morais, no importe de R$ 50.000,00, pelo abalo sofrido, e danos materiais, pelo período em que ficou afastado sem receber remuneração. Caso o pedido principal não seja acatado, requer o reconhecimento de que a despedida se deu sem justa causa, implicando o pagamento de todas as verbas rescisórias devidas (aviso prévio, férias e décimo terceiro proporcionais, multa compensatória do FGTS, saque do FGTS e seguro desemprego), bem assim das multas previstas nos arts. 467 e 477 da CLT. Por último, requer a condenação do Estado em honorários sucumbenciais.

A Procuradoria-Geral do Estado foi citada da ação na data de 20/01/2017, tendo sido notificada para comparecer à audiência de julgamento a se realizar no dia 06/02/2017. Na condição do Procurador a quem a ação foi distribuída, elabore a peça processual cabível, a ser apresentada na audiência inaugural, para tutelar o direito do Estado do Amazonas, com a devida fundamentação em todo o conteúdo de direito material e processual pertinente.

» COMENTÁRIOS

De início, vale frisar que o art. 198, § 4º, da CF/88 prevê a figura dos **agentes comunitários de saúde e agentes de combate às endemias**, os quais podem ser contratados independentemente de concurso público, bastando, para tanto, processo seletivo público. Além disso, conforme o disposto no art. 8º da Lei nº 11.350/2006, os referidos agentes submetem-se ao regime jurídico estabelecido pela CLT, salvo no caso em que lei local dispuser de forma diversa. Veja o teor do dispositivo:

> Art. 8º Os Agentes Comunitários de Saúde e os Agentes de Combate às Endemias admitidos pelos gestores locais do SUS e pela Fundação Nacional de Saúde – FUNASA, na forma do disposto no § 4º do art. 198 da Constituição, submetem-se ao ***regime jurídico estabelecido pela Consolidação das Leis do Trabalho – CLT***, <u>salvo se, no caso dos Estados, do Distrito Federal e dos Municípios, lei local dispuser de forma diversa.</u>

As demais matérias de mérito exigidas na presente peça processual se apresentam todas pertinentes e com possibilidade de serem cobradas em concurso público para a advocacia pública, daí a importância de que o candidato domine referidos temas.

No que tange aos aspectos processuais, foi cobrada outra **contestação**, que é, sem dúvida, a peça trabalhista mais cobrada em concursos públicos do gênero (por exemplo, PGE/BA e PGM/Salvador).

Superadas essas considerações introdutórias, abordemos as teses exigidas pelo examinador:

I. PRELIMINAR: NULIDADE PROCESSUAL (*ERROR IN PROCEDENDO*), POR VIOLAÇÃO AO CONTRADITÓRIO E À AMPLA DEFESA

Nos termos do art. 841 da CLT c/c art. 1º, II, do Decreto-Lei nº 779/69, a audiência de julgamento, em processo envolvendo ente público, será a primeira desimpedida depois de 20 dias.

> Art. 841, CLT. Recebida e protocolada a reclamação, o escrivão ou secretário, dentro de 48 (quarenta e oito) horas, remeterá a segunda via da petição, ou do termo, ao reclamado, notificando-o ao mesmo tempo, para comparecer à audiência do julgamento, que será a primeira desimpedida, depois de 5 (cinco) dias.
>
> Art. 1º, DL 779. Nos processos perante a Justiça do Trabalho, constituem privilégio da União, dos Estados, do Distrito Federal, dos Municípios e das autarquias ou fundações de direito público federais, estaduais ou municipais que não explorem atividade econômica:
>
> II – o quádruplo do prazo fixado no artigo 841, "in fine", da Consolidação das Leis do Trabalho;

No presente caso, o Estado do Amazonas foi intimado, em 20/01/2017, para comparecer à audiência de julgamento a se realizar no dia 06/02/2017. Como se observa, **o intervalo compreendido entre as duas datas foi de apenas 15 dias**, em descompasso com o que determina o comando legal (20 dias).

Vale ressaltar que o Novo Código de Processo Civil inovou no ordenamento jurídico, trazendo, no art. 183, o prazo em dobro para todas as manifestações das pessoas jurídicas de direito público. **Ocorre que, por se tratar de norma específica, no âmbito do processo do trabalho, permanece vigente o Decreto-Lei acima referido, de forma que o prazo para contestar em audiência continua sendo de 20 dias.**

De acordo com o entendimento jurisprudencial, o descumprimento do prazo estabelecido pela lei para que ocorra a audiência de julgamento configura **violação ao contraditório e à ampla defesa**, porquanto impede que a parte ré disponha de todo o período legal previsto para a elaboração da sua defesa. A título de exemplo:

> ***AUDIÊNCIA INAUGURAL. PRAZO MÍNIMO PARA REALIZAÇÃO. INOBSERVÂNCIA AO ART. 841, DA CLT. NULIDADE.*** No processo trabalhista, o prazo mínimo de cinco dias entre a notificação inicial e a audiência, a teor do disposto no artigo 841, da CLT, objetiva possibilitar à parte adversa a elaboração da defesa. Não observado o prazo legal e remanescendo prejuízo à parte que oportunamente registrou o seu protesto, ***o processo é nulo por afronta aos princípios do contraditório e da ampla defesa.***"(TRT-10ª Reg. 00148-2005-015-10-00-1 ROPS, Ac. 1ª Turma -Rel.ª Desembargadora Elaine Machado Vasconcelos – publicado em 16/09/2005 no DEJT).

Em um caso concreto, seria possível que o magistrado entendesse não ter havido prejuízo à defesa do ente, invocando o brocardo "*pas de nullité sans grief*" ("não há nulidade sem prejuízo). Nada obstante, cabe ao candidato invocar todas as matérias de defesa possíveis para a melhor defesa do ente público.

Ressalta-se que o art. 795 da CLT determina a arguição da nulidade à primeira vez em que tiverem de falar em audiência ou nos autos. Na presente situação, a primeira manifestação do Estado se dá através da contestação.

> Art. 795 – As nulidades não serão declaradas senão mediante provocação das partes, as quais deverão argui-las à primeira vez em que tiverem de falar em audiência ou nos autos.

Diante disso, necessária a apresentação de preliminar, suscitando a nulidade processual, por violação ao contraditório e à ampla defesa, em face do descumprimento à lei. Seria possível, ainda, que o candidato requeresse a repetição do ato de intimação, com a restauração do prazo integral, em homenagem ao art. 796, "a", da CLT (este aspecto, todavia, não foi pontuado).

II. PREJUDICIAL DE MÉRITO: PRESCRIÇÃO PARCIAL – PEDIDO DE HORAS EXTRAS

O reclamante requereu, na exordial, o pagamento das horas extras trabalhadas e não pagas desde 2008, em virtude do acréscimo na sua jornada de trabalho. Ocorre que, por força do art. 7º, XXIX, da CF/88 e do art. 11, I, da CLT, o direito de ação, quanto a créditos resultantes das relações de trabalho, prescreve em cinco anos, até o limite de dois após a extinção do contrato.

A **prescrição quinquenal** é aquela conhecida como prescrição parcial, pois apenas os créditos que superem os cinco anos não poderão ser requeridos. A **prescrição bienal**, ou prescrição total, por sua vez, extingue a possibilidade de pleito de qualquer valor, desde que já se tenha transcorrido mais de dois anos desde a extinção do contrato de trabalho.

No presente caso, o candidato deveria suscitar a prescrição quinquenal (parcial), com relação às horas extras anteriores a 10/01/2012.

III. MÉRITO

a) *Inexistência de estabilidade (art. 41 da CF/88) ao empregado da administração direta admitido após 1998*

O presente tema, apesar de não ser novo, ainda é bastante divergente, apresentando certas nuances que podem gerar algumas confusões ao estudante. De início, veja o que dispõe o art. 41 da CF/88:

> Art. 41. São ***estáveis*** após três anos de efetivo exercício os servidores nomeados para cargo de provimento efetivo em virtude de concurso público.

Como se vê o art. 41, com a redação atribuída pela EC 19/98, estende a estabilidade apenas aos servidores efetivos (estatutários), não alcançando os empregados públicos (celetistas). O dispositivo é claro nesse sentido.

> **Obs.**: No caso de possuir estabilidade, o servidor público só pode ser demitido em 4 situações específicas: a) processo judicial, com sentença transitada em julgado (art. 41, § 1.º, I, da CRFB); b) processo administrativo, observado o direito à ampla defesa (art. 41, § 1.º, II, da CRFB); c) insuficiência de desempenho, na forma da lei complementar (art. 41, § 1.º, III, da CRFB); e d) excesso de gasto orçamentário com despesa de pessoal (art. 169, § 4.º, da CRFB).

Vale ressaltar que, **anteriormente à EC 19/98, não era necessário que o servidor fosse efetivo para que fizesse jus à estabilidade do art. 41 da CF/88**. É dizer, qualquer servidor público da administração direta, autárquica ou fundacional fazia jus à estabilidade em referência, independentemente do regime jurídico (celetista ou estatutário).

Ocorre que a súmula nº 390, I do TST adota entendimento em sentido contrário, prescrevendo que o empregado da administração direta autárquica ou fundacional é detentor de estabilidade, sem qualquer limitação temporal em relação ao seu ingresso. Vejamos:

> Súmula nº 390 do TST. ESTABILIDADE. ART. 41 DA CF/1988. CELETISTA. ADMINISTRAÇÃO DIRETA, AUTÁRQUICA OU FUNDACIONAL. APLICABILIDADE. EMPREGADO DE EMPRESA PÚBLICA E SOCIEDADE DE ECONOMIA MISTA. INAPLICÁVEL (conversão das Orientações Jurisprudenciais nºs 229 e 265 da SBDI-1 e da Orientação Jurisprudencial nº 22 da SBDI-2) - Res. 129/2005, DJ 20, 22 e 25.04.2005
>
> I - ***O servidor público celetista da administração direta, autárquica ou fundacional é beneficiário da estabilidade prevista no art. 41 da CF/1988.*** (ex-OJs nºs 265 da SBDI-1 - inserida em 27.09.2002 - e 22 da SBDI-2 - inserida em 20.09.2000)
>
> II - Ao empregado de empresa pública ou de sociedade de economia mista, ainda que admitido mediante aprovação em concurso público, não é garantida a estabilidade prevista no art. 41 da CF/1988. (ex-OJ nº 229 da SBDI-1 - inserida em 20.06.2001)

A questão, aparentemente, é tratada de forma diversa pelo STF e pelo TST. Veja o que vem entendendo a **Suprema Corte:**

> EMENTA: CONSTITUCIONAL. ***EMPREGADO DE FUNDAÇÃO PÚBLICA***. APROVAÇÃO EM CONCURSO PÚBLICO EM DATA ANTERIOR À EC 19/98. DIREITO À ESTABILIDADE. I - ***A estabilidade prevista no caput do art. 41 da Constituição Federal, na redação anterior à EC 19/98, alcança todos os servidores da administração pública direta e das entidades autárquicas e fundacionais, incluindo os empregados públicos aprovados em concurso público e que tenham cumprido o estágio probatório antes do advento da referida emenda, pouco importando o regime jurídico adotado***. II - Agravo regimental improvido. (AI 628888 AgR, Relator(a): Min. RICARDO LEWANDOWSKI, Primeira Turma, julgado em 20/11/2007, DJe-165 DIVULG 18-12-2007 PUBLIC 19-12-2007 DJ 19-12-2007 PP-00031 EMENT VOL-02304-09 PP-01777)
>
> EMENTA: AGRAVO REGIMENTAL NO AGRAVO DE INSTRUMENTO CONVERTIDO EM RECURSO EXTRAORDINÁRIO. EMPREGADO PÚBLICO. APROVAÇÃO EM CONCURSO PÚBLICO ANTERIOR À EC 19/98. ESTABILIDADE. ***A garantia da estabilidade, prevista no***

> ***artigo 41 da Constituição, estende-se aos empregados públicos celetistas, admitidos em período anterior ao advento da EC n. 19/98.*** Agravo regimental a que se dá provimento. (AI 472685 AgR, Relator(a): Min. EROS GRAU, Segunda Turma, julgado em 16/09/2008, DJe-211 DIVULG 06-11-2008 PUBLIC 07-11-2008 EMENT VOL-02340-04 PP-00806)
>
> EMPRESA BRASILEIRA DE CORREIOS E TELÉGRAFOS – ECT. DEMISSÃO IMOTIVADA DE SEUS EMPREGADOS. IMPOSSIBILIDADE. NECESSIDADE DE MOTIVAÇÃO DA DISPENSA. RE PARCIALEMENTE PROVIDO. I – ***Os empregados públicos não fazem jus à estabilidade prevista no art. 41 da CF, salvo aqueles admitidos em período anterior ao advento da EC nº 19/1998***. (...) (RE 589998, Relator(a): Min. RICARDO LEWANDOWSKI, Tribunal Pleno, julgado em 20/03/2013, ACÓRDÃO ELETRÔNICO REPERCUSSÃO GERAL – MÉRITO DJe-179 DIVULG 11-09-2013 PUBLIC 12-09-2013)

Fazendo alusão ao entendimento pretoriano, **Ricardo Alexandre**, em seu manual de Direito Administrativo, apresenta a seguinte tabela elucidativa:

> a) Os servidores públicos celetistas admitidos na administração direta, autárquica e fundacional até o dia 05.06.1998 **são beneficiários** da estabilidade prevista no art. 41 da CF/1988;
>
> b) Os servidores públicos celetistas admitidos na administração direta, autárquica e fundacional após o dia 05.06.1998 **não são beneficiários** da estabilidade prevista no art. 41 da CF/1988;
>
> c) Os servidores públicos celetistas admitidos em sociedades de economia mista e empresas públicas **não são beneficiários** da estabilidade prevista no art. 41 da CF/1988, independentemente da data da sua admissão.

Vale ressaltar que **a súmula 390 do TST permanece vigente**. No entendimento de Ricardo Alexandre, ela só se aplica àqueles que tiverem ingressado no serviço público até o dia 05/06/1998. Para provas objetivas, todavia, vale o teor literal do texto sumular. Como essa é uma peça processual, imperioso defender o ponto de vista que favoreça a Administração Pública. Dessa forma, deveria o candidato apontar que o art. 41 da CF/88, a partir da EC 19/98, apenas se aplica aos servidores estatutários, não beneficiando aqueles que possuam vínculo celetista com a Administração Pública.

Em uma questão discursiva, é válido apresentar o mencionado posicionamento, mas o candidato deve ter cautela para não se perder nas explicações. Sugere-se uma breve digressão: inicialmente cita-se o entendimento sumulado do TST e, em breves palavras, aponta que o mais correto seria apenas admitir a estabilidade aos estatutários, em virtude da literalidade do art. 41 da CF/88 (a partir da EC 19/98), acompanhado pelo entendimento do STF.

Nota-se que o TST continua aplicando a súmula nº 390:

> EMPREGADO PÚBLICO DE FUNDAÇÃO PÚBLICA. ESTABILIDADE. ART. 41 DA CONSTITUIÇÃO DA REPÚBLICA. - ***O servidor público celetista da administração direta, autárquica ou fundacional é beneficiário da estabilidade prevista no artigo 41 da Constituição da República- (Incidência da Súmula 390, item I, do TST).*** Recurso de Revista de que se conhece e a que se dá provimento. (RR - 208800-50.2003.5.02.0033, Relator Ministro: João Batista Brito Pereira, Data de Julgamento: 23/02/2011, 5ª Turma, Data de Publicação: DEJT 11/03/2011)

Por fim, cabe, ainda, destacar que **a despedida foi motivada**, em atenção ao entendimento do STF, tendo sido oportunizado prazo para que o trabalhador se defendesse das alegações, conforme prescrevem os princípios do contraditório e da ampla defesa. **Não se mostra, todavia, necessária a abertura de procedimento administrativo disciplinar, tendo em vista a ausência de estabilidade no emprego, conforme ressaltado.**

c) *Despedida por justa causa, ausência de necessidade de habitualidade*

Alega o reclamante, de forma subsidiária, que a sua despedida se deu sem justa causa, tendo em vista a ausência de habitualidade quanto à embriaguez. Sem razão.

O **art. 482, "f", da CLT** prevê como hipótese de justa causa para rescisão do contrato a embriaguez habitual OU em serviço. Veja que se tratam de duas modalidades de justa causa: uma se dá de forma habitual, fora do serviço; a outra ocorre em serviço, bastando uma só fez para que seja possível a rescisão contratual.

A embriaguez em serviço, ainda que ocorra apenas uma vez, provoca a quebra da fidúcia necessária à manutenção do pacto laboral, viabilizando a despedida por justa causa. Para corroborar, importa consignar que o fato foi noticiado na grande mídia, gerando uma imagem negativa em relação aos serviços públicos prestados pelo Estado do Amazonas. Ademais, o ocorrido mostra-se incontroverso, visto que o próprio obreiro o reconheceu.

Tendo a despedida se dado por justa causa, indevido o pagamento das verbas rescisórias requeridas pelo reclamante.

d) *Verbas rescisórias e multas*

Com relação às multas, a do art. 477, § 8º é devida no caso de atraso ou não pagamento das verbas rescisórias. No entanto, não há o que pagar, visto que a despedida se deu por justa causa. O reclamante, por sua vez, não requisitou saldo de salário ou outra verba vencida, razão pela qual se presume que estejam todas em ordem.

A multa do art. 467, por sua vez, incide quando o empregador deixa de pagar a parte incontroversa das verbas, à data do comparecimento à Justiça do Trabalho, ocasião em que ela é acrescida de cinquenta por cento. Ocorre que, na situação apresentada, não há verbas incontroversas, sendo indevida a incidência da multa.

Vale ressaltar que, pela redação anterior do art. 467, a multa prevista no dispositivo não se aplicaria aos entes públicos, conforme previsão expressa em seu parágrafo único. A redação atual do comando legal, todavia, não traz mais essa isenção, já que o Congresso Nacional deixou transcorrer *in albis* o prazo para converter a Medida Provisória que acrescentou o referido parágrafo.

Apesar disso, é majoritário o entendimento de que a multa do art. 467 da CLT não se aplica aos entes públicos, pois estes, por imperativo do rito especial de execução contra a Fazenda Pública, não poderiam pagar em audiência verbas pecuniárias, mesmo incontroversas. Registre-se que, embora haja doutrina em sentido contrário (Maurício Godinho Delgado), a posição mais segura para concursos é esta, tendo sido adotada, inclusive, na prova prática da PGE/BA 2014, elaborada pelo CESPE.

e) *Inexistência de alteração contratual lesiva. Indevido o pagamento de horas extras*

Neste tópico, o reclamante alega que houve alteração contratual lesiva, visto que, quando iniciou seu trabalho, sua jornada era de 30 horas semanais, por determinação do Governador à época; no entanto, essa jornada foi majorada para 40 horas por semana, em adequação à legislação de regência. Não merece razão o reclamante.

Veja o que prescreve a OJ 308 da SDI1:

OJ 308 SDI1 TST. JORNADA DE TRABALHO. ALTERAÇÃO. RETORNO À JORNADA INICIALMENTE CONTRATADA. SERVIDOR PÚBLICO. ***O retorno do servidor público (administração direta, autárquica e fundacional) à jornada inicialmente contratada NÃO se insere nas vedações do art. 468 da CLT, sendo sua jornada definida em lei e no contrato de trabalho firmado entre as partes.***

A matéria abordada foi, recentemente, examinada pelo TST no RR 368500-43.2009.5.04.0018, julgado em 05/02/2015 e noticiado no informativo de nº 99 do TST.

De acordo com o que restou sedimentado pelo Tribunal Superior do Trabalho, **o restabelecimento da jornada original de trabalho de servidor público, submetido ao regime da CLT, não importa alteração ilícita do contrato de trabalho**, ainda que isso implique aumento da carga horária sem contrapartida salarial. O TST, na ocasião, elencou os seguintes **argumentos**:

- É a lei que determina a jornada do servidor
- Eventual redução, ainda que por tempo prolongado ou mesmo desde o início do contrato de trabalho, não se incorpora ao seu patrimônio jurídico.
- A teoria do fato consumado não é aplicável em contrariedade à lei, que resguarda o interesse público, indisponível por natureza.
- Incide, o entendimento consolidado pela Orientação Jurisprudencial nº 308 da SBDI-I.
- Devida obediência aos princípios constitucionais da legalidade, moralidade, impessoalidade e eficiência do serviço público (art. 37 da CF).

Dessa forma, insubsistentes os argumentos apresentados pela parte autora. Via de consequência, indevido o pagamento de horas extras, considerando a legalidade da jornada de 40 horas semanais, por adequação à lei.

f) *Danos materiais e danos morais*

Com relação ao pedido da parte autora de indenização em danos materiais e morais, além da natural **insubsistência do pleito**, visto que a matéria de fundo se apresenta totalmente improcedente, caberia ao candidato suscitar a ausência de demonstração de danos materiais, além de alegar que não houve efetivo abalo moral.

Por fim, relevante requerer, de forma subsidiária, caso seja deferido o pleito autoral, a **redução do montante requerido a título de danos mo-**

rais, por se mostrar abusivo o valor pleiteado, consistindo em enriquecimento ilícito do reclamante, conduta vedada pelo ordenamento jurídico e pela jurisprudência pátria.

g) *Honorários advocatícios*

Com relação aos honorários advocatícios, a matéria a ser alegada já é bastante conhecida de todos os operadores do direito. No entanto, não deixa de ser frequentemente exigida em provas práticas de concurso público.

Caberia ao candidato suscitar a aplicação da **Súmula nº 219, I, do TST**, segundo a qual: "na Justiça do Trabalho, a condenação ao pagamento de honorários advocatícios não decorre pura e simplesmente da sucumbência, devendo a parte, concomitantemente: a) estar assistida por sindicato da categoria profissional e b) comprovar a percepção de salário inferior ao dobro do mínio ou encontrar-se em situação econômica que não lhe permita demandar sem prejuízo do próprio sustento ou da respectiva família".

No presente caso, o reclamante, além de não possuir direito na demanda, não está assistido por sindicato da categoria, mas por advogado particular. Ademais, deixou de comprovar a situação econômica precária, conforme exigido pelo entendimento sumular.

Indevido, portanto, o pleito.

IV. AUSÊNCIA DOS PRESSUPOSTOS PARA O DEFERIMENTO DA LIMINAR

Por fim, sempre que houver requerimento de tutela antecipada (de urgência ou de evidência), **deve o candidato elaborar um tópico específico, destinado a apontar a inexistência dos pressupostos que autorizam o deferimento da liminar.**

A medida requerida pelo reclamante foi a tutela de urgência. Vejamos o que dispõe o art. 300 do NCPC acerca do tema:

> Art. 300. A tutela de urgência será concedida quando houver elementos que evidenciem a <u>probabilidade do direito</u> e o <u>perigo de dano ou o risco ao resultado útil do processo</u>.
>
> § 1º Para a concessão da tutela de urgência, o juiz pode, conforme o caso, exigir caução real ou fidejussória idônea para ressarcir os danos que a outra parte possa vir a sofrer, podendo a caução ser dispensada se a parte economicamente hipossuficiente não puder oferecê-la.

> § 2º A tutela de urgência pode ser concedida liminarmente ou após justificação prévia.
>
> § 3º A ***tutela de urgência de natureza antecipada não será concedida quando houver perigo de irreversibilidade dos efeitos da decisão.***

Na ocasião, deveria o candidato defender que os requisitos que autorizam a medida são: a fumaça do bom direito e o perigo da demora.

A **fumaça do bom direito** está, claramente, ausente na situação narrada, tendo em vista que tanto a despedida, quanto o acréscimo na jornada de trabalho se deram de maneira legítima, conforme demonstrado.

Quanto ao ***periculum in mora***, este, em verdade, milita a favor do Estado. Isso porque a reintegração do servidor implicaria gastos indevidos ao erário, os quais dificilmente poderiam ser repetidos, tendo em vista a natureza alimentar da verba salarial. Dessa forma, por força do § 3º acima transcrito, é **indevido o deferimento de tutela de urgência quando houver perigo de irreversibilidade dos efeitos da decisão**.

Esses são os argumentos que poderiam ser levantados para a defesa do Estado.

V. PEDIDOS E FECHAMENTO

Ao final, deve o candidato organizar os seus pedidos, preferencialmente, em tópicos, conforme a sucessão de teses apresentadas na peça. Segue exemplo:

Diante do exposto, o Estado do Amazonas requer sucessivamente:

a) *Preliminarmente, a nulidade do processo, por violação ao contraditório e à ampla defesa, com a expedição de novo mandado de intimação;*

b) *No mérito, de forma prejudicial, o acolhimento da prescrição parcial em relação ao pedido de horas extras;*

c) *A total improcedência dos pedidos e o indeferimento do pedido liminar, uma vez não demonstrados os requisitos autorizadores da medida.*

Para fechar a peça contestatória, o candidato deve assinar os desígnios "local, data" e "Procurador do Estado".

» CRITÉRIOS DE AVALIAÇÃO

CONTESTAÇÃO
ACERTO DA PEÇA 1. Cabimento de **Contestação**, endereçada ao juízo da X Vara do Trabalho de Manaus/AM, com fulcro no art. 335 do CPC e 847 da CLT;
PRELIMINAR 1. Nulidade processual; - Violação ao contraditório e à ampla defesa.
PREJUDICIAL DE MÉRITO - Prescrição quinquenal (parcial), em relação ao pedido de horas extras.
MÉRITO 1. Inexistência de estabilidade: art. 41 da CF e entendimento do STF (inaplicabilidade da súmula 390 do TST); 2. Despedida por justa causa: ausência de necessidade de habitualidade; 3. Multas do 477, § 8º e 467 indevidas. 467 inaplicável à Administração Direta (controverso); 4. Inexistência de alteração contratual lesiva. Indevido o pagamento de horas extras. Argumentos: a) lei que determina a jornada; b) não se incorpora ao patrimônio jurídico; c) teoria do fato consumado inaplicável em contrariedade à lei; d) princípios constitucionais; e) aplicação do entendimento consolidado do TST (OJ 308); 5. Danos materiais e danos morais indevidos. Subsidiariamente, redução dos danos morais; 6. Honorários advocatícios indevidos: súmula 219 do TST, requisitos não preenchidos; 7. Ausência dos pressupostos para o deferimento da liminar: fumus boni iuris e periculum in mora; perigo de irreversibilidade da medida;
PEDIDOS E ENCERRAMENTO Deve-se requerer: - Preliminarmente, a nulidade processual, por violação ao contraditório e à ampla defesa. - No mérito, de forma prejudicial, o reconhecimento da prescrição quinquenal em relação ao pedido de horas extras. - No mérito, a total improcedência dos pedidos do autor. Ao final, deve-se protestar por provas, local e data e assinar da forma devida.

DIREITO AMBIENTAL

Proposta 1: Licenciamento ambiental

Autores: Wendel Nobre Piton Barreto e Maíra Mutti Araújo

» ENUNCIADO

O Estado do Maranhão instituiu, por meio de lei, a Taxa Estadual de Controle e Fiscalização Ambiental (TFAMA), contando com o Instituto Estadual do Meio Ambiente - IEAM, órgão vinculado à Secretaria de Estado responsável pela pasta, para fiscalização ambiental de atividades potencialmente poluidoras e utilizadoras de recursos naturais.

O tributo será cobrado de contribuintes que se dedicam a atividades potencialmente poluidoras e à extração, à produção, ao transporte e à comercialização de produtos potencialmente perigosos ao meio ambiente, assim como de produtos e subprodutos da fauna e da flora.

O valor a ser recolhido a título da TFAMA está limitado a 60% (sessenta por cento) do valor devido ao IBAMA pela Taxa de Controle e Fiscalização Ambiental (TCFA), relativamente ao mesmo período, e terá a seguinte base de cálculo, considerando o potencial de poluição (PP) e o grau de utilização (GU) de recursos naturais estipulados na Lei Federal 6.938/81:

VALORES EM REAIS				
Potencial de Poluição - Grau de Utilização de Recursos Naturais	**ME**	**EPP**	**Empresa de Médio Porte**	**Empresa de Grande Porte**
Pequeno	-	67,50	135,00	270,00
Médio	-	108,00	216,00	540,00
Alto	30,00	135,00	270,00	1.350,00

Pedro Paulo, sócio da Empresa TransAmbiental LTDA., empresa de grande porte, e com potencial de poluição e utilização de recursos naturais alto, ajuizou Ação Anulatória de Débito Fiscal em face do Instituto Estadual do Meio Ambiente (IEAM), uma vez que fora notificado do lançamento da Taxa Estadual de Controle e Fiscalização Ambiental (TFAMA) relativo às operações realizadas nos últimos quatro anos, mais juros e multas moratórias. O débito fiscal contestado soma, assim, o importe de R$ 52.542,31 (cinquenta e dois mil e quinhentos e quarenta e dois reais e trinta e um centavos), tendo a ação sido distribuída para a 3ª Vara da Fazenda Pública da comarca de São Luís.

Na petição o autor alega: *a)* a inconstitucionalidade da Taxa Estadual de Controle e Fiscalização Ambiental (TFAMA), uma vez que o Estado não poderia instituir a exação; *b)* que só seriam contribuintes da taxa aqueles efetivamente visitados pela fiscalização. Assim, como a TransAmbiental LTDA não havia sido fiscalizada, a exação seria inviável; *c)* a base de cálculo da taxa, considerando o porte da empresa, violaria a isonomia, uma vez que puniria a empresa pela expansão de seu porte econômico; *d)* alega *bis in idem* entre a taxa de licenciamento ambiental já quitada e a Taxa Estadual de Controle e Fiscalização Ambiental (TFAMA); *e)* alega impossibilidade de Cobrança da TFAMA uma vez que já recolhe a Taxa de Controle e Fiscalização Ambiental - TCFA para o Instituto Brasileiro do Meio Ambiente e dos Recursos Naturais Renováveis - IBAMA; *f)* Requer, subsidiariamente, que o valor pago a título de taxa de licenciamento ambiental ao Estado do Maranhão seja computado como crédito para compensação com o valor devido a título de TCFA. Deu à causa o valor de um salário mínimo para efeitos fiscais.

Citado da ação inicial no dia 01/07/2016 (sexta-feira), na condição de Procurador do Estado do maranhão, adote a medida judicial cabível para a defesa do interesse público, datando-a com o último dia do prazo. Dispense o relatório dos fatos, desconsidere a eventual existência de feriados e considere dispensada a audiência preliminar de mediação ou conciliação.

» COMENTÁRIOS

Pelo narrado na questão prática, a peça processual adequada à defesa dos interesses do Estado do Maranhão é uma **contestação.**

De início, é oportuno citar que, em casos como o narrado na questão, a competência é da Justiça Comum do Estado do Maranhão.

Dúvidas poderiam surgir diante da possibilidade da competência dos Juizados Especiais da Fazenda Pública para conhecer da presente Ação Anulatória de Débitos fiscais. Com efeito, o débito fiscal contestado soma o importe de R$ 52.542,31 (cinquenta e dois mil e quinhentos e quarenta e dois reais e trinta e um centavos), **inferior**, portanto, ao limite estabelecido pelo *caput* do art. 2º, da Lei 12.153/2009, de 60 (sessenta) salários mínimos.

No entanto, só poderiam ser partes no Juizado Especial da Fazenda Pública como autores as pessoas físicas e as **microempresas** e **empresas de pequeno porte**, assim definidas na Lei Complementar nº 123, de 14 de dezembro de 2006 (art. 5º, I, da Lei 12.153/2009). **Como o enunciado da questão deixa claro, a Empresa TransAmbiental LTDA é enquadrada como de grande porte, não tendo legitimidade ativa para postular tal demanda nos Juizados Especiais.**

Dito isso, passa-se à análise dos pontos a serem abordados pelos candidatos:

I. PRELIMINAR

Segundo Daniel Assumpção (Novo CPC Comentado), as defesas processuais, também chamadas por parte da doutrina de *defesas indiretas* por não terem como objeto a essência do litígio, estão previstas no art. 337 do NCPC. Na praxe forense são tratadas como defesas preliminares em razão do local ideal dentro da contestação para serem alegadas (antes da defesa de mérito).

Dica: uma vez identificada a contestação como peça adequada, debruce-se sobre o enunciado para encontrar alguma ou algumas das preliminares elencadas no art. 337 do NCPC. Com certeza, o examinador pontuará o espelho com uma ou mais preliminares.

a) *Incompetência absoluta do Juízo Estadual para conhecer o pedido de reconhecimento de crédito em taxa devida ao IBAMA*

O autor requereu, subsidiariamente, que o valor pago a título de taxa de licenciamento ambiental ao Estado do Maranhão fosse computado como crédito para compensação com o valor devido a título de TCFA, Taxa Federal com competência arrecadatória do IBAMA, nos termos da Lei 6.938/81.

Com efeito, no âmbito federal, a Taxa de Controle e Fiscalização Ambiental (TCFA) é cobrada pelo IBAMA, Autarquia Federal com personalidade jurídica própria e legitimidade ativa para cobrança da mencionada exação. Acerca da legitimidade do IBAMA para a cobrança da TCFA, veja-se o seguinte julgado do STJ, *in verbis*:

> AMBIENTAL. TAXA DE CONTROLE E FISCALIZAÇÃO AMBIENTAL -TCFA. VIOLAÇÃO DO ART. 535 DO CPC. INEXISTÊNCIA. PODER DE POLÍCIA. FISCALIZAÇÃO. AGENTES DO IBAMA. PRECEDENTES DO STJ E DO STF SOBRE O TEMA. 1. Trata-se, na origem, de Mandado de Segurança com o escopo de debater a cobrança da Taxa de Controle e Fiscalização Ambiental (TCFA). A sentença concessiva da Segurança foi reformada pelo Tribunal local. (...) 3. ***"A atividade fiscalizatória desempenhada pelo IBAMA*** *é autorizada expressamente pela Lei n.* ***10.165/2000, que teve sua constitucionalidade declarada pelo STF, da qual decorre a legitimidade da autarquia federal para cobrança da Taxa de Controle e Fiscalização Ambiental"***. 4. Agravo Regimental não provido. ***(AgRg no Ag 1419767/MG, Rel. Ministro HERMAN BENJAMIN, SEGUNDA TURMA, julgado em 26/06/2012, DJe 01/08/2012)***

Uma vez fixada a legitimidade do IBAMA, Autarquia Federal, para ações envolvendo a cobrança da TCFA, resta induvidoso que compete à Justiça Federal decidir sobre a existência de interesse jurídico que justifique a presença, no processo, da União, suas autarquias ou empresas públicas" (Súmula 150/STJ), confira:

> ADMINISTRATIVO. CONFLITO DE COMPETÊNCIA. AÇÃO CIVIL PÚBLICA AJUIZADAPELO MINISTÉRIO PÚBLICO FEDERAL. ***LEGITIMIDADE PASSIVA DO IBAMA.INTERESSE DA UNIÃO. COMPETÊNCIA DA JUSTIÇA FEDERAL PARA EXAMINAR AQUESTÃO***. SÚMULA 150/STJ. CONEXÃO COM OUTRAS AÇÕES JÁ JULGADAS PELAJUSTIÇA ESTADUAL. SÚMULA 235/STJ. CONFLITO NÃO CONHECIDO. 1. "Compete à Justiça Federal decidir sobre a existência de interesse jurídico que justifique a presença, no processo, da União, suas autarquias ou empresas públicas" (Súmula 150/STJ). 2. Não havendo decisão da Justiça Federal acerca da legitimidade e interesse do IBAMA e da União para figurarem nas ações civis públicas em debate, não cabe ao Superior Tribunal de Justiça, em conflito de competência, examinar a questão. 3. "A conexão não determina a reunião dos processos, se um deles já foi julgado" (Súmula 235/STJ). 4. Conflito de competência não conhecido. ***(STJ - CC: 117637 CE 2011/0136751-0, Relator: Ministro ARNALDO ESTEVES LIMA, Data de Julgamento: 09/05/2012, S1 - PRIMEIRA SEÇÃO, Data de Publicação: DJe 16/05/2012)***

Dessa feita, urge o reconhecimento da incompetência do juízo estadual para apreciar o pedido em tela, com a consequente remessa dos autos ao juízo competente para apreciação da matéria, nos termos do art. 64, § 3º, do CPC/15.

b) *Ilegitimidade ativa*

A doutrina majoritária indica que o CPC/15 trata a ilegitimidade e o interesse processual como pressupostos processuais de validade: o interesse, como pressuposto de validade objetivo extrínseco; a legitimidade, como pressuposto de validade subjetivo relativo às partes.

Com efeito, assevera o art. 337, IX, do CPC:

> Art. 337. Incumbe ao réu, antes de discutir o mérito, alegar:
>
> (...)
>
> IX - incapacidade da parte, defeito de representação ou falta de autorização;

Dessa forma, resta ausente o pressuposto de validade subjetivo relativo à parte autora uma vez que o sujeito passivo dos lançamentos tributários impugnados é a empresa TransAmbiental LTDA, não o sócio Pedro Paulo.

Diante de todo o exposto, é a empresa TransAmbiental LTDA quem exerce as atividades que são objeto de Controle e Fiscalização pelo Estado do Maranhão, devendo ela figurar no polo ativo da presente demanda por possuir personalidade jurídica própria.

Nesse sentido, ainda à luz do CPC/73, decidiu o TJ-MA nos autos da Apelação Cível Nº 2.345/2010:

> PROCESSUAL CIVIL. APELAÇÃO. AÇÃO DESCONSTITUTIVA DE DÉBITO CUMULADA COM PEDIDO DE INDENIZAÇÃO POR DANOS MORAIS. DISCUSSÃO SOBRE DÍVIDA PERTENCENTE À PESSOA JURÍDICA. ***AÇÃO PROPOSTA POR SEU SÓCIO PROPRIETÁRIO. ILEGITIMIDADE ATIVA AD CAUSAM RECONHECIDA PELO JUÍZO DE BASE. EXTINÇÃO DO PROCESSO SEM RESOLUÇÃO DO MÉRITO (ART. 267, VI, DO CÓDIGO DE PROCESSO CIVIL).*** CABIMENTO. NULIDADE POR AUSÊNCIA DE INTIMAÇÃO DA REDESIGNAÇÃO DE AUDIÊNCIA. NÃO OCORRÊNCIA. ***I - No caso concreto, impõe-se reconhecer a ilegitimidade ativa ad causam do autor/apelante para atuar em juízo na discussão de dívida da pessoa jurídica de que é sócio-proprietário. II - De acordo com o art. 6º do CPC, "ninguém poderá pleitear, em nome próprio, direito alheio, salvo quando autorizado por lei". Ou seja, gozando a pessoa jurídica de direito privado de personalidade própria, distinta da de seus sócios, cabe a ela própria atuar na defesa de seus direitos em juízo, sendo apenas representada por um de seus sócios com poderes para tanto.*** III - Não prospera a alegação de nulidade por ausência de intimação do apelante da redesignação de audiência, pois consta certidão nos autos dando conta de que as partes foram intimadas no próprio dia anteriormente marcado acerca da nova data, não havendo necessidade de se proceder a nova intimação, por via postal. IV - Não obstante, não há que se cogitar de qualquer prejuízo da parte apelante, pois a ilegitimidade é matéria de ordem pública, devendo ser pronunciada de ofício pelo juiz, sendo que a presença ou não do apelante em audiência em nada mudaria o deslinde do feito. Não há nulidade sem prejuízo (princípio da "pas de nullité sans grief" -CPC, art. 249, § 1º). V - A extinção do processo sem julgamento do mérito deve ser mantida, em razão da inteligência do art. 267, VI, do Código de Processo Civil. VI — Apelação improvida.

Uma vez reconhecida a impertinência subjetiva no polo ativo da ação, impõe-se o decreto de improcedência do pedido, conforme a inteligência do art. 485, VI, do CPC.

c) ***Ilegitimidade passiva***

O autor ajuizou Ação Anulatória de Débito Fiscal em face do Instituto Estadual do Meio Ambiente (IEAM). Ocorre que o IEAM é **órgão vinculado à Secretaria de Estado do Maranhão, ou seja, é entidade despida de personalidade jurídica.**

Não deve ser confundida a capacidade judiciária excepcional que lhe é concedida para alguns órgãos públicos para estar em juízo na defesa de suas prerrogativas, bem como de figurar como autoridade coatora em mandado de segurança, com a legitimação *ad causam* necessária para a formação da relação jurídica formal.

Nos termos do Voto condutor do REsp Nº 504.920/SE – STJ, asseverou o Ministro José Delgado: "*Como partes da entidade que integra, os órgãos são meros instrumentos de ação dessas pessoas jurídicas, preordenados ao desempenho das funções que lhes forem atribuídas pelas normas de sua constituição e funcionamento. Para a eficiente realização de suas funções cada órgão é investido de determinada competência, redistribuída entre seus* órgãos, com a correspondente parcela de poder necessária *ao exercício funcional de seus agentes.*"

No mesmo sentido é a jurisprudência do TJ-MA, confira:

> APELAÇÃO CÍVEL – ÓRGÃO DA ADMINISTRAÇÃO PÚBLICA – AUSÊNCIA DE CAPACIDADE PROCESSUAL – ILEGITIMIDADE PASSIVA – JUSTIÇA GRATUITA – RECOLHIMENTO DO PREPARO RECURSAL – ATO INCOMPATÍVEL – RECURSO NÃO PROVIDO. – Por serem os órgãos públicos, em regra geral, destituídos de personalidade jurídica própria, não detêm capacidade processual para figurarem em qualquer dos polos de uma ação judicial. – O recolhimento do preparo recursal elide a presunção de hipossuficiência econômica da parte recorrente. (TJ-MA – AC: 017249/2006 MA, Data de Julgamento: 18.01.2007)

Uma vez que o sujeito ativo da Taxa Estadual de Controle e Fiscalização Ambiental (TFAMA) é o Estado do Maranhão, urge nos termos do art. 337, IV, do CPC, arguir a ilegitimidade passiva do IEAM no caso em tela, para extinção do processo sem exame do pedido.

d) ***Impugnação ao valor da causa***

Na forma do art. 293 do NCPC, cumpre ao réu, em preliminar de contestação, impugnar o valor da causa sob pena de preclusão.

> Art. 293. O réu poderá impugnar, em preliminar da contestação, o valor atribuído à causa pelo autor, sob pena de preclusão, e o juiz decidirá a respeito, impondo, se for o caso, a complementação das custas.

A sistemática, no NCPC, foi alterada, pois antigamente a petição de impugnação ao valor da causa era inicial e deveria ser processada em apenso aos autos principais. Agora, como visto, deverá ser arguida em preliminar de contestação.

No caso da questão, conquanto o autor pretenda a anulação de débitos fiscais no montante de $ 52.542,31 (cinquenta e dois mil e quinhentos e quarenta e dois reais e trinta e um centavos), apõe o simplório valor de R$ 500,00 (quinhentos reais) à causa, contrariando o art. 292, II, do NCPC:

> Art. 292. O valor da causa constará da petição inicial ou da reconvenção e será:
>
> (...)
>
> II – na ação que tiver por objeto a existência, a validade, o cumprimento, a modificação, a resolução, a resilição ou a rescisão de ato jurídico, o valor do ato ou o de sua parte controvertida;

Da redação do dispositivo resta induvidoso que o valor atribuído à causa não corresponde ao conteúdo patrimonial em discussão ou ao proveito econômico perseguido pelo autor (art. 292, § 3º). Portanto, deve-se requerer em preliminar que seja dado o valor à causa de $ 52.542,31 (cinquenta e dois mil e quinhentos e quarenta e dois reais e trinta e um centavos).

III. MÉRITO

a) *Constitucionalidade da Taxa Estadual de Controle e Fiscalização Ambiental (TFAMA)*

A Lei 9.960/00 criou, no âmbito Federal, a Taxa de Controle e Fiscalização Ambiental (TCFA), inserindo os artigos 17-B ao 17-I na Lei 6.938/81. Desde a sua criação a TCFA foi objeto de questionamentos, tendo o STF analisado a questão através da ADI 2.178/DF e deferido medida cautelar para suspender a eficácia dos dispositivos da Lei, em especial em virtude da ausência de indicação das alíquotas aplicáveis, bem como do critério a ser utilizado para o cálculo do valor devido.

Ocorre que, no mesmo ano, fora editada a Lei 10.165/00, alterando o texto da Lei 6.938/81, sanando todas as inconstitucionalidades identificadas na Lei 9.960/00, confira:

> Art. 17-B. Fica instituída a Taxa de Controle e Fiscalização Ambiental – TCFA, cujo fato gerador é o exercício regular do poder de polícia conferido ao Instituto Brasileiro do Meio Ambiente e dos Recursos Naturais Renováveis – IBAMA para controle e fiscalização das atividades potencialmente poluidoras e utilizadoras de recursos naturais." (Redação dada pela Lei nº 10.165, de 2000)

Desse modo, restou estabelecido que a taxa teria por **fato gerador o exercício regular do poder de polícia** de **controle das atividades potencialmente poluidoras** e a **fiscalização da utilização de recursos naturais.**

A CF/88 possibilita a instituição das taxas pelos entes federativos da seguinte forma:

> Art. 145. A União, os Estados, o Distrito Federal e os Municípios poderão instituir os seguintes tributos:
> II – taxas, em razão do exercício do poder de polícia ou pela utilização, efetiva ou potencial, de serviços públicos específicos e divisíveis, prestados ao contribuinte ou postos a sua disposição;

Ne mesma linha segue o CTN ao asseverar que:

> Art. 77. As taxas cobradas pela União, pelos Estados, pelo Distrito Federal ou pelos Municípios, no âmbito de suas respectivas atribuições, têm como fato gerador o exercício regular do poder de polícia, ou a utilização, efetiva ou potencial, de serviço público específico e divisível, prestado ao contribuinte ou posto à sua disposição.

Dessa feita, o exercício é regular do poder de polícia, segundo entendimento extraído do Código Tributário Nacional, é aquele desempenhado por órgão competente, nos limites da lei, observando devido processo legal, e exercida sem desvio ou excesso de poder.

Exemplos de atividades de polícia ensejadoras de cobrança de taxa, já legitimadas pelo STF são: atividade de fiscalização de anúncios (RE 216.207); fiscalização dos mercados de títulos e valores mobiliários pela Comissão de Valores Mobiliários (RE 198.868); taxa de localização e funcionamento de estabelecimento em geral (RE 198.904), entre outros.

Portanto, ao analisar a Taxa de Controle e Fiscalização Ambiental (TCFA), nos autos do RE 416.601, o STF confirmou a sua constitucionalidade e vem reiteradamente mantendo o mesmo posicionamento, confira:

> "A taxa de fiscalização e funcionamento fundada na área de fiscalização é constitucional, na medida em que traduz o custo da atividade estatal de fiscalização" (RE 856.185-AgR, rel. min. Roberto Barroso, julgamento em 4-8-2015, Primeira Turma, DJE de 24-9-2015.)
>
> "AGRAVO REGIMENTAL NO AGRAVO DE INSTRUMENTO. CONSTITUCIONAL E TRIBUTÁRIO. TAXA DE CONTROLE E FISCALIZAÇÃO AMBIENTAL – TCFA. CONSTITUCIONALIDADE. PRECEDENTES DO SUPREMO TRIBUNAL FEDERAL. AGRAVO REGIMENTAL AO QUAL SE NEGA PROVIMENTO" (AI nº 648.201/SP-AgR, Primeira Turma, Relatora a Ministra Cármen Lúcia, DJe de 26/6/09).
>
> "TRIBUTÁRIO. TAXA DE CONTROLE E FISCALIZAÇÃO AMBIENTAL. CONSTITUCIONALIDADE. LEIS 6.938/81 E 10.165/2000. AGRAVO IMPROVIDO. I – Constitucionalidade da Taxa de Controle e Fiscalização Ambiental, objeto da Lei 6.938/81, com a redação dada pela Lei 10.165/2000. Precedente do Plenário. II – Agravo regimental improvido" (AI nº 638.092/SP-AgR, Primeira Turma, Relator o Ministro Ricardo Lewandowski, DJe de 17/4/09)

Uma vez fixada a constitucionalidade de instituição da Taxa de Controle e Fiscalização Ambiental Federal pela Lei 6.938/81, resta analisar a constitucionalidade da instituição da exação pelo Estado do Maranhão.

Conforme é cediço, o art. 23 da Constituição é norma de competência comum, o que afasta qualquer ilação sobre a competência exclusiva da União no exercício do poder de polícia em relação a atividades potencialmente poluidoras do meio ambiente, confira:

> Art. 23. É competência <u>comum</u> da União, dos <u>Estados</u>, do Distrito Federal e dos Municípios:
>
> (...)
>
> VI – proteger o meio ambiente e combater a poluição em qualquer de suas formas;
>
> VII – preservar as florestas, a fauna e a flora;

Ademais, nos termos da Lei nº 6.938/1981, a responsabilidade pelo controle e fiscalização das atividades potencialmente utilizadoras de re-

cursos naturais é, como órgão executor, dos órgãos ou entidades estaduais membros do Sistema Nacional do Meio Ambiente SISNAMA, confira:

> Art 6º – Os órgãos e entidades da União, dos Estados, do Distrito Federal, dos Territórios e dos Municípios, bem como as fundações instituídas pelo Poder Público, responsáveis pela proteção e melhoria da qualidade ambiental, constituirão o Sistema Nacional do Meio Ambiente – SISNAMA, assim estruturado:
>
> (...)
>
> V – Órgãos Seccionais: os órgãos ou entidades ***estaduais*** responsáveis pela ***execução*** de programas, projetos e pelo ***controle e fiscalização de atividades capazes de provocar a degradação ambiental***; (Redação dada pela Lei nº 7.804, de 1989)

Desse modo, tanto os Estados quanto os Municípios podem instituir taxas de controle ambiental, uma vez que inseridas em suas competências constitucionais de fiscalizar e exercer o efetivo poder de polícia sobre as atividades potencialmente poluidoras, em especial pela atribuição de órgãos executores da Política Nacional do Meio Ambiente, nos termos do art. 6º, incisos V e VI da Lei 6.938/1981. Nesse sentido, confira a jurisprudência do STF:

> AGRAVO REGIMENTAL NO RECURSO EXTRAORDINÁRIO COM AGRAVO. TRIBUTÁRIO. ***TAXA DE CONTROLE E FISCALIZAÇÃO AMBIENTAL DO ESTADO DE MINAS GERAIS TFAMG. LEI ESTADUAL 14.940/2003, COM AS ALTERAÇÕES DA LEI ESTADUAL 17.608/2008.*** BASE DE CÁLCULO. SOMATÓRIO DAS RECEITAS BRUTAS DE TODOS OS ESTABELECIMENTOS DO CONTRIBUINTE. ART. 145, II, § 2º, DA CF. CONSTITUCIONALIDADE. AGRAVO REGIMENTAL A QUE SE NEGA PROVIMENTO. I. ***A jurisprudência do Supremo Tribunal Federal tem reconhecido a constitucionalidade de taxas cobradas em razão do controle e fiscalização ambiental, por serem cobradas em razão do exercício regular do poder de polícia.*** II. É legítima a utilização do porte da empresa, obtido a partir do somatório das receitas bruta de seus estabelecimentos, para mensurar o custo da atividade despendida na fiscalização que dá ensejo a cobrança da taxa. Precedente. Agravo regimental a que se nega provimento. (STF – ARE: 738944 MG, Relator: Min. RICARDO LEWANDOWSKI, Data de Julgamento: 11/03/2014, Segunda Turma, Data de Publicação: DJe-059 DIVULG 25-03-2014 PUBLIC 26-03-2014)

b) ***Possibilidade de cobrança mesmo para contribuintes que que não foram efetivamente visitados pela fiscalização***

Como visto, a Taxa de Controle e Fiscalização Ambiental tem como fato gerador o exercício regular do poder de polícia. A jurisprudência pátria, no entanto, sedimentou entendimento, para fins de cobrança da taxa, da suficiência da manutenção, pelo sujeito ativo, de órgão de controle e em funcionamento.

Com efeito, a jurisprudência pátria afastou a exigência de concreta e efetiva fiscalização, permitindo a cobrança da taxa pelo simples fato de se manter um órgão estruturado e em funcionamento voltado para fiscalização respectiva. Nessa toada, abandona-se a impossível fiscalização de porta em porta.

Conforme ressaltado no Recurso Extraordinário 113.441/SP, da relatoria do insigne Ministro Ilmar Galvão, "é evidente que a fiscalização permanente do cumprimento das exigências legais depende do funcionamento da máquina administrativa e fiscal, acarretando despesas custeadas através da própria taxa. Por outro lado, a cobrança não é apenas relativa à localização, compreendendo também o funcionamento, que exigem um policiamento contínuo, permanente, que não se esgota *com a concessão do alvará de funcionamento. Daí ser cabível a renovação anual da taxa*".

Quanto ao fato de a taxa ser cobrada supostamente sem a efetiva fiscalização, o Tribunal Pleno, no julgamento do Recurso Extraordinário nº 416.6011/DF, relatado pelo Ministro Carlos Velloso, pacificou o tema, consignando:

> [...] A hipótese de incidência da taxa é a fiscalização de atividades poluidoras e utilizadoras de recursos ambientais, exercida pelo IBAMA (Lei 6.938/81, art. 17-B, com a redação da Lei 10.165/2000). Tem-se, pois, taxa que remunera o exercício do poder de polícia do Estado. Não há invocar o argumento no sentido de que a taxa decorrente do poder de polícia fica restrita aos contribuintes cujos estabelecimentos tivessem sido efetivamente visitados pela fiscalização, por isso que, registra Sacha Calmon, essa questão já foi resolvida, pela negativa, pelo Supremo Tribunal Federal, que deixou assentada em diversos julgados a suficiência da manutenção, pelo sujeito ativo, de órgão de controle em funcionamento (RE 116.518 e RE 230973). Andou bem a Suprema Corte brasileira em não aferrar-se ao método antiquado da vistoria porta a porta, abrindo as portas do Direito às inovações tecnológicas que caracterizam a nossa era. [...] 2. Ante o quadro, conheço do agravo e o desprovejo. 3. Publiquem. Brasília, 22 de outubro de 2010. Ministro MARÇO AU-

RÉLIO Relator ***(STF – AI: 734852 RO, Relator: Min. MARCO AURÉLIO, Data de Julgamento: 22/10/2010, Data de Publicação: DJe-213 DIVULG 05/11/2010 PUBLIC 08/11/2010)***

Portanto, sendo inequívoca a estruturação e operação do Instituto Estadual do Meio Ambiente do Estado do Maranhão – IEAM, órgão vinculado à Secretaria de Estado responsável pela fiscalização ambiental de atividades potencialmente poluidoras e utilizadoras de recursos naturais, resta pacífico o entendimento pela possibilidade da cobrança das taxas objeto da presente demanda.

c) ***Constitucionalidade da utilização do porte da empresa como um dos elementos da base de cálculo da Taxa de Controle e Fiscalização Ambiental***

Nos termos do art. 17-D, da Lei 6.938/81, a taxa é calculada em função da potencialidade poluidora da atividade exercida pelo contribuinte. Com efeito, aduz o mencionado art. 17-D:

> Art. 17-D. A TCFA é devida ***por estabelecimento*** e os seus valores são os fixados no Anexo IX desta Lei." (Redação dada pela Lei nº 10.165, de 2000)
>
> § 1º Para os fins desta Lei, consideram-se: (Incluído pela Lei nº 10.165, de 2000)
>
> (...)
>
> III – ***empresa de grande porte***, a pessoa jurídica que tiver receita bruta anual superior a R$ 12.000.000,00 (doze milhões de reais). (Incluído pela Lei nº 10.165, de 2000)
>
> ***§ 2º O potencial de poluição (PP) e o grau de utilização (GU) de recursos naturais de cada uma das atividades sujeitas à fiscalização encontram-se definidos no Anexo VIII desta Lei. (Incluído pela Lei nº 10.165, de 2000)***

Obs.: A Taxa é definida pelo **cruzamento** do grau de poluição e utilização ambiental com o porte da empresa. Ou seja, quanto maior o porte do empreendimento e o grau de poluição da atividade, maior será o valor devido a título de Taxa de Controle e Fiscalização Ambiental.

Resta, portanto, nítido que a cobrança da taxa se relaciona com a **dimensão**, com o **potencial de poluição** e com o **grau de utilização de recursos naturais** da empresa, justificando a cobrança maior daquelas que demandem, em razão de sua extensão, uma maior intensidade da atividade fiscalizadora.

Com efeito, não há respaldo para se considerar inconstitucional a Lei que institui a Taxa de Fiscalização Ambiental do Estado, bem como o seu método quantitativo, pois o princípio da proporcionalidade e da retributividade estão previstos na legislação no momento em que dispõe a respeito da variação existente entre empresa de pequeno, médio ou grande porte.

Isto porque, o potencial da poluição será em maior ou menor nível, conforme o tamanho da empresa, ou seja, uma empresa de menor porte necessitará de menor nível de recursos naturais, pois o empreendimento será menor em razão de sua menor força financeira. Quanto maior a empresa, maior o empreendimento (em razão de sua maior força financeira) e, consequentemente, maior o nível de utilização de recursos naturais. Logicamente, o valor da taxa a ser paga será mais elevado. Nesse sentido, é pacífica a jurisprudência do STF pela sua constitucionalidade, confira:

> AGRAVO REGIMENTAL NO RECURSO EXTRAORDINÁRIO COM AGRAVO. TRIBUTÁRIO. ***TAXA DE CONTROLE E FISCALIZAÇÃO AMBIENTAL DO ESTADO DE MINAS GERAIS TFAMG. LEI ESTADUAL 14.940/2003, COM AS ALTERAÇÕES DA LEI ESTADUAL 17.608/2008.*** BASE DE CÁLCULO. SOMATÓRIO DAS RECEITAS BRUTAS DE TODOS OS ESTABELECIMENTOS DO CONTRIBUINTE. ART. 145, II, § 2º, DA CF. CONSTITUCIONALIDADE. AGRAVO REGIMENTAL A QUE SE NEGA PROVIMENTO. I. A jurisprudência do Supremo Tribunal Federal tem reconhecido a constitucionalidade de taxas cobradas em razão do controle e fiscalização ambiental, por serem cobradas em razão do exercício regular do poder de polícia. ***II. É legítima a utilização do porte da empresa, obtido a partir do somatório das receitas bruta de seus estabelecimentos, para mensurar o custo da atividade despendida na fiscalização que dá ensejo a cobrança da taxa. Precedente. Agravo regimental a que se nega provimento.*** ***(STF – ARE: 738944 MG, Relator: Min. RICARDO LEWANDOWSKI, Data de Julgamento: 11/03/2014, Segunda Turma, Data de Publicação: DJe-059 DIVULG 25-03-2014 PUBLIC 26-03-2014)***

Informação adicional: A Lei 13.196/2015 autoriza ao Executivo Federal promover a atualização monetária da TCFA, nos seguintes termos:

Art. 3º. É o Poder Executivo autorizado a atualizar monetariamente, até o limite do valor acumulado do Índice Nacional de Preços ao Consumidor Amplo (IPCA) correspondente ao período entre a sua última atualização e a data de publicação desta Lei, na forma do regulamento, o valor:

I – dos preços dos serviços e produtos estabelecidos pelo art. 17-A da Lei nº 6.938, de 31 de agosto de 1981; e

II – da taxa instituída pelo art. 17-B da Lei no 6.938, de 31 de agosto de 1981.

A justificativa jurídica para essa alteração seria o art. 97, parágrafo 2º, do Código Tributário Nacional (CNT), o qual autoriza a atualização da base de cálculo sem observância de lei.

Parte da doutrina tributarista vem criticando o dispositivo, uma vez que o Supremo Tribunal Federal (STF) possui a orientação de que a taxa, enquanto contraprestação a uma atividade do poder público, não pode superar a relação de razoável equivalência que deve existir entre o custo real da atuação estatal ao contribuinte e o valor exigido pela atuação estatal (ADI 2551). **Dessa forma, sendo o parâmetro para atualização a "correção monetária", seria necessário demonstrar que os custos públicos sofreram acréscimo na mesma escala da atualização monetária.**

d) *Da inexistência de bis in idem entre a taxa de licenciamento ambiental e a Taxa de Controle e Fiscalização Ambiental*

A Taxa de Controle e Fiscalização Ambiental não se confunde com o valor cobrado a título de Taxa de Licenciamento Ambiental. Com efeito, tratando das distinções entre os institutos assevera Romeu Thomé (Manual de Direito Ambiental):

> "A Taxa de Licenciamento Ambiental tem por objetivo ressarcir os gastos do poder público com o procedimento de licenciamento ambiental instaurado pelo empreendedor interessado. Dessa forma, a cobrança deve ser individualizada e referir-se aos custos específicos efetivamente verificados no procedimento de licenciamento de cada empreendimento ou atividade. A Taxa Estadual de Controle e Fiscalização Ambiental,

por sua vez, é cobrada de empreendimentos já licenciados e em atividade, tendo por fato gerador o serviço prestado de exercício de poder de polícia, consistente no controle e fiscalização das atividades potencialmente poluidoras e utilizadoras de recursos naturais."

Ademais, é imperioso ressaltar que o art. 17-P da Lei 6.938/81 faz nítida distinção entre os institutos, confira:

> Art. 17-P. Constitui crédito para compensação com o valor devido a título de TCFA, até o limite de sessenta por cento e relativamente ao mesmo ano, o montante efetivamente pago pelo estabelecimento ao Estado, ao Município e ao Distrito Federal ***em razão de taxa de fiscalização ambiental***. (Incluído pela Lei nº 10.165, de 2000)
>
> § 1º Valores recolhidos ao Estado, ao Município e ao Distrital Federal a qualquer outro título, tais como taxas ou preços públicos de ***licenciamento*** e venda de produtos, ***não constituem crédito para compensação com a TCFA***.

Para clarear a distinção entre as exações e a inexistência de *bis in idem* entre suas cobranças, confira elucidativa ementa do TRF1, tomando como fundamento o julgamento pelo STF do RE 416.601-1/DF:

> TAXA DE CONTROLE E FISCALIZAÇÃO AMBIENTAL. LEI 10.165/2000. LICENCIAMENTO E FISCALIZAÇÃO AMBIENTAL. BITRIBUTAÇÃO. ENRIQUECIMENTO ILÍCITO. OFENSA AO PRINCÍPIO DA PROPORCIONALIDADE. NÃO OCORRÊNCIA. OMISSÕES QUANTO À ALEGADA BITRIBUTAÇÃO, ENRIQUECIMENTO SEM CAUSA E VIOLAÇÃO AO PRINCÍPIO DA PROPORCIONALIDADE. (...) 2. Não se tem por demonstrada bitributação, em razão da cobrança concomitante da Taxa de Controle e Fiscalização Ambiental – TCFA, pelo IBAMA, e da Taxa de Licenciamento e Fiscalização Ambiental – TLFA cobrada pelo Estado, se a embargante não trouxe aos autos o texto da Lei criadora da taxa estadual, de modo a permitir a comparação de seus respectivos fatos geradores e bases de cálculo, tanto mais que há, no particular, competência concorrente da União, dos Estados, do Distrito Federal e dos Municípios. 3. Não há que falar em enriquecimento ilícito, tendo em vista que a Taxa de Controle e Fiscalização Ambiental – TCFA – foi instituída pela Lei 10.165/2000, e visa a remunerar o exercício de ato de polícia pelo IBAMA, sendo o seu valor fixado na própria lei. (STF, RE 416.601-1/DF). (TRF-1 – EDAMS: 2511 MG 2002.38.00.002511-4,

Relator: DESEMBARGADOR FEDERAL ANTÔNIO EZEQUIEL DA SILVA, SÉTIMA TURMA, Data de Publicação: 25/01/2008)

e) ***Da possibilidade de cobrança da TFAMA mesmo diante da incidência da Taxa de Controle e Fiscalização Ambiental – TCFA para o Instituto Brasileiro do Meio Ambiente e dos Recursos Naturais Renováveis – IBAMA***

No julgamento do já mencionado RE 416.601-1/DF pelo STF, restou consignado à inexistência de óbices à cobrança da taxa de controle e fiscalização ambiental. Como se viu, a competência constitucional para o exercício da fiscalização ambiental é comum, sendo possível aos entes federativos a instituição da Taxa de Controle e Fiscalização Ambiental (STF-ARE: 738944 MG, Relator: Min. RICARDO LEWANDOWSKI, Data de Julgamento: 11/03/2014).

É cediço que, diante da possibilidade de instituição da taxa pelos Estados, <u>não há o que se falar em bitributação em face da cobrança de Taxa também pelo IBAMA, uma vez que inexistente bis in idem no caso concreto</u>. Com efeito, a TFAMA é cobrada pelo exercício do poder de polícia do Estado do Maranhão, baseada na competência comum do Estado em promover a defesa do meio ambiente e na atribuição de órgão executor da Política Nacional do Meio Ambiente atribuído pelo art. 6º, inciso V da Lei 6.938/1981. A TCFA, por sua vez, é cobrada em razão do exercício do poder de polícia do Instituto Brasileiro do Meio Ambiente e dos Recursos Naturais Renováveis – IBAMA, nos termos do art. 17-B da Lei 6.938/1981. Portanto, resta nítido que são duas exações distintas com fatos geradores distintos. Nessa esteira, confira a jurisprudência pátria sobre o tema:

> DIREITO TRIBUTÁRIO. TAXA DE FISCALIZAÇÃO AMBIENTAL DE MINAS GERAIS. LEI ESTADUAL Nº 14.940/03. CONSTITUCIONALIDADE. ORIENTAÇÃO DO COLENDO STF. MÉTODO QUANTITATIVO. ATIVIDADE POTENCIALMENTE POLUIDORA. NÍVEL. BITRIBUTAÇÃO. NÃO VERIFICAÇÃO. Conforme orientações dos Tribunais Superiores, a conclusão é de que não é ilegal e inconstitucional a Taxa de Controle de Fiscalização Ambiental – TCFA. Conforme aos princípios constitucionais da proporcionalidade e da retributividade, a base de cálculo da Taxa de Fiscalização Ambiental oscila tendo em vista, o potencial da poluição, o nível de uso de recursos naturais e o tamanho do empreendimento fiscalizado. ***<u>Considerando a competência comum dos Estados para instituir taxas que remunere o tipo de serviço público ora discutido, consubstanciado no poder de polícia, não há que</u>***

se falar em bitributação, pois não há bis in idem" (STF - AI: 746875 MG, Relator: Min. CÁRMEN LÚCIA, Data de Julgamento: 05/10/2009, Data de Publicação: DJe-202 DIVULG 26/10/2009 PUBLIC 27/10/2009)

f) *A impossibilidade jurídica do reconhecimento de que o valor pago a título de taxa de licenciamento ambiental ao Estado do Maranhão seja computado como crédito para compensação com o valor devido a título de TCFA*

Como se viu na preliminar de incompetência absoluta, trata-se de pedido que requer o cômputo de crédito para compensação de taxa de competência de autarquia federal. Dessa forma, caso ultrapassada a preliminar em comento, resta apontar para a impossibilidade jurídica do pedido em tela.

Ao instituir a TCFA, a Lei 10.165/00, que alterou a Lei 6.938/1981, observou a subsidiariedade da competência do IBAMA quanto à fiscalização das atividades poluidoras e utilizadoras de recursos ambientais.

Com efeito, como visto, conforme o art. 6º, incisos V e VI da Lei 6.938/1981, os órgãos **executores** do SISNAMA seriam os **Estaduais e Municipais**, restando aos órgãos federais o caráter supletivo.

Ciente dessa característica de supletividade, o supramencionado art. 17-P, caput, da Lei 6.938/1981 permite a **compensação parcial dos valores pagos a título de TAXAS ESTADUAIS E MUNICIPAIS DE FISCALIZAÇÃO AMBIENTAL (ADI 2422 AGR / DF). Confira:**

> Art. 17-P. Constitui ***crédito*** para compensação com o valor devido a título de TCFA, até o limite de sessenta por cento e relativamente ao mesmo ano, o montante efetivamente pago pelo estabelecimento ao Estado, ao Município e ao Distrito Federal em razão de ***taxa de fiscalização ambiental***.(Incluído pela Lei nº 10.165, de 2000)

O dispositivo é nítido ao permitir a compensação apenas entre o pagamento de Taxas de Fiscalização Ambiental, não de Taxas de Licenciamento Ambiental. Com efeito, como se viu, os fatos geradores das Taxas de Licenciamento Ambiental são distintos dos fatos geradores das Taxas de Controle e Fiscalização Ambiental.

Com base nesse entendimento a Lei 6.938/1981 previu expressamente a **impossibilidade de utilização dos valores pagos à título de Licenciamento ambiental como crédito para compensação com a TCFA**, nos exatos termos do art. 17-P, § 1º, da referida Lei, confira:

> § 1º Valores recolhidos ao Estado, ao Município e ao Distrital Federal a qualquer outro título, tais como taxas ou preços públicos de ***licenciamento*** e venda de produtos, ***não constituem crédito para compensação com a TCFA***. (Incluído pela Lei nº 10.165, de 2000)

A Jurisprudência pátria vem referendando a distinção entre Taxas de Licenciamento Ambiental e Taxa de Controle e Fiscalização Ambiental, observando a vedação de compensação prevista na supramencionada lei. Confira elucidativa ementa nesse sentido:

> TRIBUTÁRIO. TAXA DE CONTROLE E FISCALIZAÇÃO AMBIENTAL - TCFA. ART. 17-P DA LEI Nº 6.938/1981, ACRESCIDO PELA LEI Nº 10.165/2000. ***COMPENSAÇÃO. FEPAM. NATUREZA JURÍDICA E FINALIDADE DISTINTAS***. (...) 4. Consoante se depreende do art. 1º, inciso II, da Resolução do CONAMA, n.º 237/97, o licenciamento ambiental é uma atividade compulsória, de controle e regramento do uso dos recursos ambientais, ou seja, exercício regular do poder de polícia administrativo. Logo, a contraprestação paga pelo contribuinte quando apresenta o projeto para licenciamento, tem natureza jurídica de taxa, e não de preço público, como pretendem alguns órgãos ambientais. ***5. De acordo com o § 1º do art. 17-P da Lei nº 10.165/2000, resta clara a impossibilidade de compensação no caso concreto.*** 6. Apelação improvida. (TRF-4 - AC: 32864 RS 2006.71.00.032864-4, Relator: JOEL ILAN PACIORNIK, Data de Julgamento: 12/11/2008, PRIMEIRA TURMA, Data de Publicação: D.E. 02/12/2008)

IV. PEDIDOS E FECHAMENTO

Para encerrar a peça de resistência, deve o candidato, preferencialmente, declinar os pedidos em tópicos organizados que retomem os argumentos manejados na peça, requerendo, com esteio nas preliminares, a extinção do feito sem exame do pedido e, sucessivamente, a resolução do feito com exame do mérito, julgando-se improcedentes todos os pleitos autorais.

Por fim, deve-se datar a contestação no prazo estabelecido pelos arts. 335, 183, 219 e 224, do NCPC: 30 (trinta) dias úteis, excluindo-se o dia de começo e incluindo-se o de vencimento. Destarte, sendo intimado no dia 01 de julho (sexta-feira) de 2016, o prazo começa a contar na segunda, pois é o primeiro dia útil após a intimação, encerrando-se 30 dias úteis após, em **12 de agosto de 2016.**

» CRITÉRIOS DE AVALIAÇÃO:

CONTESTAÇÃO
ACERTO DA PEÇA 1. Cabimento de **Contestação** endereçada ao Excelentíssimo Senhor Juiz de Direito da 3ª Vara da Fazenda Pública da Comarca de São Luís, com fundamento no art. 335 e ss do CPC;
PRELIMINARES 1. Ilegitimidade: a) ativa; (O Contribuinte da Taxa é a Empresa TransAmbiental LTDA não o sócio) e b) passiva; (O sujeito ativo da Exação é o Estado do Maranhão, não a Fundação Estadual do Meio Ambiente (FEAM); 2. Incompetência absoluta do Juízo Estadual para conhecer o pedido de reconhecimento de crédito em taxa devida ao IBAMA; 3. Impugnação ao valor da causa.
MÉRITO 1. Constitucionalidade da Taxa Estadual de Controle e Fiscalização Ambiental: Constitucionalidade da Taxa na esfera federal (ADI 2178 MC/DF). Constitucionalidade da Taxa na esfera Estadual. Competência concorrente para proteção ao meio ambiente (art. 24, VI, da CF/88), taxa que remunera o exercício do Poder de Polícia do Estado. Segundo o STF a "*taxa de fiscalização e funcionamento fundada na área de fiscalização é constitucional, na medida em que traduz o custo da atividade estatal de fiscalização*" (RE 856.185-AgR, rel. min. Roberto Barroso, julgamento em 4-8-2015, Primeira Turma, DJE de 24-9-2015.) 2. A Taxa não fica restrita aos contribuintes cujos estabelecimentos tivessem sido efetivamente visitados pela fiscalização: Suficiência da manutenção, pelo sujeito ativo, de órgão de controle em funcionamento (RE 603.513-AgR, rel. min. Dias Toffoli, julgamento em 28-8-2012, Primeira Turma, *DJE* de 12-9-2012.); 3. Base de cálculo: Constitucional a base de cálculo estipulada pelo cruzamento do grau de poluição e utilização ambiental com o porte da empresa. Os critérios de potencial de poluição (PP) e o grau de utilização (GU) de recursos naturais foram inseridos na Lei foram incluídos no art. 17-D, da Lei 8.938/81 pela Lei nº 10.165, de 2000. 4. Inexistência de *bis in idem*: A Taxa Estadual de Controle e Fiscalização Ambiental (TFAMA) não se confunde com a Taxa de Licenciamento Ambiental. O art. 17-P, § 1º, da Lei 8.938/81 faz nítida distinção entre as taxas que têm fatos geradores inteiramente distintos. 5. Possibilidade de Cobrança: A TCFA devida ao IBAMA não se confunde com a TFAMA devida ao Estado do Maranhão na medida em que remuneram o exercício de poder de polícia de entes de esfera distintos. O art. 17-P, da Lei 8.938/81, reforça esse entendimento ao prever a possibilidade de a Taxa devida ao ente estadual servir de crédito para compensação com o valor devido a título de TCFA ao IBAMA, até o limite de sessenta por cento e relativamente ao mesmo ano.

CONTESTAÇÃO
6. Impossibilidade de reconhecimento de crédito para compensação com a TCFA ao IBAMA: Incompetência absoluta do juízo para reconhecer crédito na cobrança de taxa de ente Federal. Ademais, a própria Lei 8.938/81 prevê a impossibilidade de taxa de licença ambiental servir de crédito da TCFA ao IBAMA (Art. 17-P, § 1º), uma vez que apenas a TFAMA poderia servir de tal crédito, conforme com o *caput* do art. 17-P da referida lei.
PEDIDOS E FECHAMENTO 1. Seja acatada a preliminar da ilegitimidade ativa e extinto o processo sem resolução de mérito. 2. Caso ultrapassada a preliminar anterior, que se reconheça a ilegitimidade passiva e determine a intimação da parte autora para cumprimento do disposto no art. 338 do CPC, bem como a sua condenação das despesas processuais e honorários advocatícios, nos termos do parágrafo único, do mencionado art. 338 do CPC. 3. Seja reconhecida a preliminar de incompetência absoluta aventada com a consequente remessa dos autos ao juízo competente. 4. Seja provida a impugnação ao valor da causa nos termos aventados. 5. No mérito, seja julgada a pretensão totalmente improcedente. 6. Protesto por provas. 7. Data correta: 12/08/2016.

Proposta 2: Licenciamento ambiental e princípios ambientais

Autores: Wendel Nobre Piton Barreto e Caio Vinícius Sousa e Souza

» ENUNCIADO

EMPRESA BIOAmbiental LTDA. possui licenciamento concedido pelo o Instituto Estadual do Meio Ambiente (IEAM) para a instalação de aterro sanitário nas proximidades do Município de Barreirinhas, região próxima ao Parque Nacional Lençóis Maranhenses. No entanto, alegando descumprimento de exigências técnicas, o ente público não concedeu a licença de operação do empreendimento e notificou o empreendimento para suspender suas atividades.

Diante disso, a Empresa ajuizou ação ordinária contra o Estado do Maranhão e requereu que o IEAM permitisse a continuidade das atividades de instalação, e, após, concedesse licença de operação ou autorizasse a empresa a operar provisoriamente sem ela.

Uma vez distribuída a Ação ao juízo competente, este indeferiu a antecipação da tutela requerida. Irresignada, a Empresa BioAmbiental interpôs Agravo de Instrumento que fora distribuído ao relator, que decidiu sob os seguintes fundamentos:

> "Cumpre registrar que, de fato, o IEAM dirigiu ofício à EMPRESA BIOAmbiental LTDA, no qual estão elencados diversos questionamentos de ordem técnica que, em tese, poderiam conduzir à reavaliação do licenciamento. No entanto, não há possibilidade de, neste momento, acatar ou afastar essas objeções, haja vista a necessidade de ampla produção probatória, especialmente de perícia técnica multidisciplinar.
>
> Uma vez serem atividades ligadas à Licença de Instalação, não há risco imediato de produção dos impactos ambientais decorrentes do funcionamento do aterro sanitário. Portanto, não havendo operação, não há possibilidade de o chorume do aterro atingir a bacia de manancial.
>
> Eventuais impactos são reversíveis, tendo em conta tratar-se de obra de engenharia civil, cujo desfazimento, ainda que oneroso, é plenamente possível. Portanto, a instalação do empreendimento não conduz à produção de danos ambientais irreversíveis, o que não justifica a paralisação das obras"

Diante destes fundamentos o relator antecipou os efeitos da tutela recursal no sentido de permitir o prosseguimento das atividades de instalação do aterro sanitário.

O Estado do Maranhão foi intimado, na pessoa do Exmo. Sr. Procurador-Geral do Estado, dos termos da decisão concessiva da liminar.

O IEAM, por ofício, informou que:

> "Apesar de a licença do aterro sanitário prever o uso de mantas de impermeabilização do solo, é necessário frisar que em caso de eventual acidente (que pode ocorrer com a perfuração da manta ou defeitos na colocação da mesma, por exemplo, ou ainda no transporte de resíduos, antes de atingir a célula do aterro), a contaminação, no caso, seria extremamente rápida. Isso porque o lençol freático é raso e o solo arenoso. Ademais, o sentido do fluxo das águas subterrâneas no Aquífero é da área do aterro para a cidade, e nesta concentram-se os poços profundos. Eventual poluição das águas na área do aterro implicaria comprometimento da maior parte dos poços. A Licenciada não trouxe os documentos técnicos apontando a inexistência de riscos com a operação do empreendimento, tampouco da impossibilidade de contaminação promovida pela instalação das mantas de impermeabilização. Tais fatores geram grave risco de contaminação nos lençóis freáticos recentemente descobertos na região, inviabilizando a operação do empreendimento".

Considerando o panorama fático e jurídico apresentado, na condição de Procurador do Estado do Maranhão, elabore a medida processual mais adequada a atender o interesse público.

» COMENTÁRIOS

O tema apresentado na proposição é extremamente importante para concursos de procuradorias: licenciamento ambiental e princípios ambientais.

Adentrando-se ao enunciado da questão, a decisão judicial de primeiro grau, reformada pelo Tribunal de Justiça em sede de agravo, permitiu o prosseguimento das atividades de instalação de aterro sanitário nas proximidades do Parque Nacional dos Lençóis Maranhenses, Unidade de Conservação de proteção integral, localizada na região nordeste do estado do Maranhão.

Seguindo a trilha de elementos informativos, o ente público pontuou riscos potenciais decorrentes da instalação das mantas de impermeabilização do aterro sanitário, também pontuou a existência de aquíferos nas proximidades, bem como a inexistência de certeza científica para afastar os riscos ambientais de contaminação de lençóis freáticos recentemente descobertos na região, fatos que inviabilizariam o empreendimento.

Dessa feita, não remanescem dúvidas de que a solução do caso narrado reclama atuação imediata do Procurador do Estado competente, com vistas a fazer cessar os efeitos do provimento de urgência deferido pelo Judiciário Maranhense, atacando a decisão judicial proferida contra o ente público.

No caso, o enunciado transparece que decisão foi monocrática pelo desembargador relator. Destarte, tratando-se de decisão monocrática, inicialmente o candidato poderia ventilar a hipótese de Agravo Interno, previsto no art. 994, III, combinado com o art. 1.021, ambos do Novo Código de Processo Civil.

Ocorre, no entanto, que a legislação pátria **NÃO confere efeito suspensivo ao Agravo Interno, cujo processamento demanda, ainda, o contraditório prévio, o relatório e posterior julgamento pelo colegiado.** Assim, ainda que o recurso, na prática deva ser manejado também, para os fins da questão, que exigiu "a medida mais adequada", a interposição do Agravo Interno não é correta.

Ademais, também não é o caso de interposição de Recurso Especial ou Recurso Extraordinário, pois, dentre outros motivos, não fora esgotada a instância ordinária.

Desse modo, o candidato deve considerar a utilização de um incidente processual que atenda ao exigido pelo examinador.

Nessa perspectiva, considerando a antecipação da tutela recursal, propomos o manejo do **Pedido de Suspensão** da decisão, relevante instrumento jurídico apto a paralisar a eficácia do *decisum*, de modo a prontamente resguardar o interesse público, nos termos do art. 4º, caput e §§ , da Lei nº 8.437/92, aplicável à tutela antecipada prevista nos arts. 300 e 497 do NCPC, por força do art. 1º da Lei nº 9.494/97:

> Art. 4º Compete ao presidente do tribunal, ao qual couber o conhecimento do respectivo recurso, suspender, em despacho fundamentado, a execução da liminar nas ações movidas contra o Poder Público ou seus agentes, a requerimento do Ministério Público ou da pessoa jurídica de direito público interessada, em caso de ***manifesto interesse público*** ou de ***flagrante ilegitimidade***, e ***para evitar grave lesão à ordem, à saúde, à segurança e à economia públicas.***

Nesse caso, considerando as peculiaridades a respeito do licenciamento para construção de um aterro sanitário nas proximidades de um dos maiores parques nacionais do país, e o potencial lesivo ao meio ambiente demonstrado pelos fatos apresentados, percebe-se que os efeitos da decisão podem resultar em grave lesão a importantes bens curados pelo Estado em sentido lato, em especial, ao meio ambiente, o que justifica a apresentação, no **Superior Tribunal de Justiça**, do Pedido de Suspensão.

Conforme ressaltado em proposta anterior, tratando-se de decisão proferida por TJ ou TRF, a competência para o Pedido de Suspensão será do STJ ou do STF, a depender da matéria (se infraconstitucional, ou constitucional), **ainda que tal decisão seja monocrática**.

Ademais, é imperioso ressaltar que inexiste óbice ao manejo do Pedido de Suspensão em face da inexistência de prévia interposição do agravo interno para o órgão colegiado, confira:

> O Plenário do STF, assim como a eg. Corte Especial do STJ, tem firmado sua competência para apreciar pedido de suspensão de liminar e de sentença manifestado contra decisão monocrática proferida na instância de origem pelo relator de apelação ou agravo de instrumento, ***independente da prévia interposição de agravo interno para o órgão colegiado***. (Precedente: AgRg na PET 2.455-9, Rel. Min. Gilmar Mendes, DJ de 01.10.2004)

Não remanescendo dúvida sobre o incidente cabível, bem como sobre a competência para julgamento, exige-se do candidato a escorreita fundamentação que demonstre, na forma do art. 4º da Lei n.º 8.437/92: **1) o manifesto interesse público, ameaçado pela potencialidade lesiva desta decisão à ordem, saúde, segurança e economia públicas; 2) a flagrante ilegitimidade da decisão combatida**.

Em relação ao primeiro ponto destacado, o candidato deve sustentar a POTENCIALIDADE LESIVA da decisão, que, se não sustada, pode redundar em graves prejuízos aos bens curados pela legislação de regência (ordem, saúde, segurança e economia públicas).

> **Dica:** recomenda-se ao candidato defender, em tópicos ou parágrafos distintos, a lesão a cada um dos bens mencionados, de sorte a facilitar a identificação de cada ponto do espelho pelo examinador.

Nesse ponto, não há maiores dificuldades, basta que o candidato saiba articular bem os fatos narrados no enunciado, de modo a subsumi-los a uma ou mais categorias protegidas pela lei.

- ***Fundamentos jurídicos – manifesto interesse público***

Assim, demonstrado o grave risco ambiental decorrente da instalação de aterro sanitário com possibilidade de dano ambiental em área de proteção ambiental, a decisão que determina o prosseguimento da obra tem potencial de causar grave lesão à **ordem pública**, por ser contrária ao interesse público, com potencial de lesão ambiental ao Parque Nacional Lençóis Maranhenses, um dos mais importantes biomas do país; e à **saúde pública**, considerada a provavel poluição das águas do aquífero, cujo sentido do fluxo *"é da área do aterro para a cidade"*.

> **Dica:** sempre que se vislumbrar potencialidade lesiva da decisão judicial ao meio ambiente, é possível apontar risco à **saúde pública**, pois este direito fundamental depende do meio ambiente equilibrado.

Como esforço argumentativo, embora não haja informação expressa no enunciado, poderia ser arguido opcionalmente o risco à **economia pública**, uma vez que o Município de Barreirinhas e o Estado do Maranhão podem perder a exploração econômica do potencial turístico com a degradação ambiental da região.

> **Cuidado**: A FCC, na primeira fase do concurso da PGE/MA, presumiu conhecimentos acerca de determinada região metropolitana do Estado, por isso, não seria absurdo imaginar a presunção de que os lençois maranhenses constituem importante atração turística.

É necessário ressaltar que a incolumidade do meio ambiente não pode ser comprometida por interesses empresarias, nem manter dependência de motivações de âmago essencialmente econômico. Com efeito, a proteção ambiental é competência comum dos entes federativos (art. 23, VI e VII da CF/88) e a nova sistemática sedimentada pela redação do artigo 225 da CF/88 impõe ao Poder Público o dever geral de tutelar todos os elementos que integram o meio ambiente, tendo a obrigação de atuar no sentido de zelar, defender e preservar, asseverando que o meio-ambiente permaneça intacto.

- ***Fundamentos jurídicos – flagrante ilegitimidade da decisão***

Já em relação à flagrante ilegitimidade da decisão, é encontradiça na doutrina a afirmação de que, em sede de Pedido de Suspensão, o Presidente do Tribunal competente não se presta a examinar o mérito da causa originária, pois tal expediente é afeto à sistemática recursal.

Todavia, como ja dito, isso não significa afirmar que seja desnecessária a articulação dos fundamentos jurídicos que maculam a decisão vergastada, já que, quando do julgamento do Pedido de Suspensão, o julgador emite *juízo de delibação*.

É, pois, inegável que o pedido de suspensão NÃO se destina à reforma da decisão cuja eficácia se pretende cassar. Entretanto, mesmo com tal peculiaridade, a doutrina e a jurisprudência são unânimes em afirmar a necessidade de o requerente esposar os fundamentos jurídicos que tornam a decisão fustigada ilegítima.

Assim, para suprir este requisito no caso narrado, deve o candidato apontar para a **inexistência de direito adquirido à licença de instalação ou operação.**

Com efeito, o licenciamento ambiental é Instrumento da Política Nacional do Meio Ambiente (art. 9º, IV, da Lei 6.938/81) e caracteriza o exercício do poder de polícia em matéria ambiental. Em relação à natureza jurídica da licença ambiental, prevalece na doutrina e jurisprudência o entendimento de que se trata de licença administrativa *sui generis*, pois **inexiste o direito subjetivo à sua utilização**, podendo ser rejeitada com fundamento no interesse público, por exemplo.

Obs.: Sobre o tema da inexistência de direito adquirido ao licenciamento ambiental, assim dispõe a Resolução 237 do CONAMA:

Art. 19 - O órgão ambiental competente, mediante decisão motivada, poderá modificar os condicionantes e as medidas de controle e adequação, suspender ou cancelar uma licença expedida, quando ocorrer:

I - Violação ou inadequação de quaisquer condicionantes ou normas legais.

II - Omissão ou falsa descrição de informações relevantes que subsidiaram a expedição da licença.

III - superveniência de graves riscos ambientais e de saúde.

Dessa forma, a licença ambiental, embora se aproxime da licença administrativa, com ela não se confunde, pois está sujeita à revisão e suspensão em caso de interesse público superveniente ou descumprimento dos requisitos preestabelecidos para o licenciamento. Nesse sentido, a concessão de licença ambiental, seja de instalação ou operação, não é direito subjetivo do interessado e, mais que isso, não gera direito adquirido à manutenção da atividade ou empreendimento por tempo indefinido, diante do prazo determinado e da possibilidade de modificação, suspensão ou cancelamento (STF. Rcl 18526 RJ. Rel. Min. CÁRMEN LÚCIA. Julgado em 08/10/2014).

Na mesma linha, tem decidido o TJ-MA, confira:

> AGRAVO DE INSTRUMENTO - MANDADO DE SEGURANÇA - AMBIENTAL - EMPRESA DE MINERAÇÃO - LICENÇA DE OPERAÇÃO VÁLIDA - MODIFICAÇÃO DO STATUS DA ÁREA ONDE AS ATIVIDADES SE DESENVOLVIAM PARA ÁREA URBANA - INDEFERIMENTO DO ALVARÁ DE LOCALIZAÇÃO - PARALISAÇÃO DETERMINADA - LEGALIDADE - PROTEÇÃO AO MEIO AMBIENTE - DECISÃO MANTIDA - RECURSO DESPROVIDO. Ainda que o particular possua licença de operação válida, ***não impede a modificação ou cassação, para atender ao interesse público ou para adequar-se a mecanismos que venham garantir maior proteção do meio ambiente.*** Havendo modificação da natureza da área onde era explorada a atividade de mineração, transformando-se em área urbana, é lícita a vedação da continuidade das atividades, visando a proteção do meio ambiente e resguardo da qualidade de vida da população presente e futura. (AI 101599/2015, DESA. ANTONIA SIQUEIRA GONÇALVES RODRIGUES, QUARTA CÂMARA CÍVEL, Julgado em 02/02/2016, Publicado no DJE 18/02/2016)

Seguindo em esforço argumentativo, pode-se alegar que o simples prosseguimento da instalação do aterro já traria danos ao meio ambiente, reconhecidos inclusive pelo ilustrado relator na decisão apontada. Nesse sentido, não procede a argumentação do relator no sentido de que, quanto ao prosseguimento de instalação do aterro, "*eventuais impactos são reversíveis, tendo em conta tratar-se de obra de engenharia civil, cujo desfazimento, ainda que oneroso, é plenamente possível*", já que, em termos de meio ambiente, deve prevalecer o **princípio da precaução**.

Com efeito, foi sedimentada pela Declaração da Conferência das Nações Unidas sobre Meio Ambiente e Desenvolvimento, também conhecida como Declaração do Rio/92, a seguinte premissa sobre o princípio da precaução:

> "Com o fim de proteger o meio ambiente, o princípio da precaução deverá ser amplamente observado pelos Estados, de acordo com suas capacidades. Quando houver ameaça de danos graves ou irreversíveis, a ausência de certeza científica absoluta não será utilizada como razão para o adiamento de medidas economicamente viáveis para prevenir a degradação ambiental".

Sobre o tema, o STJ já se manifestou aduzindo que "*o princípio da precaução, consagrado formalmente pela Conferência das Nações Unidas sobre o Meio Ambiente e o Desenvolvimento – Rio 92 (ratificada pelo Brasil), aduz que a ausência de certezas científicas não pode ser argumento utilizado para postergar a adoção de medidas eficazes para a proteção ambiental. Na dúvida, prevalece a defesa do meio ambiente*" **(STJ. 2ª Turma. REsp 1285463-SP. Rel. Min. HUMBERTO MARTINS, julgado em 28/02/2012)**

Como assevera Romeu Thomé[25], *a incerteza científica milita em favor do ambiente, carregando-se ao interessado o ônus de provar que as intervenções pretendidas não são perigosas e/ou poluentes.*" Ou seja, o ÔNUS DA PROVA em face do princípio da precaução é do interessado no licenciamento. No entanto, nos termos expostos pelo IEAM, **a Licenciada não trouxe os documentos técnicos apontando a inexistência de riscos com a instalação e operação do empreendimento**, tampouco da impossibilidade de contaminação promovida pela instalação das mantas de impermeabilização.

Sobre tema análogo, em sede de voto condutor no AgRg na SLS 1279, o relator, Min. Ari Pargendler, aduziu o seguinte:

> "A precaução diferencia-se de prevenção. Somente se pode prevenir o que já se conhece. Por isso o Estudo de Impacto Ambiental (EIA) tem caráter preventivo. *Já no âmbito da precaução ambiental, como a mensuração do impacto está sendo contestada, não há como prever os riscos; obviamente, neste contexto, os danos não são/estão passíveis de prevenção. A melhor alternativa, em plena harmonia com a defesa do meio ambiente ecologicamente equilibrado e com a convicção de que a reparação ambiental, na maioria das vezes, é inviável, resume-se em prestigiar a efetiva defesa desse direito difuso: resume-se em prestigiar a precaução.* Desse modo, se há dúvida séria suscitada por um órgão ambiental quanto à inviabilidade de instalação do empreendimento, não se mostra conveniente que as objeções sejam desconsideradas, de plano, pelo Poder Judiciário, em sede de liminar." (STJ. AgRg na SLS 1279 PR. Rel. Min. Ari Pargendler. julgado em 16/03/2011)

Portanto, diante da **incerteza científica quanto à possibilidade de danos ambientais, sobre a suposta reversibilidade de eventuais danos, e especialmente diante da existência de lençóis freáticos recentemente descobertos na região (fatos supervenientes)**, à luz do princípio da precau-

25. THOMÉ, Romeu. Manual de Direito Ambiental: Conforme o Novo Código Florestal e a Lei Complementar 140/2011. 2 ed. Salvador: Editora JusPodivm, 2012, p. 116.

ção, deve-se concluir pela inviabilidade do prosseguimento da instalação e, ainda mais, da operação do empreendimento.

No caso em tela, o exame superficial da matéria de mérito exposta pelo IEAM evidenciou que a decisão cujos efeitos se pretende suspender tem potencial de causar grave dano à ordem pública, **aqui representada na proteção ao meio ambiente.**

Em caso análogo, o STJ decidiu no seguinte sentido:

> PEDIDO DE SUSPENSAO DE MEDIDA LIMINAR. LICENCIAMENTO AMBIENTAL PARA INSTALAÇAO DE ATERRO SANITÁRIO. PROTEÇAO AO MEIO AMBIENTE. LESAO À ORDEM PÚBLICA. Demonstrado o grave risco ambiental decorrente da instalação de aterro sanitário em área de proteção ambiental, a decisão que determina o prosseguimento da obra tem potencial de causar grave lesão à ordem pública; em termos de meio ambiente, deve prevalecer o princípio da precaução. Agravo regimental não provido. (STJ. AgRg na SLS 1279 PR. Rel. Min. Ari Pargendler. julgado em 16/03/2011)

Caberia ao candidato, portanto, estruturar corretamente sua peça de Pedido de Suspensão. Recomenda-se dividi-la em 4 (quatro) partes:

5. Exposição sumária dos fatos subjacentes à causa, que devem estar alinhados à necessidade de demonstração de urgência da contracautela;

6. Fundamentos jurídicos, com o enquadramento específico e detalhado dos fatos às hipóteses normativas do pedido de suspensão, demonstrando-se o perigo aos bens tutelados pela lei de regência (no caso narrado, a ordem e a economia públicas);

7. Fundamentos jurídicos que demonstrem a "flagrante ilegitimidade" da decisão, a fim de possibilitar o chamado *juízo de delibação* a ser exercido pelo Presidente do Tribunal competente.

8. Requerimentos finais (liminar e definitivo), que NÃO devem ser, em hipótese alguma, a reforma ou anulação da decisão atacada, mas simplesmente a suspensão de sua eficácia.

Cuidado: No Pedido de Suspensão é OBRIGATÓRIO o pedido de ultratividade da decisão suspensiva até o trânsito em julgado do processo principal.

» CRITÉRIOS DE AVALIAÇÃO:

PEDIDO DE SUSPENSÃO
ACERTO DA PEÇA Cabimento do **Pedido de Suspensão** perante o STJ, com fundamento no art. 4º da Lei n.º 8.437/92, c/c o art. 1º da Lei nº 9.494/97: O Plenário do STF, assim como a eg. Corte Especial do STJ, tem firmado sua competência para apreciar pedido de suspensão de liminar e de sentença manifestado contra decisão monocrática proferida na instância de origem pelo relator de apelação ou agravo de instrumento, **independente da prévia interposição de agravo interno para o órgão colegiado.** (Precedente: AgRg na PET 2.455-9, Rel. Min. Gilmar Mendes, DJ de 01.10.2004);
FUNDAMENTOS JURÍDICOS ("MANIFESTO INTERESSE PÚBLICO") Articulação fática que demonstre grave risco à ordem e saúde públicas. Opcionalmente, apontar a possibilidade de risco à economia pública;
FUNDAMENTOS JURÍDICOS ("FLAGRANTE ILEGITIMIDADE DA DECISÃO) (1) Inexistência de direito adquirido à licença de operação. Ainda que o particular possuísse licença de operação válida, o Estado não seria impedido a modificar ou cassar, para atender ao interesse público ou para adequar-se a mecanismos que venham garantir maior proteção do meio ambiente. (Art. 19 da Resolução 237 do CONAMA), (STF. Rcl 18526 RJ. Rel. Min. CÁRMEN LÚCIA. Julgado em 08/10/2014) e (TJ-MA - AI 101599/2015, DESA. ANTONIA SIQUEIRA GONÇALVES RODRIGUES, QUARTA CÂMARA CÍVEL, Julgado em 02/02/2016, Publicado no DJE 18/02/2016); (2) Em termos de meio ambiente, deve prevalecer o princípio da precaução: "*O princípio da precaução, consagrado formalmente pela Conferência das Nações Unidas sobre o Meio Ambiente e o Desenvolvimento - Rio 92 (ratificada pelo Brasil), aduz que a ausência de certezas científicas não pode ser argumento utilizado para postergar a adoção de medidas eficazes para a proteção ambiental. Na dúvida, prevalece a defesa do meio ambiente*" (STJ. 2ª Turma. REsp 1285463-SP. Rel. Min. HUMBERTO MARTINS, julgado em 28/02/2012)
PEDIDOS 1. Liminar, com espeque no § 7º do art. 4º da Lei nº 8.437/92, para que seja imediatamente suspensa a decisão proferida nos autos do Agravo de Instrumento interposto contra o Estado do Maranhão; 2. A suspensão em definitivo daquela decisão, paralisando a sua eficácia até o trânsito em julgado do mérito (§ 9º do art. 4º da Lei nº 8.437/92).

Proposta 3: Responsabilidade ambiental

Autores: Wendel Nobre Piton Barreto e Maíra Mutti Araújo

» ENUNCIADO

José Tucumã, fervoroso defensor da fauna e flora amazônica, dirigiu representação às autoridades ambientais do Governo do Estado do Amazonas informando a construção irregular por Josué Mano de um "Balneário" com bar mesas e estruturas para show na área do Parque Estadual Samaúma, Unidade de Conservação Estadual, apontando para a histórica poluição local com lixo e resíduos gerados pelos frequentadores.

O governo do Estado do Amazonas, ciente da construção irregular, visto que o imóvel em questão não possuía "habite-se", licença e nem alvará de construção, instaurou regular processo administrativo que culminou na determinação de prazo para que Josué Mano promovesse a demolição da obra às suas expensas.

Irresignado, Josué Mano ajuizou Ação Ordinária em face do Estado do Amazonas, visando anular a determinação administrativa e a manutenção do imóvel no local. Asseverou, para tanto: *a)* que o "Balneário" fora construído a mais de 20 (vinte) anos, estando consolidado na região ante a omissão de fiscalização do Poder Público. Desse modo, alegou possuir direito à usucapião da área. *b)* que, em face do lapso temporal que exerceu a atividade no imóvel, possuía direito de continuar o empreendimento em nome da segurança jurídica e do direito adquirido; *c)* que, caso os fundamentos anteriores não fossem acatados, possuía direito de retenção pelas benfeitorias no terreno e o direito à indenização devida. *d)* que inexistiu comprovação, no processo administrativo, de que o imóvel promovia algum tipo de dano ambiental. *e)* Por fim, em caso de não acolhimento das alegações anteriores, asseverou que não construiu o "Balneário", apenas comprou de um terceiro, logo não poderia lhe ser atribuído a responsabilidade financeira pela demolição do imóvel.

A Secretaria de Estado do Meio Ambiente, a quem foi dirigida a citação, encaminhou-a junto com a cópia da inicial para a Procuradoria-Geral do Estado do Amazonas. De posse dessas informações, na qualidade de

Procurador do Estado, responsável pelo processo em comento, proceda à redação da peça processual que entender adequada à defesa do ente público em juízo, utilizando todos os argumentos que entender cabíveis.

» COMENTÁRIOS

Analisando-se a situação narrada na questão, não há dúvida de que estamos novamente diante de uma **contestação**, já que o feito se encontra em fase de citação.

I. PRELIMINAR

Ainda antes da análise do mérito, insta suscitar a **nulidade da citação da Fazenda Pública**, pois, nos termos do art. 242, § 3º, do NCPC, o ente deveria ter sido citado por sua PGE:

> Art. 242. A citação será pessoal, podendo, no entanto, ser feita na pessoa do representante legal ou do procurador do réu, do executado ou do interessado.
>
> § 3º A citação da União, dos Estados, do Distrito Federal, dos Municípios e de suas respectivas autarquias e fundações de direito público será realizada perante o órgão de Advocacia Pública responsável por sua representação judicial.

No caso em análise, a citação foi dirigida equivocadamente à Secretaria e não à Procuradoria-Geral, cabendo ao candidato mencionar a referida nulidade, mesmo que o comparecimento aos autos, no prazo legal, supra o referido vício.

II. MÉRITO

No mérito, as teses do Estado são muitas:

a) *Impossibilidade de usucapir bem público nos termos do artigo 183, § 3º, da Constituição Federal e Súmula 340 STF*

A questão em tela encerra tema já debatido e pacificado na jurisprudência dos tribunais superiores: a impossibilidade de usucapir bem público.

No que concerne à discussão em torno da posse do imóvel em tela, cabe lembrar que, entre as características que envolvem os bens submetidos ao regime jurídico de direito público, podem-se referir sua **inalienabilidade** e sua **imprescritibilidade**. Com efeito, assevera o art. 183, § 3º da CF/88:

> § 3º Os imóveis públicos não serão adquiridos por usucapião.

Dispositivo também reproduzido pelo art. 102 do CC e reforçado pelo enunciado da Súmula 340 do STF, confira:

> Súmula 340. Desde a vigência do Código Civil, os bens dominicais, como os demais bens públicos, não podem ser adquiridos por usucapião.'

Além disso, é cediço que os atos de mera permissão ou tolerância em si seriam suscetíveis de constituir uma apreensão de posse, mas não geram nenhum direito de posse, não produzem seus naturais efeitos, porque não se fundam em obrigação preexistente (ACO 685, Relatora Ministra Ellen Gracie, Tribunal Pleno, julgamento em 11.12.2014, *DJe* de 12.2.2015)

Nesses termos, o artigo 1.208 do CC estabelece que: "*não induzem posse os atos de mera permissão ou tolerância assim como não autorizam a sua aquisição os atos violentos, ou clandestinos, senão depois de cessar a violência ou clandestinidade*"

Desse modo, o fato de o Balneário ter sido construído há mais de 20 (vinte) anos, não afasta a conclusão de que inexistiu posse do bem, estando descaracterizados os requisitos da usucapião. Sobre o tema, confira a jurisprudência do STF sobre o tema:

> "Consoante apontado na aludida decisão, a questão dos autos cinge-se em aferir se o bem imóvel situado na Praia do Forte/SC, e vindicado pela parte ora agravante, estaria sujeito à aquisição por usucapião, restando incontroverso a posse mansa e pacífica por mais de vinte anos pela família desse, além de terceiros. A ação foi julgada improcedente na origem, e confirmada em sede de apelação, uma vez que há prova nos autos que dão conta ser a UNIÃO a legítima dona do terreno, este contido em uma área maior conforme assentado nos autos por meio de prova pericial, e, nos termos da atual Constituição, são insuscetíveis de prescrição aquisitiva, ou até mesmo antes dela, dado o entendimento sufragado por esta Suprema Corte na Súmula 340/STF: 'Desde a vigência do Código Civil, os bens dominicais, como os demais bens públicos, não podem ser adquiridos por usucapião.'" (AI 852804 AgR, Relator Ministro Luiz Fux, Primeira Turma, julgamento em 4.12.2012, DJe de 1.2.2013).

b) ***A suposta inércia ou tolerância da Administração não tem efeito de afastar ou distorcer a aplicação da lei***

O demandante alega omissão de fiscalização do Poder Público durante os 20 anos em que o balneário funcionou no local. A tese não merece prosperar. Com efeito, como fundamentação para afastar a alegação de que a eventual omissão na fiscalização da edificação autorizaria a usucapião do imóvel, calha colacionar o trecho do voto do Min. Teori Zavascki no REsp 850.970/DF, julgado em 01/03/2011, confira:

> "***Eventual inércia ou tolerância da Administração não tem efeito de afastar ou distorcer a aplicação da lei.*** Não fosse assim, os agentes públicos teriam, sob sua exclusiva vontade, o poder de afastar normas legais cogentes, instituídas em observância e como garantia do interesse da coletividade. ***O imóvel público é indisponível, de modo que eventual omissão dos governos implica responsabilidade de seus agentes, nunca vantagem de indivíduos às custas da coletividade. Invasores de áreas públicas não podem ser considerados sócios ou beneficiários da omissão, do descaso e da inércia daqueles que deveriam zelar pela integridade do patrimônio coletivo.*** Saliente-se que o Estado pode - e deve - amparar aqueles que não têm casa própria, seja com a construção de habitações dignas a preços módicos, seja com a doação pura e simples de residência às pessoas que não podem por elas pagar. É para isso que existem as Políticas Públicas de Habitação federais, estaduais e municipais. O que não se mostra razoável é torcer as normas que regram a posse e a propriedade para atingir tais objetivos sociais e, com isso, acabar por dar tratamento idêntico a todos os que se encontram na mesma situação de ocupantes ilegais daquilo que pertence à comunidade e às gerações futuras - ricos e pobres." (trecho do voto do Min. Teori Zavascki no REsp 850.970/DF, julgado em 01/03/2011).

c) ***Não há direito adquirido a poluir ou degradar o meio ambiente, não existindo permissão ao proprietário ou posseiro para a continuidade de práticas vedadas pelo legislador***

Alegou o demandante que, em face do lapso temporal que exerceu a atividade no imóvel, possuía direito de continuar o empreendimento em nome da segurança jurídica e do direito adquirido. **Ocorre que a jurisprudência pátria sedimentou o entendimento segundo o qual inexiste direito adquirido a poluir ou degradar o meio ambiente,** assertiva esta fundada, especialmente: **(*i*) na densidade constitucional da função ecológica**

da propriedade (arts. 170, inc. VI, 186, inc. II, e 225, da CF); (*ii*) na garantia ao meio ambiente ecologicamente equilibrado para as presentes e futuras gerações (art. 225, *caput*, da CF); e (*iii*) na indisponibilidade do bem ambiental. Confira-se:

> PROCESSUAL CIVIL E AMBIENTAL. AÇÃO CIVIL PÚBLICA. AUSÊNCIA DE PREQUESTIONAMENTO. INCIDÊNCIA, POR ANALOGIA, DA SÚMULA 282 DO STF. ***FUNÇÃO SOCIAL E FUNÇÃO ECOLÓGICA DA PROPRIEDADE E DA POSSE.*** ÁREAS DE PRESERVAÇÃO PERMANENTE. RESERVA LEGAL. RESPONSABILIDADE OBJETIVA PELO DANO AMBIENTAL. OBRIGAÇÃO PROPTER REM. ***DIREITO ADQUIRIDO DE POLUIR.*** 1. A falta de prequestionamento da matéria submetida a exame do STJ, por meio de Recurso Especial, impede seu conhecimento. Incidência, por analogia, da Súmula 282/STF. 2. ***Inexiste direito adquirido a poluir ou degradar o meio ambiente. O tempo é incapaz de curar ilegalidades ambientais de natureza permanente, pois parte dos sujeitos tutelados - as gerações futuras - carece de voz e de representantes que falem ou se omitam em seu nome.*** 3. ***Décadas de uso ilícito da propriedade rural não dão salvo-conduto ao proprietário ou posseiro para a continuidade de atos proibidos ou tornam legais práticas vedadas pelo legislador, sobretudo no âmbito de direitos indisponíveis, que a todos aproveita, inclusive às gerações futuras, como é o caso da proteção do meio ambiente.***4. As APPs e a Reserva Legal justificam-se onde há vegetação nativa remanescente, mas com maior razão onde, em consequência de desmatamento ilegal, a flora local já não existe, embora devesse existir. 5. Os deveres associados às APPs e à Reserva Legal têm natureza de obrigação propter rem, isto é, aderem ao título de domínio ou posse. Precedentes do STJ. 6. Descabe falar em culpa ou nexo causal, como fatores determinantes do dever de recuperar a vegetação nativa e averbar a Reserva Legal por parte do proprietário ou possuidor, antigo ou novo, mesmo se o imóvel já estava desmatado quando de sua aquisição. Sendo a hipótese de obrigação propter rem, desarrazoado perquirir quem causou o dano ambiental in casu, se o atual proprietário ou os anteriores, ou a culpabilidade de quem o fez ou deixou de fazer. Precedentes do STJ. (REsp 1172553/PR,Rel. Ministro ARNALDO ESTEVES LIMA, PRIMEIRA TURMA, Julgado em 27/05/2014, DJE 04/06/2014. No mesmo sentido:
>
> AgRg no REsp 1367968/SP,Rel. Ministro HUMBERTO MARTINS, SEGUNDA TURMA, Julgado em 17/12/2013, DJE 12/03/2014. EDcl nos EDcl no Ag 1323337/SP,Rel. Ministro MAURO CAMPBELL MARQUES, SEGUNDA TURMA, Julgado em 22/11/2011,DJE 01/12/2011)

d) *Inexistência de direito de retenção por benfeitorias e o almejado pleito indenizatório*

Conforme apontado, o STJ já pacificou o entendimento de que, em se tratando de bem público, não há que se falar em posse, mas mera detenção, de natureza precária, o que afasta, por conseguinte, o direito de retenção por benfeitorias, ainda que à luz de alegada boa-fé.

Nesse sentido, destaque-se o seguinte precedente:

> PROCESSUAL CIVIL E ADMINISTRATIVO. AGRAVO REGIMENTAL EM RECURSO ESPECIAL. ART. 535, II DO CPC. VIOLAÇÃO NÃO CONFIGURADA. BEM PÚBLICO. OCUPAÇÃO IRREGULAR. DIREITO DE INDENIZAÇÃO PELAS ACESSÕES. INEXISTÊNCIA. 1. O fato de as conclusões do acórdão recorrido serem contrárias aos interesses da parte, não configura violação ao artigo 535, II do Código de Processo Civil. 2. Restando configurada a ocupação indevida de bem público, não há falar em posse, mas em mera detenção, de natureza precária, o que afasta o direito de retenção por benfeitorias e o almejado pleito indenizatório à luz da alegada boa-fé. 3. Agravo regimental não provido. (AgRg no REsp 1470182/RN, Rel. Ministro MAURO CAMPBELL MARQUES, SEGUNDA TURMA, julgado em 04/11/2014, DJe 10/11/2014)

Os fundamentos para o julgado em tela residem em duas premissas:

<u>1º) Não há como se falar em posse sobre bem público</u>

Como sabemos, existem basicamente duas teorias explicativas da posse: **Subjetiva**, defendida por Savigny, para quem a posse consiste no poder exercido sobre determinada coisa (corpus) com o propósito de tê-la para si (animus); **Objetiva**, defendida por Ihering, para quem basta o corpus, isto é, a coisa, sendo a posse mera exteriorização da propriedade. Seria possuidor, portanto, aquele que, exercendo poderes de dono, imprimisse destinação econômica à coisa.

Segundo art. 1.196 do Código Civil: "*Considera-se possuidor todo aquele que tem de fato o exercício, pleno ou não, de algum dos poderes inerentes à propriedade.*" Ao considerar como possuidor aquele que se porta como dono, então, entende-se que o nosso Código adotou a teoria objetiva da posse, sendo, assim, considerado possuidor aquele de possua o poder de gozar, reaver, usar ou dispor do bem, por serem eles poderes inerentes à propriedade, segundo previsão do art. 1.228 do Código Civil. **<u>Ocorre que, em se tratando de bem público, o eventual ocupante não possuirá quaisquer</u>**

desses poderes, principalmente se ocupa o bem sem qualquer anuência ou autorização do Poder Público. Por conta disso, o primeiro fundamento do pedido ser afastado refere-se a sua qualificação como possuidor, pois ele deverá, no máximo, ser considerado como mero detentor do bem.

2º) Sem posse, não há como se falar em direito a indenização por benfeitorias ou direito de retenção

De fato, ao possuidor legítimo são assegurados certos direitos caso venha a perder sua posse. Tais direitos recaem sobre as benfeitorias erigidas e quanto aos frutos e produtos relativos ao bem. Em todo caso, a natureza da posse, se de boa ou de má fé, repercutirá diretamente em tais direitos, prevendo o Código Civil.

Ocorre que, como vimos, o ocupante de bem público não pode ser qualificado como possuidor, e sim como mero detentor da coisa. Assim sendo, portanto, não faz ele jus a qualquer tipo de indenização pelas benfeitorias erigidas, não possuindo, por consequência, direito de retenção do bem, já que todos esses direitos apenas são resguardados a favor do possuidor.

Considerando todos os argumentos aventados, é de se concluir que os pedidos formulados jamais poderiam ser acolhidos por não ser cabível a invocação, ao caso, do art. 1219 do Código Civil, eis que:

> i. O demandante não pode ser considerado possuidor, mas mero detentor;
>
> ii. Não sendo possuidor, não faz jus a indenização por quaisquer benfeitorias e, por consequência, à retenção do bem;
>
> iii. Em todo caso, o reconhecimento de eventual direito a indenização configuraria um estímulo a invasões a bens públicos, em flagrante prejuízo à coletividade e mesmo sendo flagrante a ausência de boa-fé desses ocupantes, que atuam em violação direta à lei.

e) *O princípio da precaução pressupõe a inversão do ônus probatório*

Alega o demandante que inexistiu comprovação, no processo administrativo, de que o imóvel promovia algum tipo de dano ambiental. Tal argumento é irrelevante para o acolhimento de seus pedidos uma vez que resta consolidado na jurisprudência pátria que o princípio da precaução pressupõe a inversão do ônus probatório.

Com efeito, foi sedimentada pela Declaração da Conferência das Nações Unidas sobre Meio Ambiente e Desenvolvimento, também conhecida como Declaração do Rio/92, a seguinte premissa sobre o princípio da precaução:

"Com o fim de proteger o meio ambiente, o princípio da precaução deverá ser amplamente observado pelos Estados, de acordo com suas capacidades. Quando houver ameaça de danos graves ou irreversíveis, a ausência de certeza científica absoluta não será utilizada como razão para o adiamento de medidas economicamente viáveis para prevenir a degradação ambiental".

Sobre o tema, o STJ já se manifestou aduzindo que "*o princípio da precaução, consagrado formalmente pela Conferência das Nações Unidas sobre o Meio Ambiente e o Desenvolvimento - Rio 92 (ratificada pelo Brasil), aduz que a ausência de certezas científicas não pode ser argumento utilizado para postergar a adoção de medidas eficazes para a proteção ambiental. Na dúvida, prevalece a defesa do meio ambiente*" (STJ. 2ª Turma. REsp 1285463-SP. Rel. Min. HUMBERTO MARTINS, julgado em 28/02/2012)

f) ***A obrigação de recuperar a degradação ambiental é do titular da propriedade do imóvel, mesmo que não tenha construído o empreendimento, tendo em conta sua natureza propter rem***

Sobre o tema, o STJ sedimentou entendimento de que as obrigações ambientais, de qualquer natureza, aderem ao imóvel, pouco importando a identidade do proprietário ontem, hoje ou amanhã. Ou seja, a obrigação de reparar o dano ambiental tem natureza *proptem rem*. Sobre o tema, confira:

> Descabe falar em culpa ou nexo causal, como fatores determinantes do dever de recuperar a vegetação nativa e averbar a Reserva Legal por parte do proprietário ou possuidor, antigo ou novo, mesmo se o imóvel já estava desmatado quando de sua aquisição. Sendo a hipótese de obrigação propter rem, desarrazoado perquirir quem causou o dano ambiental in casu, se o atual proprietário ou os anteriores, ou a culpabilidade de quem o fez ou deixou de fazer. Precedentes do STJ" (REsp 1240122/PR,Rel. Ministro HERMAN BENJAMIN, SEGUNDA TURMA, Julgado em 28/06/2011,DJE 11/09/2012)

Consigne-se que os entendimentos doutrinários citados, bem assim a jurisprudência consolidada a respeito, foram objeto de expressa incorporação no novo Código Florestal (Lei n.º 12.651/2012), nos termos de seu art. 2º, § 2º, que assim dispõe:

> "Art. 2º, § 2º. As obrigações previstas nesta Lei têm natureza real e são transmitidas ao sucessor, de qualquer natureza, no caso de transferência de domínio ou posse do imóvel rural".

A compreensão que prevalece, incorporada no direito positivo, consubstancia corolário do princípio da reparação ambiental integral, assentado no art. 225, § 3º, da Constituição Federal:

> "Art. 225, § 3º. As condutas e atividades consideradas lesivas ao meio ambiente sujeitarão os infratores, pessoas físicas ou jurídicas, a sanções penais e administrativas, independentemente da obrigação de reparar os danos causados".

O dispositivo confere destaque à reparação dos danos ambientais, verdadeiro pressuposto para uma adequada e eficiente proteção ao meio ambiente. Desse modo, descabe o argumento do autor de que não construiu o "Balneário", mas apenas comprou de um terceiro, logo não poderia lhe ser atribuído a responsabilidade financeira pela demolição do imóvel.

Ademais, conforme assevera o art. 72, VIII, da Lei 9.605/98, que dispõe sobre as sanções penais e administrativas derivadas de condutas e atividades lesivas ao meio ambiente, a demolição de obra constitui regular sanção administrativa. Por sua vez, verifica-se que o Decreto Regulamentar nº 6.514/2008 vem no mesmo sentido do procedimento adotado pela Administração, confira:

> "Art. 3º As infrações administrativas são punidas com as seguintes sanções:
>
> (...)
>
> VIII – demolição de obra";
>
> "Art. 19. A sanção de demolição de obra poderá ser aplicada pela autoridade ambiental, após o contraditório e ampla defesa, quando:
>
> ***I – verificada a construção de obra em área ambientalmente protegida em desacordo com a legislação ambiental; ou***
>
> § 1º A demolição poderá ser feita pela administração ***ou pelo infrator, em prazo assinalado, após o julgamento do auto de infração***, sem prejuízo do disposto no art. 112.
>
> ***§ 2º As despesas para a realização da demolição correrão às custas do infrator, que será notificado para realizá-la ou para reembolsar aos cofres públicos os gastos que tenham sido efetuados pela administração.***

Desse modo, o candidato deve fechar a peça apontando para a legalidade do procedimento administrativo, ressaltando a natureza *propter rem* da obrigação de demolir a obra, sendo perfeitamente aplicável ao demandante ás suas custas.

3. PEDIDOS E FECHAMENTO

Para encerrar a peça de resistência, deve o candidato, preferencialmente, declinar os pedidos em tópicos organizados que retomem os argumentos manejados na peça, requerendo, com esteio nas preliminares, a extinção do feito sem exame do pedido e, sucessivamente, a resolução do feito com exame do mérito, julgando-se improcedentes todos os pleitos autorais.

Ao final, deve o candidato protestar pela produção de provas, indicar "local e data" e assinar tão somente como "Procurador do Estado", se outra não for a orientação da banca.

» CRITÉRIOS DE AVALIAÇÃO:

CONTESTAÇÃO
ACERTO DA PEÇA 1. Cabimento de **Contestação**, endereçada ao juízo de uma das Varas de Fazenda Pública de Manaus, com fulcro no 335 e seguintes do NCPC;
PRELIMINARES 1. Preliminar de ilegitimidade passiva ad causam da Secretaria de Estado do Meio Ambiente; 3. Preliminar de nulidade da citação;
MÉRITO 1. Impossibilidade de usucapir bem público nos termos do artigo 183, § 3º, da Constituição Federal e Súmula 340 STF. 2. Eventual inércia ou tolerância da Administração não tem efeito de afastar ou distorcer a aplicação da lei. Não fosse assim, os agentes públicos teriam, sob sua exclusiva vontade, o poder de afastar normas legais cogentes, instituídas em observância e como garantia do interesse da coletividade. (REsp 850.970/DF, julgado em 01/03/2011) 3. Não há direito adquirido a poluir ou degradar o meio ambiente, não existindo permissão ao proprietário ou posseiro para a continuidade de práticas vedadas pelo legislador (REsp 1172553/PR,Rel. Ministro ARNALDO ESTEVES LIMA, PRIMEIRA TURMA, Julgado em 27/05/2014,DJE 04/06/2014); 4. Restando configurada a ocupação indevida de bem público, não há falar em posse, mas em mera detenção, de natureza precária, o que afasta o direito de retenção por benfeitorias e o almejado pleito indenizatório à luz da alegada boa-fé (REsp 1.484.304-DF, julgado em março de 2016.)

CONTESTAÇÃO
5. O princípio da precaução pressupõe a inversão do ônus probatório, competindo a quem supostamente promoveu o dano ambiental comprovar que não o causou. (REsp 1237893/SP, Rel. Ministra ELIANA CALMON, SEGUNDA TURMA, Julgado em 24/09/2013,DJE 01/10/2013) 6. A obrigação de recuperar a degradação ambiental é do titular da propriedade do imóvel, mesmo que não tenha contribuído para a deflagração do dano, tendo em conta sua natureza *propter REM* (REsp 1240122/PR,Rel. Ministro HERMAN BENJAMIN, SEGUNDA TURMA, Julgado em 28/06/2011,DJE 11/09/2012);
PEDIDOS E FECHAMENTO

PARTE II
PARECERES

DIREITO ADMINISTRATIVO

Proposta 1: Licitações e recuperação judicial

Autor: Caio Vinícius Sousa e Souza

» ENUNCIADO

O Estado do Mato Grosso, por meio de sua Secretaria de Fazenda, lançou o Pregão n.º 1000/2016 destinado à contratação de sistema de informática para inscrição de dívida ativa, no importe total de R$ 13.000.000,00 (treze milhões de reais).

Após a fase de apresentação das propostas escritas e dos lances verbais, a empresa Moderna Informática LTDA. sagrou-se vencedora, momento em que a Administração lhe exigiu os documentos para sua habilitação.

Todavia, conquanto tenha havido expressa exigência no instrumento convocatório, a licitante vencedora não apresentou as certidões negativas de falência e recuperação judicial, escusando-se na alegação de que, estando em recuperação judicial (processo n.º 1000.100.1.000), não poderia o Poder Público deixar de adjudicar-lhe o objeto contratual, sob pena de desestímulo ao referido instituto empresarial e de violação ao princípio da conservação da empresa.

Diante de tal fato e da relevância do expediente, o Secretário de Fazenda houve por bem encaminhar os autos do procedimento licitatório à Procuradoria-Geral do Mato Grosso para análise e emissão de parecer. A chefia, antes de distribuir o feito ao procurador competente, consultou os autos do processo judicial n.º 1000.100.1.000, colhendo a informação de que o juízo competente, com base no art. 52 da Lei n.º 11.101/05, deferiu o processamento da recuperação, encontrando-se pendente o acolhimento do plano de recuperação pela assembleia-geral de credores.

De posse dessas informações, emita parecer conclusivo, esclarecendo à autoridade consulente sobre:

a) Correção ou incorreção da modalidade licitatória e do respectivo procedimento;

b) Possibilidade ou impossibilidade de a Administração dispensar a apresentação das certidões negativas de falência e recuperação judicial no caso narrado;

c) Possibilidade ou impossibilidade de contratação da empresa Moderna Informática LTDA.

» COMENTÁRIOS

I. ASPECTOS ESTRUTURAIS

O parecer é o instrumento jurídico pelo qual o advogado público presta assessoramento técnico ao Poder Público.

O referido assessoramento é realizado através de uma análise de natureza jurídica, de modo que o candidato deve ter cuidado para não adentrar na análise de temas técnicos, que compõem o mérito administrativo. Estes são de responsabilidade do gestor público, a quem foi atribuída competência para deliberar sobre sua conveniência e oportunidade.

A título ilustrativo, mencione-se o que dispõe o enunciado nº 07 do Manual de Boas Práticas Consultivas da AGU:

> O Órgão Consultivo ***não deve emitir manifestações conclusivas sobre temas não jurídicos***, tais como os técnicos, administrativos ou de conveniência ou oportunidade, sem prejuízo da possibilidade de emitir opinião ou fazer recomendações sobre tais questões, apontando tratar-se de juízo discricionário, se aplicável. Ademais, caso adentre em questão jurídica que possa ter reflexo significativo em aspecto técnico deve apontar e esclarecer qual a situação jurídica existente que autoriza sua manifestação naquele ponto.

Dito isto, é importante relembrar a estrutura do parecer, composta inicialmente por um cabeçalho com as seguintes informações:

Parecer nº _____

Interessado (ou consulente): ______

Assunto: _______

Após as informações epigrafadas, que devem ser extraídas exclusivamente da questão, é habitual a apresentação de uma "ementa" (geralmente justificada à direita da página), na qual o candidato deve inserir informações que resumam os principais pontos tratados no parecer. Recomenda-se que o primeiro período a ser inserido seja o ramo jurídico de seu conteúdo, seguido da indicação dos aspectos jurídicos de maior relevo, de maneira a favorecer a sua indexação. Ex.: DIREITO ADMINISTRATIVO E EMPRESARIAL. LICITAÇÕES. RECUPERAÇÃO JUDICIAL. PENDÊNCIA DE APROVAÇÃO DO PLANO DE RECUPERAÇÃO PELA ASSEMBLEIA DE CREDORES. PRINCÍPIOS DA INDISPONIBLIDADE DO INTERESSE PÚBLICO, DA VINCULAÇÃO AO INSTRUMENTO CONVOCATÓRIO E DA CONSERVAÇÃO DA EMPRESA. PONDERAÇÃO.

Dica: Como no início da redação do parecer o candidato ainda não terá concluído integralmente as suas ideias, aconselha-se, após a confecção do cabeçalho, deixar o espaço da ementa reservado (5 a 7 linhas é suficiente), para preenchimento depois do término da peça. Todavia, uma alerta: MUITO CUIDADO para não esquecer de voltar para redigir a ementa!

Seguindo a estrutura, o candidato deve passar ao próprio corpo, parte em que vai desenvolver o texto do parecer. O "início, meio e fim" deve ser composto, respectivamente, pelo relatório (a questão pode dispensá-lo), fundamentação jurídica (detalhar toda a motivação, inclusive eventuais controvérsias), e, ao final, pela conclusão, sendo que nesta é aconselhável o resumo claro da tese e a utilização de sentença opinativa, mesmo porque na maioria das vezes o parecer não é vinculativo.

Dica: caso a questão não dispense o relatório, redija-o em pouquíssimas linhas, sugerindo-se apenas um parágrafo. É que, com absoluta certeza, não constará do espelho o teor do relatório, pois este decorre do próprio enunciado. Lembre-se, então, que você está na prova para pontuar o máximo possível, sendo melhor reservar as linhas para o que vai constar do espelho, no caso, a fundamentação jurídica.

Caso a consulta seja composta por diferentes questionamentos, a abordagem dos fundamentos jurídicos deve, preferencialmente, se desenvolver em tópicos, nos quais será analisado cada um dos pontos levantados pelo gestor.

Para finalizar, é praxe a utilização de uma frase submetendo o parecer ao juízo da autoridade superior (à consideração superior). Ao final, o candidato deve escrever local, data e assinatura "Procurador do Estado" (não se deve, por óbvio, utilizar nomes ou qualquer expressão que configure identificação da prova, sob pena de eliminação).

Superada esta breve introdução acerca do parecer, passa-se à análise da questão.

II. FUNDAMENTAÇÃO

a) *Correção ou incorreção da modalidade licitatória e do respectivo procedimento*

O pregão é modalidade de licitação instituída pela Lei n.º 10.520/2002, no âmbito da União, dos Estados, do Distrito Federal e dos Municípios, para aquisição de **bens e serviços comuns, qualquer que seja o valor estimado para contratação.**

O art. 1º da Lei nº 10.520/2002 tenta delimitar o conceito de "bens e serviços comuns" nos seguintes termos:

> Art. 1º Para aquisição de bens e serviços comuns, poderá ser adotada a licitação na modalidade de pregão, que será regida por esta Lei.
>
> Parágrafo único. Consideram-se bens e serviços comuns, para os fins e efeitos deste artigo, ***aqueles cujos padrões de desempenho e qualidade possam ser objetivamente definidos pelo edital, por meio de especificações usuais no mercado.***

Todavia, a subsunção do referido dispositivo ao caso concreto, por sua vagueza, não é tarefa das mais fáceis, tornando-se necessário o exame da doutrina acerca do tema.

Marçal Justen Filho[1] pontua que o adjetivo "comum" não é uma característica intrínseca e imutável. Ao contrário, tal definição acompanha a evolução das atividades empresariais, tendendo a abranger, com o passar do tempo, uma gama maior de bens e serviços.

A lição do autor é precisa. Anos atrás, os exemplos delineados pela doutrina do que seria "bens e serviços comuns" restringiam-se a objetos de baixa complexidade, do gênero cadeiras, mesas, material de escritório e etc. Atualmente, em razão do avançar tecnológico, difícil é enquadrar algum bem ou serviço como "não comum", pois, sendo possível a definição dos padrões de qualidade no edital, na forma do art. 1º, parágrafo único, não há óbice à abertura do Pregão.

Matheus Carvalho[2] discorre bem sobre o assunto:

> "Em resumo, a doutrina administrativa vem ampliando, cada vez mais, o objeto desta modalidade licitatória, admitindo-se quaisquer bens e serviços como comuns. Por óbvio, o pregão não pode ser utilizado para a execução de obras públicas, mas tem sido aceito, até mesmo, para contratação de serviços de engenharia".

Todavia, em relação aos serviços de informática, tal como o cobrado na narrativa, o tema ganha novos contornos. É que, em relação a estes, há previsão expressa na Lei n.º 8.666/93 (Lei de Licitações e Contratos - LLC), que dispõe em seu art. 45, § 4º:

> § 4º Para contratação de bens e serviços de informática, a administração observará o disposto no art. 3º da Lei no 8.248, de 23 de outubro de 1991, levando em conta os fatores especificados em seu parágrafo 2º e ***adotando obrigatoriamente o tipo de licitação "técnica e preço"***, ***permitido o emprego de outro tipo de licitação nos casos indicados em decreto do Poder Executivo***.

Em uma primeira leitura do dispositivo, seria possível concluir pela inviabilidade de se licitar serviços de informática mediante abertura de pregão,

1. *Pregão: comentários à legislação do pregão comum e eletrônico.* 6ª Ed. São Paulo: Dialética, 2013.

2. *Manual de Direito Administrativo.* 2ª Ed. Salvador: Juspodivm, 2015.

pois tal modalidade, na forma do art. 4º, X, da Lei n.º 10.520/02, somente contempla o critério "menor preço":

> Art. 4º A fase externa do pregão será iniciada com a convocação dos interessados e observará as seguintes regras:
>
> X – para julgamento e classificação das propostas, será adotado o ***critério de menor preço***, observados os prazos máximos para fornecimento, as especificações técnicas e parâmetros mínimos de desempenho e qualidade definidos no edital;

Atenção: o pregão somente se realiza pelo critério "menor preço", exatamente para que seja possível a fase de lances verbais, destinada a acirrar a disputa entre os licitantes e, consequentemente, baratear o preço a ser pago pela Administração.

Ocorre que, regulando a última parte do § 4º do art. 45 da LLC, a qual permite que ato do Poder Executivo indique outro tipo licitatório, o Decreto 3.555/00 admite expressamente a utilização do pregão como modalidade cabível para contratação de bens e serviços de informática.

Desta feita, considerando a abrangência atual do que seja "bens e serviços comuns", bem como a interpretação sistemática do art. 45, § 4º, da LLC com o art. 4, X, da Lei do Pregão, proporcionada pelo Decreto 3.555/00, conclui-se pelo **acerto da modalidade licitatória adotada pela autoridade consulente**.

Em relação ao procedimento, lê-se do enunciado que *"após a fase de apresentação das propostas escritas e dos lances verbais, a empresa Moderna Informática LTDA. sagrou-se vencedora, momento em que a Administração lhe exigiu os documentos para sua habilitação"*. Ou seja, procedeu-se, em um primeiro momento, à apresentação de propostas e julgamento, para depois se exigirem os documentos para habilitação do vencedor.

O art. 4º, XII, da Lei n.º 10.520/02 regula a hipótese da seguinte forma:

> Art. 4º A fase externa do pregão será iniciada com a convocação dos interessados e observará as seguintes regras:
>
> (...)
>
> XII – ***encerrada a etapa competitiva e ordenadas as ofertas, o pregoeiro procederá à abertura do invólucro contendo os documentos de habilitação do licitante que apresentou a melhor proposta, para verificação do atendimento das condições fixadas no edital***;

Perquiriu-se, portanto, uma das principais características do pregão: **a inversão das fases de julgamento e habilitação**, em relação às licitações engendradas com base na Lei n.º 8.666/93.

> **Dica:** todas as legislações posteriores à Lei n.º 8.666/93 adotam a inversão de fases de julgamento e habilitação, que tem fundamento na celeridade e economicidade do procedimento, já que serão analisados apenas os documentos do licitante vencedor. Imagine-se, por exemplo, o volume de trabalho que demandaria a análise dos documentos de habilitação jurídica, qualificação técnica e econômico-financeira de 20 (vinte) licitantes que participassem de uma concorrência comum. Percebeu-se que tal expediente é um contrassenso, pois não servirá de nada o exame da documentação dos 19 (dezenove) licitantes perdedores. Assim, a Lei n.º 10.520/02 (Pregão), a Lei n.º 12.462/11 (RDC) e outras tantas legislações estaduais posteriores à Lei n.º 8.666/93 buscaram resolver o problema adotando a sobredita inversão de fases.

Assim, deve-se concluir também pelo **acerto no procedimento** empreendido pela autoridade consulente.

b) *Possibilidade ou impossibilidade de a Administração dispensar a apresentação das certidões negativas de falência e recuperação judicial no caso narrado*[3]

Nos termos do art. 27 da LLC, os licitantes, com o fito de restarem habilitados, devem apresentar documentos de diversa ordem:

> Art. 27. Para a habilitação nas licitações exigir-se-á dos interessados, exclusivamente, documentação relativa a:
>
> I – habilitação jurídica;
>
> II – qualificação técnica;
>
> ***III – qualificação econômico-financeira;***
>
> ***IV – regularidade fiscal e trabalhista;***
>
> V – cumprimento do disposto no inciso XXXIII do art. 7º da Constituição Federal.

3. O debate encetado no presente tópico e no próximo teve como inspiração o brilhante Parecer n.º 04/2015/CPLC/DEPCONSU/PGF/AGU da lavra do Procurador Federal Diego da Fonseca Hermes Ornelas de Gusmão.

Por sua vez, segundo o art. 31, II, da LLC, o licitante que pretenda contratar com o poder público deve demonstrar sua qualificação econômico-financeira com a apresentação, dentre outras, da certidão negativa de falência ou recuperação judicial expedida pelo distribuidor da sede da pessoa jurídica.

> Art. 31. A documentação relativa à qualificação econômico-financeira limitar-se-á a:
>
> I – balanço patrimonial e demonstrações contábeis do último exercício social, já exigíveis e apresentados na forma da lei, que comprovem a boa situação financeira da empresa, vedada a sua substituição por balancetes ou balanços provisórios, podendo ser atualizados por índices oficiais quando encerrado há mais de 3 (três) meses da data de apresentação da proposta;
>
> ***II – certidão negativa de falência ou concordata expedida pelo distribuidor da sede da pessoa jurídica, ou de execução patrimonial, expedida no domicílio da pessoa física;***
>
> III – garantia, nas mesmas modalidades e critérios previstos no "caput" e § 1º do art. 56 desta Lei, limitada a 1% (um por cento) do valor estimado do objeto da contratação.

Registre-se, por oportuno, que o instituto da concordata foi substituído pela recuperação judicial, sendo certo que a LLC/93 é anterior à Lei n.º 11.101/2005 (NLRF), motivo pelo qual o dispositivo sobredito refere-se ainda à nomenclatura antiga.

Tal tese foi encampada pelo Tribunal de Contas da União, quando do julgamento do emblemático acórdão n. 1.214/2013, quando entendeu que mesmo com a mudança legislativa, é plenamente exigível a certidão negativa de recuperação judicial e extrajudicial, conforme excerto que ora se colaciona:

> A esse respeito, o Tribunal já analisou situação semelhante no âmbito do TC 025.770/2009-7. Naquela oportunidade ***questionou-se exigência de certidão negativa de recuperação judicial e de recuperação extrajudicial. O Tribunal entendeu legítima essa exigência, pois conforme apontado pelo Ministro André Luís de Carvalho, relator daquele processo, tal certidão "substitui a certidão negativa da antiga concordata em situações surgidas após a edição da lei"*** (item 24 do voto). Ressalte-se, ainda, que em outras situações o Tribunal se deparou com requisito semelhante e não fez qualquer restrição a respeito (Acórdãos 1.979/2006, 601/2011, 2.247/2011, 2.956/2011, todos do Plenário). Portanto, não vejo óbices para que tal exigência seja feita. (g.n.) (...)

9. Acórdão:

VISTOS, relatados e discutidos estes autos que cuidam de representação formulada pela então Secretaria Adjunta de Planejamento e Procedimentos – Adplan, com o objetivo de apresentar propostas de melhorias nos procedimentos de contratação e execução de contratos de terceirização de serviços continuados na Administração Pública Federal.

ACORDAM os Ministros do Tribunal de Contas da União, reunidos em Sessão Plenária, diante das razões expostas pelo Relator, em: 9.1 recomendar à Secretaria de Logística e Tecnologia da Informação do Ministério do Planejamento que incorpore os seguintes aspectos à IN/MP2/2008: (...)

9.1.10. Sejam fixadas em edital as exigências abaixo relacionadas como condição de habilitação econômico-financeira para a contratação de serviços continuados: (...)

9.1.10.4. Apresentação de certidão negativa de feitos sobre falência, recuperação judicial ou recuperação extrajudicial, expedida pelo distribuidor da sede do licitante. (g.n.)

A doutrina especializada e o TCU debatem, ainda, sobre a possibilidade de o Administrador Público, dentro de sua esfera de discricionariedade, dispensar alguns dos documentos previstos no art. 31 da LLC.

A conclusão de parte da doutrina, conquanto não seja pacífica, é pela possibilidade de dispensa de alguns documentos, desde que NÃO haja expressa exigência no edital e que a Administração diligencie as cautelas necessárias a suprir a sua ausência.

Todavia, no caso da questão, nem mesmo o entendimento da doutrina mais flexível seria aplicável, pois o enunciado foi expresso ao mencionar a sua exigência no instrumento convocatório. Assim, **NÃO seria possível a dispensa das certidões de recuperação judicial e falência**, aplicando-se, à espécie, o **princípio da vinculação estrita ao instrumento convocatório**, de modo que, se a Administração Pública dispensasse essa exigência apenas da autora, findaria por infringir o **princípio constitucional da isonomia.**

Ademais, cumpre refutar a alegação da licitante no sentido de que tal exigência legal poderia ser mitigada em razão do princípio da conservação da empresa.

Não se olvida o entendimento doutrinário no sentido de que a Lei n.º 11.101/05 (NLRF) instituiu novo paradigma no âmbito da recuperação de empresas, devendo-se, tanto quanto seja possível, fomentar o desenvolvimento de empresas que se encontrem em estado de recuperação.

Ocorre que o art. 52, II, da NLRF é expresso ao ressalvar as contratações com o poder público da desnecessidade de apresentação de certidões negativas, *in verbis*:

> Art. 52. Estando em termos a documentação exigida no art. 51 desta Lei, o juiz deferirá o processamento da recuperação judicial e, no mesmo ato:
>
> II – determinará a dispensa da apresentação de certidões negativas para que o devedor exerça suas atividades, ***exceto para contratação com o Poder Público ou para recebimento de benefícios ou incentivos fiscais ou creditícios***, observando o disposto no art. 69 desta Lei;

A razão desta restrição, certamente, é uma maior cautela em relação a contratações com o poder público, em que os riscos, se concretizados, serão infinitamente danosos para o interesse coletivo.

Ademais, há que se considerar, que nas contratações com a Administração Pública são aplicados o **princípio da legalidade**, que dispõe que a Administração só pode fazer o que a lei expressamente prevê; o da **finalidade**, que afirma que a Administração Pública deve ter por objetivo em todos os seus atos e contratos o interesse público e; por fim, o da **continuidade do serviço público**, segundo o qual, deve-se evitar a realização de contratações em que o serviço público pode ser descontinuado.

No caso narrado, a licitante pretende sagrar-se vencedora do certame licitatório, cujo objeto contratual soma a vultosa quantia de R$ 13.000.000,00 (treze milhões de reais), não havendo informações no enunciado de que a mesma teria juntado outros documentos a lhe atestar condições econômico-financeiras para suportar o cumprimento da avença.

Marçal Justen Filho[4] sustenta, inclusive, que incide a **presunção ABSOLUTA** de inidoneidade sobre o empresário devedor em recuperação já que não ostenta qualificação econômico-financeira para a licitação. Tal presunção deve-se ao fato de que, no instante em que pleiteia a própria recuperação em juízo, esse empresário estará confessando sua insolvência.

A doutrina ainda justifica a coerência do art. 52, II, acima transcrito, no risco peculiar dos contratos administrativos, que usualmente, são de longo prazo, de execução continuada ou diferida. O risco inerente a tais contratos não deve ser agravado mediante a admissão de o contratante particular ser sociedade cuja existência, a continuidade, é, sabidamente,

4. *Comentários a Lei de Licitações e Contratos Administrativos*, 16º ed. Sao Paulo: RT, 2014, p. 637

incerta. Não se trata, no caso de pedido de recuperação, de risco ordinário, e sim dos efeitos negativos da concretização de tal risco.

Seria de total impudência e descaso com o dinheiro público adjudicar o referido objeto contratual sem a garantia de que a empresa (supostamente) recuperanda executaria a sua integralidade sem descambar em estado de falência, que, na forma do art. 78, IX, da LLC, importa rescisão contratual.

> Art. 78. Constituem motivo para rescisão do contrato:
>
> IX - a decretação de falência ou a instauração de insolvência civil;

Desta feita, tem-se pela **impossibilidade de dispensa das certidões de recuperação judicial e falência**, pois, em que pese seja salutar a preservação da empresa, não poderia a Administração garanti-la a todo custo, pondo em risco dinheiro público de elevada monta.

c) *Possibilidade ou impossibilidade de contratação da empresa Moderna Informática LTDA*

Já se viu que não seria possível que a Administração dispensasse as certidões de recuperação judicial e falência, no que decorreria a natural conclusão pela **impossibilidade de contração da empresa Moderna Informática LTDA**. Todavia, há outro óbice a ser apontado pelo candidato, com base na informação de que *"o juízo competente, com base no art. 52 da Lei n.º 11.101/05, deferiu o processamento da recuperação,* ***encontrando-se pendente o acolhimento do plano de recuperação pela assembleia-geral de credores****"*.

Isso porque existem duas situações processuais distintas na Lei de Recuperação de Empresas. A primeira delas refere-se ao momento em que a sociedade devedora solicita a recuperação judicial e o juiz tão somente defere o seu processamento, na forma do art. 52, NLRF. A segunda, em momento processual mais avançado, refere-se à **aprovação ou ausência de objeção do plano de recuperação, quando o juiz, aí sim, atestando a sua viabilidade econômico-financeira concede a recuperação propriamente dita (art. 58, NLRF)**. Pela importância, transcrevem-se os dispositivos mencionados:

> Art. 52. Estando em termos a documentação exigida no art. 51 desta Lei, o juiz deferirá o processamento da recuperação judicial e, no mesmo ato:
>
> I– nomeará o administrador judicial, observado o disposto no art. 21 desta Lei;
>
> II – determinará a dispensa da apresentação de certidões negativas para que o devedor exerça suas atividades, exceto para contratação com o Poder Público ou para recebimento de benefícios ou incentivos fiscais ou creditícios, observando o disposto no art. 69 desta Lei;

III – ordenará a suspensão de todas as ações ou execuções contra o devedor, na forma do art. 6º desta Lei, permanecendo os respectivos autos no juízo onde se processam, ressalvadas as ações previstas nos §§ 1º, 2º e 7º do art. 6º desta Lei e as relativas a créditos excetuados na forma dos §§ 3º e 4º do art. 49 desta Lei;

IV – determinará ao devedor a apresentação de contas demonstrativas mensais enquanto perdurar a recuperação judicial, sob pena de destituição de seus administradores;

V – ordenará a intimação do Ministério Público e a comunicação por carta às Fazendas Públicas Federal e de todos os Estados e Municípios em que o devedor tiver estabelecimento.

§ 1º O juiz ordenará a expedição de edital, para publicação no órgão oficial, que conterá:

I – o resumo do pedido do devedor e da decisão que defere o processamento da recuperação judicial;

II – a relação nominal de credores, em que se discrimine o valor atualizado e a classificação de cada crédito;

III – a advertência acerca dos prazos para habilitação dos créditos, na forma do art. 7º, § 1º, desta Lei, e para que os credores apresentem objeção ao plano de recuperação judicial apresentado pelo devedor nos termos do art. 55 desta Lei.

§ 2º Deferido o processamento da recuperação judicial, os credores poderão, a qualquer tempo, requerer a convocação de assembleia-geral para a constituição do Comitê de Credores ou substituição de seus membros, observado o disposto no § 2º do art. 36 desta Lei.

§ 3º No caso do inciso III do caput deste artigo, caberá ao devedor comunicar a suspensão aos juízos competentes.

§ 4º O devedor não poderá desistir do pedido de recuperação judicial após o deferimento de seu processamento, salvo se obtiver aprovação da desistência na assembleia-geral de credores.

(...)

Art. 58. ***Cumpridas as exigências desta Lei, o juiz concederá a recuperação judicial do devedor cujo plano não tenha sofrido objeção de credor nos termos do art. 55 desta Lei ou tenha sido aprovado pela assembleia-geral de credores na forma do art. 45 desta Lei.***

§ 1º O juiz poderá conceder a recuperação judicial com base em plano que não obteve aprovação na forma do art. 45 desta Lei, desde que, na mesma assembleia, tenha obtido, de forma cumulativa:

> I – o voto favorável de credores que representem mais da metade do valor de todos os créditos presentes à assembleia, independentemente de classes;
>
> II – a aprovação de 2 (duas) das classes de credores nos termos do art. 45 desta Lei ou, caso haja somente 2 (duas) classes com credores votantes, a aprovação de pelo menos 1 (uma) delas;
>
> III – na classe que o houver rejeitado, o voto favorável de mais de 1/3 (um terço) dos credores, computados na forma dos §§ 1º e 2º do art. 45 desta Lei.
>
> § 2º A recuperação judicial somente poderá ser concedida com base no § 1º deste artigo se o plano não implicar tratamento diferenciado entre os credores da classe que o houver rejeitado.

Fabio Ulhôa Coelho[5] explica as três fases da recuperação de forma didática:

i. Na primeira, que se pode chamar de **fase postulatória**, o empresário individual ou a sociedade empresária em crise apresenta seu requerimento de benefício. Ela se inicia com a petição inicial de recuperação judicial e se encerra com o despacho judicial mandando processar o pedido (art. 52, NLRF).

ii. Na segunda fase, a que se pode referir como **deliberativa**, após a verificação do crédito (arts. 7º a 20, NLRF). Discute-se e aprova-se um plano de reorganização (art. 53, NLRF). Tem início com o despacho que manda processar a recuperação judicial e se conclui com a decisão concessiva do benefício (art. 58, NLRF).

iii. A derradeira etapa do processo, chamada fase de execução. Compreende a fiscalização do plano aprovado. Começa com a decisão concessiva da recuperação judicial e termina com a sentença de encerramento do processo (art. 63, NLRF).

Repise-se, portanto, que **<u>o despacho de processamento NÃO se confunde com a decisão concessiva da recuperação judicial.</u>** O pedido de tramitação é acolhido no despacho de processamento, em vista apenas de dois fatores: a legitimidade ativa da parte requerente e a instrução nos termos

5. COELHO, Fabio Ulhoa. Comentários à Nova Lei de Falências e de Recuperação de Empresas, São Paulo: Saraiva, 2005, p. 145.

da lei. Ainda não está definido, porém, se a empresa devedora é viável. Somente na tramitação do processo, ao longo da fase deliberativa, fornecerá os elementos para a concessão da recuperação judicial.

Dessa forma, **o deferimento da petição inicial não significa a concessão do regime recuperatório judicial, nem a assunção de qualquer compromisso por parte do magistrado em concedê-lo no futuro. O deferimento da petição inicial significa somente a autorização de tramitação do processo, não cabendo avaliar se a requerente está envolvida em crise de superação viável**.

Portanto, apenas na fase do art. 58 da NLRF é que existe a recuperação judicial em sentido material, quando os atos tendentes a superar a situação de crise serão efetivamente praticados.

Não se nega que as contratações públicas são um grande estímulo à economia e podem servir para retirar empresários de situações de crise em que se encontrem, forte até na premissa que pelas licitações se obtém o desenvolvimento nacional sustentável (art. 30 da LLC).

Mas, além do estímulo à economia, as contratações públicas visam obter a satisfação dos interesses imediatos da Administração com a seleção da proposta mais vantajosa, tendo como objetivo principal manter a **continuidade da atividade administrativa**, que não pode ficar comprometida.

Se a empresa postulante à recuperação ainda não obteve o acolhimento judicial do seu plano, **não há sequer a possibilidade de demonstração da sua viabilidade econômica, não devendo ser habilitada no certame licitatório**.

III. CONCLUSÃO

Ao final, o candidato deve anunciar o fechamento do parecer, esboçando de forma concisa e em tópicos, as conclusões a respeito de cada questionamento levantado pela autoridade consulente e, em arremate, consignar as expressões de praxe: "à consideração superior", "local, data", "Procurador do Estado".

» CRITÉRIOS DE AVALIAÇÃO

PARECER
LETRA A: 1. Correção da modalidade licitatória: enquadramento do serviço de informática como "comum"; 2. Correção do procedimento: inversão de fases no pregão.
LETRA B: 1. Impossibilidade de dispensa das certidões negativas: exigência expressa no edital e aplicação do princípio da vinculação ao instrumento convocatório; 2. Impossibilidade de dispensa das certidões negativas: exigência do art. 52, II, da NLRF;
LETRA C: Impossibilidade de contratação da empresa Moderna Informática: não comprovação de qualificação econômico-financeira. Discussão sobre o fomento à preservação da empresa somente tem sentido quando o plano de recuperação judicial já foi acolhido pelos credores. Distinção entre as fases do art. 52 e 58 da NLRF.

Proposta 2: Licitações e direitos trabalhistas

Autora: Natália Aguiar Parente

» ENUNCIADO

O Estado do Maranhão disponibilizou o montante de R$ 20.000.000,00 (vinte milhões de reais) à Secretaria de Estado de Gestão e Previdência - SEGEP, pretendendo investir R$ 10.000.000,00 (dez milhões) na prestação de serviços de saúde ao servidor público e R$ 10.000.000,00 (dez milhões) na reforma da sede do órgão.

Quanto à prestação de serviços de saúde ao servidor público, o intuito do Estado do Maranhão é criar diversos pontos de atendimento em todo o Estado, a fim de que os servidores ativos e inativos não tenham que se deslocar até a capital para consultas e realização de tratamentos médicos. Para isso, a SEGEP pretende contratar a quantidade de clínicas que for possível.

No que tange à reforma do imóvel estadual, a intenção da SEGEP é criar dois pavimentos no subsolo do órgão.

Ambos os planos foram bastante discutidos pelas áreas técnicas do órgão estadual.

A área financeira fez a sugestão de que fosse criada uma contribuição compulsória a ser cobrada dos servidores públicos ativos e inativos para o custeio do plano de saúde do servidor. Isso porque, a longo prazo, o Estado poderia se ressarcir do investimento realizado.

A área de engenharia suscitou dúvidas em relação às propriedades geológicas do solo. Deixou claro que, a depender dessa composição, o valor da obra pode chegar ao dobro. Todavia, salientou que dois pavimentos superiores, ao invés de dois no subsolo, custariam cerca de R$ 8.000.000,00 (oito milhões) ao Estado.

A área de gestão de contratos teme demandas trabalhistas relativas aos trabalhadores da obra a ser realizada na sede do órgão. Asseverou que a responsabilização subsidiária da Administração Pública, quando ausente fiscalização do contrato, é questão pacificada por Súmula do TST.

Colhidas essas informações, o secretário instruiu processo administrativo e determinou seu envio à procuradoria administrativa da PGE/MA para exame jurídico.

Na oportunidade, o Secretário requer diretrizes acerca da: a) possibilidade de contratação direta; b) modalidade de licitação a ser utilizada; c) possibilidade de criação da contribuição dos servidores ativos e inativos; d) possibilidade de alteração unilateral do contrato cujo objeto é a construção de dois pisos no subsolo, caso se concretizem as previsões dos engenheiros; e) pertinência da preocupação da área de gestão de contratos.

Em face dessa situação hipotética, elabore, na qualidade de procurador estadual responsável pela análise do referido processo administrativo, parecer sobre o caso. O relatório está dispensado.

» COMENTÁRIOS

Obs.: Como os aspectos estruturais já foram trabalhados na proposta anterior e são perfeitamente aplicáveis aos próximos enunciados, partiremos, a partir deste, direto para a fundamentação jurídica.

a) *Possibilidade de contratação direta*

A Secretaria de Estado de Gestão e Previdência - SEGEP pretende fazer duas contratações distintas e, para isso, o Secretário responsável pela pasta indaga sobre a possibilidade de contratação direta.

Para cada contratação pretendida, há uma solução jurídica distinta a ser adotada.

É de se observar que uma das contratações tem como objetivo a ampliação do atendimento à saúde do servidor em todo o Estado, a fim de que ativos e inativos não tenham que se deslocar até a capital para consultas e realização de tratamentos médicos.

Nesse passo, para a contratação de profissionais e clínicas para prestação de serviços de saúde aos servidores públicos, a licitação é inexigível, com base no art. 25, *caput,* da Lei n. 8.666/93.

Com efeito, o intuito da Administração Pública de contratar a quantidade de clínicas que for possível, denota a possibilidade jurídica do instituto do **credenciamento**. Segundo Rafael Oliveira[6], essa hipótese de inexigibilidade de licitação pode ser definida da seguinte maneira, *in verbis:*

6. Oliveira, Rafael Carvalho Rezende Licitações e contratos administrativos - 4ª. ed. rev., atual. e ampl. - Rio de Janeiro: Forense; São Paulo: MÉTODO, 2015.

> O sistema de credenciamento permite a seleção de potenciais interessados para posterior contratação, quando houver interesse na prestação do serviço pelo maior número possível de pessoas.
>
> A partir de condições previamente estipuladas por regulamento do Poder Público para o exercício de determinada atividade, todos os interessados que preencherem as respectivas condições serão credenciados e poderão prestar os serviços. Não há, portanto, competição entre interessados para a escolha de um único vencedor, mas, sim, a disponibilização universal do serviço para todos os interessados que preencherem as exigências previamente estabelecidas pelo Poder Público.
>
> Em razão da pluralidade de prestadores e da igualdade conferida a todos os interessados na celebração dos contratos, a licitação será inexigível. Trata-se de hipótese de inexigibilidade de licitação, por inviabilidade de competição, com fundamento no caput do art. 25 da Lei 8.666/1993.

Nada obstante a ausência de competitividade e, portanto, de licitação, a **sistemática do credenciamento deve obedecer à publicidade** e, por isso, a convocação de todos os interessados é feita por edital. Além disso, a seleção de interessados deve ser pautada por critérios objetivos de escolha, de modo que, cumpridos os requisitos impostos pelo edital, o interessado torna-se credenciado. E, por fim, todos os interessados devem ser tratados de modo igualitário pelo Poder Público.

Nesses termos, esse instituto é amplamente admitido pelos Tribunais de Contas.

Ademais, o credenciamento é bastante utilizado na prática administrativa, **quando evidenciada a necessidade de se contratar o maior número de interessados possível**.

No que se refere à outra contratação, o Estado do Maranhão pretende a reforma do órgão estadual, com a criação de dois pavimentos no subsolo, situação essa que não se enquadra em nenhuma das hipóteses de dispensa ou de inexigibilidade de licitação.

Ao revés, de longe, revela-se incabível a dispensa de licitação, com base no art. 24, inciso I, da Lei de Licitações. Outrossim, não restou evidenciada qualquer impossibilidade de competição em relação ao objeto da obra.

Desse modo, com fulcro na regra do art. 37, XXI, da Constituição Federal, é necessária licitação para contratação de empresa para reforma do órgão estadual.

b) ***Modalidade de licitação a ser utilizada***

Como a primeira contratação é inexigível, cumpre identificar apenas a modalidade de licitação para a contratação referente à reforma do imóvel estadual.

Com efeito, o art. 23, inciso I, da Lei de Licitações vaticina que, para obras e serviços de engenharia acima de R$ 1.500.000 (um milhão e quinhentos mil reais), a modalidade de licitação é a concorrência.

Sendo assim, tratando-se de contrato inicialmente orçado em R$ 10.000.000,00 (dez milhões), não há dúvidas de que o candidato deve indicar a necessidade de licitação, por meio de **concorrência** (art. 22, § 1º, da Lei 8.666/93).

c) ***Possibilidade de criação de contribuição dos servidores ativos e inativos***

Visando se ressarcir do investimento a ser realizado, a área financeira fez a sugestão de que fosse criada uma contribuição compulsória a ser cobrada dos servidores públicos ativos e inativos para o custeio do plano de saúde do servidor.

Observe que a sugestão não trata da cobrança de contribuição previdenciária dos inativos. Essa possibilidade já ficou pacificada pelo Supremo Tribunal Federal, quando instado a se manifestar sobre a constitucionalidade da Emenda Constitucional n. 41/03 (ADI 3105 e 3128).

Em verdade, a questão versa sobre a (im)possibilidade de contribuição compulsória para custear assistência médico-hospitalar dos servidores. A resposta do candidato, nesse ponto, deve ser negativa. Isso porque **o Supremo Tribunal Federal entende que a competência dos Estados de cobrar contribuição previdenciária de seus servidores não abrange a cobrança para custeio de assistência médica, hospitalar, odontológica, social, farmacêutica e complementar aos segurados (art. 149, § 1º, da CF)**, *in verbis:*

> "a competência tributária para criar contribuição compulsória destinada ao custeio de serviços médicos, hospitalares, farmacêuticos e odontológicos é exclusiva da União, haja vista que tais serviços não se enquadram no conceito de "regime previdenciário" de que trata a exceção prevista no art. 149, § 1º, da CF/88, segundo a qual os Estados, o Distrito Federal e os Municípios possuem competência para instituir contribuição, cobrada de seus servidores, para o custeio, em benefício destes, de regime próprio de previdência. (ADI 3106)"

d) *Possibilidade de alteração unilateral do contrato*

A área de engenharia suscitou dúvidas em relação às propriedades geológicas do solo.

Deixou claro que, a depender dessa composição, o valor da obra pode chegar ao dobro. Todavia, salientou que dois pavimentos superiores, ao invés de dois no subsolo, custariam cerca de R$ 8.000.000,00 (oito milhões) ao Estado.

Desse modo, o Secretário indagou acerca da possibilidade de alterar unilateralmente o contrato caso as propriedades geológicas do solo não sejam favoráveis.

Com efeito, a alteração unilateral do contrato pela Administração Pública é um dos exemplos de cláusulas exorbitantes presentes nos contratos administrativos, cuja previsão está no art. 65, I, "a" e "b", da Lei de Licitações, *in verbis:*

> Art. 65. Os contratos regidos por esta Lei poderão ser alterados, com as devidas justificativas, nos seguintes casos:
>
> I - unilateralmente pela Administração:
>
> a) quando houver modificação do projeto ou das especificações, para melhor adequação técnica aos seus objetivos;
>
> b) quando necessária a modificação do valor contratual em decorrência de acréscimo ou diminuição quantitativa de seu objeto, nos limites permitidos por esta Lei;

Pelo exposto, a alteração unilateral pela Administração Pública poderá ser quantitativa (alínea "b") ou qualitativa (alínea "a"). Em ambos os casos, os seguintes requisitos devem ser observados:

i. A alteração deve decorrer de fato superveniente à contratação;
ii. Necessidade de apresentação de justificativas;
iii. Impossibilidade de descaracterização do objeto contratual;
iv. Preservação do equilíbrio econômico-financeiro.
v. Observância dos limites impostos pelo art. 65, § 1º, da Lei de Licitações;

Na situação hipotética, caso necessária a alteração unilateral, ela será do tipo **qualitativa**, pois haverá modificação do projeto para melhor adequação técnica ao interesse público (art. 65, I, "a", da Lei de Licitações). Ademais, ela atende a todos os requisitos. Vejamos.

Como inexiste certeza quanto às propriedades do solo, a alteração contratual, se necessária, irá ocorrer por fato superveniente e com as devidas justificativas.

Ademais, não haverá descaracterização do objeto contratual, caso se resolva construir dois pavimentos superiores ao invés de inferiores. Isso porque o contrato continuará a ser de obra cujo objetivo é a reforma de imóvel do Estado do Maranhão. Alteradas as cláusulas de execução, certamente as cláusulas econômico-financeiras também sofrerão mudanças.

No que se refere à observância dos limites impostos pelo art. 65, § 1º, da Lei de Licitações, surge a controvérsia se tais lindes aplicam-se somente às alterações quantitativas ou, também, às alterações qualitativas.

Embora haja controvérsia doutrinária, a posição mais segura a ser adotada é a de que **ambos os tipos de alteração devem obedecer aos limites impostos pela lei**, já que o TCU tem entendimento nesse sentido.

Desse modo, os efeitos econômicos ocasionados pela alteração unilateral das cláusulas regulamentares devem respeitar os percentuais previstos no art. 65, § 1.º, da Lei 8.666/1993: as supressões que se fizer na obra não podem ultrapassar o equivalente a 25% do valor inicial atualizado do contrato e os acréscimos não poderão superar o limite de 50%.

Sendo assim, constatado que o solo não é favorável à obra, o Estado do Maranhão não poderá prosseguir com a criação de dois pavimentos no subsolo, uma vez que isso dobrará o valor do contrato, desobedecendo o limite de 50%.

No que se refere à construção de dois pavimentos superiores, como isso acarreta a diminuição de 20% do valor do contrato, será possível a alteração unilateral nesse sentido, visto que observado o limite de 25%.

Atenção: A situação hipotética de o Poder Público ser surpreendido com terreno de propriedades geológicas diversas da imaginada quando da contratação é exemplo clássico de **interferência imprevista.**

As interferências imprevistas são situações que, embora já existentes à época da contratação, são descobertas somente na execução do contrato. Sua ocorrência gera excessiva onerosidade contratual, o que atrai a aplicação da **teoria da imprevisão ao contrato administrativo**.

Na presente questão, a área de engenharia não tinha certeza acerca da geologia do terreno, razão pela qual poderia ser surpreendida com terreno que onerasse excessivamente o contrato. Desse modo, ficaria evidenciada a ocorrência de interferência imprevista.

Por outro lado, pelo enunciado, o candidato também poderia deduzir que a mera cogitação da área de engenharia acerca da existência de um terreno geologicamente desfavorável afastaria a configuração do instituto.

Em todo caso, sendo o candidato favorável ou não à ocorrência de interferência imprevista, não era o caso de trazer à tona sua aplicação, já que tal postura atrairia a aplicação da teoria da imprevisão, que impõe o consenso entre as partes, como se observa do art. 65, II, "d", da Lei n. 8.666/93, *in verbis:*

Art. 65. Os contratos regidos por esta Lei poderão ser alterados, com as devidas justificativas, nos seguintes casos:

II - por acordo das partes:

(...)

d) para restabelecer a relação que as partes pactuaram inicialmente entre os encargos do contratado e a retribuição da administração para a justa remuneração da obra, serviço ou fornecimento, objetivando a manutenção do equilíbrio econômico-financeiro inicial do contrato, na hipótese de sobrevirem fatos imprevisíveis, ou previsíveis porém de consequências incalculáveis, retardadores ou impeditivos da execução do ajustado, ou, ainda, em caso de força maior, caso fortuito ou fato do príncipe, configurando álea econômica extraordinária e extracontratual.

Como o Secretário queria posição quanto à possibilidade de alteração unilateral, não haveria razão para o candidato abordar o presente tema.

e) *Responsabilidade trabalhista subsidiária do Estado do Maranhão*

Conforme narrado, a área de gestão de contratos teme demandas trabalhistas. Asseverou-se que a responsabilização subsidiária da Administração Pública, quando ausente fiscalização do contrato, é questão pacificada por Súmula do TST.

A preocupação da área de gestão de contratos faz, portanto, referência à Súmula 331, IV e V, do TST, *in verbis:*

> Súmula 331 do TST
>
> IV – O inadimplemento das obrigações trabalhistas, por parte do empregador, implica a responsabilidade subsidiária do tomador dos servi-

> ços quanto àquelas obrigações, desde que haja participado da relação processual e conste também do título executivo judicial.
>
> V – Os entes integrantes da Administração Pública direta e indireta respondem subsidiariamente, nas mesmas condições do item IV, caso evidenciada a sua conduta culposa no cumprimento das obrigações da Lei n.º 8.666, de 21.06.1993, especialmente na fiscalização do cumprimento das obrigações contratuais e legais da prestadora de serviço como empregadora. A aludida responsabilidade não decorre de mero inadimplemento das obrigações trabalhistas assumidas pela empresa regularmente contratada.

Nas terceirizações, é pacífico que há responsabilidade subsidiária da Administração Pública quando, na condição de tomadora de serviços, deixa de fiscalizar o contrato mantido com a prestadora de serviços, ocasionando o inadimplemento das verbas trabalhistas do empregado.

Todavia, a hipótese em apreço é distinta. O Poder Público pretende contratar uma empresa para fazer uma obra em imóvel pertencente ao Estado. Desse modo, **o Poder Público irá figurar como dono da obra e não como tomador de serviços**, atraindo-se a aplicação da OJ 191 do TST, *in verbis:*

> Diante da inexistência de previsão legal específica, ***o contrato de empreitada de construção civil entre o dono da obra e o empreiteiro não enseja responsabilidade solidária ou subsidiária nas obrigações trabalhistas contraídas pelo empreiteiro***, salvo sendo o dono da obra uma empresa construtora ou incorporadora.

Pela orientação jurisprudencial, percebe-se que, não ostentando o dono da obra a condição de construtora ou incorporadora, não há falar em responsabilidade solidária ou subsidiária. Nesse aspecto, à obviedade, construir ou incorporar não está entre as atividades fins do Estado do Maranhão.

Nesse sentido, encontram-se os seguintes julgados do TST e TRT da 16ª Região:

> RESPONSABILIDADE SUBSIDIÁRIA. DONO DA OBRA. Extrai-se do acórdão recorrido que autor foi contratado pela primeira ré, I S Empreiteira de Mão de Obra na Construção Civil Ltda. para laborar na construção do Hospital Regional do Município de Ponta Grossa– (fl. 279v). Com efeito, se o reclamante foi admitido por empresa contratada pela ora recorrente para a execução de obras, a hipótese dos autos não se confunde com a de terceirização, prelecionada na Súmula nº 331 do TST. ***Assim, verificando-se a condição do Estado do Paraná de dono da***

> ***obra, haja vista o objeto do contrato firmado entre os reclamados, nos termos da decisão regional, é aplicável o entendimento firmado pela Orientação Jurisprudencial nº 191 da SBDI-1 do TST.*** Recurso de revista conhecido e provido. (TST-RR-237100-56.2008.5.09.0678, Rel. Min.: José Roberto Freire Pimenta, 2ª Turma, Publicação: DEJT 19/12/2011).
>
> EMENTA: ENTE PÚBLICO. DONO DA OBRA RESPONSABILIDADE SUBSIDIÁRIA. INEXISTÊNCIA. ***Em se tratando de contrato de empreitada, através do qual a Administração Pública Direta, após prévio e regular procedimento licitatório, contrata empresa de construção civil para a realização de OBRA pública, não há que se falar em responsabilidade subsidiária, pois, nesse caso, o ente público assume a posição de DONO da OBRA e não de tomador de serviços terceirizados (Súmula nº 331 do TST).*** Incidência da OJ nº 191 da SDI-1 do TST. (TRT 16ª - 01410-2011-016-16-00-7-RO)

Diante do exposto, é impertinente a preocupação da área de gestão de contratos, tendo em vista que, no presente caso, aplica-se a OJ 191 e não a Súmula 331, incisos IV e V, do TST.

» CRITÉRIOS DE AVALIAÇÃO

PARECER
I. Possibilidade de contratação direta e modalidade de licitação a) Contratação 1: Hipótese de inexigibilidade/ art. 25, caput, da Lei de Licitações/ Credenciamento. b) Contratação 2: Impossibilidade de contratação direta/modalidade de licitação: concorrência.
II. Impossibilidade de criação de contribuição compulsória para custeio do serviço de saúde Entendimento do STF/ Art. 149, § 1º.
III. Alteração unilateral do contrato Cláusula exorbitante/ Alteração qualitativa/Aplicação dos limites previstos na Lei de Licitações (posição do TCU)/ Possibilidade de construção de dois pavimentos superiores/ Impossibilidade de construção de dois pavimentos no subsolo.
IV. Aplicabilidade da OJ 191 da SDI 1 do TST Inaplicabilidade da Súmula 331. Estado do Maranhão como dono da obra. Especialidade da OJ 191 do TST.

Proposta 3: Licitações e contratos administrativos

Autores: Wendel Nobre Piton Barreto e Maíra Mutti Araújo

» ENUNCIADO

A Secretaria de Planejamento do Estado do Mato Grosso do Sul (SEPLA-MS) pretende organizar Concurso Público para Agentes Administrativos. Desse modo, após regular trâmite, pretende contratar a empresa Concurso LTDA, através de dispensa de licitação, para realizar o certame. A dispensa seria lastreada na Lei de Licitações do Estado, que reproduz o disposto no art. 24, II da Lei Federal 8.666/93. A contratação da empresa se daria pelo valor de R$ 8.000,00 (oito mil reais) e as taxas de inscrição pagas pelos candidatos ficariam inteiramente com a contratada.

A Escolha da empresa Concurso LTDA, dentre outros motivos, ocorreria em virtude da mesma possuir Certidão Negativa de Violação aos Direitos do Consumidor (CNVDC), documento criado pela Lei nº 3.041, de 7 de julho de 2005, do Estado do Mato Grosso do Sul, que é um requisito para que pessoas físicas e jurídicas possam contratar com a Administração Pública e com as suas autarquias, fundações, empresas públicas e sociedades de economia mista, nas negociações diretas ou por meio de qualquer uma das modalidades de licitações públicas.

No entanto, a empresa Concurso LTDA foi objeto, pelo TCU, de declaração a inidoneidade para participar de licitações promovidas pela Administração Pública pelo prazo de 05 anos.

O Processo administrativo relativo à contratação foi enviado pela SEPLA-MS para parecer da PGE para análise dos seguintes pontos:

a) (Im)possibilidade da contratação direta para realização de concursos públicos e requisitos para tais contratações. Cabimento da Contratação pretendida no caso concreto.

b) (Im)possibilidade de exigência da Certidão de Violação aos Direitos do Consumidor (CVDC) como requisito para a contratação.

c) (Im)possibilidade da contratação da empresa pelo Estado, mesmo diante da decisão do TCU.

Na condição de Procurador do Estado do Mato Grosso do Sul, elabore o Parecer Jurídico abordando os pontos objeto de questionamento.

» COMENTÁRIOS

a) *(Im)possibilidade da contratação direta para realização de concursos públicos e requisitos para tais contratações. Cabimento da Contratação* pretendida no caso concreto

O tema abordado pelo enunciado da questão é um dos mais corriqueiros na administração pública: Licitações e Contratos Administrativos. Nesse sentido, tendo noção da amplitude de conteúdo e da escassez de tempo hábil para desenvolvimento na prova, o candidato deve otimizar o manuseio da legislação e buscar expor os pontos de forma objetiva.

Avançando na problemática apresentada, temos por objeto a análise da legalidade de contratação direta, por meio de dispensa de licitação, para a organização de Concurso Público para Agentes Administrativos.

De início, cabe ressaltar que a obrigatoriedade de licitação é mandamento constitucional, contido no inciso XXI do artigo 37, confira:

> Art. 37 – A administração pública direta e indireta de qualquer dos Poderes da União, dos Estados, do Distrito Federal e dos Municípios obedecerá aos princípios de legalidade, impessoalidade, moralidade, publicidade e eficiência e, também, ao seguinte:
>
> XXI – Ressalvados os casos especificados na legislação, as obras, serviços, compras e alienações serão contratados mediante processo de licitação pública que assegure igualdade de condições a todos os concorrentes, com cláusulas que estabeleçam obrigações de pagamento, mantidas as condições efetivas da proposta nos termos da lei, o qual somente permitirá as exigências de qualificação técnica e econômica indispensáveis à garantia do cumprimento das obrigações."

O procedimento Licitatório, desse modo, foi regulamentado no âmbito Federal pela Lei 8.666/1993, a qual fixa os critérios norteadores dos certames. Existem, entretanto, determinadas hipóteses em que, legitimamente, tais contratos são celebrados diretamente com a Administração Pública, sem a realização da licitação. Há duas situações distintas em que tal se verifica: a **inexigibilidade de licitação** ou sua **dispensa** (licitação dispensável e licitação dispensada).

Nos casos em que a lei autoriza a não realização da licitação, diz-se ser ela **dispensável**. Com efeito, a licitação dispensável tem previsão no artigo 24 da Lei 8666/93, e indica as hipóteses em que **a licitação seria juridicamente viável, embora a lei dispense o administrador de realizá-la.**

A doutrina também aponta para a **licitação dispensada**. Nessa hipótese não cabe ao administrador juízo de valor quanto ao realizar ou não o certame pois **a própria lei dispensa diretamente a licitação**. Tais hipóteses estão previstas no art. 17 da Lei 8.666/93.

Obs.: A distinção entre licitação dispensável e licitação dispensada é criticada por parte da doutrina. Como aponta Fernanda Marinela, não se pode entender que existe uma vedação legal para realização de licitação nos casos de licitação dispensada. *"Em ambos os casos (dispensada e dispensável), o legislador autoriza a contratação direta, não sendo essa autorização vinculante para o administrador, cabendo-lhe escolher entre realizar ou não a licitação.*[7]"

Por outro lado, as bancas têm adotado a distinção, não tratando como sinônimo as expressões. Confira o enunciado considerado INCORRETO pela banca CESPE:

"Haverá licitação dispensada, também chamada de licitação dispensável, quando houver a possibilidade de licitação, porém o administrador público não julgar conveniente a sua realização".

Já no que se refere às hipóteses de inexigibilidade, a licitação é inviável, ou seja, impossível de ser realizada, tendo em vista fatores que impedem a competitividade. Elucidando a distinção entre os dois institutos, assevera Maria Sylvia Zanella Di Pietro[8]:

> "A diferença básica entre as duas hipóteses está no fato de que, na dispensa, há possibilidade de competição que justifique a licitação; de modo que a lei faculta a dispensa, que fica inserida na competência discricionária da Administração. Nos casos de inexigibilidade, não há possibilidade de competição, porque só existe um objeto ou uma pessoa que atenda às necessidades da Administração; a licitação é, portanto, inviável"

7. Marinela, Fernanda. Direito Administrativo. Editora Impetus. 6ª Edição. Pg. 363.
8. DI PIETRO, Maria Sylvia Zanella., Direito administrativo. 14. ed. São Paulo: Atlas, 2002, p. 310, 320-321

Ou seja, confira o esquema:

DISPENSADA (Art. 17)	**DISPENSÁVEL: (Art. 24)**	**INEXIGÍVEL: (Art. 25)**
Rol Taxativo A própria lei estabelece os casos em que a Administração deixará de licitar. Não há margem de discrição (liberdade)	**Rol Taxativo** Por ato discricionário do administrador, com viabilidade jurídica de competição	**Rol Exemplificativo** Decorre da inviabilidade de competição. Impossibilidade jurídica de competição, ou pela natureza específica do negócio, ou pelos objetivos sociais visados.

A hipótese apresentada pelo enunciado trata sobre a possibilidade de contratação direta de Instituição organizadora de um concurso público. Com efeito, para a maioria da doutrina e para o TCU, é possível a contratação direta (sem licitação) de instituição para realizar concurso público, **desde que ela se enquadre perfeitamente na hipótese prevista no inciso XIII do art. 24 da Lei nº 8.666/93, confira:**

> Art. 24. É dispensável a licitação:
>
> XIII – na contratação de instituição brasileira incumbida regimental ou estatutariamente da pesquisa, do ensino ou do desenvolvimento institucional, ou de instituição dedicada à recuperação social do preso, desde que a contratada detenha inquestionável reputação ético-profissional e não tenha fins lucrativos;

Ou seja, são os seguintes requisitos legais:

i. *Ser brasileira;*

ii. *Não ter fins lucrativos;*

iii. *Apresentar inquestionável reputação ético-profissional;*

iv. *Ter como objetivo estatutário-regimental a pesquisa, o ensino ou o desenvolvimento institucional.*

Além disso, para o TCU, a instituição deve deter **reputação ético-profissional** na estrita área para a qual está sendo contratada (Decisão 908/1999 – Plenário-TCU) e **o objeto contratado deve guardar correlação com o ensino, pesquisa ou o desenvolvimento institucional.**

A par desses requisitos, o TCU afirma que também é necessário que se demonstre a **compatibilidade dos preços** contratados com os de mercado. Em suma, não pode haver superfaturamento. Há Súmula do TCU nesse sentido, confira:

> Súmula 250-TCU: A contratação de instituição sem fins lucrativos, com dispensa de licitação, com fulcro no art. 24, inciso XIII, da Lei n.º 8.666/93, somente é admitida nas hipóteses em que houver nexo efetivo entre o mencionado dispositivo, a natureza da instituição e o objeto contratado, além de comprovada a compatibilidade com os preços de mercado.

Obs.: No âmbito do Controle Externo dos Estados, apesar da inexistência de vinculação por força do pacto federativo, os TCE's costumam editar regramentos bastante similares aos consolidados pelo TCU.

Ademais, também se faz necessário a observância **do procedimento de justificação** previsto em Lei. A Lei 8.666/93 trata da temática no art. 26, confira:

> Art. 26. As dispensas previstas nos §§ 2º e 4º do art. 17 e no inciso III e seguintes do art. 24, as situações de inexigibilidade referidas no art. 25, necessariamente justificadas, e o retardamento previsto no final do parágrafo único do art. 8º desta Lei deverão ser comunicados, dentro de 3 (três) dias, à autoridade superior, para ratificação e publicação na imprensa oficial, no prazo de 5 (cinco) dias, como condição para a eficácia dos atos.
>
> Parágrafo único. O processo de dispensa, de inexigibilidade ou de retardamento, previsto neste artigo, será instruído, no que couber, com os seguintes elementos:
>
> I – caracterização da situação emergencial ou calamitosa que justifique a dispensa, quando for o caso;
>
> II – razão da escolha do fornecedor ou executante;
>
> III – justificativa do preço.
>
> IV – documento de aprovação dos projetos de pesquisa aos quais os bens serão alocados.

No entanto, conforme aponta o enunciado, a SEPLA-MS pretende optar pela contratação direta <u>com base no art. 24, II, da Lei 8.666/93</u>, uma vez que o valor do contrato estaria enquadrado na hipótese de dispensa do mencionado dispositivo.

Ocorre que, para o STJ, não se amolda à hipótese de dispensa de licitação prevista no art. 24, II, da Lei n. 8.666/1993 a situação em que, contratada organizadora para a realização de concurso público por valor inferior ao limite previsto no referido dispositivo, tenha-se verificado que a soma do valor do contrato com o total arrecadado a título de taxa de inscrição supere o limite de dispensa previsto no aludido inciso (STJ. 2ª Turma. REsp 1.356.260-SC, Rel. Min. Humberto Martins, julgado em 7/2/2013).

Com efeito, o enunciado deixa claro que, apesar de o valor do contrato encontrar-se adequado aos limites da dispensa, as taxas de inscrição pagas pelos candidatos ficariam inteiramente com a contratada.

Dessa forma, para solucionar a questão seria imprescindível ponderar a distinção entre interesse público primário e secundário. Este é meramente o interesse patrimonial da administração pública, que deve ser tutelado, mas não sobrepujando o interesse público primário, que é a razão de ser do Estado e sintetiza-se na promoção do bem-estar social.

Portanto, ainda que os valores recolhidos como taxa de inscrição não sejam públicos, a adequada destinação desses valores é de interesse público primário. Mesmo que a contratação direta de banca realizadora de concurso sem licitação não afete o interesse público secundário (direitos patrimoniais da administração pública), é contrária ao interesse público primário, pois **a destinação de elevado montante de recursos a empresa privada sem o processo competitivo viola o princípio da isonomia, positivado na Constituição Federal e no art. 3º da Lei n. 8.666/93.**

Portanto, diante do questionamento apresentado, o candidato deve responder o seguinte: é **possível a contratação direta para contratar a instituição organizadora de um concurso público, contanto que sejam observados os requisitos apontados anteriormente. No entanto, diante da inaplicabilidade, *in casu*, da hipótese de dispensa de licitação prevista no art. 24, II, da Lei n. 8.666/1993, o candidato deve apontar para o descabimento da contratação direta pretendida pela SEPLA-MS.**

b) *(Im)possibilidade de exigência da Certidão de Violação aos Direitos do Consumidor (CVDC) como requisito para a contratação*

De forma idêntica à narrativa, a Lei nº 3.041, de 7 de julho de 2005, do Estado do Mato Grosso do Sul, instituiu, no âmbito da administração pública do Estado, a exigência de uma certidão para negociações diretas ou participação em procedimentos licitatórios. Tal exigência seria um requisito para que pessoas físicas e jurídicas pudessem contratar com a Administração Pública e com as suas autarquias, fundações, empresas públicas e sociedades de economia mista, nas negociações diretas ou por meio de qualquer uma das modalidades de licitações públicas.

Ocorre que a Procuradoria Geral da República (PGR) ajuizou a Ação Direta de Inconstitucionalidade (ADI) 3735, alegando que "*o diploma introduziu requisito genérico e novo para qualquer licitação e se apropriou de uma competência que cabe privativamente à União*". **Desse modo, alegou que a Lei do Estado do Mato Grosso do Sul usurpou competência privativa da União para legislar sobre licitação e contratação, conforme o inciso XXVII, do artigo 22 da Constituição Federal.**

Com efeito, nos termos do artigo 22, inciso XXVII, da Constituição Federal, é de competência privativa da União legislar sobre **normas gerais de licitação**, *in verbis*:

> Art. 22. Compete privativamente à União legislar sobre:
>
> (...)
>
> XXVII – normas gerais de licitação e contratação, em todas as modalidades, para as administrações públicas diretas, autárquicas e fundacionais da União, Estados, Distrito Federal e Municípios, obedecido o disposto no art. 37, XXI, e para as empresas públicas e sociedades de economia mista, nos termos do art. 173, § 1°, III;

Ressalte-se que a Constituição permite que, **supletivamente**, os Estados Legislem sobre a matéria, conforme § 2º do artigo 24 da Constituição:

> Art. 24 (...) § 2º – ***A competência da União para legislar sobre normas gerais não exclui a competência suplementar dos Estados***.

Portanto, a competência legislativa plena dos Estados somente poderia ser exercitada se não houvesse as normas gerais de licitação definidas na Lei 8.666/93, conforme o § 3º, do mesmo artigo, confira:

> Art. 24 (...) § 3º – Inexistindo lei federal sobre normas gerais, os Estados exercerão a competência legislativa plena, para atender a suas peculiaridades.

Desse modo, os Estados não podem legislar sobre normas gerais de licitação – as da Lei 8.666/93 – em face da competência privativa da União sobre essa matéria. **Com efeito, o poder regulamentar dos Estados, Dis-**

trito Federal e Municípios em normas de licitação deve limitar-se à competência suplementar (ou complementar). Naquilo que a norma federal (norma geral) já preceituou, exauriu e esgotou, não terá lugar a competência suplementar.

Sob esse fundamento, o STF entendeu que "**a lei federal exige a documentação pertinente à habilitação jurídica, qualificação técnica, qualificação econômico-financeira e regularidade fiscal, de modo que a lei estadual, nesse ponto, não tem margem de discricionariedade para ir além, em face da exaustão contida na norma federal**".

A documentação exigida para habilitação ou qualificação está enumerada nos arts. 28 a 31 da Lei, não contemplando a Certidão que a Lei estadual pretendia impor.

Portanto, segundo a Corte, a exigência da legislação estadual usurpou competência privativa da União para legislar sobre licitação e contratação, conforme o inciso XXVII, do artigo 22 da Constituição Federal. (STF. Plenário. ADI 3.735/MS, Rel. Min. Teori Zavascki, julgado em 8/9/2016. Info 838)

O candidato deve, portanto, apontar para a impossibilidade de exigência da Certidão de Violação aos Direitos do Consumidor (CVDC) como requisito para a contratação, uma vez que a exigência fora declarada inconstitucional pelo STF.

c) ***(Im)possibilidade da contratação da empresa pelo Estado, mesmo diante da decisão do TCU***

A abrangência da atuação do controle externo nas licitações e contratos administrativos é tema extremamente relevante em provas para Advocacia Pública.

Conforme o art. 71, da CF/88, o controle externo é exercido pelo Poder Legislativo, com o auxílio dos Tribunais de Contas (TCs). Os TCs são órgãos colegiados, encarregados da fiscalização e controle, auxiliando o Legislativo, mas não subordinado a ele.

Pela redação do art. 75 da CF, as regras aplicáveis ao Tribunal de Contas da União são extensíveis aos demais Tribunais de Contas dos Estados (TCEs) e do DF, bem como dos Tribunais e Conselhos de Contas dos Municípios, observando o princípio da simetria. Logo, não pode haver atribuição de função a TCEs previsto na Constituição Estadual diferente do disposto na Constituição Federal. Nesse sentido, já decidiu o STF:

> "A Constituição Federal é clara ao determinar, em seu art. 75, que as normas constitucionais que conformam o modelo federal de organiza-

ção do Tribunal de Contas da União são de observância compulsória pelas Constituições dos Estados-membros" ***(ADI 3.715-MC, Rel. Min. Gilmar Mendes, julgamento em 24.05.06)***

No exercício de sua função, os Tribunais de Contas podem aplicar sanções em caso de ilegalidades, nos termos do art. 71, VIII, da CF/88, confira:

> Art. 71 (...)
>
> VIII - aplicar aos responsáveis, em caso de ilegalidade de despesa ou irregularidade de contas, as sanções previstas em lei, que estabelecerá, entre outras cominações, multa proporcional ao dano causado ao erário;

Segundo ressalta Harrisson Leite[9], "*como o tema envolve penalidades, e pelo princípio da tipicidade nessa matéria,* ***importante que as sanções estejam previstas na lei do respectivo Tribunal de Contas****, a fim de que não haja malferimento da regra constitucional de que não há pena sem prévia cominação legal (art. 5º, XXXIX da CF)*".

Nesse contexto, mostra-se relevante a discussão quanto à possibilidade de Tribunal de Contas aplicar sanção consistente na declaração inidoneidade de empresa privada para licitar com a administração pública.

Sobre o tema, o Plenário do Supremo Tribunal Federal (STF), por maioria de votos, negou Mandado de Segurança (MS 30788) impetrado na Corte por uma empresa de informática impedida de licitar com a administração pública, por cinco anos, em razão de decisão do Tribunal de Contas da União (TCU). **Ao analisar o caso, questionado por meio do mandado de segurança, os ministros concluíram que o TCU tem competência para declarar a inidoneidade de empresas privadas que cometerem fraudes a processos licitatórios.**

Segundo o STF, essa previsão está expressa no art. 46 da Lei 8.443/92, sendo considerada constitucional, uma vez que amparada pelo art. 71, VIII, da CF/88. (STF. Plenário. MS 30788/MG, rel. orig. Min. Marco Aurélio, red. p/ o acórdão Min. Roberto Barroso, julgado em 21/5/2015. Info 786.)

Note, entretanto, que o disposto no art. 46, da Lei 8.443/92, **limita a sanção imposta pelo TCU à Administração Pública Federal**, confira:

> Art. 46. Verificada a ocorrência de fraude comprovada à licitação, o Tribunal declarará a inidoneidade do licitante fraudador para participar, por até cinco anos, de licitação ***na Administração Pública Federal***.

9. Leite, Harrison. Manual de Direito Financeiro. Editora JusPodivm. 3ª Edição. Pg. 364.

Desse modo, a sanção imposta pelo TCU não será obstáculo para a contratação de empresa pelo ente federativo estadual.

Ressalte-se, entretanto, algumas ponderações em relação à matéria:

i. *Distinção de natureza e abrangência entre a sanção imposta pelo Tribunal de Contas (art. 71, VIII, da CF/88), com a sansão imposta pela Administração Pública (art. 87, da Lei de Licitações)*

Sobre o tema, o STF, no julgamento da Petição (PET) 3606, já se manifestou no sentido da constitucionalidade da competência dada ao TCU para declarar a inidoneidade de empresa privada para participar de licitações promovidas pela administração pública. **Na ocasião, a Corte entendeu, na ocasião, que a previsão do artigo 46 da Lei 8.443/1992 não se confunde com o disposto no artigo 87 da Lei de Licitações (8.666/93).**

Com efeito, o art. 87, da Lei 8.666/93, prevê a possibilidade de sanção consistente na declaração de inidoneidade para licitar ou contratar com a Administração Pública, confira:

> Art. 87. Pela inexecução total ou parcial do contrato a Administração poderá, garantida a prévia defesa, aplicar ao contratado as seguintes sanções:
>
> (...)
>
> IV – ***declaração de inidoneidade para licitar ou contratar com a Administração Pública*** enquanto perdurarem os motivos determinantes da punição ou até que seja promovida a reabilitação perante a própria autoridade que aplicou a penalidade, que será concedida sempre que o contratado ressarcir a Administração pelos prejuízos resultantes e após decorrido o prazo da sanção aplicada com base no inciso anterior.

Conforme dispõe o § 3º do mesmo artigo, **a aludida sanção é de competência exclusiva do Poder Executivo, mais especificamente do Ministro de Estado, do Secretário Estadual ou Municipal**, conforme o caso, confira:

> § 3º A sanção estabelecida no inciso IV deste artigo *é de competência exclusiva do Ministro de Estado, do Secretário Estadual ou Municipal, conforme o caso*, facultada a defesa do interessado no respectivo processo, no prazo de 10 (dez) dias da abertura de vista, podendo a reabilitação ser requerida após 2 (dois) anos de sua aplicação.

Ou seja, a sanção prevista o art. 87, da Lei 8.666/93 é manifestação do Controle Interno de cada poder e guarda fundamento no art. 70 da CF/88.

Sobre a apontada distinção entre as sanções, asseverou o Min. Relator SEPÚLVEDA PERTENCE que

> "A atuação do Tribunal de Contas da União no exercício da fiscalização contábil, financeira, orçamentária, operacional e patrimonial das entidades administrativas não se confunde com aquela atividade fiscalizatória realizada pelo próprio órgão administrativo, uma vez que esta atribuição decorre do controle interno ínsito a cada Poder e aquela, do controle externo a cargo do Congresso Nacional (art. 70 da Constituição Federal). Daí porque o poder outorgado pelo legislador ao TCU, de declarar, verificada a ocorrência de fraude comprovada à licitação, a inidoneidade do licitante fraudador para participar, por até cinco anos, de licitação na Administração Pública Federal (art. 46 da L. 8443/92), não se confunde com o dispositivo presente na Lei das Licitações (art. 87), que - sendo dirigido apenas aos altos cargos do Poder Executivo dos entes federativos (§ 3º) - *é restrito ao controle interno da Administração Pública e de aplicação mais abrangente.*" (STF. PET 3606)

Quanto a abrangência da sanção imposta, em que pese divergências doutrinárias, a jurisprudência majoritária do STJ aponta que **a declaração de inidoneidade imposta pelo Poder Executivo, nos moldes do art. 87, III, da Lei 8.666/93, deve ser considerada em todas as esferas da administração, uma vez que a Administração é una**.

Portanto, não constitui óbice bastante para a extensão dos efeitos de seu comando a outras esferas da federação, quando apurada fraude na licitação e na contratação de empresas/entidades para realizar obras ou prestar serviços à conta de recursos públicos federais, eis que a Administração é una, e assim deve ser considerada em prol da preservação do interesse público e da moralidade administrativa.

Confira excerto de ementas elucidativas do STJ sobre o tema:

> (...) 4. ***A definição do termo Administração Pública pode ser encontrada no próprio texto da citada Lei, que dispõe, em seu art. 6º, X, que ela corresponde à "Administração Direta e Indireta da União, dos Estados, do Distrito Federal e dos Municípios, abrangendo inclusive as entidades com personalidade jurídica de direito privado sob controle do poder público e das fundações por ele instituídas ou mantidas***". (RESP 200300272646, HERMAN BENJAMIN - SEGUNDA TURMA, DJE DATA:10/02/2011)

A punição prevista no inciso III do artigo 87 da Lei nº 8.666/93 não produz efeitos somente em relação ao órgão ou ente federado que determinou a punição, mas a toda a Administração Pública, pois, caso contrário, permitir-se-ia que empresa suspensa contratasse novamente durante o período de suspensão, tirando desta a eficácia necessária. *2. Recurso especial provido.' (STJ, REsp. 174.274, 2ª Turma, Rel. Ministro Castro Meira, DJ 22/11/2004 p. 294)*

Portanto, para ressaltar a distinção entre a sanção imposta pelo TCU e aquela aplicável pelo Poder Executivo, confira o esquema abaixo:

Distinções entre as sanções:		
	TCU	**Poder Executivo (Ministros e Secretários Estaduais ou Municipais)**
Sanção	Declaração de inidoneidade de empresa privada para participar de licitações promovidas pela administração pública federal	Declaração de inidoneidade para licitar ou contratar com a administração pública
Natureza	Controle Externo	Controle Interno
Fundamento Legal	Art. 46, da Lei 8.443/92	Art. 87, inciso III, da Lei nº 8.666/93
Abrangência	Limitado à Administração Pública Federal.	Tema polêmico, porém prevalece ser aplicável a todas as esferas da Administração Pública.

ii. *A declaração de inidoneidade "só produz efeito para o futuro (efeito ex nunc), sem interferir nos contratos já existentes e em andamento" (MS 13.101/DF, Min. Eliana Calmon, DJe de 09.12.2008)*

Sedimentou o STF que a declaração de inidoneidade prevista no Art. 87, inciso III, da Lei nº 8.666/93, NÃO acarreta, automaticamente, a rescisão de contratos administrativos já aperfeiçoados juridicamente e em curso de execução, notadamente os celebrados perante outros órgãos administrativos não vinculados à autoridade impetrada ou integrantes de outros entes da Federação (Estados, Distrito Federal e Municípios).

No entanto, a ausência do efeito rescisório automático não compromete nem restringe a faculdade que têm as entidades da Administração Pública de, no âmbito da sua esfera autônoma de atuação, promover medidas administrativas específicas para rescindir os contratos, nos casos autorizados e observadas as formalidades estabelecidas nos artigos 77 a 80 da Lei 8.666 /93.

iii. *A declaração de inidoneidade, emanada de decisão do TCU, com fulcro no art. 46 da Lei 8.443/1992, abrange as licitações e contratações diretas promovidas por estados e municípios, cujos objetos sejam custeados por recursos oriundos de transferências voluntárias da União*

Conforme vimos, o TCU tem competência para declarar a inidoneidade de empresa privada para participar de licitações, limitada a declaração a licitações promovidas pela Administração Pública Federal (STF. Plenário. MS 30788/MG, rel. orig. Min. Marco Aurélio, red. p/ o acórdão Min. Roberto Barroso, julgado em 21/5/2015. Info 786.).

Ocorre que o TCU tem posicionamento específico em relação a abrangência de tal declaração, quando envolvam recursos oriundos de transferências voluntárias da União.

Desse modo, conclui a Corte de Contas da União que deve existir a "extensão dos efeitos da declaração de inidoneidade para licitar com a Administração Pública, lavrada pelo TCU no exercício da competência constitucional prevista no art. 71, inciso XIII, às contratações efetuadas por outros entes integrantes da federação à conta de recursos públicos federais." (TC 027.014/2012-6 Natureza: Administrativo, TC 027.014/2012-6. Natureza: Administrativo). Ressalte-se que o tema ainda carece de consolidação no âmbito jurisprudencial.

» CRITÉRIOS DE AVALIAÇÃO:

PARECER
LETRA A **(1) Possibilidade de Contratação Direta para realização de Concursos Públicos** - Segundo a doutrina majoritária e o TCU, é possível contratação direta com base do art. 24, XIII da Lei 8.666/93; **(2) Requisitos** - Contratação de Instituições que atendam aos requisitos do texto legal mencionado (ser brasileira, não ter fins lucrativos, reputação, ter como objetivo a pesquisa, o ensino ou o desenvolvimento institucional) e, ainda mais, para o TCU deve ser demonstrado compatibilidade de preços contratados com o de mercado (Súmula 250-TCU); - Observância do procedimento de Justificação previsto em Lei. **(3) Descabimento da contratação pretendida no caso concreto** Segundo decidiu o STJ, mesmo quando o valor do contrato administrativo for adequado ao limite estabelecido no art. 24, II, da Lei n. 8.666/93, os valores recolhidos como taxa de inscrição devem ser considerados para fins de dispensa. Com efeito, "*ainda que os valores recolhidos como taxa de inscrição não sejam públicos, a adequada destinação desses valores é de interesse público primário. Mesmo que a contratação direta de banca realizadora de concurso sem licitação não afete o interesse público secundário (direitos patrimoniais da administração pública), é contrária ao interesse público primário, pois a destinação de elevado montante de recursos a empresa privada ocorrerá sem o processo competitivo, violando, dessa maneira, o princípio da isonomia, positivado na Constituição Federal e no art. 3º da Lei n. 8.666/93.*" (STJ. 2ª Turma. REsp 1.356.260-SC, Rel. Min. Humberto Martins, julgado em 7.2.2013 - informativo 516);
LETRA B **(1)** O Supremo Tribunal Federal (STF) declarou inconstitucional legislação do Estado de Mato Grosso do Sul que impunha a apresentação de certidão negativa de violação dos direitos do consumidor para empresas que contratam com o estado. No julgamento da Ação Direta de Inconstitucionalidade (ADI) 3735, a maioria dos ministros entendeu que a competência para legislar sobre o tema é da União. Com efeito, a exigência da legislação estadual usurpa competência privativa da União para legislar sobre licitação e contratação, conforme o inciso XXVII, do artigo 22 da Constituição Federal. (STF. Plenário. ADI 3.735/MS, Rel. Min. Teori Zavascki, julgado em 8/9/2016. Info 838);

PARECER

LETRA C

(1) O TCU tem competência para declarar a inidoneidade de empresa privada para participar de licitações promovidas pela Administração Pública Federal

Segundo o decidiu o STF, o TCU tem competência para declarar a inidoneidade de empresa privada para participar de licitações promovidas pela Administração Pública. Essa previsão está expressa no art. 46 da Lei 8.443/92, sendo considerada constitucional: Art. 46. Verificada a ocorrência de fraude comprovada à licitação, o Tribunal declarará a inidoneidade do licitante fraudador para participar, por até cinco anos, de licitação na **Administração Pública Federal**. (STF. Plenário. MS 30788/MG, rel. orig. Min. Marco Aurélio, red. p/ o acórdão Min. Roberto Barroso, julgado em 21/5/2015. Info 786.)

(2) Em razão do pacto federativo, a decisão do TCU não impedirá a contratação pela ente estadual

Segundo decidiu o STF, "o poder outorgado pelo legislador ao TCU, de declarar, verificada a ocorrência de fraude comprovada à licitação, a inidoneidade do licitante fraudador para participar, por até cinco anos, de licitação na Administração Pública Federal (art. 46 da L. 8443/92), **não se confunde com o dispositivo presente na Lei das Licitações (art. 87), que - sendo dirigido apenas aos altos cargos do Poder Executivo** dos entes federativos (§ 3º) - é restrito ao controle interno da Administração Pública". **(STF. PET 3528, Pleno, M. Aurélio, DJ 3.3.06)**;

Proposta 4: Licitações e contratos administrativos

Autor: Francimar Soares da Silva Júnior

» ENUNCIADO

No bojo de ação de improbidade administrativa, com trâmite na Justiça Federal, transitou em julgado, no dia 25 de outubro de 2015, decisão que condenou o Sr. Francisco das Chagas a proibição de contratar com o Poder Público por 10 (dez) anos, contados do trânsito em julgado da aludida decisão. Isso porque, em suma, Francisco das Chagas concorreu para o desvio de recursos públicos federais repassados ao Estado de Minas Gerais.

Nesse contexto, em maio de 2016, foi inserido o nome de Francisco das Chagas no Cadastro Nacional de Condenações Cíveis por Ato de Improbidade Administrativa, mantido pelo CNJ. Em razão disso, aquele apenado, por ser sócio majoritário da sociedade empresária *Saúde Alimentos Ltda.,* aditou o contrato social da aludida pessoa jurídica e cedeu, neste ato, 96% das cotas sociais ao seu irmão, Sr. Manoel das Chagas. Em sua concepção, ao se tornar sócio minoritário, não haveria óbice para que a sociedade empresária *Saúde Alimentos Ltda.* celebrasse contratos com o Poder Público, máxime com entes municipais, já que a decisão judicial era oriunda da Justiça Federal.

Sendo assim, a pessoa jurídica *Saúde Alimentos Ltda.*, fornecedora de merendas escolares, participou de licitação, na modalidade concorrência, promovida pela Secretaria Municipal de Educação do Município de Belo Horizonte/MG. Tal empresa sagrou-se vencedora no certame e, em abril de 2016, após a homologação do procedimento pelo Secretário Municipal de Educação, lhe foi adjudicado o objeto contratual.

O Prefeito de Belo Horizonte/MG, em reunião com gestores locais, soube que o Ministério Público de Contas havia proposto, no TCE/MG, representação, cumulada com pedido de medida cautelar, requerendo fossem sustados os pagamentos à *Saúde Alimentos Ltda.,* devidos pela Prefeitura de Uberaba/MG. Tal medida tinha como causa de pedir, em síntese, o fato de Francisco das Chagas ter sido condenado à proibição de contratar com o Poder Público.

Ante todas essas circunstâncias, o Prefeito de Belo Horizonte/MG, preocupado com a legalidade da contratação da empresa em comento e, ciente de que o Secretário Municipal de Educação já tinha ordenado àquela o pagamento de R$ 78.000,00 - em virtude de merendas escolares já fornecidas, enviou consulta à Procuradoria Geral do Município para que fossem esclarecidos os seguintes pontos:

a) A condenação de Francisco das Chagas em ação de improbidade administrativa, advinda da Justiça Federal, teria o condão de tornar nulo o contrato administrativo firmado entre o Município de Belo Horizonte/MG e a sociedade empresária *Saúde Alimentos Ltda.?*

b) Em sendo afirmativo o item anterior, é devida a indenização à contratada pelo fornecimento de merendas escolares executado no ano de 2016?

c) Uma vez nulo o contrato administrativo em comento, é possível a contratação, por meio de dispensa de licitação, de outra empresa fornecedora de merenda escolar?

d) Ante à homologação/adjudicação do objeto contratual e às ordenações de despesa subscritas pelo Secretário Municipal de Educação à *Saúde Alimentos Ltda.,* haveria responsabilidade do referido gestor municipal por ato de improbidade administrativa?

Na qualidade de Procurador do Município de Belo Horizonte/MG, exare parecer solucionando todos os pontos controvertidos.

» COMENTÁRIOS

a) *A extensão da proibição de contratar com o Poder Público em decorrência de ato de improbidade administrativa*

Observe-se que o Sr. Francisco das Chagas foi condenado, em ação de improbidade administrativa, por ter desviado recursos públicos federais repassados ao Estado de Minas Gerais. Nesse contexto, ante o ato ímprobo que importou em enriquecimento ilícito (art. 9º da Lei nº 8.429/1992), o MM. Juiz Federal aplicou a sanção prevista no art. 12, I, daquele mesmo diploma normativo, senão vejamos:

> Art. 12. Independentemente das sanções penais, civis e administrativas previstas na legislação específica, está o responsável pelo ato de improbidade sujeito às seguintes cominações, que podem ser aplicadas isola-

> da ou cumulativamente, de acordo com a gravidade do fato: (Redação dada pela Lei nº 12.120, de 2009).
>
> I – na hipótese do art. 9º, perda dos bens ou valores acrescidos ilicitamente ao patrimônio, ressarcimento integral do dano, quando houver, perda da função pública, suspensão dos direitos políticos de oito a dez anos, pagamento de multa civil de até três vezes o valor do acréscimo patrimonial e ***proibição de contratar com o Poder Público ou receber benefícios ou incentivos fiscais ou creditícios, direta ou indiretamente, ainda que por intermédio de pessoa jurídica da qual seja sócio majoritário, pelo prazo de dez anos;***

Não obstante a pessoa jurídica lesada pelo ato ímprobo de Francisco das Chagas tenha sido o Estado de Minas Gerais, tal fato não permite concluir que a proibição de contratar com o Poder Público imposta ao condenado se limite ao ente federado prejudicado (MG). Observe que a doutrina majoritária, a exemplo de Emerson Garcia, Rogerio Pacheco Alves e José dos Santos Carvalho Filho, entende que a expressão *poder público* constante nas sanções da Lei de Improbidade Administrativa alcança a administração pública, direta e indireta, de qualquer dos Poderes da União, dos Estados, do Distrito Federal e dos Municípios[10]. Nos dizeres de Emerson Garcia e Rogerio Pacheco Alves (Improbidade Administrativa, 7ª Ed, 2013, p. 649, versão *epub*):

> (...) A aplicação dessa sanção resulta em incompatibilidade verificada entre a conduta do ímprobo e o vínculo a ser mantido com a administração pública, o que torna desinfluente qualquer especificidade em relação a esta, já que a sanção circunda a esfera subjetiva do ímprobo, a qual não é delimitada pelo ente que tenha sido lesado pelo ato de improbidade administrativa, tornando-se extensiva a todos os demais (...).

10. Não confunda a proibição de contratar por atos de improbidade administrativa com aquelas sanções administrativas previstas no art. 87 da Lei nº 8.666/1993. Nesse último caso, existe controvérsia quanto à amplitude dos efeitos das sanções de suspensão de contratar e de declaração de inidoneidade. Porém, de forma similar ao que está sendo tratado neste parecer, o Superior Tribunal de Justiça entendeu que as referidas sanções administrativas possuem efeitos extensivos e podem ser invocadas por todos os entes federados, pois a contratação de uma empresa que cometeu faltas graves poderá colocar em risco o interesse púbico. Diante desses argumentos, com maior razão, deve ser dada amplitude nacional à sanção proibitiva de contratar com o Poder Público prevista na Lei de Improbidade Administrativa (LIA).

b) ***Da possibilidade de desconsideração da personalidade jurídica da sociedade empresária Saúde Alimentos Ltda***

O caso em tela demonstra que o Sr. Francisco das Chagas cedeu suas cotas sociais para se tornar sócio minoritário da sociedade empresária *Saúde Alimentos Ltda.* O seu objetivo, a rigor, era burlar a efetividade da decisão judicial oriunda da Justiça Federal e esconder a ilegalidade do ajuste firmado entre sua "empresa" e o Município de Belo Horizonte.

Nesse ponto, o candidato deve tecer breves comentários sobre a possibilidade da Administração Pública desconsiderar a personalidade jurídica da pessoa jurídica *Saúde Alimentos Ltda.* Ou seja, a própria a Administração de Belo Horizonte, ante a fraude praticada por Francisco das Chagas (cessão simulada de suas cotas sociais) poderia, sem o socorro do Poder Judiciário, estender à *Saúde Alimentos Ltda* a mesma pena de proibição de contratar com o Poder Público que foi impelida a Francisco das Chagas *(muito embora esse não fosse mais, à época da contratação, sócio majoritário daquela sociedade empresária).*

Quanto a isso, ensina Emerson Garcia e Rogerio Pacheco Alves (Improbidade Administrativa, 7ª Ed, 2013, p. 651, versão *epub*):

> (...) não só o ímprobo, como também as pessoas jurídicas de que faça parte como sócio majoritário, ou mesmo as pessoas físicas ou jurídicas, que sejam interposta entre ele o benefício almejado, sofrerão os efeitos da sanção. Na primeira hipótese, tem-se uma nítida variante da teoria da desconsideração da personalidade jurídica (disregard of legal entity), sendo afastada a existência independente desta e, ex vi legis, presumida a utilização de sua personalidade para contornar a restrição que acomete o ímprobo.
> ***Note-se que o dispositivo legal não põe em dúvida a diferença da personalidade da sociedade e de seus sócios, mas visa a impedir a consumação de uma fraude manifesta. Ainda que o ímprobo seja sócio minoritário da sociedade, será possível a desconsideração da personalidade jurídica, o que exigirá prova de uma possível simulação, com a consequente demonstração de que aquele comanda a sociedade através de interpostas pessoas.***

A desconsideração da personalidade jurídica pela Administração Pública é, de fato, tema pouco explorado na doutrina, porém, possui amparo em inúmeras decisões do Tribunal de Contas da União. Vejamos algumas:

> ADMINISTRATIVO. RECURSO ORDINÁRIO EM MANDADO DE SEGURANÇA. LICITAÇÃO. SANÇÃO DE INIDONEIDADE PARA LICITAR. EXTENSÃO DE EFEITOS À SOCIEDADE COM O MESMO OBJETO SOCIAL, MESMOS SÓCIOS E MESMO ENDEREÇO. FRAUDE À LEI E ABUSO DE FORMA. DESCONSIDERAÇÃO DA PERSONALIDADE JURÍDICA NA ESFERA ADMINISTRATIVA. POSSIBILIDADE. PRINCÍPIO DA MORALIDADE ADMINISTRATIVA E DA INDISPONIBILIDADE DOS INTERESSES PÚBLICOS. – A constituição de nova sociedade, com o mesmo objeto social, com os mesmos sócios e com o mesmo endereço, em substituição a outra declarada inidônea para licitar com a Administração Pública Estadual, com o objetivo de burlar à aplicação da sanção administrativa, constitui abuso de forma e fraude à Lei de Licitações Lei n.º 8.666/93, de modo a possibilitar a aplicação da teoria da desconsideração da personalidade jurídica para estenderem-se os efeitos da sanção administrativa à nova sociedade constituída. – A Administração Pública pode, em observância ao princípio da moralidade administrativa e da indisponibilidade dos interesses públicos tutelados, desconsiderar a personalidade jurídica de sociedade constituída com abuso de forma e fraude à lei, desde que facultado ao administrado o contraditório e a ampla defesa em processo administrativo regular. – Recurso a que se nega provimento. (STJ – RMS 15166 / BA – Relator: Ministro CASTRO MEIRA – SEGUNDA TURMA – DJ 08.09.2003 p. 262.)

Há também precedente do Tribunal de Contas da União, que admite a desconsideração nas situações de fraude comprovada. Segundo noticiado no informativo nº 108, daquele Tribunal: "**em caso de fraude comprovada, é possível a responsabilização não só da empresa, mas também dos sócios, de fato ou de direito, a partir da desconsideração da personalidade jurídica da instituição empresarial**" (TCU. Acórdão n.º 1327/2012-Plenário, TC 008.267/2010-3, rel. Min. Walton Alencar Rodrigues, 30.5.2012.)

É com base, portanto, nos princípios da moralidade, da impessoalidade e da indisponibilidade do interesse público que a Administração Pública pode (poder-dever), com o objetivo de combater fraudes e conluios praticados em detrimento do patrimônio público, aplicar a desconsideração da personalidade jurídica, mesmo inexistindo, no caso em comento, expressa disposição legal[11].

11. Não se esqueça, contudo, que, recentemente foi publicada a Lei nº 12.846/2013, a qual tem por objeto dispor sobre a responsabilização objetiva, administrativa e civil de pessoas jurídicas pela prática de atos ilícitos contra a administração pública, na-

No entanto, em decorrência do regime jurídico sancionador, as sanções restritivas do direito de licitar/contratar, por decorrência da desconsideração da personalidade jurídica pela Administração Pública, devem ser precedidas de regular processo administrativo no qual se assegure o direito ao contraditório a ampla defesa (art. 5º, LV, da CR/88).

Por fim, então, considerando os argumentos expostos acima, cabe ao candidato concluir pela **nulidade do contrato firmado entre a empresa *Saúde Alimentos Ltda* e o Município de Belo Horizonte/MG**, sendo dever da Administração Pública anular o ajuste.

c) ***Da má-fé do contratado e da ausência de direito à indenização pelos serviços executados***

O art. 59, parágrafo único da Lei nº 8.666/93, no intuito de evitar eventual enriquecimento ilícito por parte da Administração Pública, preceitua a necessidade de indenização do particular pelos custos advindos do exercício da atividade, desde que não tenha causado a nulidade e que haja a responsabilização de quem tenha dado causa ao vício. Trata-se, enfim, de consagração à boa-fé do particular que celebra ajustes com os entes públicos. Por oportuno, cita-se mencionado dispositivo legal:

> Art. 59. A declaração de nulidade do contrato administrativo opera retroativamente impedindo os efeitos jurídicos que ele, ordinariamente, deveria produzir, além de desconstituir os já produzidos.
>
> Parágrafo único. ***A nulidade não exonera a Administração do dever de indenizar o contratado pelo que este houver executado até a data em que ela for declarada e por outros prejuízos regularmente comprovados, contanto que não lhe seja imputável, promovendo-se a responsabilidade de quem lhe deu causa.***

Sobre a sua incidência, ensina **José dos Santos Carvalho Filho** (Manual de Direito Administrativo. 26. ed. Atlas: São Paulo, 2013):

> "***Pretende o dispositivo evitar o enriquecimento sem causa por parte da Administração, tendo ela recebido um bem jurídico sem pagar por***

cional ou estrangeira. De acordo com a referida Lei, "a personalidade jurídica poderá ser desconsiderada sempre que utilizada com abuso do direito para facilitar, encobrir ou dissimular a prática dos atos ilícitos nela previstos ou para provocar confusão patrimonial, sendo estendidos todos os efeitos das sanções aplicadas à pessoa jurídica aos seus administradores e sócios com poderes de administração, observados o contraditório e a ampla defesa".

> *ele*. O direito, como emana do texto, está condicionado a não ter o contratado contribuído para o vício gerador da invalidação. O que não se permite é que a Administração tenha recebido parte do objeto do contrato e, ainda assim, não queira indenizar o contratado: seria forma de enriquecimento sem causa do Poder Público, ou seja, estaria ele a locupletar-se de sua própria torpeza" (pág. 217).

Delimitando o contexto de incidência do referido dispositivo legal, já se manifestou o Superior Tribunal de Justiça:

> PROCESSUAL CIVIL. RECURSO ESPECIAL. ADMINISTRATIVO. AÇÃO DE COBRANÇA. SERVIÇOS EFETIVAMENTE PRESTADOS À SOCIEDADE DE ECONOMIA MISTA. LOCUPLETAMENTO INDEVIDO DA ADMINISTRAÇÃO PÚBLICA. 1. ***O enriquecimento ilícito é vício social no qual incide a Administração Pública nas hipóteses em que, a pretexto de inexistência de continuação de vínculo formal, persiste no recebimento dos serviços, excluindo de pagá-los alegando a própria torpeza***. 2. Recurso especial desprovido, mantendo-se a sentença calcada em perícia, divergindo-se do E. Relator. (REsp 1096917/PE, Rel. Ministro FRANCISCO FALCÃO, Rel. p/ Acórdão Ministro LUIZ FUX, PRIMEIRA TURMA, julgado em 26/05/2009, DJe 09/10/2009)

No entanto, as circunstâncias relatadas anteriormente permitem inferir sobremaneira que o Sr. Francisco das Chagas, responsável pela ilicitude do contrato administrativo em comento, agiu com notória má-fé. O particular não apenas celebrou contrato com o Poder Público sabendo ser impedido, por decisão judicial, como também se valeu de artifício doloso (cessão simulada de suas cotas sociais) para tentar burlar o provimento judicial e a própria Administração Pública.

Sendo assim, **não é devida a indenização à empresa contratada pelos serviços executados, inexistindo, no caso, enriquecimento ilícito da Administração Pública.** Ora, quando a nulidade contratual do certame é imputada ao próprio contratado ou quando comprovada a sua má-fé, não há direito à indenização. Nesse sentido, entende o Superior Tribunal de Justiça:

> ***DIREITO ADMINISTRATIVO. INDENIZAÇÃO POR SERVIÇOS PRESTADOS NO CASO DE CONTRATO ADMINISTRATIVO NULO.***
>
> Reconhecida a nulidade de contrato administrativo por ausência de prévia licitação, a Administração Pública não tem o dever de indenizar os serviços prestados pelo contratado na hipótese em que este tenha agido de má-fé ou concorrido para a nulidade do contrato. Realmente, o fato

de um contrato administrativo ter sido considerado nulo por ausência de prévia licitação não exime, em princípio, a Administração do dever de indenizar o contratado pelos serviços por ele prestados. Todavia, em consideração ao disposto no art. 59 da Lei 8.666/1993, devem ser ressalvadas as hipóteses de má-fé ou de ter o contratado concorrido para a nulidade do contrato. AgRg no REsp 1.394.161-SC, Rel. Min. Herman Benjamin, julgado em 8/10/2013 (Informativo nº 0529).

d) *Da possibilidade de dispensa de licitação para o remanescente dos serviços (art. 24, XI, da Lei nº 8.666/1993)*

Os contratos administrativos se extinguem, em regra, pelo decurso do prazo contratual ou pela execução integral do objeto. Porém, a extinção pode ocorrer de forma prematura quando houver impossibilidade de continuidade do ajuste (rescisão culposa ou não) ou quando constatada ilegalidade na licitação ou no próprio contrato (anulação do contrato).

Observa-se, de logo, que não houve vício no procedimento licitatório que desencadeou a contratação da empresa Saúde Alimentos Ltda. Em verdade, o contrato administrativo firmado é que foi tido por nulo em razão dos motivos já aduzidos anteriormente. Desse modo, a invalidade do ajuste firmado não culmina na nulidade do procedimento licitatório correspondente. Por outro lado, não podemos adotar a mesma lógica para situação inversa: a nulidade da licitação, à guisa do art. 49, § 2º da Lei nº 8.666/1993, acarreta necessariamente a invalidade do contrato administrativo[12].

Feitos esses esclarecimentos, podemos visualizar que houve certame licitatório válido que se esgotou com a adjudicação do objeto contratual para a empresa Saúde Alimentos ltda. Essa, inclusive, já havia iniciado o fornecimento de merendas escolares que ensejaram empenhos no montante de R$ 78.000,00.

A legislação pátria ressalvou a possibilidade de contratar o segundo colocado ou os classificados de um certame licitatório em duas ocasiões: I) quando o primeiro colocado de uma licitação não comparece para assinar o contrato administrativo (art. 64, § 2º, da Lei nº 8.666/1993); e II) quando há contrato assinado e em curso na sua execução, porém, o pacto resta rescindido (art. 24, XI, da Lei nº 8.666/1993).

12. §2º A nulidade do procedimento licitatório induz à do contrato, ressalvado o disposto no parágrafo único do art. 59 desta Lei.

No último caso, tem-se verdadeira hipótese de dispensa de licitação para complementação do objeto contratual, a qual exige o preenchimento de certos pressupostos. Conforme Jorge Jacoby (Contratação Direta sem Licitação, p.335-339) são requisitos para a contratação direta prevista no art. 24, XI, da Lei nº 8.666/1993: a) existência de licitação anterior; b) contratação do objeto com o licitante vencedor (ou seja, o contrato chegou a ser celebrado e a obra ou serviço teve seu início. Não se pode mais falar, então, na faculdade prevista no art. 64, § 2º, da Lei nº 8.666/1993); c) observância da ordem de classificação; d) contratação de remanescente; d) a equação da proposta mais vantajosa não pode ser alterada com a contratação do licitante remanescente (ou seja, deve ser adotada as mesmas condições e preço do licitante vencedor do procedimento licitatório).

Pois bem. Não há dúvidas de que no caso é possível a contratação do remanescente dos serviços de merenda escolar pelo segundo colocado na licitação que resultou na contratação da empresa Saúde Alimentos Ltda, desde que preenchidos os requisitos elencados acima.

Aliás, deve-se frisar que a dispensa de licitação não significa inaplicabilidade dos princípios administrativos, notadamente os de natureza constitucional, não conferindo uma irrestrita liberdade administrativa aos gestores públicos, de modo que estes devem obedecer a um determinado procedimento administrativo, visando à melhor contratação possível ao interesse público. Dessa maneira, não se encontra autorizada a celebração de contratos completamente informais, desprovidos de requisitos mínimos de objetividade, tais quais, previsão de uma necessidade pública e definição do objeto a ser adquirido, dentre outros. Neste sentido, cita-se Marçal Justen Filho:

> "A ausência de licitação não equivale a contratação informal, realizada com quem a Administração bem entender, sem cautelas nem documentação. Ao contrário, a contratação direta exige um procedimento administrativo prévio, em que a observância de formalidades é imprescindível. (...)
>
> Nas etapas internas iniciais, a atividade administrativa será idêntica, seja ou não a futura contratação antecedida de licitação. Em um momento inicial, a Administração verificará a existência de uma necessidade a ser atendida. Deverá diagnosticar o meio mais adequado para atender ao reclamo. Definirá um objeto a ser contratado, inclusive adotando providências acerca da elaboração de projetos, apuração da compatibilidade entre a contratação e as previsões orçamentárias. Tudo isso estará documentado em procedimento administrativo, externando-se em documentação constante dos respectivos autos. (pág. 329)

Portanto, o candidato deve pontuar que os casos de contratação direta não dispensam, em regra, a observância de um procedimento formal prévio para apurar e comprovar a hipótese de dispensa em comento, por meio da motivação da decisão administrativa, bem como a necessidade de comunicação, dentro de 3 (três) dias, à autoridade superior, para ratificação e publicação na imprensa oficial, no prazo de 5 (cinco) dias, como condição de eficácia dos atos (art. 26 da Lei 8.666/1993).

e) *Da ausência de dolo ou má-fé do Secretário de Educação de Belo Horizonte/MG*

Quando determinado gestor contrata licitante ciente de que esse, por decisão judicial, foi impedido de contratar com o Poder Público, pratica, em tese, ato de improbidade administrativa que causa prejuízo ao erário (art. 10 da Lei nº 8.429/1992).

Todavia, esse tipo de ato ímprobo exige a comprovação do elemento subjetivo (dolo ou culpa) do agente e o nexo de causalidade entre sua ação/omissão e o respectivo dano ao erário. Aqui, atente-se que **os atos de improbidade administrativa que causam prejuízo ao erário são os únicos que admitem a forma culposa**. Não se trata, ainda, de qualquer culpa, mas aquela tida por grave e violadora do princípio geral de probidade. Conforme ensina Daniel Amorim e Rafael Carvalho (Manual de Improbidade Administrativa, 2ª ed., p. 82, versão epub):

> Isto não significa dizer que todo e qualquer deslize o dia a dia da Administração a configurar improbidade administrativa. Existem graus de violação à ordem jurídica que são sancionados com intensidades distintas. A mera irregularidade administrativa comporta sanção administrativa, mas não sanção de improbidade. A interpretação da legislação de improbidade deve ser feita à luz dos princípios da proporcionalidade e da razoabilidade, tanto na tipificação das condutas quanto na aplicação das sanções.

Todavia, a prática de ato de improbidade administrativa não exige a demonstração de um especial fim psicológico do agente que possa ser equiparado a "má-fé". Sobre o tema:

> ***(...) 2. O posicionamento firmado pela Primeira Seção é que se exige dolo, ainda que genérico, nas imputações fundadas nos arts. 9º e 11 da Lei 8.429/1992 (enriquecimento ilícito e violação a princípio), e ao menos culpa, nas*** hipóteses do art. 10 da mesma norma (lesão ao erá-

> rio). (STJ – REsp 1291401/RS, Rel. Ministra ELIANA CALMON, SEGUNDA TURMA, julgado em 19/09/2013, DJe 26/09/2013)
>
> (...) ***2. A caracterização do ato de improbidade por ofensa a princípios da administração pública exige a demonstração do dolo lato sensu ou genérico.*** (STJ – REsp 1293280/RS, Rel. Ministra ELIANA CALMON, SEGUNDA TURMA, julgado em 03/09/2013, DJe 18/09/2013)

Portanto, praticado ato administrativo, livre e conscientemente, que cause lesão ao erário (art. 10, Lei 8.429/1992), desrespeite princípios de boa gestão (art. 11, Lei 8.429/1992) ou resulte em enriquecimento ilícito (art. 9º, Lei 8.429/1992), materializa-se a improbidade administrativa, sem que seja necessário perquirir se o agente responsável, para tanto, agiu com "má-fé".

Com efeito, a "reprovabilidade" da conduta do agente ímprobo, a qual de ordinário se busca discutir sob a roupagem de análise de "má-fé", existe por decorrência da própria Lei 8.429/1992 e da Constituição, que elencam determinadas condutas consideradas graves, reprováveis, na gestão da coisa pública, cominando sanções.

Sendo assim, a alegação de ausência de "dolo" está, em geral, deslocada nas ações de improbidade. Relembre-se que a aferição de dolo se refere à conduta do agente. Há dolo quando o servidor público ou o terceiro beneficiado agem de forma livre e consciente, entendendo os resultados possíveis da sua ação. Portanto, quem deixa de prestar contas quando está obrigado a tanto; quem recebe recursos públicos afetados a certa finalidade e não os aplica na forma prevista; quem dá a verbas federais destinação ignorada, por não comprovar a aplicação, a despeito do saque das contas bancárias; **quem admite e concorre para a contratação de pessoa impedida de contratar com o Poder Público** certamente pratica ato de improbidade administrativa dolosamente, em conduta cuja má-fé resta evidenciada pela reprovabilidade decorrente da tipificação constante na Lei 8.429/1992.

Contudo, nesse tópico específico, o candidato deve estar atento às datas insertas no enunciado. Observe que o nome de Francisco das Chagas no Cadastro Nacional de Condenações Cíveis por Ato de Improbidade Administrativa, mantido pelo CNJ foi inserido apenas em maio de 2016, data posterior, portanto, à data da adjudicação do objeto contratual à empresa *Saúde Alimentos Ltda.*

Sendo assim, não havia, com base nos princípios da razoabilidade e da proporcionalidade, a possibilidade de exigir que o Secretário de Educação de Belo Horizonte/MG soubesse da condenação imposta ao Sr. Francisco das Chagas, máxime porque o último ainda praticou a fraude relatada em tópico anterior (cessão simulada de suas cotas sociais).

Ausente, portanto, o dolo *genérico* ou a culpa grave por parte do Secretário de Educação de Belo Horizonte/MG, não há falar em cometimento de qualquer ato de improbidade administrativa.

» CRITÉRIOS DE AVALIAÇÃO

PARECER
ASPECTOS FORMAIS Estrutura, cabeçalho, ementa, relatório, fundamentação e conclusão.
I. DA NULIDADE CONTRATUAL a) A proibição de contratar impelida ao particular se estende às pessoas jurídicas em que ele seja sócio majoritário (art. 12, I, da Lei nº 8.429/1992); b) A sanção da proibição de contratar se aplica a todo território nacional; c) Possibilidade de desconsideração da personalidade jurídica pela Administração Pública (requisitos e necessidade de processo administrativo regular no qual seja assegurado o contraditório e a ampla defesa).
II. IMPOSSIBILIDADE DE INDENIZAÇÃO DO CONTRATADO A) Má-fé do contratado e entendimento do STJ.
III. POSSIBILIDADE DE DISPENSA DE LICITAÇÃO a) Requisitos atendidos para dispensa de licitação, com base no art. 24, XI, da Lei de Licitações; b) Necessidade de procedimento administrativo prévio em cumprimento ao art. 26 da Lei 8.666/1993.
IV. NÃO COMETIMENTO DE ATO ÍMPROBO POR PARTE DO SECRETARIO DE EDUCAÇÃO a) Elemento subjetivo necessário para configuração de ato ímprobo (desnecessário o fim especial de agir; dolo genérico); b) Inexistência de dolo ou culpa na espécie

Proposta 5: Contrato administrativo: prorrogação de vigência

Autora: Natália Aguiar Parente

» ENUNCIADO

No dia 20/11/2016, a Secretaria de Saúde do Município de Porto Alegre encaminhou, com urgência, processo administrativo à Procuradoria-Geral do Município para análise do 6º termo aditivo ao contrato de locação referente ao imóvel que sedia o órgão.

O contrato de locação foi firmado em 01/11/2010, com prazo de vigência de 12 (doze) meses. Nos dias 21 de novembro dos anos de 2011 até o ano de 2015, foram assinados aditivos contratuais que prorrogaram a vigência do contrato por mais 12 meses.

O processo administrativo foi instruído com todos esses aditivos contratuais e foi juntada declaração do proprietário do imóvel que demonstra interesse em permanecer alugando o imóvel para o Município de Porto Alegre.

Além disso, a Secretaria de Saúde do Município de Porto Alegre providenciou avaliação prévia do imóvel, por meio da qual se constatou que o valor do aluguel, com o passar dos anos, ficou abaixo do valor de mercado. Nesse contexto, o Secretário de Saúde afirma que a prorrogação do contrato também é interessante porque sua localização permite amplo acesso ao público e já foram feitas no imóvel as reformas necessárias ao funcionamento do órgão.

Considerando a situação acima exposta, elabore, na condição de Procurador do Município de Porto Alegre, Parecer Jurídico que solucione a demanda administrativa.

» COMENTÁRIOS

a) *Duração dos contratos administrativos*

O caso trata da análise da prorrogação de contrato locatício firmado pelo Município de Porto Alegre, com o fito de sediar a Secretaria Municipal de Saúde.

Pelo enunciado, observa-se que o contrato está vigente, pelo menos, por 72 (setenta e dois) meses, o que traz à baila a discussão acerca da duração dos contratos firmados pela Administração Pública.

Com efeito, uma das características dos contratos administrativos é a determinação de seu prazo. Nesse sentido, o art. 57, § 3º, da Lei n. 8.666/93 veda que a Administração Pública contrate por prazo indeterminado.

Sendo assim, a Lei de Licitações impõe que a duração dos contratos administrativos fique adstrita à vigência dos respectivos créditos orçamentários, *in verbis:*

> Art. 57. A duração dos contratos regidos por esta Lei ficará adstrita à vigência dos respectivos créditos orçamentários (...).

Rafael Rezende Oliveira[13] explica que "*o intuito do legislador é admitir a contratação apenas nas hipóteses em que a Administração tenha recursos necessários para pagar o contratado, garantindo-se, destarte, responsabilidade e planejamento com os gastos públicos.*"

Por essa razão, a Lei de Licitações vincula a contratação de obras e serviços à previsão de recurso orçamentário que assegure o pagamento das obrigações (art. 7º, § 2º, III). E mais, é cláusula contratual obrigatória a indicação do crédito pelo qual correrá a despesa (art. 55, inciso V, da Lei n. 8.666/93).

Como os créditos estão previstos na lei orçamentária anual, que, segundo a Lei n. 4.320/64, tem duração de 1 ano, os contratos administrativos terão duração de até 1 (um) ano em regra.

Nada obstante, a Lei n. 8.666/93 previu situações em que o contrato poderá ter prazo superior a um ano, quais sejam:

EXCEÇÕES	PRAZO
Projetos previstos no Plano Plurianual: Poderão ser prorrogados se houver interesse da Administração e desde que isso tenha sido previsto no ato convocatório (art. 57, I).	Não há definição legal. Sendo assim, a doutrina defende que a prorrogação seria o prazo da Lei do Plano Plurianual, isto é, de 4 anos.

13. Licitações e Contratos Administrativos – Teoria e Prática. Oliveira, Rafael Rezende. Editora Método Gen, 2015.

EXCEÇÕES	PRAZO
Serviços contínuos: Prorrogação por iguais e sucessivos períodos com vistas à obtenção de preços e condições mais vantajosas para a administração, limitada a **60 meses** (art. 57, II).	**Até 60 meses**. Admite-se, ainda, que, em *caráter excepcional*, seja prorrogado por **mais 12 meses**, totalizando 6 anos, desde que haja justificava e autorização da autoridade superior (art. 57, § 4º).
Aluguel de equipamentos e utilização de programas de informática (Art. 57, IV, LLC).	**Até 48 meses** após o início da vigência do contrato.
Nos contratos celebrados com dispensa de licitação pelos seguintes motivos: **I)** Possibilidade de comprometimento da ***segurança nacional***; **II)** Para as compras de material de uso das ***forças armadas***, exceto materiais de uso pessoal e administrativo, quando houver necessidade de manter a padronização requerida pela ***estrutura de apoio logístico naval, aéreo e terrestre***; **III)** Para o fornecimento de bens e serviços, produzidos ou prestados no País, que envolvam, cumulativamente, ***alta complexidade tecnológica e defesa nacional***; **IV)** Para contratação de empresas relacionadas à ***pesquisa e desenvolvimento tecnológico***, conforme previsto nos arts. 3.º, 4.º, 5.º e 20 da Lei 10.973/2004 (art. 57, V, dispositivo incluído pela Lei 12.349, de 2010).	**Até 120 meses**, caso haja interesse da Administração.

Ao lado desses casos, existem outros em que os contratos podem ter duração superior à vigência do respectivo crédito orçamentário. Cita-se como exemplo os **contratos privados** da Administração Pública.

Com efeito, os contratos privados da Administração Pública, também chamados de "Contratos da Administração" (terminologia que os diferencia dos "contratos administrativos"), são avenças que, embora celebradas pelo Poder Público, têm regência ditada pelas normas de direito privado.

Nesses casos, a doutrina explica que a relação jurídica existente entre Administração Pública e contratado é caracterizada pela **horizontalidade**, não existindo cláusulas exorbitantes, a não ser que estejam expressamente previstas no instrumento editalício e contratual.

Os "Contratos da Administração" estão expressamente previstos no art. 62, § 3º, da Lei n. 8.666/93, *in verbis:*

> Artigo 62. § 3º. Aplica-se o disposto nos arts. 55 e 58 a 61 desta Lei e demais normas gerais, no que couber:
>
> I - aos contratos de seguro, de financiamento, ***de locação em que o Poder Público seja locatário***, e aos demais cujo conteúdo seja regido, predominantemente, por norma de direito privado;
>
> II - aos contratos em que a Administração for parte como usuária de serviço público.

Veja que a Lei de Licitações silenciou a respeito da aplicação do artigo 57 aos "Contratos da Administração". Além disso, como são regidos predominantemente por normas de direito privado, tais instrumentos contratuais podem ter duração superior à vigência dos respectivos créditos orçamentários.

O caso hipotético exposto no enunciado trata de contrato de locação da Administração Pública na condição de locatária, o que atrai a aplicação do art. 62, § 3º, inciso I, da Lei de Licitações. Em consequência disso, os prazos do art. 57 da Lei n. 8.666/93 não se aplicam à situação em espeque. Nesse sentido, o TCU[14].

O contrato firmado entre o Município de Porto Alegre e o proprietário do imóvel regulamenta-se predominantemente pela Lei do Inquilinato. Nada obstante o regramento privado, o Tribunal de Contas da União não admite a prorrogação dos contratos de locação por tempo indeterminado. Tampouco admite a prorrogação sem análise da vantagem econômica e sem observância das formalidades básicas ao aditamento contratual.

Veja o Acórdão nº 1.127/2009 do Plenário do TCU:

> 9.1. conhecer da presente consulta, por preencher os requisitos de admissibilidade previstos no art. 1º, inciso XVII, da Lei nº 8.443/92 c/c art. 264, inciso III, do RITCU, para responder ao consulente, relativamente aos contratos de locação de imóveis em que a Administração Pública figura como locatária, que:

14. Acórdão n. 170/2005 - Plenário. TCU.

> 9.1.1. ***pelo disposto no art. 62, § 3º, inciso I, da Lei nº 8.666/93, não se aplicam as restrições constantes do art. 57 da mesma Lei;***
>
> 9.1.2. não se aplica a possibilidade de ajustes verbais e prorrogações automáticas por prazo indeterminado, condição prevista no artigo 47 da Lei nº 8.245/91, tendo em vista que (i) o parágrafo único do art. 60 da Lei nº 8.666/93, aplicado a esses contratos conforme dispõe o § 3º do art. 62 da mesma Lei, considera nulo e de nenhum efeito o contrato verbal com a Administração e ***(ii) o interesse público, princípio basilar para o desempenho da Administração Pública, que visa atender aos interesses e necessidades da coletividade, impede a prorrogação desses contratos por prazo indeterminado;***
>
> 9.1.3. ***a vigência e prorrogação deve ser analisada caso a caso, sempre de acordo com a legislação que se lhe impõe e conforme os princípios que regem a Administração Pública, em especial quanto à verificação da vantajosidade da proposta em confronto com outras opções, nos termos do art. 3º da Lei nº 8.666/93.***

Diante desse quadro, o candidato deve enquadrar a hipótese como "Contrato da Administração", posicionando-se sobre a inaplicabilidade do art. 57 da Lei de Licitações.

Em conclusão, deve arrematar que a extensa duração do contrato de locação não é óbice à nova prorrogação contratual, vez que, no presente caso, aplica-se a Lei do Inquilinato, que admite sucessivas prorrogações.

b) Requisitos necessários à prorrogação

A prorrogação contratual consiste no prolongamento do prazo contratual, com o mesmo contratado e nas mesmas condições.

O principal elemento envolvido é a **vigência** e, por isso, a observância da duração máxima do contrato é condição inexorável à prorrogação.

Vale dizer que a Administração deve sempre buscar a execução dentro do prazo inicialmente fixado, sendo a prorrogação uma medida excepcional. Não se devem admitir, portanto, as prorrogações automáticas ou tácitas.

A prorrogação é sempre consensual, razão pela qual não pode ser imposta pela Administração.

Em cada caso, o administrador deve decidir pela prorrogação de acordo com as seguintes exigências legais:

> Art. 57. § 1º Os prazos de início de etapas de execução, de conclusão e de entrega admitem prorrogação, mantidas as demais cláusulas do con-

> trato e assegurada a manutenção de seu equilíbrio econômico-financeiro, desde que ocorra algum dos seguintes motivos, devidamente autuados em processo:
>
> I – alteração do projeto ou especificações, pela Administração;
>
> II – superveniência de fato excepcional ou imprevisível, estranho à vontade das partes, que altere fundamentalmente as condições de execução do contrato;
>
> III – interrupção da execução do contrato ou diminuição do ritmo de trabalho por ordem e no interesse da Administração;
>
> IV – aumento das quantidades inicialmente previstas no contrato, nos limites permitidos por esta Lei;
>
> V – impedimento de execução do contrato por fato ou ato de terceiro reconhecido pela Administração em documento contemporâneo à sua ocorrência;
>
> VI – omissão ou atraso de providências a cargo da Administração, inclusive quanto aos pagamentos previstos de que resulte, diretamente, impedimento ou retardamento na execução do contrato, sem prejuízo das sanções legais aplicáveis aos responsáveis.
>
> § 2º Toda prorrogação de prazo deverá ***ser justificada por escrito e previamente autorizada*** pela autoridade competente para celebrar o contrato.

Além disso, a cartilha do Tribunal de Contas da União sobre licitações e contratos evidencia que "*A prorrogação de prazo de vigência de contrato ocorrerá se:*

- *constar sua previsão no contrato;*
- *houver interesse da Administração e da empresa contratada;*
- *for comprovado que o contratado mantém as condições iniciais de habilitação;*
- *for constatada em pesquisa que os preços contratados permanecem vantajosos para a Administração;*
- *estiver justificada e motivada por escrito, em processo correspondente;*
- *estiver previamente autorizada pela autoridade competente.*"

Diante disso, o candidato deve expor os requisitos necessários à prorrogação do contrato, demonstrando seu atendimento na situação fática acima exposta.

De fato, a previsão contratual autorizativa da prorrogação está implícita em virtude dos sucessivos termos aditivos já celebrados. O consenso entre o Município de Porto Alegre e o proprietário do imóvel ficou evidenciado. O preço do aluguel permanece vantajoso. Há justificativa e motivação apta a ensejar a prorrogação.

E, por fim, a prorrogação deve ficar condicionada à manutenção pelo contratado das condições iniciais de habilitação e à autorização da autoridade competente.

c) Impossibilidade de prorrogação de contrato já exaurido

Como visto, em tese, há possibilidade de prorrogação do contrato de locação firmado pelo Município de Porto Alegre, uma vez que preenchidos os requisitos necessários à prorrogação contratual.

Todavia, o candidato deve estar atento a um detalhe.

O caso concreto relatou que o contrato de locação foi firmado em 01/11/2010, com prazo de vigência de 12 (doze) meses. Logo, o contrato findou no dia 01/11/2011. Somente no dia 21/11/2011, o primeiro aditivo contratual foi assinado. A partir dessa prorrogação, todos os outros aditivos contratuais foram assinados nos dias 21 de novembro.

Como se observa, **o primeiro aditivo contratual foi confeccionado quando o contrato já se encontrava exaurido, o que revela a ilegalidade da primeira prorrogação e, consequentemente, de todas as outras prorrogações supervenientes.**

Segundo o Tribunal de Contas da União, a assinatura dos termos de aditamento deve ocorrer até o término da vigência contratual, de modo que, uma vez transposta a data final da vigência do contrato, o contrato é considerado extinto, não sendo cabível a prorrogação ou continuidade de sua execução (TCU. Acórdão n. 1.727/2004. Plenário).

Tem-se então que a prorrogação do contrato administrativo só é possível se for providenciada antes do término do prazo de vigência do ajuste, sendo inviável a elaboração de termos aditivos com efeitos retroativos.

Veja que a questão não é meramente jurídica, mas também lógica. Isso porque somente é possível prorrogar o contrato que está em andamento. De outro modo, o contrato que já não mais existe, deve ser objeto de nova contratação.

Nesse sentido, Hely Lopes Meirelles ilustra o tema:

> "A expiração do prazo de vigência, sem prorrogação, opera de pleno direito a extinção do ajuste, exigindo novo contrato para continuação

> das obras, serviços ou compras anteriormente contratados. O contrato extinto não se prorroga, nem se renova: é refeito e formalizado em novo instrumento, inteiramente desvinculado do anterior." (MEIRELLES, Hely Lopes. Licitação e contrato administrativo. 12. ed. São Paulo: Malheiros, 1999. p. 214.)

Por esse motivo, as sucessivas prorrogações contratuais encontram-se eivadas de nulidade, razão pela qual não há possibilidade de prorrogar o contrato em espeque.

É importante que a Administração, em tempo razoável, proceda à pesquisa de mercado visando avaliar a vantajosidade em torno da manutenção do contrato, consulte o particular sobre a sua intenção de prorrogar o ajuste e, após essas tratativas, formalize o termo aditivo de prorrogação, com efeitos futuros, a partir do primeiro dia após o fim do prazo de vigência originalmente estabelecido no ajuste.

Essa diligência, contudo, não foi observada no caso concreto.

d) Nulidade dos aditivos e consequências

Tendo em vista a impossibilidade de prorrogação de contrato já exaurido, o candidato **deve recomendar a anulação de todos os aditivos contratuais**, já que ocorreram em desconformidade com o entendimento do Tribunal de Contas da União.

Como sabido, a declaração de nulidade do ato administrativo ilegal, dever da Administração Pública, opera efeitos retroativos, que traz como consequência a anulação de todos os aditivos contratuais subsequentes ao primeiro.

> **Atenção:** Ainda que decorridos cinco anos do ato administrativo que prorrogou indevidamente o contrato, não haveria falar em decadência do direito de anulação da Administração Pública. Não porque o contratado estava de má-fé, até porque a questão, em momento algum, demonstrou qualquer intento fraudulento do proprietário do imóvel. O motivo da não ocorrência da decadência é porque, de acordo com o Superior Tribunal de Justiça, o ato de prorrogação ilegal estende seus efeitos no tempo por toda duração contratual. Observe:
>
> ***A Primeira Seção do STJ, no julgamento do EREsp 1.079.126/RS, pacificou o entendimento de que "o termo inicial da prescrição da***

> ***nulidade do ato administrativo de prorrogação ilegal do contrato de concessão se constitui no encerramento do tempo contratual"***.
>
> *(AgRg no AREsp 101.714/RS, Rel. Ministro OLINDO MENEZES (DESEMBARGADOR CONVOCADO DO TRF 1ª REGIÃO), PRIMEIRA TURMA, julgado em 06/10/2015, DJe 13/10/2015)*
>
> ***Com efeito o ato administrativo de prorrogação do contrato de concessão estende seus efeitos no tempo, ou seja, suas consequências e resultados sucedem por toda sua duração de maneira que seu término deve ser estabelecido como o marco inicial da prescrição da Ação Civil Pública***. *Precedentes do STJ.*
>
> *(REsp 1325817/RS, Rel. Ministro HERMAN BENJAMIN, SEGUNDA TURMA, julgado em 10/03/2016, DJe 23/05/2016)*

Vale dizer que, embora os efeitos da nulidade sejam retroativos, não há falar em ressarcimento dos valores pagos a título de aluguel ao proprietário do imóvel. Não ficou evidenciada má-fé de sua parte, razão pela qual a devolução desses valores importaria em enriquecimento sem causa da Administração Pública Municipal.

e) Apuração da responsabilidade do servidor que deu azo à prorrogação com efeitos retroativos

Como todos os aditivos contratuais são ilegais, é de se observar que, pelo período de cinco anos, a locação do imóvel encontra-se irregular, pois não se realizou licitação nem procedimento administrativo de dispensa de licitação.

Sendo assim, o candidato deve requerer a apuração da responsabilidade dos servidores que deram azo à prorrogação com efeitos retroativos.

Com efeito, o Tribunal de Contas da União entende da seguinte forma, conforme se observa do Acórdão nº 1.335/2009:

> "[RELATÓRIO]
>
> [Irregularidade]
>
> e) celebração de termo aditivo de prorrogação da vigência do Contrato [...], ***cuja vigência estava expirada, com efeitos retroativos, configurando recontratação sem licitação,*** infringindo a Lei 8.666/1993, art. 2º, c/c 3º;
>
> [...]

> 25. [...] se os dois agentes públicos [...] tivessem agido com a diligência de um profissional médio no exercício das funções, ***não teria ocorrido a celebração de Termo Aditivo [...] com efeito retroativo a configurar contração sem licitação.*** Nesse sentido, somos pela aplicação de multa aos Senhores [omissis], sem prejuízo de determinações à Entidade para prevenir-se de novas ocorrências.
>
> [VOTO]
>
> 9. A celebração de termo aditivo de prorrogação da vigência do Contrato [...], cuja vigência estava expirada [...], ***constitui infração a norma legal, revestindo-se de gravidade suficiente para justificar a sanção dos responsáveis.***
>
> [ACÓRDÃO]
>
> 9.6. aplicar aos srs. [omissis], individualmente, a multa prevista no art. 58, II, da Lei nº 8.443/92 c/c art. 268, inciso II, do Regimento Interno/TCU, no valor de R$ 5.000,00 [...];
>
> [...]
>
> 9.9.5. *não realize serviços sem a devida cobertura contratual e não celebre contratos e aditivos com prazos de vigência retroativos, evitando situações irregulares* [...];

f) Nova dispensa de licitação para locação do mesmo imóvel e requisitos

Quando a Administração Pública pretende contratar, a regra é a licitação. Com efeito, o art. 37, XXI, da Constituição prevê, *in verbis:*

> XXI – ressalvados os casos especificados na legislação, as obras, serviços, compras e alienações serão contratados mediante processo de licitação pública que assegure igualdade de condições a todos os concorrentes, com cláusulas que estabeleçam obrigações de pagamento, mantidas as condições efetivas da proposta, nos termos da lei, o qual somente permitirá as exigências de qualificação técnica e econômica indispensáveis à garantia do cumprimento das obrigações.

Todavia, há casos em que a licitação é dispensável, como se observa do art. 24, inciso X, da Lei 8.666/1993, *in verbis:*

> Art. 24. É dispensável a licitação:
>
> X – para a compra ou locação de imóvel destinado ao atendimento das finalidades precípuas da administração, cujas necessidades de instalação

e localização condicionem a sua escolha, desde que o preço seja compatível com o valor de mercado, segundo avaliação prévia;

Nesse caso, a dispensa justifica-se pelas peculiaridades do imóvel que será locado pela Administração. Apenas determinado imóvel apresenta as características necessárias para satisfação do interesse público, sendo razoável a dispensa de licitação.

Como exposto pela questão, a localização do imóvel permite amplo acesso ao público e nele já foram feitas as reformas necessárias ao funcionamento do órgão. Além disso, o preço do aluguel é vantajoso para o Município de Porto Alegre.

Desse modo, o candidato deve opinar por nova dispensa de licitação para perfectibilizar novo contrato de locação, cujo objeto será o mesmo imóvel da avença anterior. Além disso, o candidato deve condicionar a dispensa de licitação ao atendimento do seguinte procedimento:

> Art. 26. As dispensas previstas nos §§ 2º e 4º do art. 17 e no inciso III e seguintes do art. 24, as situações de inexigibilidade referidas no art. 25, necessariamente justificadas, e o retardamento previsto no final do parágrafo único do art. 8º desta Lei deverão ser comunicados, dentro de 3 (três) dias, à autoridade superior, para ratificação e publicação na imprensa oficial, no prazo de 5 (cinco) dias, como condição para a eficácia dos atos.
>
> Parágrafo único. O processo de dispensa, de inexigibilidade ou de retardamento, previsto neste artigo, será instruído, no que couber, com os seguintes elementos:
>
> I – caracterização da situação emergencial ou calamitosa que justifique a dispensa, quando for o caso;
>
> II – razão da escolha do fornecedor ou executante;
>
> III – justificativa do preço.
>
> IV – documento de aprovação dos projetos de pesquisa aos quais os bens serão alocados.

» CRITÉRIOS DE AVALIAÇÃO

PARECER
ASPECTOS FORMAIS Estrutura, cabeçalho, ementa, relatório, fundamentação e conclusão.
I. DURAÇÃO DO CONTRATO a) O contrato de locação é "Contrato da Administração; b)O art. 57 da Lei de Licitações não é aplicável ao contrato de locação; c)Desse modo, o contrato de locação admite sucessivas prorrogações, vez que regido pela Lei do Inquilinato.
II. PRORROGAÇÃO DOS CONTRATOS a) Requisitos para prorrogação dos contratos administrativos: • previsão no contrato; • interesse da Administração e da empresa contratada; • comprovação que o contratado mantém as condições iniciais de habilitação; • preços vantajosos para a Administração; • justificação e motivação por escrito, em processo correspondente; • autorização pela autoridade competente. b) O caso concreto, em tese, atende aos requisitos.
III. IMPOSSIBILIDADE DE PRORROGAÇÃO DE CONTRATO EXAURIDO a) Identificação da irregularidade na confecção do primeiro aditivo; b)Impossibilidade de prorrogação; c)Nulidade de todos os aditivos contratuais; d)Responsabilização dos agentes públicos envolvidos nas prorrogações irregulares; e) Não devolução dos valores pagos a título de aluguel;
IV. NOVA DISPENSA DE LICITAÇÃO: a)Requisitos atendidos para dispensa de licitação, com base no art. 24, X, da Lei de Licitações.

Proposta 6: Contrato administrativo: prorrogação de vigência

Autor: Anderson Vieira da Costa

» ENUNCIADO

Em fevereiro de 2015 foi concluído o procedimento licitatório, realizado pela Secretaria Municipal de Planejamento e Desenvolvimento - SEPLAN, em que se sagrou vencedora a empresa ServBem Ltda., a qual apresentou a melhor proposta de fornecimento de empregados para prestar serviços de limpeza e segurança em diversos órgãos do Município de São Luís. O edital da licitação previu como data-base para reajuste de preço o dia da apresentação das propostas.

Ocorre que, até o momento, a Administração ainda não celebrou o contrato com a pessoa jurídica vencedora do certame, que tem se sentido prejudicada pela demora, notadamente porque os preços apresentados na proposta já não condizem com a realidade, precisando ser revistos para manter o equilíbrio.

Após receber requerimento administrativo remetido pela empresa ServBem Ltda., o gestor responsável pela contratação formulou quesitos à Procuradoria-Geral do Município, onde foram distribuídos a você para apresentar parecer tratando sobre:

a) Os institutos de reequilíbrio financeiro do contrato;

b) O prazo de vigência das propostas dos licitantes;

c) A possibilidade de prorrogação da proposta;

d) O marco inicial para a contagem da periodicidade de um ano para a aplicação dos índices de reajustamento, inclusive no caso de eventual prorrogação de proposta;

e) Possibilidade de a Administração, na hipótese de transcurso de prazo superior a um ano entre a data da apresentação da proposta e a assinatura do contrato, corrigir monetariamente, com base nos índices previstos no edital, o preço proposto pela licitante vencedora antes da assinatura do contrato, e;

f) A possibilidade de a empresa adjudicar o objeto da licitação.

» COMENTÁRIOS

A questão proposta trata sobre pontos relacionados ao **reequilíbrio financeiro dos contratos administrativos**, os quais, cumpre mencionar, apesar de enquadrados no regime jurídico de direito público, não podem se abster de garantir à parte contratada a manutenção das condições existentes ao tempo da apresentação da proposta.

Destarte, diz-se que é assegurada à administração contratante e ao particular contratado a manutenção das condições econômico-financeiras durante toda a execução contratual. Ou seja, a equação entre os custos do contratado para a execução do objeto e o valor pago pela administração deve ser mantida inalterada ao longo da vigência contratual.

Essa garantia está expressa no art. 37, XXI, da Constituição Federal, que dispõe *ipsis litteris*:

> Art. 37. A administração pública direta e indireta de qualquer dos Poderes da União, dos Estados, do Distrito Federal e dos Municípios obedecerá aos princípios de legalidade, impessoalidade, moralidade, publicidade e eficiência e, também, ao seguinte: [...]
>
> XXI – ressalvados os casos especificados na legislação, as obras, serviços, compras e alienações serão contratados mediante processo de licitação pública que assegure igualdade de condições a todos os concorrentes, com cláusulas que estabeleçam obrigações de pagamento, <u>mantidas as condições efetivas da proposta</u>, nos termos da lei, o qual somente permitirá as exigências de qualificação técnica e econômica indispensáveis à garantia do cumprimento das obrigações.

Antes de tratar dos mecanismos de reestabelecimento do equilíbrio econômico-financeiro do contrato, oportuno analisar suas possíveis causas.

De acordo com Maria Sylvia Zanella Di Pietro, é possível fazer a seguinte distinção entre os riscos que o contratante enfrenta:

> i. *<u>Álea ordinária ou empresarial</u>*, que está presente em qualquer tipo de negócio; é um risco que todo empresário ocorre, como resultado da própria flutuação do mercado; ***sendo possível por ele responder o particular***. Há quem entenda que mesmo nesses casos a Administração responde, tendo em vista que nos contratos administrativos os riscos assumem maior relevância por causa do porte dos empreendimentos, o que torna mais difícil a adequada previsão dos gastos; não nos parece aceitável essa tese, pois, se os riscos não eram previsíveis, a álea deixa de ser ordinária;

> ii. *Álea administrativa*, que abrange três modalidades:
>
> a) uma decorrente do ***poder de alteração unilateral do contrato administrativo***, para atendimento do interesse público; por ela responde a Administração, incumbindo-lhe a obrigação de restabelecer o equilíbrio voluntariamente rompido;
>
> b) a outra corresponde ao chamado ***fato do príncipe***, que seria um ato de autoridade, não diretamente relacionado com o contrato, mas que repercute indiretamente sobre ele; nesse caso, a Administração também responde pelo restabelecimento do equilíbrio rompido;
>
> c) a terceira constitui o ***fato da Administração***, entendido como "toda conduta ou comportamento desta que torne impossível, para o contratante particular, a execução do contrato" (Escola, 1997, v. I:434); ou, de forma mais completa, é "toda ação ou omissão do Poder Público que, incidindo direta e especificamente sobre o contrato, retarda, agrava ou impede a sua execução" (Hely Lopes Meirelles, 2003:233);
>
> iii. *Álea econômica*, que corresponde a circunstâncias externas ao contrato, estranhas à vontade das partes, imprevisíveis, excepcionais, inevitáveis, que causam desequilíbrio muito grande no contrato, dando lugar à aplicação da ***teoria da imprevisão***; a Administração Pública, em regra, responde pela recomposição do equilíbrio econômico-financeiro.

Analisando o tema, o Tribunal de Contas da União simplifica a abordagem dada às causas de desequilíbrio, resumindo-as apenas em álea ordinária e álea extraordinária. A propósito, bastante didático o Acórdão nº 1563/2004 – Plenário:

> 9.1 A *ÁLEA ORDINÁRIA*, também denominada empresarial, consiste no 'risco relativo à possível ocorrência de um evento futuro desfavorável, mas previsível ou suportável, por ser usual no negócio efetivado' (Maria Helena Diniz. Dicionário jurídico. São Paulo: Saraiva, 1998, p. 157). Exatamente por ser previsível ou suportável é considerado risco inerente ao negócio, ***não merecendo nenhum pedido de alteração contratual, pois cabe ao empresário adotar medidas para gerenciar eventuais atividades deficitárias.*** Contudo, nada impede que a lei ou o contrato contemple a possibilidade de recomposição dessas ocorrências. No caso de estar prevista, a efetivação do reajuste será mera execução de condição pactuada, e não alteração;
>
> 9.2 ***A ÁLEA EXTRAORDINÁRIA*** pode ser entendida como o 'risco futuro imprevisível que, pela sua extemporaneidade, impossibilidade de previsão e onerosidade excessiva a um dos contratantes, desafie todos

os cálculos feitos no instante da celebração contratual' (DINIZ, 1998, p. 158), por essa razão autoriza a revisão contratual, judicial ou administrativa, a fim de restaurar o seu equilíbrio original.

Dito isto, cumpre conceituarmos os institutos que têm como escopo reequilibrar o contrato caso ocorra alguma das situações previstas acima. A depender do contexto fático, utilizar-se-á do reajuste, revisão ou da repactuação.

O **REAJUSTE** tem fundamento no art. 55, III, da Lei 8.666/93, que o prevê como cláusula obrigatória dos contratos. Sobre ele, José dos Santos Carvalho Filho afirma que consiste em "uma fórmula preventiva normalmente usada pelas partes já ao momento do contrato, com vistas a preservar os contratos dos efeitos de regime".

Ou seja, trata-se de **fórmula prevista no instrumento contratual com o fim de sanar desequilíbrios causados por álea econômica ordinária**, qual seja a inflação (que é previsível).

De acordo com o disposto na Lei 10.192/01, o reajuste pode ser utilizado após o prazo de pelo menos 1 ano a contar da data em que estipulados os valores, ou seja, a partir da data prevista para a apresentação da proposta pelo licitante, ou da data do orçamento a que a proposta se referir (art. 40, XI, da Lei 8.666/93 e art. 3º, § 1º, da Lei 10.192/2001), tendo como marco final o adimplemento de cada parcela.

Nesse sentido, assim ensina Rafael Carvalho Rezende Oliveira:

> "Destarte, o prazo de 12 meses para o reajustamento não é contado da assinatura do contrato, o que permite concluir que o reajuste será possível nos contratos com prazo inferior a um ano. Ex.: licitante apresenta a proposta vencedora em maio de 2008, mas o contrato, com prazo de 10 meses, é assinado em agosto de 2008. Em maio de 2009, o licitante poderá pleitear o reajuste.
>
> É possível, inclusive, que o reajuste ocorra antes da assinatura do contrato, desde que ultrapassado o prazo de 12 meses da apresentação da proposta".

O instituto da **REVISÃO**, por sua vez, está relacionado aos casos em que o **desequilíbrio é imprevisível**, e, justo por isso, não é calculado por uma fórmula prévia. Cabe à parte pleiteá-la demonstrando a causa e o prejuízo gerado pelo desequilíbrio. Sobre o tema, Rafael Oliveira leciona:

> "A revisão refere-se aos fatos supervenientes e imprevisíveis (ex.: caso fortuito e força maior) ou previsíveis, mas de consequências incalculáveis (ex: alteração unilateral do contrato) que desequilibram a equação econômica do contrato (arts. 58, § 2º, 65, II, "d" e §§ 5º e 6º, da Lei 8.666/1993). Em virtude da impossibilidade de se prever a amplitude do desequilíbrio, constatado o fato superveniente, as partes formalizarão a revisão do contrato para restaurar o equilíbrio perdido."

Destaque-se que, na revisão, ao contrário do que ocorre no reajuste, a formalização deve se dar através de **termo aditivo**, com espeque no art. 65, II, alínea "d", da Lei 8.666/93, **não sendo suficiente o mero apostilamento**, uma vez que as condições em que a revisão será efetuada não estão predeterminadas no instrumento contratual.

Por fim, tem-se a **REPACTUAÇÃO**, que não está prevista expressamente na Lei 8.666/93. Sua disciplina, no âmbito da União, que também é invocado pelos demais entes, está no art. 5º do Decreto nº 2.271/1997 e a partir do art. 37 da Instrução Normativa nº 2/2008 do Ministério do Planejamento, Orçamento e Gestão.

A partir das referidas normas, percebe-se que sua utilização é afeita a **contratos de prestação de serviços contínuos com mão de obra terceirizada**, sendo cabível em casos de **desequilíbrio decorrente da variação dos preços de mercado e/ou variação considerável dos custos da mão de obra em virtude da celebração de acordo, convenção ou dissídio coletivo**.

Assim como acontece com o reajuste, a repactuação deve obedecer ao interregno mínimo de um ano. No caso de que se trata, este último instituto é o adequado para o reequilíbrio econômico-financeiro.

O prazo legal estipulado para as propostas dos licitantes é de **60 dias**, conforme disposto no art. 64, § 3º, da Lei 8.666/93. Esse prazo pode ser prorrogado, sendo legítimo o chamamento dos licitantes para confirmarem a validade das suas propostas. Ensina Márcia Walquiria Batista dos Santos (*in* "Temas Polêmicos sobre Licitações e Contratos", Malheiros Editores, 4a edição, 2000, pág. 300), *verbis*:

> "Quando o prazo de validade da proposta estiver prestes a findar, a Administração poderá consultar os licitantes para verificar a intenção dos mesmos em prorrogar a validade de suas propostas. Tal procedimento visa a resguardar os atos a serem praticados após o decurso dos 60 dias, ou do prazo fixado no instrumento convocatório, se for diferente".

A jurisprudência do Tribunal de Contas da União, por sua vez, é mais incisiva quanto à necessidade de adoção dessa medida, ao explicitar que:

> "É dever da administração pública, sempre que se mostrar demorada a tramitação do processo licitatório pertinente, obter das empresas envolvidas a prorrogação do prazo de validade de suas propostas pelo tempo necessário, podendo no entanto a conduta do gestor faltoso nesse dever, ausentes elementos que demonstrem a má-fé ou a omissão desidiosa e injustificada, ser atenuada pela presunção de manutenção das propostas por parte das empresas, por serem elas as principais interessadas na contratação."

Um problema que pode surgir é saber se, ao prorrogar o prazo de validade da proposta, o licitante reconheceu ser esse a nova data-base para o cômputo do reajuste/repactuação.

Segundo Flávio Amaral Garcia, **a prorrogação da validade da proposta demonstra a intenção do licitante de executar o objeto ajustado pelo mesmo valor inicialmente ofertado, não implicando a renúncia automática, de sua parte, do seu direito subjetivo de que reajuste seja computado da data de apresentação da proposta ou do orçamento a que esta se referir; afinal, como dito, os custos (insumos e mão de obra) foram orçados nestas datas e não na data da prorrogação da proposta**.

Quanto ao questionamento acerca da correção do preço proposto pela licitante vencedora antes da assinatura do contrato, há divergência doutrinária, embora seja certo que o termo inicial para o cômputo do prazo seja a data de apresentação das propostas.

Defende Jorge Alexandre Moreira que, apesar de o preceito estar orientado para o equilíbrio do contrato, é um equívoco pensar que é o início da vigência do contrato o termo *a quo* para as partes <u>demandarem</u> a revisão que se fizer necessária:

> "Na exegese do dispositivo do art. 37, XXI, da Constituição Federal de 1988, tornou-se unânime na doutrina que é a partir da formulação da proposta que se cogita a possibilidade de rever a equação econômico--financeira do ajuste. Desse modo, <u>se entre a data da proposta e a assinatura do contrato sobrevirem eventos que modifiquem a relação formada entre os encargos contratuais e a correspondente remuneração, a revisão deve ser procedida</u>".

Salienta que se revela inconstitucional a interpretação de que o equilíbrio econômico-financeiro deve ser revisto tão somente a partir da entrada em vigor do contrato, orientação que vale para quaisquer dos mecanismos legais que vise assegurar o princípio constitucional em tela.

Sem fazer distinção acerca da data de assinatura do contrato, Marçal Justen Filho assim se posiciona:

> "A equação econômico-financeira delineia-se a partir da elaboração do ato convocatório. Porém, a equação se firma no instante em que a proposta é apresentada. Aceita a proposta pela Administração, está consagrada a equação econômico-financeira dela constante. A partir de então, essa equação está protegida e assegurada pelo Direito."

Por sua vez, a Consultoria Zênite (*in* Informativo de Licitações e Contratos nº 105, novembro de 2002, p. 955) posiciona-se em sentido contrário, o qual se traduz na seguinte ementa: "**Reajusta-se preços já contratados**. A Administração pode realizar a recomposição do equilíbrio somente na fase contratual, **não cabendo reajuste de proposta durante a licitação**".

Destarte, cabe o candidato conhecer os dois posicionamentos, defendendo aquilo que for mais conveniente ao interesse público.

A propósito, urge mencionar que a negativa ao reequilíbrio não pode ser vista obrigatoriamente como melhor aos interesses da Fazenda Pública. Veja que a negativa de reequilíbrio induziria a uma lógica perversa de majoração dos preços ofertados, pois o licitante, já sabedor que o reajuste somente se iniciaria a contar da assinatura do contrato, possivelmente embutiria este risco no momento da elaboração da sua proposta.

Por fim, deve-se ter conhecimento que a homologação e a adjudicação seriam as próximas fases (não necessária) nessa reta final do procedimento licitatório, configurando a adjudicação a atribuição do objeto da licitação ao licitante vencedor do certame, o que ocorre sem trazer, necessariamente, o sentido de outorga, mas o de garantia de um direito.

Perceba que adjudicação não é um direito, mesmo porque a Administração age com autonomia perseguindo o interesse público, desde que não o faça de forma ilegal ou imoral. Essa autonomia se revela pelo juízo de conveniência e oportunidade que forma o mérito administrativo.

Não há, por assim dizer, direito à adjudicação compulsória pela demora da administração em contratar. Sobre o tema, a Lei Geral de Licitações dispõe que a Administração pode revogar licitações já concluídas por critério de conveniência e oportunidade, logo, é de se concluir que não está obrigada a adjudicar o objeto ao licitante vencedor:

> Art. 49. A autoridade competente para a aprovação do procedimento somente poderá revogar a licitação por razões de interesse público decorrente de fato superveniente devidamente comprovado, pertinente e suficiente para justificar tal conduta, devendo anulá-la por ilegalidade, de ofício ou por provocação de terceiros, mediante parecer escrito e devidamente fundamentado.
>
> § 1º A anulação do procedimento licitatório por motivo de ilegalidade não gera obrigação de indenizar, ressalvado o disposto no parágrafo único do art. 59 desta Lei.
>
> § 2º A nulidade do procedimento licitatório induz à do contrato, ressalvado o disposto no parágrafo único do art. 59 desta Lei.
>
> § 3º No caso de desfazimento do processo licitatório, fica assegurado o contraditório e a ampla defesa.

Nessa toada, embora parte da doutrina seja divergente (Celso Antônio e Carvalho Filho), o Superior Tribunal de Justiça e o Tribunal de Contas da União têm entendimento segundo o qual não há direito subjetivo à adjudicação do objeto. Para a vencedora do certame, existe apenas expectativa de direito:

> ADMINISTRATIVO - LICITAÇÃO - MODALIDADE PREGÃO ELETRÔNICO - REVOGAÇÃO - CONTRADITÓRIO. 1. Licitação obstada pela revogação por razões de interesse público. 2. Avaliação, pelo Judiciário, dos motivos de conveniência e oportunidade do administrador, dentro de um procedimento essencialmente vinculado. 3. Falta de competitividade que se vislumbra pela só participação de duas empresas, com ofertas em valor bem aproximado ao limite máximo estabelecido. ***4. A revogação da licitação, quando antecedente da homologação e adjudicação, é perfeitamente pertinente e não enseja contraditório. 5. Só há contraditório antecedendo a revogação quando há direito adquirido das empresas concorrentes, o que só ocorre após a homologação e adjudicação do serviço licitado. 6. O mero titular de uma expectativa de direito não goza da garantia do contraditório.*** 7. Recurso ordinário não provido. (RMS 23.402/PR, Rel. Ministra ELIANA CALMON, SEGUNDA TURMA, julgado em 18/03/2008, DJe 02/04/2008)

Destarte, embora haja divergência doutrinária (o que é interessante ao candidato conhecer)[15], a posição do STJ é de "***a exegese do art. 49, da Lei***

15. "Consequência jurídica da homologação é a adjudicação, que espelha o ato pelo qual a Administração, através da autoridade competente, atribui ao vencedor do certame a atividade (obra, serviço ou compra) que constitui o objeto da futura contratação.

8.666/93, denota que a adjudicação do objeto da licitação ao vencedor confere mera expectativa de direito de contratar, sendo certo, ainda, que eventual celebração do negócio jurídico subsome-se ao juízo de conveniência e oportunidade da Administração Pública. *Precedentes: RMS 23.402/PR, SEGUNDA TURMA, DJ 02.04.2008; MS 12.047/DF, PRIMEIRA SEÇÃO, DJ 16.04.2007 e MC 11.055/RS, PRIMEIRA TURMA, DJ 08.06.2006.*"

Embora haja essa discricionariedade da Administração Pública para adjudicar e homologar, ela não pode dispor livremente acerca dessa contratação, pois a adjudicação do objeto da licitação só pode ocorrer para o primeiro classificado.

Nesse caso, havendo vencedor no certame, submerge impedimento a que o objeto licitado seja atribuído a outro que não ele.

A adjudicação encerra o procedimento licitatório, que passa então a fase de contratação.

» CRITÉRIOS DE AVALIAÇÃO

PARECER
ASPECTOS FORMAIS Estrutura, cabeçalho, ementa, relatório, fundamentação e conclusão.
Reequilíbrio financeiro do contrato: revisão, reajuste e repactuação;
Proposta: Prazo (art. 64, § 3º, Lei 8.666) e possibilidade de prorrogação;

Anteriormente, considerava-se adjudicação o ato de resultado final emanado da Comissão de Licitação, antecedendo, portanto, à homologação. A lei vigente, no entanto, deixou claro que a adjudicação não integra o procedimento licitatório e é posterior ao ato de homologação. Em dois momentos transparece tal situação: 1º) o art. 6º, XVI, do Estatuto, não incluiu a adjudicação na competência da Comissão de Licitação; 2º) o art. 43, VI, estatui que é função da autoridade competente deliberar quanto à homologação e à adjudicação do objeto da licitação.
Uma vez homologado o resultado e a própria licitação, presume-se que a Administração tem interesse na atividade a ser contratada. Desse modo, é correto considerar-se que o vencedor tem inafastável direito à adjudicação e, consequentemente, ao próprio contrato. Há quem resista em admitir que o vencedor tenha direito ao contrato. Não pensamos assim, contudo. Se toda licitação e o resultado final foram homologados, a Administração está vinculada à prática da adjudicação e a celebração do negócio contratual." (CARVALHO FILHO, José dos Santos. Manual de Direito Administrativo, 23ª ed. Rio de Janeiro: Lumen Juris, 2010, p. 319).

PARECER
Marco inicial do prazo para reajuste/repactuação: 01 ano contado da apresentação da proposta, inclusive no caso de prorrogação da mesma;
Reequilíbrio antes da assinatura do contrato: Divergência doutrinária; Possibilidade: a data base é a apresentação da proposta; Impossibilidade: o reajuste refere-se ao contrato, o qual deve ter sido firmado, não podendo ocorrer durante a fase de licitação;
Adjudicação do Objeto: Divergência doutrinária; STJ: Não há direito à adjudicação, mas mera expectativa. Art. 49 da Lei 8.666/93;

Proposta 7: Parceria Público-Privada

Autores: Wendel Nobre Piton Barreto e Maíra Mutti Araújo

» ENUNCIADO

Diante do sucesso dos jogos Olímpicos Rio 2016, o Estado do Mato Grosso pretende fomentar o desenvolvimento do esporte no Estado. Para tanto, pretende promover um contrato que possibilite a construção e exploração de uma Arena Multiuso para esportes como Vôlei e Basquete. Porém, a realidade orçamentária do Estado é delicada, sendo evidente a falta de disponibilidade de recursos financeiros para a obra.

Visando tornar o projeto atrativo para eventuais contratantes e promover sua concretização, o Estado do Mato Grosso, por meio de sua Secretaria de Planejamento, teorizou a modelagem econômico-financeira do projeto com base nas seguintes premissas:

> i. Os maiores clubes do Estado formarão uma liga de Basquete e de Vôlei e deverão jogar jogos na Arena, totalizando o número de 60 (sessenta) jogos por ano;
>
> ii. Como forma de estimular o desenvolvimento do esporte no Estado, a receita a ser auferida referente aos bilhetes de público geral será dos clubes e não será considerada como receita do contratado.

O valor do contrato foi orçado em 200 (duzentos) milhões de reais. Consoante o modelo concebido, competirá ao contratado construir a Arena no prazo de 5 (cinco) anos e operá-la pelo período de 40 (quarenta) anos.

Durante os 40 (quarenta) anos de operação, o contratado fará jus ao recebimento mensal de uma contraprestação pecuniária paga pelo ente e, ao final, a Arena retornará (em reversão) ao Estado Mato Grosso.

Além disso, o Governo realizará o ressarcimento de parte do investimento realizado para a construção da Arena no primeiro ano de operação da mesma. Para tanto, assumirá os encargos de um empréstimo tomado pelo contratado junto ao BNDES, referente à linha de financiamento para reformas e construções de arenas nas cidades.

Ademais, o Governo tenciona repartir os riscos com o contratado, inclusive os decorrentes de caso fortuito, força maior, fato do príncipe e álea econômica extraordinária.

Após análise das informações apontadas, a Secretaria de Planejamento constatou que o valor máximo anual da contraprestação pecuniária a ser paga pelo Estado ao contratado, somado com outros contratos similares, chegaria a apenas 6% (seis por cento) da receita corrente líquida do ente no exercício. Desse modo, decidiu-se submeter o projeto à apreciação da Procuradoria especializada.

De posse dessas informações, emita parecer conclusivo respondendo à autoridade consulente os seguintes quesitos por ela formulados:

a) Para viabilização do empreendimento, qual o instrumento contratual recomendado e qual a sua modalidade?

b) Correção ou incorreção no objeto contratado e quais os requisitos necessários para a formalização deste instrumento contratual?

c) Possibilidade ou impossibilidade de compartilhamento de riscos nos moldes apresentados pela Secretaria de Planejamento. Existe distinção do modelo apresentado pela Secretaria em relação ao aplicado para contratos administrativos regidos pela Lei nº 8.666/93 e aos contratos de concessão da 8.987/95?

d) Do ponto de vista orçamentário, o projeto está de acordo com as exigências legais e quais eventuais implicações?

» COMENTÁRIOS

a) *Para viabilização do empreendimento, qual o instrumento contratual recomendado e qual a sua modalidade?*

O tema cobrado pela questão é bastante pertinente em face dos eventos esportivos recentes e tem gerado muita discussão judicial, contando com boa potencialidade de ser cobrado em eventuais provas dissertativas para advocacia pública.

Com efeito, o Brasil experimentou um momento singular no mercado de arenas esportivas desde sua escolha como sede da Copa do Mundo de 2014 e das Olimpíadas em 2016. Dado o volume de recursos necessários para tais empreendimentos, a participação da iniciativa privada se mostrou uma opção viável para a realização destes investimentos.

É nesse contexto que surgem as parcerias público-privadas (PPP), lastreadas em dois pontos fundamentais: *(a)* **falta de disponibilidade de recursos financeiros no setor público**; *(b)* e **busca da eficiência da gestão de serviços atingida pelo setor privado**.

Desse modo, observamos que as parcerias público-privadas (PPP) consistem em um dos principais instrumentos utilizados pelo Estado brasileiro para realizar investimentos em infraestrutura. Por intermédio de uma PPP, a União, os Estados ou os Municípios podem selecionar e contratar empresas privadas que ficarão responsáveis pela prestação de serviços de interesse público por prazo determinado.

Ao conceituar a PPP, assevera Fernanda Marinela (Curso de Direito Administrativo) que estamos diante de

> "Um acordo firmado entre administração pública e a pessoa do setor privado, com o objetivo de implantação ou gestão de serviços públicos, com eventual execução de obras ou fornecimento de bens, mediante financiamento do contratado, contraprestação pecuniária do Poder Público e compartilhamento dos riscos e dos ganhos entre os pactuantes. ***Trata-se de uma espécie de concessão de serviços público, denominada concessão especial.***"

> **Obs.:** Parte da doutrina critica o termo "Parceria", por tratar-se de contrato e, como tal, os interesses são divergentes, contrapostos, e não comuns como o nome faz crer.

O fundamento legal para a utilização desse modelo gerencial é a Lei 11.079/04, com base constitucional no art. 22, XXVII, que define como competência privativa da União legislar sobre normas gerais em matéria de licitações e contratos, tendo essas regras aplicação de **âmbito nacional**, devendo ser observadas pelos demais entes (ADI 3.670, rel. min. Sepúlveda Pertence, julgamento em 2-4-2007, Plenário, *DJ* de 18-5-2007).

Observem que o instituto da PPP é definido pelo art. 2º, da Lei 11.079/04, como **contrato administrativo de concessão**:

> Art. 2º. Parceria público-privada é o ***contrato administrativo de concessão***, na modalidade patrocinada ou administrativa.

Por tratar-se de um contrato administrativo de concessão, observamos aplicação subsidiaria de diversos dispositivos da Lei 8.666/93 e Lei 8.987/95.

É muito importante ter em mente que as PPP's não deixam de figurar como **concessões**, entretanto estabelecidas como uma categoria especial em face de algumas características peculiares. A Lei 11.079/04 distinguiu as concessões comuns das especiais, estando estas subdivididas em duas modalidades: concessão especial **patrocinada** e concessão especial **administrativa**.

Ambas as modalidades são conceituadas pela Lei 11.079/04 da seguinte forma:

> i. ***Concessão patrocinada***, segundo o § 1º, art. 2º, da Lei 11.079/04, é a concessão de serviços públicos ou de obras públicas de que trata a Lei no 8.987, de 13 de fevereiro de 1995, quando envolver, adicionalmente à tarifa cobrada dos usuários, contraprestação pecuniária do parceiro público ao parceiro privado.
>
> ii. ***Concessão administrativa,*** nos termos do § 2º, do mesmo dispositivo, é o contrato de prestação de serviços de que a Administração Pública seja a usuária direta ou indireta, ainda que envolva execução de obra ou fornecimento e instalação de bens.

Desse modo, percebemos a existência de duas modalidades distintas de concessão especial que devem ser compreendidas e diferenciadas na confecção do parecer em tela. Atentem para o fato de que uma distinção substancial reside na contraprestação pecuniária do parceiro público ao parceiro privado:

> i. Na concessão PATROCINADA, o parceiro privado é remunerado através de **tarifa cobrada dos usuários** e **adicionalmente teremos a figura da contraprestação pecuniária do parceiro público** ao parceiro privado.
>
> ii. Por sua vez, na concessão ADMINISTRATIVA, **a relação da empresa contratada é direta com a administração, inexistindo vínculo com o administrado.** A distinção dessa espécie de concessão com o simples contrato de serviços é que a lei exige expressamente que o contrato não seja exclusivamente de serviço, devendo ser mesclado com a execução de obra ou o fornecimento de bens.

Da consulta em tela, observamos que a modelagem econômico-financeira do projeto foi baseada em uma premissa essencial para definir a modalidade de concessão especial a ser utilizada, confira:

> "b) Como forma de estimular o desenvolvimento do esporte no Estado, ***a receita a ser auferida referente aos bilhetes de Público Geral será dos clubes e não será considerada como receita do Contratado.***"

Uma vez que a receita auferida pelos usuários **NÃO** vai compor a receita do contratado, podemos observar que resta descaracterizada a concessão patrocinada, visto que para a configuração desta modalidade de concessão é imperioso a existência da tarifa paga pelo usuário privado, sendo a contraprestação do poder público apenas um "*plus*" na receita do parceiro privado.

Por sua vez, das informações prestadas pela consulente, observamos que o parceiro privado:

> "***Fará jus ao recebimento mensal de uma contraprestação pecuniária paga pelo Estado.*** Além disto, o Governo realizará o ressarcimento de parte do investimento realizado para a construção da Arena no primeiro ano de operação da mesma. Para tanto, ***o Governo assumirá os encargos de um empréstimo tomado pelo contratado junto ao BNDES***, referente à linha de financiamento para reformas e construções de arenas nas cidades."

Com efeito, assevera o art. 217, da Constituição Federal, que é dever do Estado fomentar práticas desportivas. Dito isso, observamos que a promoção do desporto goza de previsão constitucional, sendo que o incentivo ao desenvolvimento do esporte e do lazer é uma obrigação do Estado.

De todo exposto, verificamos a prestação de serviços (estímulo e desenvolvimento do desporto) de que a Administração Pública será a usuária indireta e que envolve a execução de obra pública. Sendo que tais serviços são remunerados *exclusivamente* pelo parceiro púbico através de *contraprestação pecuniária paga pelo Estado e a assunção de encargos junto ao BNDES*, nos moldes do art. 6º da Lei 11.079/04.

Assim, deve-se concluir que, para viabilização do empreendimento, faz-se necessário o contrato administrativo de concessão especial na modalidade **Concessão Administrativa,** nos moldes do art. 2º, § 2º da Lei 11.079/04.

b) *Correção ou Incorreção no objeto contratado e quais os requisitos necessários para a formalização* deste instrumento contratual

Para a constituição de parcerias, devem ser observadas algumas formalidades, como o procedimento licitatório prévio, a elaboração do instrumento do contrato, observância das cláusulas essenciais e facultativas e a constituição de sociedade de propósito específico, conforme apontaremos adiante.

De início, resta-nos analisar a compatibilidade do objeto contratado com as diretrizes e requisitos exigidos pela Lei 11.079/04. O art. 2º, § 4º, da referida lei, dispõe da seguinte forma:

> § 4º É vedada a celebração de contrato de parceria público-privada:
>
> I – cujo valor do contrato seja inferior a R$ 20.000.000,00 (vinte milhões de reais);
>
> II – cujo período de prestação do serviço seja inferior a 5 (cinco) anos; ou
>
> III – que tenha como objeto único o fornecimento de mão-de-obra, o fornecimento e instalação de equipamentos ou a execução de obra pública.

Das informações prestadas pelo consulente temos o seguinte:

> "O Valor do contrato foi orçado em 200 (duzentos) milhões de reais. Consoante o modelo concebido, competirá ao contratado construir a Arena no prazo de 5 anos e operá-la pelo período de 40 anos."

Percebemos que o **valor**, o **prazo mínimo** e o **objeto** estão adequados às exigências legais. No entanto, o Art. 5º, da Lei 11.079/04 elenca as cláusulas necessárias dos contratos de PPP. Aduz o inciso I, do dispositivo em comento, o seguinte:

> Art. 5º. (...)
>
> I – o prazo de vigência do contrato, compatível com a amortização dos investimentos realizados, não inferior a 5 (cinco), ***nem superior a 35 (trinta e cinco) anos, incluindo eventual prorrogação***;

Portanto, nos termos do supracitado art. 5º, inciso I, o período máximo estabelecido em **40 (quarenta) anos NÃO é compatível com as diretrizes e requisitos exigidos pela Lei 11.079/04.**

Para formalização do contrato de PPP se faz necessário a observância das **diretrizes** elencadas pelo art. 4º da Lei, confira:

> Art. 4º Na contratação de parceria público-privada serão observadas as seguintes diretrizes:
>
> I – eficiência no cumprimento das missões de Estado e no emprego dos recursos da sociedade;

II – respeito aos interesses e direitos dos destinatários dos serviços e dos entes privados incumbidos da sua execução;

III – indelegabilidade das funções de regulação, jurisdicional, do exercício do poder de polícia e de outras atividades exclusivas do Estado;

IV – responsabilidade fiscal na celebração e execução das parcerias;

V – transparência dos procedimentos e das decisões;

VI – repartição objetiva de riscos entre as partes;

VII – sustentabilidade financeira e vantagens socioeconômicas dos projetos de parceria.

Diante de tais diretrizes podemos elencar os **requisitos** formais para a concessão especial vislumbrada pelo ente público:

i. Procedimento Licitatório (arts. 10 a 12 da lei)

– Para instauração do certame exige-se autorização da autoridade competente embasada em estudo técnico que demonstre a conveniência e a oportunidade da contratação e demonstre que o impacto das despesas não prejudicará os resultados fiscais. (Art. 4º, IV da Lei);

– Outro ponto relevante é a submissão da minuta de edital e de contrato à **consulta pública**, mediante publicação na imprensa oficial, em jornais de grande circulação e por meio eletrônico, que deverá informar a justificativa para a contratação, a identificação do objeto, o prazo de duração do contrato, seu valor estimado, fixando-se prazo mínimo de 30 (trinta) dias para recebimento de sugestões, cujo termo dar-se-á pelo menos 7 (sete) dias antes da data prevista para a publicação do edital;

– Também é exigida a **licença ambiental prévia ou expedição das diretrizes para o licenciamento ambiental do empreendimento**, na forma do regulamento, sempre que o objeto do contrato exigir;

– A **modalidade licitatória é a concorrência**, seguindo as regras da Lei 8.666/93, com algumas peculiaridades como a **inversão na ordem das fases de habilitação** e julgamento e a adoção de **critérios** para seleção da melhor proposta baseados, além dos critérios previstos nos incisos I e V, do art. 15 da Lei no 8.987/95, **o menor valor da contraprestação a ser paga pela Administração Pública** e na melhor proposta em razão da **combinação do critério do menor valor da contraprestação a ser paga pela Administração Pública com o de melhor técnica**, de acordo com os pesos estabelecidos no edital;

ii. Constituição de Sociedade de propósito específico (art. 9º)

– Conforme o art. 9º da Lei, antes da celebração do contrato, deverá ser constituída sociedade de propósito específico, incumbida de implantar e gerir o objeto da parceria.

> **Obs.:** Segundo interpretação da doutrina, a sua constituição deve ocorrer APÓS a realização da licitação e ANTES da celebração do contrato.

– A sociedade de propósito específico poderá assumir a forma de companhia aberta, com valores mobiliários admitidos a negociação no mercado. *(§ 2º)* e deverá obedecer a padrões de governança corporativa e adotar contabilidade e demonstrações financeiras padronizadas, conforme regulamento *(§ 3º)*. Ademais, é vedado à Administração Pública ser titular da maioria do capital votante das sociedades de que trata este Capítulo *(§ 4º)*. Por outro lado, essa vedação não se aplica à eventual aquisição da maioria do capital votante da sociedade de propósito específico por instituição financeira controlada pelo Poder Público em caso de inadimplemento de contratos de financiamento *(5º§)*.

iii. Contrato de concessão especial na modalidade Concessão Administrativa (art. 5º)

– A concessão especial se formaliza por contrato administrativo, devendo nele constar as cláusulas normais de um contrato de concessão comum, listadas na Lei 8.987/95, desde que compatíveis, além de cláusulas próprias dessa espécie de contrato, que estão elencadas no art. 5º da Lei 11.079/04.

– São **cláusulas essenciais obrigatórias**: I – prazo de vigência de 5 a 35 anos, incluindo eventual prorrogação; II – definição de penalidades aplicáveis à Administração Pública e ao parceiro privado em caso de inadimplemento contratual, fixadas sempre de forma proporcional à gravidade da falta cometida, e às obrigações assumidas; III – a repartição de riscos entre as partes, inclusive os referentes a caso fortuito, força maior, fato do príncipe e álea econômica extraordinária; IV – as formas de remuneração e de atualização dos valores contratuais; V – os mecanismos para a preservação da atualidade da prestação dos serviços; VI – os fatos que caracterizem a inadimplência pecuniária do parceiro público, os modos e o prazo de regularização e, quando houver, a forma de acionamento da garantia; VII – os critérios objetivos de avaliação do desempenho do parceiro privado; VIII – a prestação, pelo

PARTE II - PARECERES

parceiro privado, de garantias de execução suficientes e compatíveis com os ônus e riscos envolvidos, observados os limites dos §§ 3º e 5º do art. 56 da Lei no 8.666, de 21 de junho de 1993, e, no que se refere às concessões patrocinadas, o disposto no inciso XV do art. 18 da Lei no 8.987, de 13 de fevereiro de 1995; IX – o compartilhamento com a Administração Pública de ganhos econômicos efetivos do parceiro privado decorrentes da redução do risco de crédito dos financiamentos utilizados pelo parceiro privado; X – a realização de vistoria dos bens reversíveis, podendo o parceiro público reter os pagamentos ao parceiro privado, no valor necessário para reparar as irregularidades eventualmente detectadas; XI – o cronograma e os marcos para o repasse ao parceiro privado das parcelas do aporte de recursos, na fase de investimentos do projeto e/ou após a disponibilização dos serviços, sempre que verificada a hipótese do § 2° do art. 6° desta Lei.

c) ***Possibilidade ou impossibilidade de compartilhamento de riscos nos moldes apresentados pela Secretaria de Planejamento. Existe distinção do modelo apresentado pela Secretaria em relação ao aplicado para contratos administrativos regidos pela Lei nº 8.666/93 e aos contratos de concessão da 8.987/95?***

A repartição dos riscos no contrato de PPP é um dos pontos específicos mais importantes e que deve ser minuciosa e objetivamente disciplinada nos contratos. Com efeito, em cada contrato de parceria haverá o arbitramento de riscos especificamente moldados às peculiaridades da parceria.

A repartição objetiva dos riscos, estabelecida no art. 4º, VI da Lei nº 11.079/04 é um dos aspectos que caracteriza as parcerias público-privadas. A novidade é que o compartilhamento dos riscos na PPP abrange eventuais prejuízos ou **qualquer outra forma de *déficit***, não estando limitados apenas aos fatos imprevisíveis, como o caso fortuito, a força maior, o fato do príncipe e a álea econômica extraordinária.

A referida inovação é uma forma de atrair eventuais parceiros privados, uma vez que poderá haver igualdade no que toca aos riscos e aos possíveis prejuízos, não cabendo somente ao concessionário privado arcar com os mesmos, o que dependerá do estabelecido no contrato.

É necessário atentar para a distinção da repartição dos riscos previstas na Lei 11.079/04 com outras figuras contratuais previstas na Lei 8.666/93 e Lei nº 8.987/95.

Com efeito, o equilíbrio da equação econômico-financeiro é considerado elemento essencial do contrato administrativo, por ser mecanismo apto a manter as condições efetivas da proposta, constitucionalmente garantido ao particular contratado quando ocorrer risco de prejuízo por eventos futuros, incertos e excepcionais. Portanto, trata-se de uma característica essencial do contrato administrativo reconhecida pela Constituição no art. 37, inciso XXI ("mantidas as condições efetivas da proposta"), não podendo ser elidida quando o caso atender ao exigido pela lei.

A possibilidade de revisão do contrato também está prevista na Lei de Licitações e Contratos (8.666/93), veja-se:

> Art. 65. Os contratos regidos por esta Lei poderão ser alterados, com as devidas justificativas, nos seguintes casos:
>
> (...)
>
> II – por acordo das partes:
>
> (...)
>
> d) para restabelecer a relação que as partes pactuaram inicialmente entre os encargos do contratado e a retribuição da administração para a justa remuneração da obra, serviço ou fornecimento, objetivando a manutenção do equilíbrio econômico-financeiro inicial do contrato, na hipótese de sobrevirem fatos imprevisíveis, ou previsíveis porém de consequências incalculáveis, retardadores ou impeditivos da execução do ajustado, ou, ainda, em caso de força maior, caso fortuito ou fato do príncipe, configurando área econômica extraordinária e extracontratual. (Redação dada pela Lei nº 8.883, de 1994)
>
> (...)
>
> § 6º Em havendo alteração unilateral do contrato que aumente os encargos do contratado, a Administração deverá restabelecer, por aditamento, o equilíbrio econômico-financeiro inicial.

Observem que, nos contratos administrativos regidos pela Lei nº 8.666/93, a responsabilidade pela manutenção do equilíbrio econômico-financeiro é responsabilidade da Administração Pública, que contrata a execução de obra pública ou prestação de serviço. Ademais, mantido esse equilíbrio, será sempre devido ao contratante privado o valor fixado na licitação, não importando se a obra ou o serviço foram efetivamente utilizadas, uma vez que inexiste compartilhamento de riscos nessa espécie contratual.

Atenção: O princípio do equilíbrio da equação econômico-financeira não pode ser confundido com a repartição de riscos nas PPPs:

O princípio do equilíbrio econômico e financeiro visa, pois, garantir a manutenção da equação inicialmente contratada, ou seja, manter a proporção entre os encargos imprescindíveis à execução da avença e a contraprestação ou remuneração pactuada, de forma que uma parte não se locuplete mediante empobrecimento da outra. Portanto, o princípio do equilíbrio contratual se apresenta como um **"limitador" da cláusula pacta sunt servanda**, porém sempre condicionado à ocorrência de um fato superveniente, imprevisível, causador de onerosidade excessiva a uma das partes (teoria da imprevisão). Desse modo, o princípio atua como um **dever de renegociação** que é imposto aos contratantes, quaisquer que sejam, objetivando o restabelecimento da equação econômica do contrato, nas referidas situações, balizado pelo princípio da boa-fé e pelos deveres de lealdade e cooperação, a fim de atingir o fim econômico e social do contrato.

Por sua vez, a **repartição dos riscos não se caracteriza por uma renegociação, mas uma previsão contratual inicial (manifestação da pacta sunt servanda)**, já previamente fixando elementos de risco compartilhados, que podem ter **objeto mais extenso** do que os exigidos pelo princípio do equilíbrio da equação econômico-financeiro do contrato.

Já nas concessões comuns, regidas pela Lei nº 8.987/95, os riscos são prioritariamente do concessionário privado. Das definições elencadas pelo art. 2º da Lei 8.987/95 encontramos a expressão "*por sua conta e risco*" ilustrando a modelagem estabelecida pela lei. Apenas os riscos por fatos imprevisíveis ou aquele inerentes ao próprio Estado (aumento de tributos, alteração unilateral do contrato) serão assumidos pelo Poder Público por força do direito do concessionário ao reequilíbrio da equação econômico-financeira do contrato (ou seja, dever de renegociação).

Já nas concessões especiais (parcerias público-privadas) estabelece o inciso III do art. 5º, da Lei nº 11.079, que serão repartidos os riscos entre as partes, inclusive os decorrentes de caso fortuito, força maior, fato do príncipe e álea econômica extraordinária. Alexandre Santos de Aragão (As parcerias **público-privadas – PPPs no direito positivo Brasileiro**) define o compartilhamento dos riscos da seguinte forma:

> As PPPs se situam exatamente entre esses dois modelos, permitindo uma divisão de riscos entre o Poder Público e o concessionário maior do que a meramente direcionada a fatos imprevisíveis ou de jus imperii. ***Admite, portanto, uma manutenção da equação econômico-financeira diferente***

da tradicionalmente aplicável aos contratos administrativos em geral, dita estática e referenciada apenas ao momento inicial do contrato. Em uma manutenção da equação econômico-financeira dinâmica e permanentemente atualizada poderão ser incluídos elementos como previsão de demanda e de variação dos custos ordinários com insumos e pessoal, que não poderiam ser considerados como fatos imprevisíveis para efeito de reequilíbrio de uma equação econômico-financeira estática.

Observem que a pormenorização do compartilhamento dos riscos nos contratos de parcerias público-privadas, não é especificada pela Lei nº 11.079/04, cabendo esta especificação ao contrato, em que haverá cláusula prevendo a repartição objetiva dos riscos entre as partes (arts. 4º. VI, e 5º, III, Lei nº 11.079/2004).

Dessa forma, a referida Lei delega ao contrato a determinação dos riscos que serão compartilhados entre o Estado e o parceiro privado, não havendo modelagem contratual da divisão de riscos vedada ou fixada pela Lei, havendo, portanto, discricionariedade administrativa para a fixação, sendo que a conveniência e oportunidade das cláusulas vão depender do estudo técnico e das características de cada modelo de parceria estabelecido.

Portanto, deve-se finalizar opinando pela **correção da proposta de compartilhamento de riscos apresentada**, devendo a mesma constar como cláusula essencial do contrato especial de concessão.

d) ***Do ponto de vista orçamentário, o projeto está de acordo com as exigências legais e quais eventuais implicações?***

É diretriz da contratação de parceria público-privada a observância das normas de responsabilidade fiscal, nos termos do art. 4º, inciso IV.

Desse modo, o art. 28 da Lei 11.079/04 prevê uma espécie de sanção em face da extrapolação do limite de endividamento dos Estados, DF e municípios com contratos de PPP, confira:

> Art. 28. ***A União não poderá conceder garantia ou realizar transferência voluntária aos Estados, Distrito Federal e Municípios*** se a soma das despesas de caráter continuado derivadas do conjunto das parcerias já contratadas por esses entes tiver excedido, no ano anterior, a 5% (cinco por cento) da receita corrente líquida do exercício ou se as despesas anuais dos contratos vigentes nos 10 (dez) anos subsequentes excederem a 5% (cinco por cento) da receita corrente líquida projetada para os respectivos exercícios.

Ademais, o § 2º do art. 28 disserta sobre a extensão do limite previsto, confira:

> Art. 28.
>
> (...)
>
> § 2º. Na aplicação do limite previsto no caput deste artigo, serão computadas as despesas derivadas de contratos de parceria celebrados pela administração pública direta, autarquias, fundações públicas, empresas públicas, sociedades de economia mista e demais entidades controladas, direta ou indiretamente, pelo respectivo ente, excluídas as empresas estatais não dependentes.

Fernão Justen de Oliveira (*in*, "Spending power da União e o limite de despesas dos entes federados com PPP") chama atenção para uma discussão cobre a constitucionalidade do dispositivo, uma vez que o sancionamento consistiria em um meio transverso de inviabilizar o exercício da competência privativa dos demais entes federativos. O autor remete ao termo "**Abuso de *spending power* da União**" para se referir às vedações de transferências voluntárias em caso de superação dos limites previstos pelo supramencionado art. 28 da Lei 11.079/04.

De todo modo, em que pese a discussão em torno da constitucionalidade da norma, ainda não há nenhuma manifestação judicial dos tribunais superiores que inviabilize sua aplicação. Logo, os contratos de concessão especial devem guardar consonância com a responsabilidade fiscal (art. 4º, inciso IV) e observar os limites com a receita corrente líquida previstos no art. 28 da mesma lei.

Portanto, deve-se concluir pela **inadequação do ponto de vista orçamentário do projeto apresentado, uma vez que restaria comprometido 6% da receita corrente líquida do ente no exercício**, ficando o ente, caso prossiga com a celebração do contrato nos moldes estabelecidos, submetido à vedação de concessão de garantia ou realização transferência voluntárias pela União.

» CRITÉRIOS DE AVALIAÇÃO:

PARECER
ASPECTOS FORMAIS: Estrutura, cabeçalho, ementa, relatório, fundamentação e conclusão.
LETRA A **1. Instrumento Contratual:** Parceria público-privada (PPP) por Contrato Administrativo de Concessão; **2. Modalidade:** Concessão Administrativa (Art. 2º, § 2º, da Lei 11.079/2004);
LETRA B **1. Incorreção no objeto contratado**: Inobservância do prazo máximo de vigência do Contrato, que não pode ser superior a 35 anos (art. 5º, I, da Lei 11.079/2004); **2. Requisitos necessários para a contratação:** Licitação na modalidade concorrência (art. 10); Criação prévia de Sociedade de propósito específico (art. 9º); Contrato de PPP, atendendo as cláusulas necessárias do art. 23, da Lei 8.987/95 e 5º, da Lei 11.079/2004);
LETRA C **1. Possibilidade de compartilhamento dos riscos nos moldes apresentados:** (incisos VI, do art. 4º, e inciso III, do art. 5º, ambos da Lei nº 11.079); **2. Distinções:** **2.1.** Nos contratos administrativos regidos pela Lei nº 8.666/93, o risco é de responsabilidade da Administração Pública, que contrata a execução de obra pública ou prestação de serviço, não importando se a obra ou o serviço foram efetivamente utilizados, sendo sempre devido ao contratante privado o valor fixado na licitação. **2.2.** Nas concessões comuns, regidas pela Lei nº 8.987/95, os riscos são prioritariamente do concessionário privado. Apenas os riscos por fatos imprevisíveis ou aquele inerentes ao próprio Estado (aumento de tributos, alteração unilateral do contrato) serão assumidos pelo Poder Público por força do direito do concessionário ao reequilíbrio da equação econômico-financeira do contrato. **2.3.** Já nas concessões especiais (parcerias público-privadas) estabelecem os incisos VI, do art. 4º, e inciso III, do art. 5º, ambos da Lei nº 11.079, que serão repartidos os riscos entre as partes, inclusive os decorrentes de caso fortuito, força maior, fato do príncipe e álea econômica extraordinária**;**
LETRA D **1. Incorreção do projeto do ponto de vista orçamentário:** A Responsabilidade Fiscal é diretriz obrigatória do Contrato de PPP (art. 4º, inciso IV); A soma das despesas de caráter continuado derivadas do conjunto de Parcerias já contratadas não pode superar, no ano anterior, 5% da Receita corrente liquida do exercício (art. 28, da Lei 11.079/2004). **2. Implicações decorrentes da incorreção:** vedação de transferências voluntárias da União para o Estado (art. 28, da Lei 11.079/2004);

Proposta 8: Improbidade administrativa

Autora: Natália Aguiar Parente

» ENUNCIADO:

O Ministério da Educação (MEC) recebeu denúncia anônima, cujo teor era a incompatibilidade da evolução patrimonial de Pedro e João com os rendimentos por eles auferidos. Pedro é Prefeito do Município de Brasilândia, pelo segundo mandato consecutivo (2008/2012). João é servidor do MEC e ex-chefe do setor que efetuava repasses de complementação do FUNDEF aos municípios. Embora os dois denunciados tenham salários acima da média do restante da população, a denúncia deu conta de que eles levavam um padrão de vida extremamente luxuoso (iates, imóveis, carros importados, etc.).

Dessa forma, o MEC instaurou investigação no próprio âmbito ministerial, a fim de averiguar a veracidade dessas informações. As diligências ministeriais apontaram como provável o desvio de dinheiro destinado à complementação do FUNDEF, o que motivou a busca de provas mais contundentes acerca do esquema.

Sendo assim, o MEC oficiou ao Ministério Público Federal (MPF), que, respondendo ao ofício, afirmou que, no início de 2014, havia ajuizado ação penal contra Pedro e João pelos fatos ocorridos em 2009, mas não havia ajuizado Ação de Improbidade Administrativa, pois tal atribuição era do Ministério Público Estadual, consoante o art. 109, I, da CF e a Súmula 209 do STJ ("Compete à Justiça Estadual processar e julgar prefeito por desvio de verba transferida e incorporada ao patrimônio municipal"). Anexa à resposta do ofício, o MPF enviou a cópia integral da ação penal.

As provas produzidas no processo penal demonstraram inequivocamente que Pedro e João tinham um acordo de que metade dos valores destinados à complementação do FUNDEF do Município de Brasilândia seria depositada diretamente na conta corrente pessoal de Pedro. Depois, o Prefeito dividia os valores ilicitamente auferidos com João. Parte do processo aparecia como indisponível para cópia no dossiê encaminhado pelo MPF, uma vez que se tratava de interceptação telefônica.

Coligido tais fatos e provas, o MEC enviou o processo administrativo para a Consultoria desse Ministério para emissão de Parecer Jurídico no sentido de embasar futura Ação de Improbidade Administrativa a ser ajuizada pela União Federal.

Acerca dos pontos controversos da futura Ação de Improbidade Administrativa, o MEC indagou sobre: a) a competência da Justiça Federal para processar e julgar a demanda, tendo em vista a resposta do MPF; b) foro por prerrogativa de função do Prefeito; c) possibilidade de o prefeito responder por Improbidade Administrativa, dada sua sujeição ao Decreto n. 201/67; d) prescrição da pretensão no tocante à aplicação de todas as sanções previstas na Lei de Improbidade Administrativa; e) possibilidade de pedir emprestada a prova de interceptação telefônica do processo penal; f) eventual nulidade da Ação de Improbidade Administrativa decorrente da denúncia anônima; g) decretação da indisponibilidade dos bens de Pedro e João (momento, requisitos, extensão da medida, etc.); h) possibilidade de afastamento judicial cautelar de ambos os agentes públicos; i) enquadramento dos atos de improbidade administrativa e das respectivas penas; j) necessidade da comprovação do elemento subjetivo.

Na qualidade de Advogado da União lotado na Consultoria do Ministério da Educação, exare Parecer solucionando todos os pontos questionados pelo MEC.

» COMENTÁRIOS

O Parecer Jurídico trata sobre o tema Improbidade Administrativa, que é de extrema relevância para o concurso de Advogado da União. Além de o STJ ter inúmeros julgados recentes, a Advocacia-Geral da União costuma lidar diariamente com o tema, pois tanto ajuíza ações de improbidade administrativa, como atua conjuntamente com o Ministério Público Federal (MPF) nas ações por ele promovidas.

Vamos aos pontos da fundamentação:

a) *Competência da Justiça Federal*

Nesse tópico, o candidato deve responder que a competência para julgamento e processamento da ação de improbidade administrativa é da Justiça Federal.

No caso concreto, em resposta ao Ministério da Educação (MEC), o MPF asseverou não ser sua atribuição promover a ação de improbidade administrativa, conforme o teor do art. 109, I, da CF e da Súmula 209 do STJ.

Nesse ponto, o candidato deveria apontar a presença de dois equívocos na resposta do MPF, quais sejam: a) a presença de interesse jurídico da União na Ação de Improbidade Administrativa (AIA), o que é suficiente para atrair a competência federal do art. 109, I, da CF; b) a inaplicabilidade da Súmula 209 do STJ ao caso concreto.

Quanto ao primeiro equívoco (presença de interesse jurídico federal), o enunciado apontou o desvio de verbas públicas da União destinadas à complementação dos recursos do FUNDEF. Consequentemente, a subtração de patrimônio federal induz o interesse processual da União Federal e, por isso, sua presença como parte na ação (competência *rationae personae*).

Frise-se que, embora o desvio de verbas públicas diga respeito à política pública de interesse nacional (educação), esse fato por si só não invoca o interesse federal para ajuizamento da demanda. O que, de fato, interessa é saber se houve ou não complementação de recursos do FUNDEF pela União.

Na ACO 1109, o STF deixou claro o seguinte:

COMPETÊNCIA EM AÇÕES DE IMPROBIDADE ADMINISTRATIVA	
COM complementação de recursos do FUNDEF pela União.	**Justiça Federal**
SEM complementação de recursos do FUNDEF pela União.	**Justiça Estadual**

Desse modo, havendo interesse de alguma das pessoas arroladas no art. 109, I, da CF, a ação ajuizada pelo MPF é de competência da Justiça Federal. Isso porque a simples presença do órgão ministerial federal não é capaz de alterar a competência para julgamento da demanda, como decidido pelo STF no RE 596836.

Nesse ponto, é válido lembrar o posicionamento contrário do STJ, o qual entende que **a mera presença do MPF na ação induz a aplicação do art. 109, I, da CF e, portanto, a competência da Justiça Federal, pois o MPF é órgão federal** (CC 112.137).

O segundo equívoco na resposta do MPF ao Ofício do MEC consiste na aplicação da Súmula 209 do STJ às ações de improbidade administrativa

("Compete à Justiça Estadual processar e julgar prefeito por desvio de verba transferida e incorporada ao patrimônio municipal").

O Informativo 559 do STJ asseverou a inaplicabilidade das Súmulas 208 e 209 do STJ na área cível, *in verbis*:

> Compete à Justiça Estadual – e não à Justiça Federal – processar e julgar ação civil pública de improbidade administrativa na qual se apure irregularidades na prestação de contas, por ex-prefeito, relacionadas a verbas federais transferidas mediante convênio e incorporadas ao patrimônio municipal, a não ser que exista manifestação de interesse na causa por parte da União, de autarquia ou empresa pública federal. Nessa situação, pode-se, em tese, visualizar conflito entre as Súmulas 208 e 209 do STJ, que determinam, respectivamente, hipóteses de competência da Justiça Federal e da Justiça Estadual. Isso porque, embora a ação tenha por objeto "verba sujeita a prestação de contas perante órgão federal" (Súmula 208), trata-se de "verba transferida e incorporada ao patrimônio municipal" (Súmula 209). ***Ocorre que esses enunciados provêm da Terceira Seção do STJ e, por isso, versam sobre hipóteses de fixação da competência em matéria penal, em que basta o interesse da União, de suas autarquias ou empresas públicas para deslocar a competência para a Justiça Federal, nos termos do inciso IV do art. 109 da CF. No âmbito cível, entretanto, deve-se observar uma distinção na aplicação desses enunciados, visto que o art. 109 da CF elenca a competência da Justiça Federal em um rol taxativo em que, em seu inciso I, menciona as causas a serem julgadas por juízo federal em razão da pessoa, competindo a este último "decidir sobre a existência [ou não] de interesse jurídico que justifique a presença, no processo, da União, suas autarquias ou empresas públicas" (Súmula 150 do STJ).*** Assim, a despeito de a Súmula 208 do STJ afirmar que "Compete à Justiça Federal processar e julgar prefeito municipal por desvio de verba sujeita a prestação de contas perante órgão federal", a competência absoluta enunciada no art. 109, I, da CF faz alusão, de forma clara e objetiva, às partes envolvidas no processo, tornando despicienda, dessa maneira, a análise da matéria discutida em juízo. Nesse contexto, a Segunda Turma do STJ já decidiu que "A competência da Justiça Federal, em matéria cível, é aquela prevista no art. 109, I, da Constituição Federal, que tem por base critério objetivo, sendo fixada tão só em razão dos figurantes da relação processual, prescindindo da análise da matéria discutida na lide" (REsp 1.325.491-BA, DJe 25/6/2014). CC 131.323-TO, Rel. Min. Napoleão Nunes Maia Filho, julgado em 25/3/2015, DJe 6/4/2015.

Em conclusão, as Súmulas n. 208 e n. 209 referem-se à seara penal, ao passo que o regramento constitucional da competência em ações cíveis está no art. 109, I, da CF. Sendo assim, demonstrado o interesse da União, a competência é da Justiça Federal.

De todo modo, o quadro fático da questão apontou o desvio do dinheiro voltado à complementação do FUNDEF ocorrido antes mesmo de adentrar nos cofres públicos municipais, razão pela qual, mesmo que a Súmula n. 209 fosse, em tese, aplicável à ação de improbidade administrativa, ela não se adequaria ao caso concreto.

Pelo exposto, a conclusão deve ser pelo interesse da União e, portanto, pela competência da Justiça Federal, afastando os argumentos do MPF.

b) ***Foro por prerrogativa de função do Prefeito***

O foro por prerrogativa de função do Prefeito deve ser afastado pelo candidato. Logo, a competência para processamento e julgamento da AIA será do juízo de primeira instância da Justiça Federal.

Embora o art. 29, X, da Constituição Federal preceitue a competência do Tribunal de Justiça para julgamento do Prefeito, o STF restringe a aplicação do foro por prerrogativa de função às ações penais.

Com esse entendimento, na ADI n. 2.797, o STF declarou a inconstitucionalidade da Lei n. 10.628/2002, que, no CPP, estendeu o foro por prerrogativa de função das ações penais para as ações de improbidade, *in verbis*:

> Art. 84. A competência pela prerrogativa de função é do Supremo Tribunal Federal, do Superior Tribunal de Justiça, dos Tribunais Regionais Federais e Tribunais de Justiça dos Estados e do Distrito Federal, relativamente às pessoas que devam responder perante eles por crimes comuns e de responsabilidade. (...)
>
> § 2º A ação de improbidade, de que trata a Lei no 8.429, de 2 de junho de 1992, será proposta perante o tribunal competente para processar e julgar criminalmente o funcionário ou autoridade na hipótese de prerrogativa de foro em razão do exercício de função pública, observado o disposto no § 1º." (Vide ADIN nº 2.797-2)

No mesmo sentido, o Superior Tribunal de Justiça:

> "O Supremo Tribunal Federal, no julgamento da ADI n. 2.797/DF, declarou a inconstitucionalidade das normas vertidas pelos §§ 1º e 2º do art. 84 do Código de Processo Penal, que garantiam a prerrogativa de foro em ações civis de improbidade administrativa. Precedentes. 3. ***<u>Esta</u>***

> ***Corte segue a jurisprudência do STF na mesma questão, qual seja, prefeito não tem foro privilegiado nas ações de improbidade administrativa, devendo ser julgado pelo juiz de primeiro grau.*** 5. A Corte Especial deste Tribunal, no julgamento da Rcl 2.790/SC, Rel. Min. Teori Albino Zavascki, pacificou o entendimento no sentido de que cabe a submissão dos Agentes Políticos à Lei de Improbidade Administrativa. Precedentes. (AgRg no AREsp 322.262/SP, Rel. Ministro HUMBERTO MARTINS, SEGUNDA TURMA, julgado em 18/06/2013, DJe 28/06/2013)

c) *Possibilidade de o Prefeito responder por Improbidade Administrativa*

É possível que o Prefeito responda por Improbidade Administrativa, não sendo empecilho, para isso, a submissão dos Prefeitos ao Dec. 201/67. A resposta do candidato deve ser, então, pela possibilidade.

Com efeito, o STJ não imuniza quaisquer agentes políticos das sanções da LIA, excepcionando somente o Presidente da República. Veja-se:

> Excetuada a hipótese de atos de improbidade praticados pelo Presidente da República, cujo julgamento se dá em regime especial pelo Senado Federal (arts. 85 e 86 da CF/88), não há norma constitucional alguma que imunize os agentes políticos, sujeitos a crime de responsabilidade, de qualquer das sanções por ato de improbidade previstas no art. 37, § 4º. da Constituição Federal. (REsp 1530234/SP, Rel. Ministro NAPOLEÃO NUNES MAIA FILHO, PRIMEIRA TURMA, julgado em 06/10/2015, DJe 15/10/2015)

Da mesma forma, o Ministro Relator Teori Zavascki pronunciou-se da seguinte forma na Petição n. 3.240/STF (ainda em julgamento):

> Sobre o duplo regime, o ministro revelou que a única alusão a ato de improbidade como crime de responsabilidade é o artigo 85 (inciso V) da Constituição Federal, que trata dos atos de improbidade praticados pelo presidente da República. Só nesse caso, no âmbito material, haveria concorrência de regimes, entre o que dispõe o artigo 37 (parágrafo 4º) da Constituição e o artigo 85 (inciso V), também da Carta da República.
>
> Para o ministro, exceto nesses casos de atos de improbidade administrativa cometidos pelo Presidente da República, que prevê regime especial, não há na Constituição Federal qualquer dispositivo que imunize os agentes políticos, sujeitos a crime de responsabilidade, a qualquer das sanções previstas para atos de improbidade.

Tudo leva a crer que a jurisprudência assentará exceção somente em relação ao Presidente da República. Quanto aos demais agentes políticos, o objetivo moralizante e a amplitude conceitual do termo agente público impõem a coexistência de diplomas normativos tendentes à preservação da moralidade administrativa.

Assim sendo, na condição de agente político, deve o Prefeito responder na forma da LIA.

d) *Prescrição da pretensão no tocante à aplicação de todas as sanções previstas na Lei de Improbidade Administrativa*

Não ocorreu a prescrição para aplicação das sanções da LIA em relação a nenhum dos dois agentes públicos.

O art. 23, I e II, da LIA prevê os prazos prescricionais das sanções de acordo com o vínculo existente entre o agente público e a Administração. Veja:

> Art. 23. As ações destinadas a levar a efeitos as sanções previstas nesta lei podem ser propostas:
>
> I – até cinco anos após o término do exercício de mandato, de cargo em comissão ou de função de confiança;
>
> II – dentro do prazo prescricional previsto em lei específica para faltas disciplinares puníveis com demissão a bem do serviço público, nos casos de exercício de cargo efetivo ou emprego.

Logo, no caso de mandato eletivo, o prazo prescricional é de 5 (cinco) anos após o término do exercício do mandato.

A LIA não regulamenta o termo inicial da prescrição na hipótese em que o agente público exerce dois mandatos consecutivos, tendo cometido o ato ímprobo no primeiro mandato.

Sendo assim, coube à jurisprudência definir qual seria o termo inicial para início da prescrição, se o término do primeiro ou do segundo mandato. Com efeito, o STJ posiciona-se no sentido de que é, com o término do segundo mandato, o inicio do prazo de prescrição quinquenal. Veja as razões contidas no seguinte julgado:

> "1. A questão resume-se a saber se o prazo prescricional da ação de improbidade administrativa contra ato praticado no primeiro mandato de Prefeito será contado a partir do término deste mandato ou, no caso de reeleição, do segundo mandato.

2. A Lei de Improbidade associa, no artigo 23, inciso I, o início da contagem do prazo prescricional a cessação do vínculo temporário do agente ímprobo com a Administração Pública, ou, em outras palavras, o término do exercício de mandato eletivo.

3. De acordo com a justificativa da PEC de que resultou a Emenda n. 16/97, a reeleição, embora não prorrogue simplesmente o mandato, importa em fator de continuidade da gestão administrativa. Portanto, o vínculo com a Administração, sob ponto de vista material, em caso de reeleição, não se desfaz no dia 31 de dezembro do último ano do primeiro mandato para se refazer no dia 1º de janeiro do ano inicial do segundo mandato. Em razão disso, o prazo prescricional deve ser contado a partir do fim do segundo mandato, uma vez que há continuidade do exercício da função de Prefeito, por não ser exigível o afastamento do cargo. Precedentes. (...) (AgRg no AREsp 119.023/MG, Rel. Ministro MAURO CAMPBELL MARQUES, SEGUNDA TURMA, julgado em 12/04/2012, DJe 18/04/2012)

Pelo exposto, como Pedro ainda está no segundo mandato de Prefeito do Município de Brasilândia, mesmo que o ato ímprobo tenha sido cometido no primeiro mandato (2009), o prazo prescricional previsto na LIA sequer começou a correr em relação a ele.

Quando o cargo é efetivo, o prazo prescricional é o previsto para faltas disciplinares puníveis com demissão. Mais uma vez, a LIA não rege expressamente os casos de exercício cumulativo de cargo efetivo e de cargo comissionado/função de confiança.

Por essa razão, coube novamente à jurisprudência solucionar essa lacuna.

Chegando ao fim o vínculo temporário (cargo comissionado/função de confiança), o servidor de cargo efetivo permanece nos quadros da Administração, de modo que pacificou que o **prazo prescricional rege-se pelo vínculo efetivo**, na forma do art. 23, II, da LIA.

No caso concreto, João é servidor do Ministério da Educação e ex-chefe de um determinado setor. Logo, como é possuidor de cargo efetivo, a prescrição para João é regida pelo art. 23, II, da LIA.

As sanções previstas na LIA para João prescrevem "dentro do prazo prescricional previsto em lei específica para faltas disciplinares puníveis com demissão." Na condição de servidor público federal, a Lei n. 8.112/90 complementa o art. 23, II, da LIA, in verbis:

> Art. 142. A ação disciplinar prescreverá:
>
> I – em 5 (cinco) anos, quanto às infrações puníveis com demissão, cassação de aposentadoria ou disponibilidade e destituição de cargo em comissão;
>
> (...)
>
> § 1º O prazo de prescrição começa a correr da data em que o fato se tornou conhecido.
>
> § 2º Os prazos de prescrição previstos na lei penal aplicam-se às infrações disciplinares capituladas também como crime.

Aparentemente, como o ato ímprobo ocorreu em 2009, a prescrição para João operou em 2014, ou seja, após 5 anos (art. 142, I, da Lei n. 8.112/90).

Todavia, um detalhe merece atenção. **O ato improbo praticado por Pedro e João revelou a prática de crime, tanto que a questão forneceu informação relativa ao ajuizamento de ação penal pelo MPF. Por esse motivo, a prescrição deve ser regida pela pena máxima em abstrato prevista para o crime.**

O crime praticado é o previsto no art. 1º, inciso I, do Decreto-Lei 201/67, cuja pena máxima é de 12 anos. Resta aplicável o art. 109, II, do CP, o qual prevê o prazo prescricional de 16 anos, razão pela qual não operou prescrição em relação a João.

Vale aqui rememorar o seguinte:

INFRAÇÃO DISCIPLINAR QUE CONFIGURA CRIME	
SEM sentença condenatória	Pena em abstrato (MS 16.075 - STJ)
COM sentença condenatória	Pena em concreto (MS 14.320 -STJ)

Por fim, ressalte-se que o art. 37, § 5º, da CF/88 prevê a imprescritibilidade das ações de ressarcimento por dano ao erário. Tal imprescritibilidade, inclusive, foi abonada pelo STF recentemente no julgamento do Recurso Extraordinário 669069/2016.

e) *Prova emprestada*

Há possibilidade de transportar a prova colhida em interceptação telefônica, em sede de persecução penal, para a ação de improbidade administrativa, segundo o STF e o STJ.

Embora, em âmbito jurisprudencial, esteja praticamente pacificada a possibilidade, existem duas correntes sobre o tema.

A controvérsia surge porque o art. 5º, XII, da Constituição Federal e o art. 1º da Lei n. 9.296/96 preceituam a inviolabilidade do sigilo das comunicações telefônicas, salvo para fins de investigação criminal e instrução processual penal, *in verbis*:

> XII – é inviolável o sigilo da correspondência e das comunicações telegráficas, de dados e das comunicações telefônicas, salvo, no último caso, por ordem judicial, nas hipóteses e na forma que a lei estabelecer para fins de investigação criminal ou instrução processual penal;
>
> Art. 1º A interceptação de comunicações telefônicas, de qualquer natureza, para prova em investigação criminal e em instrução processual penal, observará o disposto nesta Lei e dependerá de ordem do juiz competente da ação principal, sob segredo de justiça.

Como visto, a autorização da interceptação telefônica exige a persecução penal do fato. Logo, resta saber se, uma vez obtida a prova por meio de interceptação telefônica, ela poderá ser usada em processos de outra natureza ou se somente poderá ser usada no processo penal.

A primeira corrente posiciona-se a favor do transporte de prova obtida mediante interceptação telefônica para ações cíveis, pois a restrição constitucional refere-se apenas à obtenção inicial da prova. Logo, obtida a prova em processo penal, ela poderá ser utilizada em processos de outra natureza. Essa posição anda na linha da **celeridade e economia processual.**

Nesse sentido, o STJ:

> A jurisprudência desta Corte é firme no sentido da admissibilidade do transplante de prova colhida em persecução penal ao processo em que se imputa a prática de ato de improbidade, desde que assegurado o contraditório e a ampla defesa no processo em que utilizada. (AgRg no REsp 1299314/DF, Rel. Ministro OG FERNANDES, SEGUNDA TURMA, julgado em 23/10/2014, DJe 21/11/2014)
>
> "Embora a determinação judicial de interceptação telefônica somente caiba no âmbito de inquérito ou instrução criminal (Lei 9.296/1996), isso não impede que, a partir da sua realização, haja pertinente utilização como prova emprestada em Ações de Improbidade que envolvem os mesmos fatos, assegurado o direito à ampla defesa e ao contraditório. (REsp 1122177/MT, Rel. Min. Herman Benjamin, Segunda Turma, j. em 03/08/2010)

A segunda corrente, por sua vez, defende que o sigilo das comunicações telefônicas é a regra, cuja exceção consiste na possibilidade de interceptação telefônica no âmbito penal. Sendo assim, o dispositivo deve ser interpretado restritivamente, sendo admitida a prova oriunda da interceptação apenas na persecução penal, sob pena de violação à garantia constitucional. Essa posição, todavia, não prevalece.

f) *Nulidade da Ação de Improbidade Administrativa decorrente da denúncia anônima*

A denúncia anônima não gera nulidade da ação de improbidade administrativa.

O art. 14 da LIA regulamenta o direito, que cabe a qualquer pessoa, de representar à autoridade administrativa competente para que seja instaurada investigação destinada a apurar a prática de ato de improbidade. Veja:

> Art. 14. Qualquer pessoa poderá representar à autoridade administrativa competente para que seja instaurada investigação destinada a apurar a prática de ato de improbidade.
>
> § 1º A representação, que será escrita ou reduzida a termo e assinada, conterá a qualificação do representante, as informações sobre o fato e sua autoria e a indicação das provas de que tenha conhecimento.
>
> § 2º A autoridade administrativa rejeitará a representação, em despacho fundamentado, se esta não contiver as formalidades estabelecidas no § 1º deste artigo. A rejeição não impede a representação ao Ministério Público, nos termos do art. 22 desta lei.

Uma das formalidades exigidas pela LIA é a qualificação do representante. Em uma leitura apressada, parece inviável denúncia anônima servir como base para deflagrar ação de improbidade administrativa.

Ocorre que, caso a Administração Pública tenha notícia por denúncia anônima da ocorrência de ato ímprobo, ela deve investigar preliminarmente a idoneidade das informações. Isso porque, se de um lado a Constituição Federal veda o anonimato (art. 5º, IV), a proibição irrestrita da denúncia anônima não pode respaldar a prática de ilícitos.

Sobre o assunto, a doutrina ensina que:

> "Exige-se da autoridade administrativa uma postura responsável e equilibrada. Ao mesmo tempo em que deve coibir as acusações levianas e infundadas, não deve desprezar denúncias verossímeis sobre fatos graves em nome do excesso de formalismo."

Segundo o STJ, *mutatis mutandis*, "o poder-dever de autotutela imposto à administração é princípio que não só permite, como também obriga, a apuração das irregularidades que chegam ao conhecimento da autoridade competente, sob pena de procedimento desidioso do gestor público, de modo que a instauração do processo disciplinar na hipótese de existência de indícios suficientes para tal – ainda que fundados em denúncia anônima – não é, só por si, causa de nulidade." (MS 20.053/DF, Rel. Ministro SÉRGIO KUKINA, PRIMEIRA SEÇÃO, julgado em 27/05/2015, DJe 03/11/2015).

Nesse sentido, a denúncia anônima já foi expressamente autorizada pelo STJ em sede de ação de improbidade administrativa:

> Não é possível impedir o prosseguimento de inquérito civil instaurado com a finalidade de apurar possível incompatibilidade entre a evolução patrimonial de vereadores e seus respectivos rendimentos, ainda que o referido procedimento tenha-se originado a partir de denúncia anônima, na hipótese em que realizadas administrativamente as investigações necessárias para a formação de juízo de valor sobre a veracidade da notícia. A CF impôs ao MP o dever de promover o inquérito civil e a ação civil pública para a proteção do patrimônio público e social, do meio ambiente e de outros interesses difusos e coletivos (art. 129, III). O dever constitucional deve ser compatibilizado com a vedação ao anonimato (art. 5º, IV, CF), com base no princípio da concordância prática. Nos termos do art. 22 da Lei 8.429/1992, o MP pode, mesmo de ofício, requisitar a instauração de inquérito policial ou procedimento administrativo para apurar qualquer ilícito previsto no mencionado diploma legal. Ressalte-se que o art. 13 dessa lei obriga os agentes públicos a disponibilizar periodicamente informações sobre seus bens e evolução patrimonial. Vale destacar que os agentes políticos sujeitam-se a uma diminuição na esfera de privacidade e intimidade, de modo que se mostra ilegítima a pretensão de não revelar fatos relacionados à evolução patrimonial. Precedentes citados: RMS 37.166-SP, Primeira Turma, DJe 15/4/2013; e RMS 30.510-RJ, Segunda Turma, DJe 10/2/2010. RMS 38.010-RJ, Rel. Min. Herman Benjamin, julgado em 4/4/2013.

Aplicando a tese ao caso concreto, é de observar que, após denúncia anônima, o MEC colheu subsídios para ajuizar a ação de improbidade administrativa. Evitou-se, com isso, a instauração de lide temerária, mas o patrimônio público foi devidamente salvaguardado.

Assim, não há falar em nulidade processual decorrente da denúncia anônima, pois, realizadas investigações preliminares pelo Poder Público, o vício referente ao anonimato fica sanado.

g) *Indisponibilidade dos bens de Pedro e João*

No presente caso, é oportuno o requerimento da indisponibilidade de bens de Pedro e João na inicial. Cabe indicar, o momento, os requisitos e a extensão da medida.

Em qualquer momento do processo, a decretação da indisponibilidade dos bens pode ser deferida. É possível, inclusive, antes do recebimento da inicial, sem a oitiva do legitimado passivo, segundo o STJ.

Com efeito, a indisponibilidade dos bens é medida cautelar prevista no art. 7º da LIA, cujos requisitos são o *fumus boni iuris* e o *periculum in mora*. O primeiro requisito corresponde à existência de fundados indícios de prática de ato de improbidade administrativa. Já o segundo requisito consiste no perigo que corre o patrimônio público na espera do provimento jurisdicional definitivo.

Cabe aqui indagar: exige-se a prova de que os agentes ímprobos estejam dilapidando seus bens?

Não. **O perigo de dano, na improbidade administrativa, é presumido**. A existência do perigo de dano está implícita ao próprio comando legal, segundo o STJ. Na ação de improbidade administrativa, a medida cautelar não é uma tutela de urgência, mas sim tutela de evidência.

Por fim, a medida cautelar de indisponibilidade significa mera impossibilidade de alienação dos bens. Ela deve recair sobre tantos bens quantos forem necessários a garantir o integral ressarcimento de eventual prejuízo ao Erário, levando-se em consideração, ainda, o valor de possível multa civil como sanção autônoma (AgRg no REsp 1494328).

h) *Afastamento judicial cautelar de ambos os agentes públicos*

A resposta do candidato à questão deve ser negativa. Com efeito, o art. 20, parágrafo único, da LIA autoriza a autoridade judicial ou administrativa competente a determinar o afastamento do agente público do exercício do cargo, emprego ou função, sem que haja prejuízo à remuneração, quando a medida se fizer necessária à instrução processual.

Ao lado da indisponibilidade de bens (art. 7º) e do sequestro (art. 16), o afastamento do agente público é medida cautelar prevista na LIA, que visa ao bom andamento do processo.

O deferimento da medida exige a presença de dois requisitos: *fumus boni iuris* e *periculum in mora*. Nesse ponto, vale acrescentar que o perigo da demora no afastamento cautelar do agente público tem que ser concreto e real. Não basta o simples temor de dano à instrução processual.

Sendo assim, o STJ assevera a excepcionalidade da medida, exigindo não só a presença de efetiva ameaça à instrução processual, como também a inexistência de outro meio que possa alcançar o resultado pretendido com o afastamento cautelar (AgRg na SLS 867/CE e REsp 550.135/MG).

Essa posição da jurisprudência é ainda mais restritiva quando se trata de afastamento de titulares de mandato eletivo, pois a medida pode interferir indevidamente na vontade popular e, consequentemente, caracterizar cassação de mandato por via transversa.

Sobre o a tema, observe o seguinte julgado:

> "[...] O fundamento legal para o afastamento cautelar de agente público em sede de ação de improbidade administrativa está previsto no art. 20, parágrafo único, da Lei n. 8.429/1992, [...] Referida norma, contudo, deve ser interpretada com temperamentos quando se refere ao afastamento de prefeito municipal, uma vez que se volta contra agente munido de mandato eletivo. Por essa razão, a decisão judicial que determina o afastamento de alcaide deve estar devidamente fundamentada, sob pena de se constituir em indevida interferência do Poder Judiciário no Executivo. [...] O período de afastamento cautelar e o seu termo inicial, contudo, variarão de acordo com o caso concreto e com a intensidade da interferência promovida pelo agente público na instrução processual. Não pode ser extenso a ponto de caracterizar verdadeiramente a perda do mandato eletivo e tampouco pode ser exíguo de modo a permitir a contínua interferência do agente público na instrução do processo que contra ele tramita. [...]" (AgRg na SLS 1630 PA, Rel. Ministro FELIX FISCHER, CORTE ESPECIAL, julgado em 19/09/2012, DJe 02/10/2012)

No caso exposto pela questão, não foi indicada nenhuma conduta de Pedro e João que tenha dificultado a colheita de provas na fase pré-processual. Logo, não é oportuno o pedido de afastamento cautelar dos agentes públicos na petição inicial, sem que exista efetiva e concreta ameaça ao bom andamento do processo.

Entretanto, a medida cautelar poderá ser deduzida, posteriormente no curso do processo, caso se verifiquem os pressupostos autorizadores.

Vale salientar dois detalhes da questão: a) se a medida cautelar de afastamento é excepcional por natureza, ela é ainda mais quando se está diante de afastamento de titular de mandato eletivo, como é o caso de Pedro; b) João já não está mais na função de chefe do setor de repasses de complementação do FUNDEF, motivo pelo qual dificilmente ele conseguiria criar óbice à instrução processual.

i) *Atos de improbidade administrativa e as respectivas penas*

O desvio de verbas da União e a consequente incorporação ao patrimônio pessoal caracterizaram o enriquecimento ilícito dos agentes públicos, consistente no ato de improbidade previsto no art. 9º, inciso XI, da Lei n. 8.429/92 (XI - incorporar, por qualquer forma, ao seu patrimônio bens, rendas, verbas ou valores integrantes do acervo patrimonial das entidades mencionadas no art. 1° desta lei).

Frise-se que o ato de improbidade não se enquadra no art. 9º, VII ("adquirir, para si ou para outrem, no exercício de mandato, cargo, emprego ou função pública, bens de qualquer natureza cujo valor seja desproporcional à evolução do patrimônio ou à renda do agente público"), porque essa capitulação é meramente residual, segundo a doutrina.

Ademais, é válido dizer que a indicação do dispositivo para efeitos de enquadramento do ato de improbidade é de somenos importância, pois caberá ao órgão julgador dar a correta capitulação jurídica aos fatos narrados na inicial. Observe o seguinte julgado do STJ:

> (...) Conforme entende a jurisprudência, basta que o autor faça uma descrição genérica dos fatos e imputações dos réus, sem necessidade de descrever em minúcias os comportamentos e as sanções devidas a cada agente. Essa é a exata compreensão dos princípios do Direito Romano jura novit curia e da mihi factum dabo tibi ius, em que as leis são do conhecimento do juiz, bastando que as partes lhe apresentem os fatos. (REsp 1.192.583/RS, Rel. Min. Eliana Calmon, Segunda Turma, julgado em 24.8.2010, DJe 8.9.2010.) 3. Se a petição contiver a narrativa dos fatos configuradores, em tese, da improbidade administrativa, não se configura inépcia da inicial. Sob pena de esvaziar a utilidade da instrução e impossibilitar a apuração judicial dos ilícitos nas ações de improbidade administrativa, sobretudo quando a descrição dos fatos é suficiente para bem delimitar o perímetro da demanda e propiciar o pleno exercício do contraditório e do direito de defesa. (Nesse sentido: REsp 964.920/SP, Rel. Min. Herman Benjamin, Segunda Turma, julgado em 28.10.2008, DJe 13.3.2009.) (AgRg no REsp 1204965/MT, Rel. Ministro HUMBERTO MARTINS, SEGUNDA TURMA, julgado em 02/12/2010, DJe 14/12/2010)

No que tange às respectivas penas, devem ser requeridas todas aquelas previstas no art. 12, I, da LIA. De qualquer modo, o juiz não ficará vinculado à aplicação de todas as sanções, as quais podem ser aplicadas de maneira isolada ou cumulativa, de acordo com a proporcionalidade e razoabilidade.

j) *Necessidade da comprovação do elemento subjetivo*

Para a caracterização do ato de improbidade, é necessária a presença de elemento subjetivo, consistente no dolo ou na culpa. Isso é justamente o que diferencia a improbidade administrativa da mera ilegalidade. Segundo o STJ, "a improbidade é uma ilegalidade qualificada pelo intuito malsão do agente, atuando sob impulsos eivados de desonestidade, malícia, dolo ou culpa grave." (AgRg no AREsp 83233 / RS)

No caso do ato de enriquecimento ilícito, o artigo 9º da LIA exige a demonstração do dolo dos agentes públicos ímprobos, razão pela qual, na petição inicial, é imperiosa a descrição do dolo de Pedro e João.

» CRITÉRIOS DE AVALIAÇÃO:

PARECER
ASPECTOS FORMAIS: Estrutura, cabeçalho, ementa, relatório, fundamentação e conclusão.
COMPETÊNCIA DA JUSTIÇA FEDERAL Competência cível em ações de FUNDEF; Inaplicabilidade da Súmula 209 (STJ).
AUSÊNCIA DE FORO POR PRERROGATIVA DE FUNÇÃO Art. 29, X, da CF; Entendimento da ADI 2.797 - aplicação somente para ações penais.
APLICAÇÃO DA LEI DE IMPROBIDADE AO PREFEITO Inexistência de bis in idem; Entendimento do STJ e STF;
PRESCRIÇÃO: Inexistência de prescrição relativa a Pedro; Inexistência de prescrição relativa a João.
PROVA EMPRESTADA Possibilidade (STJ).
NULIDADE DECORRENTE DA DENÚNCIA ANÔNIMA Inexistência; Vedação ao anonimato; Investigações preliminares - autotutela.

PARECER
INDISPONIBILIDADE DE BENS Possibilidade; Requisitos (perigo da demora implícito); Momento (antes do recebimento); Extensão (engloba valor da multa);
AFASTAMENTO CAUTELAR JUDICIAL Excepcionalidade da medida; Exposição negativa.
ATO DE IMPROBIDADE Enriquecimento ilícito; Respectivas sanções.
COMPROVAÇÃO DO ELEMENTO SUBJETIVO Dolo; Diferença entre improbidade e ilegalidade.

DIREITO PREVIDENCIÁRIO

Proposta 1: RPPS: cúmulo de aposentadoria e pensão e princípio da paridade

Autor: Caio Vinícius Sousa e Souza

» ENUNCIADO:

O Secretário de Estado de Administração e Desburocratização – SEAD, mediante Ofício n.º 01/2017, informa que a Superintendência de Gestão da Folha de Pagamento, vinculada àquela pasta, identificou auditores de tributos estaduais aposentados que também recebem pensão por morte e que não estão submetidos à incidência do teto remuneratório sobre o total recebido de forma cumulativa.

O gestor da pasta noticia, ainda, que os servidores aposentados antes da EC n.º 41/2003 percebem, junto com os seus proventos, gratificação concedida aos servidores ativos em razão do êxito na atividade arrecadatória no mês de referência – GEA.

Instaurado de ofício procedimento administrativo para apurar eventuais irregularidades em relação à superação do teto constitucional, pelo cúmulo de aposentadoria e pensão por morte, bem como em relação ao recebimento das vantagens remuneratórias aos servidores da ativa, a Associação dos Auditores de Tributo Estadual do Mato Grosso do Sul – AATEMS formulou requerimento administrativo, junto à SEAD, para atuar, no processo administrativo, como *amicus curiae*.

Nesse contexto, a autoridade consulente, com fundamento no parágrafo 2º, do artigo 3º, da Lei Complementar n. 095, de 26 de dezembro de 2001, solicita manifestação desta Procuradoria-Geral do Estado quanto à: 1) forma de incidência do teto remuneratório, em razão do recebimento cumulado de aposentadoria e pensão por morte; 2) possibilidade de suprimir do contracheque dos inativos o valor da GEA; 3) possibilidade de intervenção de *amicus curiae* em processo administrativo.

Na qualidade de Procurador do Estado do Mato Grosso do Sul, elabore parecer jurídico solucionando as dúvidas da autoridade consulente de forma fundamentada.

» COMENTÁRIOS

a) *Forma de incidência do teto remuneratório, em razão do recebimento cumulado de aposentadoria e pensão por morte*[16]

O ponto central do debate é esclarecer qual interpretação deve ser seguida pelo Estado de Mato Grosso do Sul: *(a) se aquela que considera inconstitucional o percebimento de pensão por morte cumulada com remuneração ou proventos de aposentadoria quando a somatória superar o teto ou; (b) ao contrário, no sentido de que o teto remuneratório deve incidir em separado sobre os proventos de aposentadoria e de pensão por morte por serem rubricas de origens diversas.*

O argumento mais forte pela incidência do teto constitucional à soma dos proventos e pensão por morte é extraído da literalidade do art. 37, XI, da CF, segundo o qual:

> XI – a remuneração e o subsídio dos ocupantes de cargos, funções e empregos públicos da administração direta, autárquica e fundacional, dos membros de qualquer dos Poderes da União, dos Estados, do Distrito Federal e dos Municípios, dos detentores de mandato eletivo e dos demais agentes políticos e <u>***os proventos, pensões ou outra espécie remuneratória, percebidos cumulativamente ou não***</u>, incluídas as van-

16. O primeiro questionamento do parecer foi inspirado do Parecer PGE/MS n.º 002/2016, elaborado pela Procuradora do Estado Fabíola Marquetti Sanches Rahim, que compôs a banca examinadora do concurso para Procurador do Estado do Mato Grosso do Sul em 2016/2017. Pontue-se, ademais, que, na fundamentação do referido parecer, a procuradora valeu-se do artigo "A controvérsia acerca dos limites remuneratórios da cumulação de pensão por morte com proventos de aposentadoria ou vencimentos", escrito pela Procuradora do Estado do MS Ana Paula Ribeiro Costa.

> tagens pessoais ou de qualquer outra natureza, ***não poderão exceder o subsídio mensal, em espécie,*** dos Ministros do Supremo Tribunal Federal, aplicando-se como limite, nos Municípios, o subsídio do Prefeito, e nos Estados e no Distrito Federal, o subsídio mensal ***do Governador no âmbito do Poder Executivo***, o subsídio dos Deputados Estaduais e Distritais no âmbito do Poder Legislativo e o subsidio dos Desembargadores do Tribunal de Justiça, limitado a noventa inteiros e vinte e cinco centésimos por cento do subsídio mensal, em espécie, dos Ministros do Supremo Tribunal Federal, no âmbito do Poder Judiciário, aplicável este limite aos membros do Ministério Público, aos Procuradores e aos Defensores Públicos;

No que tange especialmente à percepção de benefícios no RPPS, o art. 40, § 11º, da CF estabelece:

> § 11 - Aplica-se o limite fixado no art. 37, XI, à soma total dos proventos de inatividade, inclusive quando decorrentes da acumulação de cargos ou empregos públicos, bem como de outras atividades sujeitas a contribuição para o regime geral de previdência social, e ao montante resultante da adição de proventos de inatividade com remuneração de cargo acumulável na forma desta Constituição, cargo em comissão declarado em lei de livre nomeação e exoneração, e de cargo eletivo.

Obs.: Abrindo-se um breve parêntese, é bem verdade que o art. 40, § 11º, da CF, de forma expressa, refere-se tão somente aos proventos de aposentadoria. Porém a doutrina e a jurisprudência do TCU costumam afirmar a necessidade de se interpretar o artigo de forma teleológica, para que sejam alcançadas, também, as pensões por morte. *O art. 40 da Constituição Federal disciplina o regime previdenciário dos servidores públicos. Encontra-se entre os fins desse dispositivo constitucional estabelecer regras básicas não apenas quanto aos proventos, como também no que se refere às pensões.* ***Toda vez que determinado normativo, ao disciplinar o regime previdenciário próprio dos servidores públicos (como faz o art. 40 da CF/88), referir-se somente à remuneração ou ao provento, é cabível a interpretação teleológica de que pretendeu fazer referência, também, ao benefício da pensão****. Cabe, nesse ponto, citar a Lei 8.112/90, que enuncia, em seu art. 215, que a pensão deve corresponder ao valor da respectiva* *remuneração ou provento. A partir da leitura atenta desse dispositivo, fica fácil perceber porque, às vezes, o legislador disciplina a remuneração e o provento pretendendo atingir reflexamente o benefício previdenciário da pensão. Foi o que se passou na redação do § 11 do art. 40 da CF/88. (TCU, Processo 009.585/2004-9, Acórdão 2079, 2005).*

O STJ, em momento passado, já procedeu à interpretação gramatical dos arts. 37, XI e 40, § 11º, da CF, aduzindo que *"a acumulação de proventos de aposentadoria e pensão por morte é possível,* ***desde que restringido o <u>somatório</u> delas ao teto constitucional****"*.

Todavia, o entendimento fincado na literalidade dos dispositivos constitucionais referenciados não mais subsiste, prevalecendo no STJ a tese firmada no RMS n.º 30.880-CE, segundo a qual *"sendo legítima a acumulação de proventos de aposentadoria de servidor público com pensão por morte de cônjuge finado e também servidor público,* ***o teto constitucional deve incidir <u>isoladamente</u> sobre cada uma destas verbas****"*. Pela importância, transcreve-se a ementa do referido julgado:

> EMENTA DIREITO CONSTITUCIONAL E ADMINISTRATIVO SERVIDOR APOSENTADO E BENEFICIÁRIO DE PENSÃO POR MORTE – TETO CONSTITUCIONAL – INCIDENCIA ISOLADA SOBRE CADA UMA DAS VERBAS – INTERPRETAÇÃO LÓGICO SISTEMÁTICA DA CONSTITUIÇÃO – CARÁTER CONTRIBUTIVO DO SISTEMA PREVIDENCIÁRIO DO SERVIDOR PÚBLICO SEGURANÇA JURÍDICA – VEDAÇÃO DO ENRIQUECIMENTO SEM CAUSA – PRINCÍPIO DA IGUALDADE _ RECURSO ORDINÁRIO EM MANDADO DE SEGURANÇA PROVIDO. ***1. Sendo legítima a acumulação de proventos de aposentadoria de servidor público com pensão por morte de cônjuge finado e também servidor público, o teto constitucional deve incidir <u>isoladamente</u> sobre cada uma destas verbas.*** 2. Inteligência lógico-sistemática da Constituição Federal. 3. Incidência dos ***princípios da <u>segurança jurídica</u>, da <u>vedação do enriquecimento sem causa</u> e da <u>igualdade</u>***. 4. Recurso ordinário em mandado de segurança provido.

As teses exaradas no julgado supra serviram à fundamentação do Parecer PGE/MS n.º 002/2016.

1. *Caráter contributivo do RPPS: arts. 40 e 149, § 1º, da CF e 2º da Lei Estadual n.º 3.150/2005*

Dispõem os sobreditos dispositivos:

> Art. 40, CF: Aos servidores titulares de cargos efetivos da União, dos Estados, do Distrito Federal e dos Municípios, incluídas suas autarquias e fundações, é assegurado regime de previdência de ***caráter contributivo*** e solidário, ***mediante contribuição*** do respectivo ente público, ***dos servidores ativos e inativos e dos pensionistas***, observados critérios que preservem o equilíbrio financeiro e atuarial e o disposto neste artigo.
>
> Art. 149, § 1º, CF: Os Estados, o Distrito Federal e os Municípios instituirão ***contribuição***, cobrada de seus servidores, para o custeio, em benefício destes, do regime previdenciário de que trata o art. 40, cuja alíquota não será inferior à da contribuição dos servidores titulares de cargos efetivos da União.
>
> Art. 2º O Regime Próprio de Previdência Social do Estado de Mato Grosso do Sul – MSPREV, visa assegurar, ***mediante contribuição***, aos seus beneficiários cobertura aos riscos a que estão sujeitos e compreende um conjunto de benefícios que atendem às seguintes finalidades:

A partir dessa premissa, defende-se que, se tanto o cônjuge falecido quanto o supérstite aposentado contribuíram para o sistema, ambos têm *"(ou teriam, se não tivesse havido o passamento), direito individual à contraprestação"*.

O TCU comunga o mesmo entendimento, resumido na máxima "*distinção de contribuições, distinção de contraprestações*". Pela didática, transcreve-se trecho do voto do Ministro Relator Ubiratan Aguiar:

> 10.Não há, portanto, que se confundir servidores distintos, detentores de direitos distintos, constitucional e legalmente garantidos. ***A cada um, individualmente, aplicam-se todos os dispositivos relacionados à acumulação de cargos e ao teto de remuneração, em especial quando se fala daqueles de natureza restritiva. Todavia, não é plausível querer extrapolar essas restrições para o somatório dos direitos individuais.*** A prevalecer essa tese, estaríamos restringindo direitos que a Constituição Federal não restringiu.
>
> 11.Tomemos como exemplo marido e mulher, ambos servidores públicos, percebendo remunerações próximas ao teto. Quando na atividade, a cada um se aplicam as restrições anteriormente mencionadas. As respectivas remunerações devem observar o teto constitucional. Só são permitidas as acumulações de cargos que a Constituição Federal considera legais. Por-

> tanto, no exercício do cargo público, ou ao desfrutar da aposentadoria, a cada um será permitido receber a remuneração/provento, ou o somatório de remunerações/proventos de cargos legalmente acumuláveis, até o limite fixado no art. 37, inciso XI, da Constituição Federal. ***Qual o fundamento, portanto, para concluir que, na hipótese de um dos dois vir a falecer, passando o outro a ser beneficiário de pensão, nos termos da lei, estaria criada uma nova situação em que seriam desconsiderados os fatos geradores da remuneração/provento a que cada um tem direito?*** Não encontro amparo legal para prosseguir em tal linha de raciocínio, pois ***não se trata de verificação de renda familiar em face do teto constitucional.*** Caso contrário, estaríamos admitindo a hipótese absurda de ser mais vantajoso ao beneficiário da pensão exonerar-se de seu cargo. (Consulta nº 009.585/2004-9, Plenário, Relator Conselheiro UBIRATAN AGUIAR, Acórdão nº 2079/2005, DOU 09/12/20058)

2. *Irredutibilidade do valor dos benefícios: art. 194, IV, da CF*

Quanto ao ponto, o argumento a ser mencionado pelo candidato é que o art. 194, IV, da CF garante o direito constitucional à irredutibilidade do valor dos benefícios. Assim, considerar a somatória de aposentadoria e pensão para incidência do abate-teto resultaria, ao fim e ao cabo, na redução indevida do valor desses benefícios.

3. *Teses adicionais: violação ao princípio da igualdade, posição da Procuradoria-Geral da República, reconhecimento da Repercussão Geral sobre o tema*

Uma vez atingida a resposta esperada pelo examinador e havendo espaço para tanto, é possível sustentar:

i. A Resolução 13/2006 do CNJ estabelece que, em caso de percepção cumulativa de aposentadoria e pensão por morte, deve-se considerar cada benefício isoladamente para fins de incidência do teto constitucional. Assim, "se aos membros do Poder Judiciário se reconhece que na percepção cumulada de proventos de aposentadoria e pensão por morte o teto deve ser averiguado isoladamente, e não pela soma dos benefícios, nada justifica que a regra não seja estendida aos demais servidores".

ii. A PGR, em manifestação exarada na Suspensão de Segurança n.º 4.879/SP, posicionou-se no sentido de que "os proventos decorrentes do exercício de cargo público e a pensão por morte devem ser ***individualmente*** considerados para fins de incidência do teto constitucional".

Atenção: O tema foi considerado de Repercussão Geral a partir do RE 602.584/DF, aguardando posicionamento do STF. Assim, recomenda-se que o candidato mencione expressamente a pendência de julgamento do recurso e condicione sua conclusão à possível entendimento diverso da Suprema Corte.

b) ***Possibilidade de suprimir do contracheque dos inativos o valor da GEA***

Para abordar com correção o tópico, o candidato deve conhecer bem o teor do RE 596.962/MT (informativo 755), em que o plenário do STF, sob a sistemática da repercussão geral, firmou as seguintes teses:

I – As vantagens remuneratórias legítimas e de **caráter geral** conferidas a determinada categoria, carreira ou, indistintamente, a servidores públicos, **por serem vantagens genéricas**, são extensíveis aos servidores inativos e pensionistas;

II – Nesses casos, **a extensão alcança os servidores que tenham ingressado no serviço público antes da publicação das Emendas Constitucionais 20/1998 e 41/2003 e se aposentado ou adquirido o direito à aposentadoria antes da EC 41/2003;**

III – Com relação àqueles servidores que se aposentaram após a EC 41/2003, deverão ser observados os requisitos estabelecidos na regra de transição contida no seu art. 7º, em virtude da extinção da paridade integral entre ativos e inativos contida no art. 40, § 8º, da CF para os servidores que ingressaram no serviço público após a publicação da referida emenda;

IV – Por fim, com relação aos servidores que ingressaram no serviço público antes da EC 41/2003 e se aposentaram ou adquiriram o direito à aposentadoria após a sua edição, é necessário observar a incidência das regras de transição fixadas pela EC 47/2005, a qual estabeleceu efeitos retroativos à data de vigência da EC 41/2003, conforme decidido nos autos do RE 590.260/SP, Plenário, Rel. MIN. RICARDO LEWANDOWSKI, julgado em 24/6/2009.

Portanto, a solução jurídica reclamada perpassa, inicialmente, pelo exame da natureza jurídica da vantagem concedida aos servidores da ativa, se genérica ou *pro labore faciendo*. Uma vez detectado o caráter geral da gratificação, há que se perquirir o momento da aquisição do direito à aposentadoria, se antes ou depois da EC n.º 41/2003.

1º PASSO: Natureza da vantagem concedida aos servidores ativos:	**Se genérica**, é possível a extensão aos inativos, desde que respeitado o requisito temporal (2ª passo);
	Se específica ou *pro labore faciendo*, NÃO é possível a extensão aos servidores da inativa. A análise encerra aqui.
2º PASSO: Data da aquisição do direito à aposentadoria:	**Se antes da EC n.º 41/2003**, o servidor inativo tem direito à extensão da vantagem, por força do princípio da paridade;
	Se depois da EC n.º 41/2003, o servidor inativo NÃO tem direito à extensão, tendo em vista a extinção da paridade pela referida emenda, que passou a garantir tão somente a irredutibilidade dos benefícios.

No caso da questão, foi narrado que *"os servidores aposentados antes da EC n.º 41/2003 percebem, junto com os seus proventos, gratificação* ***concedida aos servidores ativos em razão do êxito na atividade arrecadatória no mês de referência - GEA****"*.

No ponto, é imperioso o conhecimento acerca da jurisprudência do STF, pacificada a partir da edição de sua Súmula Vinculante n.º 20, cujos precedentes que lhe sustentam trazem as seguintes linhas de raciocínio:

> 1. Gratificações pagas a totalidade dos servidores da ativa, sem qualquer distinção de ordem pessoal, devem ser estendidas aos servidores inativos alcançados pela paridade;
>
> 2. A implementação de critérios de avaliação e desempenho, para concessão da gratificação, caracteriza a sua natureza pro labore faciendo, motivo pelo qual, nesse caso, não deve ser estendida aos inativos.

Na espécie, a GEA foi deferida a todos os servidores da ativa, sem distinção subjetiva capaz de lhe caracterizar como *pro labore faciendo*, razão pela qual restou cumprido o 1º passo (natureza genérica da vantagem) exigido para extensão.

Em relação ao 2º passo, basta que candidato coteje os elementos informativos do enunciado com a data da vigência da EC n.º 41/2003. Como foi afirmado que o caso cuida de *"servidores aposentados antes da EC n.º 41/2003"*, não há dúvidas pelo direito à paridade do inativos e à consequente extensão da GEA.

Desta feita, deve o candidato concluir pela **impossibilidade de supressão da GEA dos contracheques dos inativos, pois se cuida de vantagem genérica e os servidores inativos estão alcançados pelo direito à paridade, já que aposentados antes da EC n.º 43/2001.**

c) ***Possibilidade de intervenção de amicus curiae em processo administrativo***

Amicus curiae é alguém que, mesmo sem ser parte, é chamado ou se oferece em razão de sua representatividade, para intervir em processo relevante com o objetivo de apresentar à autoridade julgadora a sua opinião sobre o debate que está sendo travado nos autos, fazendo com que a discussão seja amplificada e o órgão julgador possa ter mais elementos para decidir de forma legítima.

Embora comumente utilizado no âmbito do processo civil, **a doutrina e a jurisprudência do TCU são acordes em afirmar a possibilidade do *amicus curiae* em processos administrativos, com base no art. 9º, III e IV, e 33 da Lei n.º 9.874/99**, segundo os quais:

> Art. 9º São legitimados como interessados no processo administrativo:
>
> (...)
>
> III – as organizações e associações representativas, no tocante a direitos e interesses coletivos;
>
> IV – as pessoas ou as associações legalmente constituídas quanto a direitos ou interesses difusos.
>
> Art. 33. Os órgãos e entidades administrativas, em matéria relevante, poderão estabelecer outros meios de participação de administrados, diretamente ou por meio de organizações e associações legalmente reconhecidas.

Nesse contexto, como o processo administrativo instaurado interessava parte da classe profissional, colocando sob ameaça direito coletivo, é perfeitamente legítima a intervenção da associação classista no caso.

» INFORMAÇÃO COMPLEMENTAR

O professor Márcio André do Dizer o Direito comentou com maestria as teses fixadas no RE 596.962/MT (informativo 755 do STF)[17], que

17. https://dizerodireitodotnet.files.wordpress.com/2015/01/info-755-stf.pdf

cuidam do princípio da paridade. Pela importância, transcrevem-se as palavras do mestre:

O que é o princípio da paridade?

Princípio da paridade era uma garantia que os servidores públicos aposentados possuíam, segundo a qual todas as vezes que havia um aumento na remuneração recebida pelos servidores da ativa, esse incremento também deveria ser concedido aos aposentados. Ex: João é servidor aposentado do Ministério da Fazenda, tendo se aposentado com os proventos do cargo de técnico A1. Quando era concedido algum reajuste na remuneração do cargo técnico A1, esse aumento também deveria ser estendido aos proventos de João.

No dicionário, paridade significa a qualidade de ser igual. Assim, o princípio da paridade enunciava que os proventos deveriam ser iguais à remuneração da ativa.

Por que a paridade era algo positivo para os servidores aposentados?

Os servidores aposentados possuem um poder de pressão e de barganha menor que os servidores em atividade. Isso porque estes últimos podem fazer greve, dificultar a prestação dos serviços públicos, realizar operações padrão etc. Todos esses mecanismos servem como instrumento de pressão contra o Governo. Desse modo, sem o princípio da paridade, a Administração Pública poderia reajustar apenas a remuneração dos servidores da ativa, não concedendo o mesmo aumento aos aposentados. Com isso, agradaria aqueles que poderiam causar maiores transtornos e faria economia ao não beneficiar os inativos.

Com a paridade, os aposentados poderiam ser sempre agraciados quando os servidores ativos conseguissem alguma conquista remuneratória para a categoria.

O princípio da paridade ainda existe?

NÃO. "Esse princípio foi revogado, restando somente para os servidores com direito adquirido, que já preenchiam os requisitos para a aposentadoria antes da edição da EC n.° 41 (art. 3º, EC n.° 41), ficando também resguardado o direito para aqueles que estão em gozo do benefício (art. 7º, EC n.° 41) e os que se enquadrarem nas regras de transição do art. 6º da EC n.° 41 e do art. 3º da EC n.° 47." (MARINELA, Fernanda. Direito Administrativo. 7ª ed., Niterói: Impetus, 2013, p. 774).

Desse modo, se você ingressar no serviço público hoje, não terá a garantia da paridade quando se aposentar.

No lugar da paridade, existe hoje o chamado "princípio da preservação do valor real", previsto no art. 40, § 8º, da CF/88, segundo o qual os proventos do aposentado devem ser constantemente reajustados para que seja sempre garantido o seu poder de compra.

> Art. 40 (...) § 8º É assegurado o reajustamento dos benefícios para preservar-lhes, em caráter permanente, o valor real, conforme critérios estabelecidos em lei. (Redação dada pela Emenda Constitucional nº 41/2003).

O que o Governo faz(ia) para burlar o princípio da paridade?

A Administração Pública cria(va) algumas gratificações e, no texto da lei, classifica(va) essas verbas como sendo pro labore faciendo.

Abrindo um parêntese: o que é uma gratificação pro labore faciendo?

Gratificação pro labore faciendo significa um valor pago a mais ao servidor em atividade por conta de um trabalho que ele está desempenhando (pro labore faciendo = por um trabalho que está fazendo).

Trata-se de uma gratificação instituída para recompensar o servidor pelo ônus que ele está tendo ao desempenhar serviços que estão fora das atribuições normais de seu cargo. Como a gratificação pro labore faciendo é paga por causa desse serviço "a mais" que o servidor está desempenhando, essa verba somente se justifica enquanto o agente público estiver no efetivo exercício da atividade. Logo, não há razão jurídica para pagar a quantia se o servidor está aposentado.

Ex: Guilherme ocupa o cargo de técnico A1 do Ministério da Fazenda. É criada uma gratificação de 2 mil reais para os técnicos A1 que estejam cuidando do processo de reformulação da arrecadação tributária. Nem todos os técnicos A1 irão receber essa quantia, mas somente aqueles que estiverem no exercício dessa atividade específica. Isso significa que essa gratificação é pro labore faciendo. Logo, ela não será paga aos servidores inativos, mesmo que eles tenham se aposentado na época em que vigorava o princípio da paridade.

Pode-se dizer que a gratificação pro labore faciendo é uma verba que não está abrangida pelo princípio da paridade.

Voltando ao que falávamos. O que o Governo faz(ia) para burlar o princípio da paridade?

A Administração Pública cria(va) algumas gratificações e, no texto da lei, classifica(va) essas verbas como sendo pro labore faciendo.

Ocorre que essas gratificações eram concedidas a todos os servidores ativos indistintamente.

Assim, o Governo dizia que era uma gratificação pro labore, mas ela era paga a todos os servidores em atividade, independentemente de qualquer serviço extraordinário que eles estivessem desempenhando.

Ex: é criada uma gratificação de 2 mil reais para os técnicos A1 que estejam em atividade. Todos os técnicos A1 irão receber essa quantia, independentemente de estarem ou não fazendo um serviço fora de suas atribuições ordinárias. Isso significa que essa gratificação não é, juridicamente, pro labore faciendo.

Trata-se de uma burla apenas para que não seja paga aos servidores inativos que possuam direito ao princípio da paridade.

Entendimento da jurisprudência sobre o tema:

Ao longo dos anos foram criadas várias gratificações de desempenho para os servidores públicos federais que tinham a "roupagem" de gratificações pro labore, mas que, se analisadas tecnicamente, eram verdadeiros reajustes concedidos indistintamente para todos os agentes públicos daquele cargo específico.

Tais gratificações seriam pagas em uma escala de percentuais ("pontos obtidos por cada servidor") de acordo com o desempenho do servidor, a partir de uma avaliação individualizada.

Ex.: GDATA, GIFA, GDSST, GDARA etc. Assim, com base nessa avaliação de desempenho, o servidor iria receber um percentual a mais sobre seu vencimento.

Na prática, contudo, essas avaliações individuais de desempenho nunca eram regulamentadas e realizadas e todos os servidores ocupantes recebiam a gratificação no valor máximo, indistintamente.

Desse modo, essas gratificações que foram instituídas pro labore faciendo, tornavam-se, na realidade, gratificações genéricas e impessoais. Acabava sendo um reajuste disfarçado, concedido somente aos servidores da ativa.

Em razão do exposto, os aposentados começaram a ingressar com ações judiciais pleiteando a extensão desses aumentos disfarçados para os seus proventos.

O que o STF e o STJ decidiram?

O STF e o STJ consolidaram o entendimento de que devem ser estendidas a todos os aposentados e pensionistas (que ainda possuem o direito à paridade) as gratificações de desempenho pagas indistintamente a todos os servidores da ativa, no mesmo percentual, ainda que possuam caráter pro labore faciendo. Isso porque as referidas vantagens, quando pagas indistintamente a todos os servidores na ativa, no mesmo percentual, assumem natureza genérica.

Caso concreto julgado pelo STF no Info 755:

O Estado do Mato Grosso instituiu uma gratificação denominada "incentivo de aprimoramento à docência", no valor de 12%, a ser concedida a todos os titulares de cargo de professor que efetivamente estivessem no exercício da docência na rede pública estadual de ensino.

Maria, professora aposentada desde 1994, portanto, antes da EC nº 41/2003, ajuizou uma ação pedindo o recebimento dessa gratificação, argumentando que, por ela ter caráter geral, deveria ser estendida aos inativos.

A PGE/MT, na defesa do Estado, alegou que a referida verba tinha caráter indenizatório e que não era paga indistintamente a todos os professores da rede pública, mas somente àqueles que estivessem no efetivo exercício da docência, ou seja, em salas de aula.

O STF concordou com a tese da aposentada ou da Fazenda Pública?

Da aposentada. O fato de a Lei estadual ter dito que essa gratificação era "de caráter indenizatório", por si só não impede sua extensão aos aposentados porque a simples nomenclatura adotada pela legislação não define sua natureza jurídica.

Conforme explicou o Min. Dias Toffoli, "deve ser reconhecida a necessária e automática extensão aos inativos de gratificações de caráter geral concedidas ao pessoal da ativa, notadamente quando essas não estão efetivamente vinculadas ao exercício direto de uma determinada atividade, ou seja, não são dotadas de caráter pro labore faciendo."

E o que são gratificações de caráter geral?

"São aquelas concedidas a todos os servidores em atividade, independentemente da função exercida, e que não se destinam a remunerar ou indenizar o servidor em razão do exercício de uma função específica ou extraordinária" (Min. Dias Toffoli).

No caso julgado pelo STF, a gratificação instituída pelo Governo do MT é devida apenas em razão do exercício do cargo de professor da rede pública estadual de ensino. Logo, deve-se reconhecer que se trata de verba de caráter geral, porque concedida, indistintamente, a todos os professores em atividade, pela simples razão de se encontrarem no exercício da função.

» CRITÉRIOS DE AVALIAÇÃO:

PARECER
Formalidades e organização: cabeçalho, ementa, relatório, desenvolvimento e conclusão.
Incidência do teto constitucional sobre a aposentadoria e pensão por morte consideradas isoladamente: 1. Caráter contributivo do RPPS e vedação ao enriquecimento sem causa; 2. Irredutibilidade dos benefícios; 3. Mencionar que o tema se encontra sob a sistemática da repercussão geral, pendente de julgamento no STF.
Impossibilidade de suprimir a GEA do contracheque dos inativos Gratificação genérica e direito à paridade decorrente de aposentadoria anterior à EC n.º 41/2003.
Possibilidade de *amicus curiae* em processo administrativo: Arts. 9, III e IV, e 33 da Lei n.º 9.784/99.

Proposta 2: RPPS: aposentadoria especial e incorporação de gratificação

Autores: Wendel Nobre Piton Barreto e Maíra Mutti Araújo

» ENUNCIADO

Em 2016, Maria Joaquina, servidora do cargo de Oficial da Justiça do Tribunal de Justiça do Estado do Maranhão, protocolou requerimento de aposentadoria especial no Fundo Estadual de Pensão e Aposentadoria do Estado do Maranhão – FEPA.

Alega, em síntese, que em face de eventuais exposições a situações de risco da atividade de Oficial de Justiça, entende ter direito subjetivo constitucional à aposentadoria especial. Desse modo, diante da inexistência de lei regulamentando a aposentadoria especial para Oficiais de Justiça, pleiteia a aplicação da disciplina prevista na Lei Complementar n. 51/1985, no ponto em que regulamenta a aposentadoria especial para policial, considerada a natureza das atividades desempenhadas no exercício do cargo de Oficial de Justiça. Pugnou pela observância da redução de 5 (cinco) anos no tempo de serviço do sexo feminino em relação aos do sexo masculino, conforme se extrairia do art. 40, § 1º, inc. III, e § 5º, da Constituição da República.

No requerimento, Maria Joaquina afirma que: a) ingressou no serviço público em 1990, através de concurso público, exercendo por 26 anos a função de Oficial de Justiça; b) possui atualmente 60 anos de idade.

Assim, entende que preencheu os requisitos necessários para a aposentadoria especial que, independentemente da idade, apenas exige, para mulheres, 25 anos de contribuição e 15 anos de efetivo exercício do cargo de Oficial de Justiça.

O Superintendente do órgão previdenciário estadual, ao analisar pleito, remeteu aos autos do processo administrativo ao Procurador de Estado responsável pela pasta, para se manifestar sobre os seguintes pontos:

a) Maria Joaquina tem direito à aposentadoria especial nos termos requeridos?

b) Caso Maria Joaquina não faça jus a aposentadoria especial, ainda assim poderá se aposentar?

c) Em caso positivo, como se dará o cálculo dos seus proventos?

d) Caso Maria Joaquina faleça no curso do processo administrativo, como se dará o cálculo da pensão por morte do seu cônjuge?

Na qualidade de Procurador do Estado do Maranhão, emita parecer conclusivo, respondendo aos questionamentos da autoridade consulente e apontando o que mais entender necessário à solução do caso narrado.

» COMENTÁRIOS

a) *Maria Joaquina tem direito à aposentadoria especial nos termos requeridos? Fundamente à luz da jurisprudência do STF*

A aposentadoria é um direito social previsto no art. 7º, inciso XXIV, da Constituição Federal, que apresenta regras específicas quanto aos servidores públicos no seu art. 40.

Assim, a Constituição Federal prevê 04 modalidades distintas de aposentadoria para os servidores públicos:

i. Aposentadoria voluntária, com cumulação dos requisitos idade e tempo de contribuição ou por idade proporcional ao tempo de contribuição;

ii. Aposentadoria compulsória;

iii. Aposentadoria por invalidez;

iv. Aposentadoria especial;

Maria Joaquina requereu a concessão de aposentadoria especial, sob o fundamento de exercer atividade de risco e, por isso, preencher os requisitos para ingressar nos quadros dos inativos.

Segundo o art. 40, § 4º, da Constituição Federal, é vedada a adoção de requisitos e critérios diferenciados para a concessão de aposentadoria nos Regimes Próprios de Previdência Social, ressalvados, nos termos definidos em leis complementares, os casos de servidores: a) portadores de deficiência; b) **que exerçam atividades de risco**; c) cujas atividades sejam exercidas sob condições especiais que prejudiquem a saúde ou a integridade física:

> § 4º É vedada a adoção de requisitos e critérios diferenciados para a concessão de aposentadoria aos abrangidos pelo regime de que trata este artigo, ressalvados, nos termos definidos em leis complementares, os casos de servidores: (Redação dada pela Emenda Constitucional nº 47, de 2005)
>
> I portadores de deficiência; (Incluído pela Emenda Constitucional nº 47, de 2005)
>
> II que exerçam atividades de risco; (Incluído pela Emenda Constitucional nº 47, de 2005)
>
> III cujas atividades sejam exercidas sob condições especiais que prejudiquem a saúde ou a integridade física. (Incluído pela Emenda Constitucional nº 47, de 2005)

Como se vê, o texto constitucional previu apenas três hipóteses de aposentadoria especial, condicionando a sua concessão a regulamentação através da edição de lei complementar.

Dica: A aposentadoria especial para portadores de deficiência foi **inserida** na Constituição de 1988 pela EC 47/2005, enquanto a destinada a trabalhadores que exercem atividade de risco foi **reinserida** na Constituição Federal de 1988 pela mesma Emenda. Em relação à atividade de risco, o texto original da Constituição trazia a possibilidade de concessão da aposentadoria especial nos casos de atividades insalubres, penosas ou perigosas, mas a EC 20/98, alterando a redação do dispositivo, passou a prever este benefício apenas para os casos de contato com agentes insalubres (KERTZMAN, Ivan. Curso Prático de Direito Previdenciário. Salvador: Juspodivm, 2015, fl. 564)

A Lei Federal nº 9.717/98, que dispõe sobre obre **regras gerais** para a organização e o funcionamento dos regimes próprios de previdência social dos servidores públicos da União, dos Estados, do Distrito Federal e dos Municípios, dos militares dos Estados e do Distrito Federal, no seu art. 5º, parágrafo único, expressamente veda a concessão de aposentadoria especial enquanto não for editada lei complementar regulamentando os seus requisitos:

> Art. 5º Os regimes próprios de previdência social dos servidores públicos da União, dos Estados, do Distrito Federal e dos Municípios, dos

PARTE II - PARECERES

> militares dos Estados e do Distrito Federal não poderão conceder benefícios distintos dos previstos no Regime Geral de Previdência Social, de que trata a Lei nº 8.213, de 24 de julho de 1991, salvo disposição em contrário da Constituição Federal.
>
> Parágrafo único. ***Fica vedada a concessão de aposentadoria especial, nos termos do*** **§ 4º do art. 40 da Constituição Federal*, até que lei complementar federal discipline a matéria.*** (Redação dada pela Medida Provisória nº 2.187-13, de 2001)

Até hoje não foi editada a referida lei complementar regulamentando a aposentadoria especial dos servidores públicos. Assim, *a priori* Maria Joaquina não teria direito a aposentadoria especial. Inclusive a jurisprudência do Supremo Tribunal Federal é firme nesse sentido:

> ***A norma inscrita no art. 40, § 1º (atual § 4º), da CF, não conferiu originariamente a nenhum servidor público o direito à obtenção de aposentadoria especial pelo exercício de atividades perigosas, insalubres ou penosas; o mencionado preceito constitucional apenas faculta ao legislador, mediante lei complementar,*** instituir outras hipóteses de aposentadoria especial, no caso do exercício dessas atividades, faculdade ainda não exercitada (**RE 428.511-AgR**, rel. min. ***Sepúlveda Pertence***, julgamento em 14-2-2006, Primeira Turma, DJ de 17-3-2006).

Ocorre que no âmbito do Regime Geral de Previdência, há respaldo legal para aposentadoria especial de trabalhadores que tenham contato com agentes insalubres, através do art. 57 e 58 da Lei Federal nº 8.213/91, e dos trabalhadores portadores de deficiência, regulamentado pela LC 142/2013.

Isso ensejou a apresentação de diversos Mandados de Injunções junto ao Supremo Tribunal Federal questionando a "mora legislativa" e sugerindo a aplicação das normas do RGPS aos servidores públicos.

Em relação aos servidores que exercem atividade insalubre, o STF decidiu, em diversos julgamentos de mandados de injunção impetrados, pela possibilidade de se aplicar as normas previstas no RGPS. A reiteração de diversas decisões nesse sentido, levou a edição da Súmula Vinculante nº 33:

> Aplicam-se ao servidor público, no que couber, as regras do Regime Geral de Previdência Social sobre aposentadoria especial de que trata o artigo 40, parágrafo 4º, inciso III, da Constituição Federal, até edição de lei complementar específica.

Dica: A Súmula Vinculánte nº 33 do STF apenas se refere à aposentadoria especial dos servidores públicos que exercem atividade **insalubre** (art. 40, § 4º, inciso III, da CF).

Além disso, a Súmula Vinculante nº 33 afirma expressamente que as regras do RGPS sobre aposentadoria especial aplicam-se ao servidor público, **no que couber**. Por isso, o STF já decidiu que **não o se pode aplicar as regras de conversão do tempo especial em tempo comum, previstas para os trabalhadores em geral (RGPS)**, para os servidores públicos, considerando que a lei que vier a ser editada regulamentando o art. 40, § 4º, III da CF/88 não estará obrigada a conceder este fator de conversão aos servidores (STF. Plenário. MI 3788 AgR, Rel. Min. Luiz Fux, julgado em 24/10/2013).

Em relação aos servidores portadores de deficiência, a matéria foi apreciada, pelo STF, no agravo regimental no Mandado de Injunção 5126, em 02/10/2013, no qual o Ministro Luiz Fux determinou a aplicação dos regramentos previstos na LC 142/2013:

> CONSTITUCIONAL E ADMINISTRATIVO. MANDADO DE INJUNÇÃO. AGRAVO REGIMENTAL. APOSENTADORIA ESPECIAL. ***SERVIDOR PÚBLICO PORTADOR DE DEFICIÊNCIA. NECESSIDADE DE ATUAÇÃO NORMATIVA DA UNIÃO. ORIENTAÇÃO JURISPRUDENCIAL CORRENTE NO SUPREMO TRIBUNAL FEDERAL PELO RECONHECIMENTO DA OMISSÃO DO LEGISLADOR NA CONCRETIZAÇÃO DO ART. 40, § 4º, DA CONSTITUIÇÃO FEDERAL. EDIÇÃO DA LEI COMPLEMENTAR 142/2013, QUE REGULAMENTA A APOSENTADORIA ESPECIAL DOS PORTADORES DE DEFICIÊNCIA SEGURADOS PELO REGIME GERAL DE PREVIDÊNCIA SOCIAL. DETERMINAÇÃO NO SENTIDO DE SUA APLICAÇÃO AO CASO SOB EXAME.*** RECONSIDERAÇÃO DA DECISÃO. 1. A aposentadoria especial de servidor público portador de deficiência é assegurada mediante o preenchimento dos ainda que o legislador o tenha feito para os trabalhadores vinculados ao Regime Geral de Previdência, até que seja editada a lei complementar exigida pelo art. 40, § 4º, II, da Constituição Federal. Precedentes do STF: MI 721/DF, Rel. Min. Marco Aurélio, Tribunal Pleno, DJe 30/11/2007; MI 795/DF, Rel. Min. Cármen Lúcia, Tribunal Pleno, DJe. 22/5/2009 e ARE 727.541-AgR/MS, Rel. Min. Marco Aurélio, 1ª Turma, DJe de 24/4/2013. 2. Reconsideração em parte da decisão agravada para determinar a aplicação, ao caso, do disposto

> no art. 57 da Lei 8.213/1991 até a entrada em vigor da Lei Complementar 142/2013 para fins de verificação do preenchimento dos requisitos para a aposentadoria especial do servidor portador de deficiência. Após a vigência da LC nº 142/2013, a referida aferição será feita nos moldes previstos na aludida Lei Complementar (art. 317, § 2º, do RI/STF).

Em relação as atividades de risco, diversas categorias de classes vêm impetrando Mandados de Injunção no âmbito do STF, com o fim de que seja aplicada as regras da Lei Complementar nº 51/1985, referente à aposentadoria voluntária dos policiais. Segundo o referido diploma legal, o policial pode aposentar-se voluntariamente, com proventos integrais, após 30 anos de serviço, homens, e 25 anos, mulheres, desde que conte com pelo menos 20 anos e 15 anos, respectivamente, de exercício em cargo de natureza estritamente policial. Com isso, as idades de 60 anos, homens e de 55 anos, mulheres não seriam aplicáveis no caso de atividades de risco, bastando possuir o tempo exigido.

É esse o fundamento da aposentadoria requerida por Maria Joaquina que foi apreciada pelo STF, no Mandado de Injunção nº 833 e 844, ajuizados por Associações de Servidores Públicos, que alegavam a existência de risco no exercício da atividade de Oficial de Justiça.

Ao analisar a questão, entretanto, o STF afastou a aplicação da Lei Complementar nº 51/1985, por entender que o exercício da atividade de Oficial de Justiça **envolve exposição eventual a situações de risco**, não podendo ser enquadrada no mesmo patamar da atividade policial, não garantindo, portanto, direito subjetivo constitucional à aposentadoria especial:

> Ementa: DIREITO PREVIDENCIÁRIO. MANDADO DE INJUNÇÃO COLETIVO. OFICIAIS DE JUSTIÇA. ALEGADA ATIVIDADE DE RISCO. APOSENTADORIA ESPECIAL. ORDEM DENEGADA. 1. ***Diante do caráter aberto da expressão atividades de risco (art. 40, § 4º, II, da Constituição) e da relativa liberdade de conformação do legislador, somente há omissão inconstitucional quando a periculosidade seja inequivocamente inerente ao ofício. 2. A eventual exposição a situações de risco – a que podem estar sujeitos os Oficiais de Justiça e, de resto, diversas categorias de servidores públicos – não garante direito subjetivo constitucional à aposentadoria especial.*** 3. A percepção de gratificações ou adicionais de periculosidade, assim como o porte de arma de fogo, não são, por si sós, suficientes para reconhecer o direito à aposentadoria especial, em razão da autonomia entre o vínculo funcional e o previdenciário. 4. Voto pela denegação da ordem, sem prejuízo da possibilidade, em tese, de futura lei contemplar a pretensão da categoria.

(MI 833, Relator(a): Min. CÁRMEN LÚCIA, Relator(a) p/ Acórdão: Min. ROBERTO BARROSO, Tribunal Pleno, julgado em 11/06/2015, ACÓRDÃO ELETRÔNICO DJe-195 DIVULG 29-09-2015 PUBLIC 30-09-2015)

Com o fim de entender melhor os motivos que levaram o STF a negar a aposentadoria especial aos oficiais de justiça, vale a pena mencionar os Comentários de Márcio André Lopes Cavalcante (Dizer o Direito) sobre o julgado:

Oficiais de justiça

O sindicato dos Oficiais de Justiça ajuizou, no STF, mandado de injunção coletivo alegando que os oficiais de justiça exercem atividades de risco, nos termos do art. 40, § 4º, II, da CF/88 e que, apesar disso, até agora, não foi editada uma lei complementar nacional prevendo aposentadoria especial para eles.

O autor argumentou, então, que estaria havendo omissão legislativa do Presidente da República e do Presidente do Congresso Nacional na regulamentação do art. 40, § 4º, II, da CF/88, para a aposentadoria especial dos ocupantes do cargo de Oficial de Justiça.

Além de pedir para ser reconhecida a mora (omissão legislativa), o sindicato requereu que, enquanto não seja editada a lei complementar prevendo aposentadoria especial para os Oficiais de Justiça, sejam aplicadas a essa categoria, por analogia, as regras de aposentadoria especial dos policiais civis, previstas na Lei Complementar Federal n.° 51/85.

O sindicato argumentou que poderia ser feita essa analogia porque os Oficiais de Justiça recebem adicional de periculosidade e podem obter autorização para porte de arma de fogo de uso permitido, de forma que seria uma carreira equiparável.

O STF concordou com os pedidos formulados?

NÃO. O STF afirmou que os Oficiais de Justiça, no exercício de suas funções, até sofrem, eventualmente, exposição a situações de risco, mas isso, por si só, não confere a eles o direito subjetivo à aposentadoria especial.

Os incisos do § 4º do art. 40 da CF utilizam expressões abertas: "portadores de deficiência", "atividades de risco" e "condições especiais que prejudiquem a saúde ou a integridade física". Dessa forma, a Constituição, de forma proposital, deixou para que a lei complementar definisse o que significam esses conceitos. Assim, o legislador possui relativa liberdade de atuação para fixar essas definições.

As atribuições dos Oficiais de Justiça, previstas no art. 143 do CPC 1973 (art. 154 do CPC 2015), podem até, a depender do caso concreto, sujeitá-los a situações de risco, notadamente quando no exercício de suas funções em áreas dominadas pela criminalidade, ou em locais marcados por conflitos fundiários. No entanto, o STF entendeu que esse risco é contingente (eventual), e não inerente ao serviço. Dito de uma forma mais simples, para o STF, não se pode dizer que as funções dos Oficiais de Justiça são perigosas (isso não está na sua essência). Elas podem ser eventualmente perigosas.

Desse modo, o STF entendeu que o legislador não está obrigado a prever aposentadoria especial para os Oficiais de Justiça com base no art. 40, § 4º da CF/88 porque o "perigo" decorrente dessa atividade profissional é eventual (e não inerente ao serviço).

É proibido que a lei complementar preveja aposentadoria especial, com base no art. 40, § 4º, II, da CF/88, para atividades que são apenas eventualmente perigosas? Vamos admitir que a atividade dos Oficiais de Justiça é apenas eventualmente perigosa. O legislador está impedido de prever aposentadoria especial para essa categoria?

NÃO. O STF explicou que não existe uma impossibilidade jurídica de que a lei preveja critérios para aferição de situações concretas de risco no serviço público, para fins de concessão de aposentadoria especial. Em outras palavras, o legislador não está proibido de prever aposentadoria especial, com base no art. 4º, II, da CF/88 para carreiras que desempenhem atividades apenas eventualmente perigosas. Assim, o legislador até pode prever aposentadoria especial para Oficiais de Justiça com base na periculosidade.

O que o STF quis dizer é que não existe um dever constitucional do legislador de prever aposentadoria especial para atividades apenas eventualmente perigosas. Isso é uma discricionariedade do legislador (escolha política). O dever que existe é o de criar a aposentadoria especial para aquelas atividades perigosas por sua própria natureza (ex: policiais).

Assim, embora o legislador possa, em tese, prever aposentadoria especial por periculosidade para os Oficiais de Justiça, a decisão de editar ou não essa lei complementar é uma escolha política, a ser exercida dentro pelo Parlamento.

Explicando melhor:

· Se uma atividade é eventualmente perigosa, o legislador pode prever que os servidores que a desempenham tenham direito à aposentadoria especial com base no art. 40, § 4º, II, da CF/88. Se o legislador não fizer isso, não haverá omissão de sua parte porque o texto constitucional não exige. Ex: Oficiais de Justiça. Reconhecer ou não o direito à aposentadoria especial é uma escolha da discricionariedade legislativa.

· Se uma atividade é perigosa por sua própria natureza, o legislador tem o dever de prever que os servidores que a desempenham terão direito à aposentadoria especial com base no art. 40, § 4º, II, da CF/88. Se o legislador não fizer isso, haverá omissão inconstitucional de sua parte porque o texto da CF/88 exige. Aqui não existe discricionariedade, mas sim um dever do legislador. Ex: carreira policial.

O Congresso Nacional, ao cumprir o dever de legislar previsto no art. 40, § 4º, II, da CF/88, pode prever critérios mais ou menos elásticos para a identificação das "atividades de risco", mas não poderia deixar de contemplar as atividades inerentemente perigosas, sob pena de violação ao núcleo essencial do dispositivo.

Obs.: no caso dos policiais, o legislador não está em omissão porque já existe lei regulando sua aposentadoria especial. Trata-se da LC 51/85.

E como o STF refutou o argumento do sindicato de que os Oficiais de Justiça podem ser equiparados a policiais porque recebem adicional de periculosidade e podem portar arma de fogo?

O STF afirmou que tais circunstâncias não podem, por si só, ou seja, de forma automática, produzir efeitos sobre o vínculo previdenciário. Existe uma autonomia entre o vínculo funcional e o previdenciário, ou seja, os requisitos para se obter gratificações, adicionais etc. são uns e os requisitos para se obter aposentadoria especial são outros.

AGENTES DE SEGURANÇA

O mesmo pedido formulado acima pelos Oficiais de Justiça foi feito também pelos servidores do Ministério Público da União que exercem atribuições de segurança. O pedido foi apreciado em conjunto e o STF deu a mesma solução já explicada, ou seja, entendeu que tais servidores exercem funções que podem ser eventualmente perigosas, mas que o perigo não é inerente à função, isto é, não são atividades perigosas por sua própria natureza. Assim, o STF também negou o mandado de injunção impetrado por tais servidores. STF. Plenário. MI 844/DF, rel. Min. Cármen Lúcia, red. p/ o acórdão Min. Roberto Barroso, julgado em 11/6/2015 (Info 789).

Diante das informações apresentadas, é possível concluir que Maria Joaquina <u>não</u> faz jus a aposentadoria especial, devendo a Administração Pública indeferir o seu pedido.

Dica: Fiquem atentos as regras sobre aposentadoria especial e as decisões do STF sobre o tema que podem ser sistematizadas da seguinte maneira:

Beneficiários da Aposentadoria Especial	Requisitos	Parâmetro legislativo
Servidores que sejam portadores de **deficiência** (art. 40, § 4º, I).	A CF exige que seja editada uma lei complementar	Ante a ausência de LC, pode-se aplicar LC nº 142/2013 (MI 5126)
Servidores que exerçam **atividades de risco** (art. 40, § 4º, II)	A CF exige que seja editada uma lei complementar	Ante a ausência de LC, pode-se aplicar LC 51/85 (o tema não é pacífico sobre o parâmetro a ser utilizado).
Servidores que exerçam atividades sob condições especiais que **prejudiquem a saúde ou a integridade física** (art. 40, § 4º, III).	A CF exige que seja editada uma lei complementar	Ante a ausência de LC, pode-se aplicar os arts. 57 e 58 da Lei Federal nº 8.213/91 (Súmula Vinculante nº 33)

Obs.: É importante lembrar que, em qualquer caso, a Administração Pública deve analisar se os servidores são portadores de deficiência ou se estão expostos a atividades de risco ou a condições insalubres.

b) *Caso Maria Joaquina não faça jus a aposentadoria especial, ainda assim poderá se aposentar? Fundamente*

Como vimos, a Constituição Federal prevê 04 modalidades de aposentadoria: 1) aposentadoria voluntária, com cumulação dos requisitos idade e tempo de contribuição ou por idade proporcional ao tempo de contribuição; 2) aposentadoria compulsória; 3) aposentadoria por invalidez; 4) aposentadoria especial.

Já foi afastada a possibilidade de aposentadoria especial, restando apenas analisar se Maria Joaquina preenche os requisitos das demais modalidades.

A aposentadoria por invalidez tem previsão no art. 40, § 1º, inciso I, da Constituição Federal e ocorre quando o servidor público for acometido por uma situação de invalidez permanente, atestada por laudo médico, que demonstre que ele está incapacitado de continuar trabalhando. Assim, afasta-se a aplicação de tal regra a Maria Joaquina.

A aposentadoria compulsória tem previsão no art. 40, § 1º, inciso II, e ocorre independentemente da vontade do servidor público que ao completar 75 anos de idade deve ser afastado do exercício do cargo público. De plano, também já se percebe que Maria Joaquina não pode se aposentar compulsoriamente, pois possui 60 anos de idade.

Dica: Quanto a idade prevista para a aposentadoria compulsória, vale a pena fazer um breve comentário sobre as mudanças legislativas empreendidas sobre o tema, principalmente com a edição da Emenda Constitucional n 88/2015.

Antes da Emenda Constitucional nº 88/2015, a idade para aposentadoria compulsória era 70 anos para qualquer caso. A referida EC alterou a Constituição Federal que passou a prever duas situações:

1ª situação: aumentou imediatamente para 75 anos a idade da aposentadoria compulsória para os cargos de Ministros do STF, dos Tribunais Superiores (STJ, TST, TSE, STM) e do TCU.

Assim, desde 08/05/2015, data em que entrou em vigor a EC 88/2015, a aposentadoria compulsória para esses cargos foi elevada para 75 anos. Não foi necessária qualquer lei ou outra providência.

Obs.: essa alteração foi feita mediante a inserção do art. 100 ao ADCT da CF/88.

> 2ª situação: a EC 88/2015 autorizou que fosse editada Lei Complementar aumentando para 75 anos a idade da aposentadoria compulsória para os demais servidores públicos.
>
> Com o fim de regulamentar a segunda situação, foi apresentado o PLS 274/2015, ampliando para 75 anos a aposentadoria compulsória de todos os servidores públicos.
>
> O projeto foi votado e aprovado pelo Congresso Nacional, tendo sido encaminhado para sanção da Presidente da República, que o vetou.
>
> Em 01/12/2015, o Congresso Nacional decidiu rejeitar (derrubar) o veto, nos termos do art. 66, § 4º da CF/88.
>
> Como o veto não foi mantido, o projeto foi novamente enviado para a Presidente da República (art. 66, § 5º), que o promulgou, transformando-o na Lei Complementar nº 152/2015. Assim, atualmente, a aposentadoria compulsória passa a ser de 75 anos para todos os servidores públicos.

Por fim, resta saber se Maria Joaquina preenche os requisitos para a aposentadoria voluntária, que tem previsão no art. 41, inciso III, da CF, com redação dada pela Emenda Constitucional nº 20/98, e em algumas Emendas Constitucionais, que trouxeram regras de transição. A tabela abaixo demonstra as principais regras e requisitos que devem ser observados nas aposentadorias voluntárias, que podem ser apenas por idade ou por idade e tempo de contribuição:

	Art. 41, inciso III, "b" da CF/88, com redação da EC nº 41/2003	Art. 3º da EC nº 47/2005	Art. 6º da EC nº 41/2003	Art. 41, inciso III, alínea "a" da CF/88, com redação dada pela EC nº 41/2003
Espécie de Aposentadoria	Aposentadoria por Idade	Aposentadoria por tempo de contribuição	Aposentadoria por tempo de contribuição	Aposentadoria por tempo de contribuição
Beneficiários	Aplicável aos servidores titulares de cargo efetivo que cumpriram todas as exigências requeridas para se aposentar **após 31/12/2003.**	Aplicável aos servidores titulares de cargos efetivos que tenham ingressado no serviço público **até 16/12/1998**	Aplicável aos servidores titulares de cargos efetivo que tenham ingressado no serviço público **até 31/12/2003.**	Aplicável aos servidores titulares de cargos efetivos que cumpriram todas as exigências requeridas para se aposentar **após 31/12/2003,** ou aqueles que não optaram pelas regras dos arts. 2º e º da EC nº 41/2003 ou art. 3º da EC nº 47/2005.
Requisitos	1) Tempo de serviço público - 10 anos; 2) Tempo no cargo - 05 anos; 3) Idade - 65 anos (homem) e 60 (mulher)	1) Tempo de Contribuição - 35 anos (homem) e 30 anos (mulher); 2) Tempo de serviço público - 15 anos; 3) Tempo no cargo - 5 anos; 4) Idade Mínima - resultante da redução, de um ano de idade em relação aos 60 anos, homens e 55 mulheres, para cada ano de contribuição que exceder os 35 anos de contribuição, homens, e 30 anos mulheres.	1) Tempo de contribuição - 35 anos (homem) e 30 anos (mulher); 2) Idade: 60 anos (homem) e 55 anos (mulher); 3) Tempo na carreira (10 anos); 4) Tempo no cargo (5 anos);	1) Tempo de contribuição - 35 anos (homem) e 30 anos (mulher); 2) Idade - 60 anos (homem) e 55 (mulher); 3) Tempo de serviço - 10 anos; 4) Tempo no cargo (5 anos);

	Art. 41, inciso III, "b" da CF/88, com redação da EC nº 41/2003	**Art. 3º da EC nº 47/2005**	**Art. 6º da EC nº 41/2003**	**Art. 41, inciso III, alínea "a" da CF/88, com redação dada pela EC nº 41/2003**
Forma de Cálculo	Aplicação da média aritmética simples das maiores contribuições efetuadas a partir de julho de 1994 (art. 40, §§ 3º e 17 c/c art. 1º da Lei Federal nº 10.887/2004.	Proventos integrais (última remuneração do cargo efetivo)	Proventos integrais (última remuneração do cargo efetivo)	Aplicação da média aritmética simples das maiores contribuições efetuadas a partir de julho de 1994 (art. 40, §§ 3º e 17 c/c art. 1º da Lei Federal nº 10.887/2004.
Reajuste do Benefício	Reajuste na mesma data em que ocorrer o reajuste do RGPS para manutenção do valor real (art. 40, § 8º da CF).	Paridade com a remuneração dos servidores ativos)	Paridade com a remuneração dos servidores ativos.	Reajuste na mesma data em que ocorrer o reajuste do RGPS para manutenção do valor real (art. 40, § 8º da CF).
Teto do Benefício	Remuneração do servidor no cargo efetivo.	Remuneração do servidor no cargo efetivo	Remuneração do servidor no cargo efetivo.	Remuneração do servidor no cargo efetivo.

Ao analisar as regras supracitadas, é possível perceber que Maria Joaquina apenas preenche os requisitos da aposentadoria por idade, prevista no art. 41, inciso III, "b" da CF/88, tendo em vista que possui a) 60 anos de idade; b) 10 anos de tempo de serviço; c) 5 anos no cargo.

Perceba que a servidora, apesar da idade e ter ingressado no serviço público em 1990, não possui tempo de contribuição suficiente para se aposentar com base nas demais regras de aposentadoria.

Caso, Maria Joaquina ainda tenha interesse em continuar no serviço público, seria interessante aguardar mais alguns anos para se beneficiar das regras de transição do art. 3º da EC nº 47/2005 ou art. 6º da EC nº 41/2003, e das regras da paridade e da integralidade.

c) ***Em caso positivo, como se dará o cálculo dos seus proventos?***

Quanto ao cálculo do valor dos proventos, a aposentadoria é calculada considerando as remunerações utilizadas como base para as contribuições do servidor aos regimes de previdência, conforme dispõe o Art. 40, § 3º da CF/88), confira:

> § 3º Para o cálculo dos proventos de aposentadoria, por ocasião da sua concessão, serão consideradas as remunerações utilizadas como base para as contribuições do servidor aos regimes de previdência de que tratam este artigo e o art. 201, na forma da lei. (Redação dada pela Emenda Constitucional nº 41, 19.12.2003)

Ou seja, para o cálculo dos proventos serão consideradas as remunerações utilizadas como base para as contribuições do servidor, sejam as efetuadas para o Regime Geral de Previdência, sejam as realizadas para o Regime Próprio. As bases de cálculo consideradas serão atualizadas para fins de cálculo do valor do benefício.

Nos termos do art. 1º, da Lei Federal nº 10.887/2004, no cálculo dos proventos de aposentadoria dos servidores públicos titulares de cargo efetivo de qualquer dos Poderes da União, dos Estados, do DF e dos Municípios, será considerada a média aritmética simples das maiores remunerações utilizadas como base para as contribuições do servidor aos regimes de previdência a que esteve vinculado, correspondente a 80% de todo o período contributivo, desde a competência julho de 1994 ou desde a do início da contribuição, se posterior àquela competência.

Deve-se novamente lembrar que a média aritmética é limitada à remuneração do servidor.

Exemplo: Para tornar mais claro o cálculo dos proventos de Maria Joaquina, vamos quantificar alguns valores e determinar o valor da sua aposentadoria. Suponha que Maria Joaquina, há 15 anos, receba remuneração de R$ 10.000,00 e nos outros 11 anos de contribuição tenha recebido o valor de R$ 9.000,00. Qual o valor de sua aposentadoria, considerando a regra constitucional permanente e que os valores das remunerações já estão atualizados e, também, que todas as contribuições foram posteriores a 1994?

É necessário calcular a média das 80% maiores contribuições. Para tanto, conta-se apenas 20 maiores anos, pois devem ser eliminados os 20% menores. Assim, devem ser contados os 20 anos no serviço público.

A partir dessas informações, é possível calcular a média da seguinte forma (10.000,00 x 15 + 9.000,00 x 5)/20 = 9.750,00.

Alcançado o valor da média, é necessário aplicar a proporcionalidade do tempo de contribuição atingindo pelo servidor, no caso 26 anos, com o previsto na Constituição (30 anos para mulheres). Tem-se, portanto, a proporção de 26/30, que deverá incidir sobre o cálculo da média: R$ 9.750,00 X 26/30 = 8.450,00.

Logo, o valor do benefício de Maria Joaquina será de R$ 8.450,00.

d) *Caso Maria Joaquina faleça no curso do processo administrativo, como se dará o cálculo da pensão por morte do seu cônjuge?*

A Emenda Constitucional nº 41/2003 alterou as regras da pensão por morte. Por isso, a questão remete ao conhecimento das regras constitucionais que tratam do cálculo da pensão. A Constituição Federal traz regra específica para o caso, no art. 40, § 2º e § 7º:

> § 2º – Os proventos de aposentadoria e as pensões, por ocasião de sua concessão, não poderão exceder a remuneração do respectivo servidor, no cargo efetivo em que se deu a aposentadoria ou que serviu de referência para a concessão da pensão. (Redação dada pela Emenda Constitucional nº 20, de 15/12/98)
>
> § 7º Lei disporá sobre a concessão do benefício de pensão por morte, que será igual: (Redação dada pela Emenda Constitucional nº 41, 19.12.2003)
>
> I – ao valor da totalidade dos proventos do servidor falecido, até o limite máximo estabelecido para os benefícios do regime geral de previdência

> social de que trata o art. 201, acrescido de setenta por cento da parcela excedente a este limite, caso aposentado à data do óbito; ou (Incluído pela Emenda Constitucional nº 41, 19.12.2003)
>
> II – ao valor da totalidade da remuneração do servidor no cargo efetivo em que se deu o falecimento, até o limite máximo estabelecido para os benefícios do regime geral de previdência social de que trata o art. 201, acrescido de setenta por cento da parcela excedente a este limite, caso em atividade na data do óbito. (Incluído pela Emenda Constitucional nº 41, 19.12.2003)

No caso narrado, será aplicado a regra prevista no art. 40, § 7º, inciso II, da Constituição Federal. Assim, os proventos da pensão do cônjuge de Maria Joaquina serão estabelecidos a partir do valor da totalidade da remuneração do servidor no cargo efetivo em que se deu o falecimento até o limite máximo estabelecido para os benefícios do regime geral de providência social, acrescido de 70% da parcela excedente a este limite.

Para deixar mais claro o teor do texto constitucional é importante apresentar um exemplo. Maria Joaquina possuía remuneração de R$ 10.000,00. Assim, o seu cônjuge terá direito à soma do teto do RGPS, R$ 4.663,73, com 70% da diferença entre a remuneração total de Marta Maria e o referido teto, ou seja, 70% x (10.000,00 – 5.189,82). Assim, o valor do benefício será de R$ 3.367,12, somado com R$ 5.189,82, totalizando 8.556,94.

Obs.: Se Maria Joaquina tivesse ingressado no serviço público antes da Emenda Constitucional nº 41/2003 e tivesse falecido antes da sua publicação, o seu filho teria direito à pensão por morte no valor integral da sua remuneração, ou seja, R$ 10.000,00.

Dica: Observe que no cálculo das pensões por morte de servidor já aposentado, deve ser seguida a regra da paridade, se o servidor tenha sido inativado, com tal benefício. Caso, entretanto, o falecimento seja posterior ao advento da Emenda Constitucional nº 41/2003, não deve ser observada a regra da integralidade, em razão da Constituição Federal regular expressamente a forma do cálculo dos proventos e do princípio *tempus regit actum*:

Ementa: RECURSO EXTRAORDINÁRIO. CONSTITUCIONAL. PREVIDENCIÁRIO. PENSÃO POR MORTE. INSTITUIDOR APOSENTADO ANTES DA EMENDA CONSTITUCIONAL 41/2003, PORÉM FALECIDO APÓS SEU

> *ADVENTO. DIREITO DO PENSIONISTA À PARIDADE. IMPOSSIBILIDADE. EXCEÇÃO: ART. 3º DA EC 47/2005. RECURSO EXTRAORDINÁRIO A QUE SE DÁ PARCIAL PROVIMENTO.* ***I - O benefício previdenciário da pensão por morte deve ser regido pela lei vigente à época do óbito de seu instituidor. II - Às pensões derivadas de óbito de servidores aposentados nos termos do art. 3º da EC 47/2005 é garantido o direito à paridade****. III - Recurso extraordinário a que se dá parcial provimento. (RE 603580, Relator(a): Min. RICARDO LEWANDOWSKI, Tribunal Pleno, julgado em 20/05/2015, ACÓRDÃO ELETRÔNICO REPERCUSSÃO GERAL - MÉRITO DJe-152 DIVULG 03-08-2015 PUBLIC 04-08-2015)*

» CRITÉRIOS DE AVALIAÇÃO:

PARECER
ASPECTOS FORMAIS: Estrutura, cabeçalho, ementa, relatório, fundamentação e conclusão.
LETRA A **Impossibilidade de concessão de aposentadoria especial** **1.** A norma inscrita no art. 40, § 1º (atual § 4º), da CF, não conferiu originariamente a nenhum servidor público o direito à obtenção de aposentadoria especial pelo exercício de atividades perigosas, insalubres ou penosas; o mencionado preceito constitucional apenas faculta ao legislador, mediante lei complementar, instituir outras hipóteses de aposentadoria especial, no caso do exercício dessas atividades, faculdade ainda não exercitada (RE 428.511-AgR, rel. min. Sepúlveda Pertence, julgamento em 14-2-2006, Primeira Turma, DJ de 17-3-2006). **2.** A eventual exposição a situações de risco - a que podem estar sujeitos os Oficiais de Justiça e, de resto, diversas categorias de servidores públicos - não garante direito subjetivo constitucional à aposentadoria especial (MI 833, rel. p/ o ac. min. Roberto Barroso, julgamento em 11-6-2015, Plenário, DJE de 30-9-2015);
LETRA B **1.** Maria Joaquina poderá se aposentar voluntariamente com proventos proporcionais ao tempo de contribuição, nos termos do art. 40, III, "b" da CF/88;

PARECER
LETRA C **1.** Aposentadoria é calculada pela MÉDIA, ou seja, considerando as remunerações utilizadas como base para as contribuições do servidor aos regimes de previdência (Art. 40, § 3º da CF/88);
LETRA D **1. Cálculo dos proventos**: ao valor da totalidade da remuneração do servidor no cargo efetivo em que se deu o falecimento, até o limite máximo estabelecido para os benefícios do regime geral de previdência social de que trata o art. 201, acrescido de setenta por cento da parcela excedente a este limite, caso em atividade na data do óbito. (Art. 40, § 7º, II, da CF/88);

Proposta 3: RGPS: aposentadoria híbrida.

Autora: Natália Aguiar Parente.

» ENUNCIADO

Clementina nasceu em 01/07/1952 no interior de Pernambuco, casando-se em 01/07/1997 com um agricultor da região. Desde o casamento, Clementina passou a trabalhar na agricultura com seu marido, laborando na qualidade de segurada especial por 10 (dez) anos.

Em 01/07/2007, com a safra toda comprometida pela estiagem, Clementina resolveu mudar-se para Recife sozinha para trabalhar na empresa Êxodo LTDA. O seu marido não quis ir e decidiu tentar mais uma vez a sorte na agricultura.

Após alguns anos, a Êxodo LTDA. fechou as portas e, por isso, em 01/07/2013, Clementina ficou desempregada. Sem nada que a prendesse em Recife, voltou ao interior e aproveitou o tempo livre para cuidar do marido, que se encontrava muito doente. A morte de seu marido não tardou e, em 01/01/2014, restou viúva.

Sem rendimentos, dirigiu-se ao INSS, com o objetivo de requerer administrativamente a pensão deixada pelo seu marido. Na saída da repartição pública, Clementina encontrou uma velha amiga do interior, Maria, cuja história de vida profissional era idêntica a sua.

Maria contou à Clementina que, segundo seu advogado, elas teriam direito à aposentadoria híbrida e que ela deveria buscar não só a pensão, como também da aposentadoria a que tinha direito. Todavia, advertiu que, para conseguir, deveria se socorrer da Justiça, pois o INSS indeferiu seu pedido de administrativo, sob a alegação de que a última atividade por ela exercida tinha natureza urbana. Registrou, por fim, que algumas amigas passaram pela mesma situação.

Clementina, antes mesmo de se dirigir ao INSS, foi até a Defensoria Pública da União, com o objetivo de resolver o problema judicialmente. A Defensoria Pública da União prontamente atendeu à solicitação da assistida.

Em 15/10/2015, a Defensoria Pública da União ajuizou demanda, visando à obtenção da aposentadoria híbrida da assistida. Para comprovação do direito autoral, a Defensoria juntou cópia da certidão de casamento de Clementina, na qual figurava a condição de trabalhador rural de seu falecido marido, bem como cópias das anotações da CTPS. Além disso, apresentou um rol de testemunhas e uma ficha cadastral do INSS que comprovava o deferimento da pensão por morte à Clementina.

A União foi regularmente citada. Todavia, com o programa de redução de litigiosidade da Advocacia-Geral da União, o processo aportou no setor responsável pela análise da probabilidade de êxito em demandas judiciais. Logo, na condição de Procurador Federal, elabore um parecer sobre a situação hipotética acima exposta. Em seu parecer, aborde necessariamente os seguintes pontos:

a) Interesse de agir de Clementina;

b) Comprovação da qualidade de segurada especial;

c) Benefício postulado por Clementina;

d) Cumulação de benefícios por Clementina;

e) Probabilidade de êxito da demanda.

» COMENTÁRIOS

a) *Interesse de agir de Clementina*

O tópico deve ser respondido no sentido de que Clementina detém interesse de agir na demanda previdenciária.

A situação hipotética evidencia que Clementina laborou como trabalhadora rural de 01/07/1997 até 01/07/2007 e como empregada urbana de 02/07/2007 até 01/07/2013.

Isso denota que a última atividade laboral exercida por Clementina foi de natureza urbana. Por essa razão, conforme relatado, Maria advertiu Clementina que, em situações semelhantes, o INSS tem entendimento contrário ao deferimento de aposentadoria por idade híbrida, aconselhando-a a não requerer previamente o benefício previdenciário na via administrativa.

Diante dessa circunstância, Clementina seguiu os conselhos de Maria e, sem o prévio requerimento administrativo, ajuizou a demanda previdenciária, cujo pedido era o deferimento de aposentadoria por idade híbrida.

Portanto, o caso trata de uma das **exceções à necessidade de prévio requerimento administrativo para a concessão de benefício previdenciá-**

rio na via judicial, qual seja, a hipótese de <u>notória contrariedade do INSS ao benefício postulado judicialmente</u>.

É válido lembrar que Clementina ajuizou demanda previdenciária em 15/10/2015, ou seja, muito após o julgamento do RE 631.240/MG (repercussão geral) pelo STF, em 27/08/2014, motivo pelo qual o julgado é aplicável ao caso concreto.

Nesse precedente, o STF fixou a tese, segundo a qual o segurado/dependente só pode pleitear judicialmente benefício previdenciário após prévio requerimento administrativo no INSS. Todavia, consignou a existência de exceções à regra e, por fim, modulou os efeitos da decisão para resguardar ações ajuizadas anteriormente à fixação do precedente.

Sobre a temática envolvida no 631.240/MG, é pertinente falar sobre a regra fixada no supracitado precedente e suas exceções.

Antes do julgamento do RE 631.240/MG (repercussão geral), o STF e a 1ª turma do STJ entendiam pela desnecessidade de prévio requerimento administrativo para a concessão de benefício previdenciário na via judicial. Essa corrente posicionava-se no sentido de que a exigência do prévio requerimento administrativo violava o princípio da inafastabilidade da jurisdição, previsto no art. 5º, XXXV, da CF/88, pois, na prática, criava-se verdadeira instância administrativa de curso forçado.

Por outro lado, a 2ª turma do STJ contava com diversos julgados no sentido da imprescindibilidade de prévio requerimento administrativo para configuração do interesse de agir do segurado/dependente, *in verbis:*

> PREVIDENCIÁRIO. BENEFÍCIO. ATIVIDADE RURAL. PRÉVIO REQUERIMENTO ADMINISTRATIVO. INTERESSE DE AGIR PRESUMIDO.
>
> 1. Apesar do STF ter reconhecido a repercussão geral do tema objeto de controvérsia, isso não se mostra suficiente a sobrestar os recursos especiais que tramitam neste Tribunal Superior.
>
> 2. A Segunda Turma desta Corte firmou o entendimento de que o interesse processual do segurado e a utilidade da prestação jurisdicional concretizam-se nas seguintes hipóteses: recusa de recebimento do requerimento; negativa de concessão do benefício previdenciário, seja pelo concreto indeferimento do pedido, seja pela notória resistência da autarquia à tese jurídica esposada.
>
> Precedente específico: REsp 1.310.042/PR, Rel. Min. Herman Benjamin, julgado em 15/5/2012, DJe 28/5/2012.

> 3. No caso concreto, o acórdão recorrido verificou estar-se diante de notória resistência da autarquia à concessão do benefício previdenciário, a revelar presente o interesse de agir do segurado.
>
> 4. Agravo regimental não provido.
>
> (AgRg no REsp 1349604/SC, Rel. Ministro CASTRO MEIRA, SEGUNDA TURMA, julgado em 06/08/2013, DJe 16/08/2013)

O STF dirimiu essa controvérsia jurisprudencial no RE 631.240/MG (repercussão geral), acatando a posição da 2ª turma do STJ, conforme se observa da ementa do julgado (antes da modulação dos efeitos da decisão):

> 1. A instituição de condições para o regular exercício do direito de ação é compatível com o art. 5º, XXXV, da Constituição. Para se caracterizar a presença de interesse em agir, é preciso haver necessidade de ir a juízo. 2. A concessão de benefícios previdenciários depende de requerimento do interessado, não se caracterizando ameaça ou lesão a direito antes de sua apreciação e indeferimento pelo INSS, ou se excedido o prazo legal para sua análise. É bem de ver, no entanto, que a exigência de prévio requerimento não se confunde com o exaurimento das vias administrativas. 3. A exigência de prévio requerimento administrativo não deve prevalecer quando o entendimento da Administração for notória e reiteradamente contrário à postulação do segurado. 4. Na hipótese de pretensão de revisão, restabelecimento ou manutenção de benefício anteriormente concedido, considerando que o INSS tem o dever legal de conceder a prestação mais vantajosa possível, o pedido poderá ser formulado diretamente em juízo – salvo se depender da análise de matéria de fato ainda não levada ao conhecimento da Administração –, uma vez que, nesses casos, a conduta do INSS já configura o não acolhimento ao menos tácito da pretensão.

O STF consignou a compatibilidade do princípio da inafastabilidade de jurisdição (artigo 5º, XXXV, da CF/88) com a existência do interesse de agir.

O Novo CPC, em seu artigo 17, prevê os pressupostos processuais, quais sejam, a legitimidade da parte e o interesse de agir. Esse último pressuposto processual, por sua vez, subdivide-se em três: necessidade, utilidade e adequação.

No caso da ausência de prévio requerimento administrativo do benefício previdenciário, o autor da demanda carece do direito da ação pela ausência de interesse de agir, na vertente necessidade. Isso porque a necessidade (interesse de agir) existirá sempre que o autor da demanda não puder obter o bem de vida vindicado sem a intervenção do Poder Judiciário. Em outras palavras, havendo conflito, haverá necessidade do exercício do direito de ação. De outra banda, não havendo conflito, não haverá necessidade de ir ao Judiciário.

Antes da fixação da tese pelo RE 631.240/MG (repercussão geral), diante da facilidade de postulação nos Juizados Especiais Federais, o segurado/dependente muitas vezes dirigia-se diretamente ao Poder Judiciário, sem formular prévio requerimento administrativo no INSS. Em alguns casos, a própria autarquia previdenciária era a favor da concessão do benefício previdenciário, o que levava a judicialização do que poderia ter sido resolvido administrativamente.

Assim, uma vez ajuizada a ação, cabia ao INSS o acompanhamento processual e ao juízo o julgamento da demanda previdenciária. Esse quadro ocasionou a multiplicação de demandas previdenciárias e o funcionamento do Poder Judiciário como verdadeiro posto de atendimento do INSS.

Foi assim que, em 27/08/2014, no RE 631.240/MG, em manifesta jurisprudência defensiva, o STF solucionou o assunto, mediante a seguinte regra: é imprescindível o prévio requerimento administrativo para a concessão de benefício previdenciário na via judicial.

Ausente pedido administrativo, não há falar em conflito e, portanto, também não há falar em necessidade de ir ao Judiciário. No caso de indeferimento do pedido administrativo, daí haverá concretamente conflito e lesão ou ameaça de lesão a direito, e, dessa forma, existirá o direito de ação.

Nesse julgamento, a regra da necessidade de prévio requerimento foi excepcionada pelo STF em duas situações: **a) o segurado/dependente fez o requerimento administrativo, mas não obteve resposta do INSS no prazo máximo de 45 dias; b) o segurado/dependente não fez o requerimento administrativo, mas é notória a contrariedade do INSS ao benefício pretendido judicialmente.**

Além dessas duas situações, o STJ acrescentou uma terceira exceção, qual seja, **o segurado/dependente tenta fazer o requerimento administrativo, mas não consegue, em virtude de recusa pelo INSS de recebê-lo** (REsp 1.488.940-GO, j. em 18/11/2014).

Na situação vivida por Clementina, evidenciou-se a desnecessidade de ela suscitar previamente o INSS, pois o entendimento da autarquia previdenciária era notoriamente contrário aos seus interesses, segundo os conselhos de Maria.

Logo, evidenciado um conflito, revela-se existente o interesse de agir por parte da autora.

b) ***Comprovação da qualidade de segurada especial***

A certidão de casamento de Clementina, na qual consta a condição de seu falecido marido como agricultor, é apta à comprovação de sua qualidade de segurada especial.

Com efeito, o art. 11, VII, da Lei n. 8.213/91 (LBPS) prevê uma série de segurados que podem ser enquadrados como especial. Dentre eles, está o trabalhador rural.

Pela narrativa do caso, Clementina era segurada especial, na condição de trabalhadora rural, tendo em vista que laborava juntamente com seu marido na agricultura. Evidencia-se, portanto, o enquadramento de Clementina no art. 11, VII, "a", 1, da LBPS.

Segundo o regramento da Lei n. 8.213/91, o trabalhador rural deve demonstrar o efetivo exercício da atividade rurícola, durante o tempo de carência previsto para a aposentadoria por idade. Essa é a previsão dos seguintes preceitos legais, *in verbis:*

> Art. 39. Para os segurados especiais, referidos no inciso VII do art. 11 desta Lei, fica garantida a concessão:
>
> I – de aposentadoria por idade ou por invalidez, de auxílio-doença, de auxílio-reclusão ou de pensão, no valor de 1 (um) salário mínimo, e de auxílio-acidente, conforme disposto no art. 86, ***desde que comprove o exercício de atividade rural, ainda que de forma descontínua, no período, imediatamente anterior ao requerimento do benefício, igual ao número de meses correspondentes à carência do benefício requerido***;
>
> Art. 48 (...)
>
> § 1º Os limites fixados no caput são reduzidos para sessenta e cinqüenta e cinco anos no caso de trabalhadores rurais, respectivamente homens e mulheres, referidos na alínea a do inciso I, na alínea g do inciso V e nos incisos VI e VII do art. 11.
>
> § 2º Para os efeitos do disposto no § 1º deste artigo, ***o trabalhador rural deve comprovar o efetivo exercício de atividade rural, ainda que de forma descontínua, no período imediatamente anterior ao requerimento do benefício, por tempo igual ao número de meses de contribuição correspondente à carência do benefício pretendido***, computado o período a que se referem os incisos III a VIII do § 9º do art. 11 desta Lei.

> Art. 143. O trabalhador rural ora enquadrado como segurado obrigatório no Regime Geral de Previdência Social, na forma da alínea "a" do inciso I, ou do inciso IV ou VII do art. 11 desta Lei, pode requerer aposentadoria por idade, no valor de um salário mínimo, durante quinze anos, contados a partir da data de vigência desta Lei, ***desde que comprove o exercício de atividade rural, ainda que descontínua, no período imediatamente anterior ao requerimento do benefício, em número de meses idêntico à carência do referido benefício.***

A comprovação do efetivo exercício da atividade rural, por sua vez, deve ser realizada por prova material, não sendo admitida a prova exclusivamente testemunhal, conforme aduz o art. 55, § 3º, da LBPS, senão observe:

> Art. 55 (...)
>
> § 3º A comprovação do tempo de serviço para os efeitos desta Lei, inclusive mediante justificação administrativa ou judicial, conforme o disposto no art. 108, só produzirá efeito quando baseada em início de prova material, não sendo admitida prova exclusivamente testemunhal, salvo na ocorrência de motivo de força maior ou caso fortuito, conforme disposto no Regulamento.

Assim sendo, o STJ sumulou o entendimento. Veja:

Súmula 149 do STJ: A prova exclusivamente testemunhal não basta à comprovação da atividade rurícola, para efeito da obtenção de benefício previdenciário.

Nesse passo, o art. 106 da LBPS previu um rol de documentos hábeis à comprovação da atividade rural[18]. Entretanto, tanto o STJ quanto a TNU conferem caráter exemplificativo aos documentos mencionados.

---

18. Art. 106. A comprovação do exercício de atividade rural será feita, alternativamente, por meio de: I- contrato individual de trabalho ou Carteira de Trabalho e Previdência Social; II - contrato de arrendamento, parceria ou comodato rural; III - declaração fundamentada de sindicato que represente o trabalhador rural ou, quando for o caso, de sindicato ou colônia de pescadores, desde que homologada pelo Instituto Nacional do Seguro Social - INSS; IV - comprovante de cadastro do Instituto Nacional de Colonização e Reforma Agrária - INCRA, no caso de produtores em regime de economia familiar; V- bloco de notas do produtor rural; VI - notas fiscais de entrada de mercadorias, de que trata o § 7º do art. 30 da Lei nº 8.212, de 24 de julho de 1991, emitidas pela

Segundo o STJ, "*São aceitos, como início de prova material, documentos de registros civis que apontem o efetivo exercício de labor no meio rural, tais como certidões de casamento, de nascimento de filhos e de óbito, desde complementada com robusta e idônea prova testemunhal.*" (AgRg no AREsp 329.682/PR, Rel. Ministro SÉRGIO KUKINA, PRIMEIRA TURMA, julgado em 15/10/2015, DJe 29/10/2015).

Já a TNU possui entendimento sumulado no mesmo sentido:

> **Súmula 6 da TNU:** A certidão de casamento ou outro documento idôneo que evidencie a condição de trabalhador rural do cônjuge constitui início razoável de prova material da atividade rurícola.

Ao lado da aceitação jurisprudencial de documentos não arrolados no art. 106 da LBPS, as posições acima transcritas denotam também a possibilidade de que os documentos estejam em nomes de terceiros (cônjuge, pais, filho etc.).

Na certidão de casamento de Clementina, por exemplo, havia a informação de que seu marido era trabalhador rural. Embora não houvesse informação quanto à atividade laboral de Clementina, ela logrou êxito em comprovar sua condição de trabalhadora rural, com documento em nome de seu cônjuge.

Nada obstante, o STJ não reconhece como início de prova material documentos em nome de terceiros, quando o titular do documento exerceu atividade urbana posterior à rural, *in verbis:*

> (...) embora seja admissível a comprovação de atividade rural mediante a qualificação de lavrador do marido na certidão de casamento, é inaceitável a utilização desse documento como início de prova material quando se constata, como no caso em apreço, que o cônjuge, apontado como rurícola, vem a exercer posteriormente atividade urbana.
>
> (AgRg no AREsp 563.202/SP, Rel. Ministro NAPOLEÃO NUNES MAIA FILHO, PRIMEIRA TURMA, julgado em 02/12/2014, DJe 12/12/2014)

empresa adquirente da produção, com indicação do nome do segurado como vendedor; VII – documentos fiscais relativos a entrega de produção rural à cooperativa agrícola, entreposto de pescado ou outros, com indicação do segurado como vendedor ou consignante; VIII – comprovantes de recolhimento de contribuição à Previdência Social decorrentes da comercialização da produção; IX – cópia da declaração de imposto de renda, com indicação de renda proveniente da comercialização de produção rural; ou X – licença de ocupação ou permissão outorgada pelo Incra.

Porém, esse não foi o caso de Clementina. Isso porque, enquanto ela permaneceu no Recife, seu marido continuou a agricultura, o que não desconfigurou a aptidão da certidão de casamento para demonstrar a atividade rural por ela exercida.

COMPROVAÇÃO DO PERÍODO EM ATIVIDADE RURAL

Embora não se exija que o início de prova material corresponda a todo o período de carência, ela deve ser contemporânea à época dos fatos que pretende provar. Eis o teor das Súmulas n. 14 e 34 da TNU, *in verbis:*

Súmula 14 da TNU: Para a concessão da aposentadoria rural por idade, não se exige que o início de prova material corresponda a todo o período equivalente à carência do benefício.

Súmula 34 da TNU: Para fins de comprovação do tempo de labor rural, o início de prova material deve ser contemporâneo à época dos fatos a provar.

Nesse ponto, cabe indagar: é possível reconhecer atividade rural anterior ao documento mais antigo juntado como início de prova material?

Sim. Segundo o STJ, em sede recurso repetitivo, a LBPS exige início de prova material, a ser corroborada por robusta prova testemunhal. Isso, todavia, não proíbe a prova testemunhal de comprovar a atividade rural anterior ao documento mais antigo (REsp 1348633/SP).

Por fim, a necessidade de comprovação por início de prova material é criticada por diversos doutrinadores, pois excepciona o livre convencimento motivado do órgão julgador. Esses críticos afirmam tratar-se de tarifação da prova, pois o legislador abstratamente conferiu maior valor à prova documental do que qualquer outra.

De fato, é uma exceção ao livre convencimento motivado do julgador, pois exige uma espécie de prova específica para a comprovação da atividade rural, tal como ocorre com o exame de corpo de delito no Processo Penal. Todavia, fez-se necessária diante das inúmeras fraudes previdenciárias, baseadas em falsos testemunhos.

Como exceção, a regra deve ser interpretada restritivamente, de modo que *"a comprovação de união estável para concessão de pensão por morte prescinde de início de prova material."* (Súmula 63 da TNU).

c) ***Benefício postulado por Clementina***

O benefício pleiteado judicialmente por Clementina é a aposentadoria por idade híbrida, cuja previsão legal está no art. 49, § 3º, da LBPS.

Ao regulamentar as contingências do seguro social, a Constituição Federal acobertou a idade em seu art. 201, I, da CF, *in verbis:*

> Art. 201. A previdência social será organizada sob a forma de regime geral, de caráter contributivo e de filiação obrigatória, observados critérios que preservem o equilíbrio financeiro e atuarial, e atenderá, nos termos da lei, a:
>
> I – cobertura dos eventos de doença, invalidez, morte e idade avançada;

Em seguida, o Texto Constitucional traçou as diretrizes básicas da Previdência Social da aposentadoria por idade:

> Art. 201. (...)
>
> § 7º É assegurada aposentadoria no regime geral de previdência social, nos termos da lei, obedecidas as seguintes condições: (...)
>
> II – sessenta e cinco anos de idade, se homem, e sessenta anos de idade, se mulher, ***reduzido em cinco anos o limite para os trabalhadores rurais de ambos os sexos e para os que exerçam suas atividades em regime de economia familiar, nestes incluídos o produtor rural, o garimpeiro e o pescador artesanal.*** (...)

Em âmbito infraconstitucional, a Lei n. 8.213/91 previu o seguinte:

> Art. 48. A aposentadoria por idade será devida ao segurado que, cumprida a carência exigida nesta Lei, completar 65 (sessenta e cinco) anos de idade, se homem, e 60 (sessenta), se mulher.
>
> § 1º. Os limites fixados no caput são reduzidos para sessenta e cinqüenta e cinco anos no caso de trabalhadores rurais, respectivamente homens e mulheres, referidos na alínea a do inciso I, na alínea g do inciso V e nos incisos VI e VII do art. 11.
>
> § 2º. Para os efeitos do disposto no § 1º deste artigo, o trabalhador rural deve comprovar o efetivo exercício de atividade rural, ainda que de forma descontínua, no período imediatamente anterior ao requerimento do benefício, por tempo igual ao número de meses de contribuição correspondente à carência do benefício pretendido, computado o período a que se referem os incisos III a VIII do § 9º do art. 11 desta Lei.

A disciplina constitucional e legal exposta denuncia a presença de regras distintas para aposentadoria por idade urbana e para aposentadoria por idade rural. Na aposentadoria por idade urbana, os homens aposentam-se com 65 anos e as mulheres com 60. Na aposentadoria por idade rural, os homens aposentam-se com 60 anos e as mulheres com 55.

Na data da demissão do emprego urbano, Clementina contava com 61 anos, de modo que ela preenche o requisito etário imposto pela aposentadoria urbana e, por lógica, pela aposentadoria rural.

Ocorre que, além desse requisito, para que Clementina aposente-se por idade, é necessário que ela preencha a carência, que é o número mínimo de contribuições mensais indispensáveis para que faça jus ao benefício (art. 24 da Lei n. 8.213/91).

A carência para aposentadoria urbana ou rural é de 180 contribuições mensais (art. 25, inciso II, da LBPS).

No caso exposto, Clementina possui de carência 120 contribuições mensais por causa do trabalho rural (do ano de 1997 até 2007) e 72 contribuições mensais de por causa do trabalho em Recife.

Se contados de forma isolada, esses períodos de carência não permitem a Clementina aposentar-se pela aposentadoria urbana por idade nem pela aposentadoria rural por idade.

Ocorre que o art. 48, § 3º, da LBPS previu a **aposentadoria híbrida**, que possibilita unir o tempo de contribuição do trabalhador rural com o de outra categoria de segurado, *in verbis:*

> § 3º Os trabalhadores rurais de que trata o § 1º deste artigo que não atendam ao disposto no § 2º deste artigo, ***mas que satisfaçam essa condição, se forem considerados períodos de contribuição sob outras categorias do segurado***, farão jus ao benefício ao completarem 65 (sessenta e cinco) anos de idade, se homem, e 60 (sessenta) anos, se mulher.

Desse modo, Clementina preenche a carência necessária à aposentadoria por idade.

É de se observar, contudo, que à Clementina não será aplicado o redutor de 5 anos da aposentadoria rural por idade. Isso porque, no caso de o segurado beneficiar-se com a junção do tempo de contribuição em outra categoria, o dispositivo legal acima transcrito n. 8.213/91 exclui a aplicação do redutor quinquenal.

Sobre o assunto, o Informativo n. 570 do STJ noticiou:

> PREVIDENCIÁRIO. APOSENTADORIA HÍBRIDA POR IDADE. ART. 48, § 3º, DA LEI N. 8213/91. EXEGESE. MESCLA DOS PERÍODOS DE

> TRABALHO URBANO E RURAL. EXERCÍCIO DE ATIVIDADE RURAL NO MOMENTO QUE ANTECEDE O REQUERIMENTO. DESNECESSIDADE. CÔMPUTO DO TEMPO DE SERVIÇO RURAL ANTERIOR À VIGÊNCIA DA LEI N. 8.213/91 PARA FINS DE CARÊNCIA. POSSIBILIDADE.
>
> 1. A Lei 11.718/2008, ao alterar ***o art. 48 da Lei 8.213/91, conferiu ao segurado o direito à aposentadoria híbrida por idade, possibilitando que, na apuração do tempo de serviço, seja realizada a soma dos lapsos temporais de trabalho rural com o urbano.***
>
> 2. Para fins do aludido benefício, em que é considerado no cálculo tanto o tempo de serviço urbano quanto o de serviço rural, *é irrelevante a natureza do trabalho exercido no momento anterior ao requerimento da aposentadoria.*
>
> 3. O tempo de serviço rural anterior ao advento da Lei n. 8.213/91 pode ser computado para fins da carência necessária à obtenção da aposentadoria híbrida por idade, ainda que não tenha sido efetivado o recolhimento das contribuições.
>
> 4. O cálculo do benefício ocorrerá na forma do disposto no inciso II do caput do art. 29 da Lei n. 8.213/91, sendo que, nas competências em que foi exercido o labor rurícola sem o recolhimento de contribuições, o valor a integrar o período básico de cálculo – PBC será o limite mínimo de salário-de-contribuição da Previdência Social.
>
> 5. ***A idade mínima para essa modalidade de benefício é a mesma exigida para a aposentadoria do trabalhador urbano, ou seja, 65 anos para o homem e 60 anos para a mulher, portanto, sem a redução de 5 anos a que faria jus o trabalhador exclusivamente rurícola.***
>
> 6. Recurso especial improvido.
>
> (REsp 1476383/PR, Rel. Ministro SÉRGIO KUKINA, PRIMEIRA TURMA, julgado em 01/10/2015, DJe 08/10/2015)

Desse modo, exsurgem como requisitos da aposentadoria por idade híbrida: 60 anos e 180 contribuições mensais. Clementina preenche ambos, pois conta com mais de 60 anos e com 192 contribuições mensais.

Por fim, resta saber se, na aposentadoria híbrida, há necessidade de que a última atividade laboral imediatamente anterior ao requerimento seja de natureza rural.

Nada obstante a aposentadoria rural por idade exija que o segurado especial esteja exercendo atividade rurícola no momento em que implementar o requisito etário[19], a disciplina da aposentadoria híbrida é distinta. Com efeito, o STJ entende pela desnecessidade:

> PREVIDENCIÁRIO. APOSENTADORIA POR IDADE HÍBRIDA. ART. 48, §§ 3º e 4º, DA LEI 8.213/1991. TRABALHO URBANO E RURAL NO PERÍODO DE CARÊNCIA. REQUISITO. LABOR CAMPESINO NO MOMENTO DE IMPLEMENTAR O REQUISITO ETÁRIO OU O REQUERIMENTO ADMINISTRATIVO. EXIGÊNCIA AFASTADA. CONTRIBUIÇÕES. TRABALHO RURAL.
>
> 1. ***O INSS interpôs Recurso Especial aduzindo que a parte ora recorrida não se enquadra na aposentadoria por idade prevista no art. 48, § 3º, da Lei 8.213/1991, pois no momento de implementar o requisito etário ou o requerimento administrativo era trabalhadora urbana, sendo a citada norma dirigida a trabalhadores rurais***. Aduz ainda que o tempo de serviço rural anterior à Lei 8.213/1991 não pode ser computado como carência.
>
> 2. O § 3º do art. 48 da Lei 8.213/1991 (com a redação dada pela Lei 11.718/2008) dispõe: "§ 3º Os trabalhadores rurais de que trata o § 1º deste artigo que não atendam ao disposto no § 2º deste artigo, mas que satisfaçam essa condição, se forem considerados períodos de contribuição sob outras categorias do segurado, farão jus ao benefício ao completarem 65 (sessenta e cinco) anos de idade, se homem, e 60 (sessenta) anos, se mulher."
>
> 3. Do contexto da Lei de Benefícios da Previdência Social se constata que a inovação legislativa trazida pela Lei 11.718/2008 criou forma de aposentação por idade híbrida de regimes de trabalho, ***contemplando aqueles trabalhadores rurais que migraram temporária ou definitivamente para o meio urbano e que não têm período de carência suficiente para a aposentadoria prevista para os trabalhadores urbanos (caput***

19. Tal exigência encontra respaldo na lei e na jurisprudência. Veja:
Art. 48. § 2º. Para os efeitos do disposto no § 1o deste artigo, o trabalhador rural deve comprovar o **efetivo exercício de atividade rural**, ainda que de forma descontínua, **no período imediatamente anterior ao requerimento do benefício**, por tempo igual ao número de meses de contribuição correspondente à carência do benefício pretendido, computado o período a que se referem os incisos III a VIII do § 9o do art. 11 desta Lei.
"Para fins de obtenção de aposentadoria rural por idade, o segurado especial deve estar exercendo atividade rurícola no momento em que implementar o requisito etário." (REsp 1.354.908/SP, Rel. Ministro Mauro Campbell Marques, Primeira Seção, DJe 10/02/2016)

do art. 48 da Lei 8.213/1991) e para os rurais (§§ 1º e 2º do art. 48 da Lei 8.213/1991).

4. Como expressamente previsto em lei, a aposentadoria por idade urbana exige a idade mínima de 65 anos para homens e 60 anos para mulher, além de contribuição pelo período de carência exigido. Já para os trabalhadores exclusivamente rurais, a idade é reduzida em cinco anos e o requisito da carência restringe-se ao efetivo trabalho rural (art. 39, I, e 143 da Lei 8.213/1991).

5. ***A Lei 11.718/2008, ao incluir a previsão dos §§ 3º e 4º no art.48 da Lei 8.213/1991, abrigou, como já referido, aqueles trabalhadores rurais que passaram a exercer temporária ou permanentemente períodos em atividade urbana, já que antes da inovação legislativa o mesmo segurado se encontrava num paradoxo jurídico de desamparo previdenciário: ao atingir idade avançada, não podia receber a aposentadoria rural porque exerceu trabalho urbano e não tinha como desfrutar da aposentadoria urbana em razão de o curto período laboral não preencher o período de carência.***

6. Sob o ponto de vista do princípio da dignidade da pessoa humana, a inovação trazida pela Lei 11.718/2008 consubstancia a correção de distorção da cobertura previdenciária: ***a situação daqueles segurados rurais que, com a crescente absorção da força de trabalho campesina pela cidade, passam a exercer atividade laborais diferentes das lides do campo, especialmente quanto ao tratamento previdenciário.***

7. Assim, a denominada aposentadoria por idade híbrida ou mista (art. 48, §§ 3º e 4º, da Lei 8.213/1991) aponta para um horizonte de equilíbrio entre a evolução das relações sociais e o Direito, o que ampara aqueles que efetivamente trabalharam e repercute, por conseguinte, na redução dos conflitos submetidos ao Poder Judiciário.

8. Essa nova possibilidade de aposentadoria por idade não representa desequilíbrio atuarial, pois, além de exigir idade mínima equivalente à aposentadoria por idade urbana (superior em cinco anos à aposentadoria rural), conta com lapsos de contribuição direta do segurado que a aposentadoria por idade rural não exige.

9. ***Para o sistema previdenciário, o retorno contributivo é maior na aposentadoria por idade híbrida do que se o mesmo segurado permanecesse exercendo atividade exclusivamente rural, em vez de migrar para o meio urbano, o que representará, por certo, expressão jurídica de amparo das situações de êxodo rural, já que, até então, esse fenômeno culminava em severa restrição de direitos previdenciários aos trabalhadores rurais.***

> 10. Tal constatação é fortalecida pela conclusão de que o disposto no art. 48, §§ 3º e 4º, da Lei 8.213/1991 materializa a previsão constitucional da uniformidade e equivalência entre os benefícios destinados às populações rurais e urbanas (art. 194, II, da CF), o que torna irrelevante a preponderância de atividade urbana ou rural para definir a aplicabilidade da inovação legal aqui analisada.
>
> 11. ***Assim, seja qual for a predominância do labor misto no período de carência ou o tipo de trabalho exercido no momento do implemento do requisito etário ou do requerimento administrativo, o trabalhador tem direito a se aposentar com as idades citadas no § 3º do art. 48 da Lei 8.213/1991, desde que cumprida a carência com a utilização de labor urbano ou rural. Por outro lado, se a carência foi cumprida exclusivamente como trabalhador urbano, sob esse regime o segurado será aposentado (caput do art. 48), o que vale também para o labor exclusivamente rurícola (§§ 1º e 2º da Lei 8.213/1991).***
>
> 12. Na mesma linha do que aqui preceituado: REsp 1.376.479/RS, Rel.Ministro Mauro Campbell Marques, Segunda Turma, Julgado em 4.9.2014, pendente de publicação.
>
> 13. Observando-se a conjugação de regimes jurídicos de aposentadoria por idade no art. 48, § 3º, da Lei 8.213/1991, denota-se que cada qual deve ser observado de acordo com as respectivas regras.
>
> 14. Se os arts. 26, III, e 39, I, da Lei 8.213/1991 dispensam o recolhimento de contribuições para fins de aposentadoria por idade rural, exigindo apenas a comprovação do labor campesino, tal situação deve ser considerada para fins do cômputo da carência prevista no art. 48, § 3º, da Lei 8.213/1991, não sendo, portanto, exigível o recolhimento das contribuições.
>
> 15. Agravo Regimental não provido.
>
> (AgRg no REsp 1497086/PR, Rel. Ministro HERMAN BENJAMIN, SEGUNDA TURMA, julgado em 10/03/2015, DJe 06/04/2015)

Assim, o fundamento da negativa do INSS não deve prosperar.

Explicado o direito em tese de Clementina ao benefício previdenciário postulado, cabe observar um detalhe da questão: diante do tempo que Clementina ficou desempregada, houve perda da sua qualidade de segurada?

Para isso, o enunciado trouxe propositadamente as seguintes datas: demissão de Clementina em 01/08/2013 e ajuizamento da ação em 15/10/2015.

O lapso temporal indica a perda da qualidade de segurada, na forma do artigo 15, II, § 2º, da Lei 8.213/91. Nada obstante, quando da demissão da autora, os requisitos da aposentadoria de Clementina já se encontravam satisfeitos, aplicando-se o art. 102, § 1º, da LBPS, *in verbis:*

> Art. 102. A perda da qualidade de segurado importa em caducidade dos direitos inerentes a essa qualidade.
>
> § 1º A perda da qualidade de segurado não prejudica o direito à aposentadoria para cuja concessão tenham sido preenchidos todos os requisitos, segundo a legislação em vigor à época em que estes requisitos foram atendidos.

Por todo o exposto, a resposta deve ser no sentido de que Clementina faz jus à aposentadoria por idade híbrida.

d) *Cumulação de benefícios por Clementina*

A pensão por morte e a aposentadoria por idade híbrida são acumuláveis. A Lei de Benefícios da Previdência Social trata sobre a vedação de acumulação de benefícios previdenciários da seguinte forma, *in verbis:*

> Art. 124. Salvo no caso de direito adquirido, não é permitido o recebimento conjunto dos seguintes benefícios da Previdência Social:
>
> I – aposentadoria e auxílio-doença;
>
> II – mais de uma aposentadoria;
>
> III – aposentadoria e abono de permanência em serviço;
>
> IV – salário-maternidade e auxílio-doença;
>
> V – mais de um auxílio-acidente;
>
> VI -mais de uma pensão deixada por cônjuge ou companheiro, ressalvado o direito de opção pela mais vantajosa.
>
> Parágrafo único. É vedado o recebimento conjunto do seguro-desemprego com qualquer benefício de prestação continuada da Previdência Social, exceto pensão por morte ou auxílio-acidente.

De acordo com a redação do dispositivo, inexiste vedação legal quanto à acumulação de pensão por morte e aposentadoria.

Isso porque tais benefícios previdenciários detêm pressupostos fáticos e fatos geradores diversos. A aposentadoria consiste em prestação garantida ao segurado e a pensão por morte consiste em prestação garantida aos seus dependentes, ou seja, espécies distintas de benefícios previdenciários. Logo, não há proibitivo que impeça a cumulação de aposentadoria com pensão por morte.

No mesmo sentido, *mutatis mutandis*, o Superior Tribunal de Justiça entende:

> AGRAVO REGIMENTAL NO RECURSO ESPECIAL. PREVIDENCIÁRIO. CUMULAÇÃO DE APOSENTADORIA POR INVALIDEZ RURAL COM PENSÃO POR MORTE DE TRABALHADOR RURAL. POSSIBILIDADE. ESPÉCIES DISTINTAS. AGRAVO REGIMENTAL IMPROVIDO.
>
> 1. ***A Lei nº 8.213/1991, que unificou os sistemas previdenciários urbano e rural e, no art. 124 (com as alterações instituídas pela Lei nº 9.032/1995), estabeleceu as vedações à cumulação de benefícios previdenciários, dentre as quais não se encontra proibição à percepção conjunta de quaisquer aposentadoria e pensão, sejam da área urbana ou rural, inclusive***.
>
> 2. O fato de a autora receber benefício de aposentadoria por invalidez rural (fl. 24), não elide a concessão de pensão por morte, inclusive, em razão do seu caráter social e protetivo, a lei previdenciária, quando mais benéfica para o segurado, deve ser aplicada de forma imediata, principalmente, na hipótese, em que a autora, atualmente, está com 98 (noventa e oito) anos de idade.
>
> 3. Agravo regimental a que se nega provimento.
>
> (AgRg no REsp 1123232/RS, Rel. Ministro MARCO AURÉLIO BELLIZZE, QUINTA TURMA, julgado em 16/05/2013, DJe 23/05/2013)

Ademais, essa posição também se encontra plasmada na Súmula n. 36 da TNU:

Súmula 36 da TNU: Não há vedação legal à cumulação da pensão por morte de trabalhador rural com o benefício da aposentadoria por invalidez, por apresentarem pressupostos fáticos e fatos geradores distintos.

e) *Probabilidade de êxito da demanda:*

Considerando o exposto, Clementina provavelmente obterá provimento jurisdicional favorável.

Está presente o interesse de agir da autora, logo não haveria extinção do processo sem resolução de mérito.

A qualidade de segurada especial e o tempo de atividade rural da postulante restaram comprovados, conforme entendimento jurisprudencial.

Os requisitos da aposentadoria híbrida foram preenchidos por Clementina. Nada obstante a perda da qualidade de segurada, os requisitos para concessão do benefício previdenciário já tinham sido preenchidos quando da demissão do emprego.

Por fim, não há óbice à cumulação da pensão por morte com a aposentadoria por idade da segurada.

» CRITÉRIOS DE AVALIAÇÃO

PARECER
ASPECTOS FORMAIS: Estrutura, cabeçalho, ementa, relatório, fundamentação e conclusão.
INTERESSE DE AGIR Conhecimento sobre as duas correntes, regra e exceção fixadas no RE 631.240/MG, presença do interesse de agir.
COMPROVAÇÃO DA QUALIDADE DE SEGURADA ESPECIAL Enquadramento de Clementina, Súmula 149 do STJ, jurisprudência sobre documentos em nome de terceiros, contemporaneidade do documento.
BENEFÍCIO POSTULADO POR CLEMENTINA Enquadramento legal e constitucional, requisitos, preenchimento, perda da qualidade de segurada e art. 102, § 1º, da LBPS.
CUMULAÇÃO DOS BENEFÍCIOS Possibilidade, entendimento do STJ.
PROBABILIDADE DE ÊXITO DA DEMANDA Exposição afirmativa.

DIREITO FINANCEIRO

Proposta 1: Operações de crédito

Autor: Anderson Vieira da Costa

» ENUNCIADO

"O Tribunal de Contas da União (TCU) recomendou por unanimidade nesta quarta-feira 7 a rejeição das contas de 2014 do governo federal. A ação, aprovada por unanimidade pelos ministros, que seguiram o voto do relator, segue agora para o Congresso, que é quem pode efetivamente aprovar ou não as contas. Pesou na análise as chamadas 'pedaladas fiscais'. Destacou-se que houve 'afronta de princípios objetivos de comportamentos preconizados pela Lei de Responsabilidade Fiscal, caracterizando um cenário de desgovernança fiscal'. O relator também afirmou que o governo criou 'uma irreal condição', que permitiu um gasto adicional de forma indevida." (Carta Capital, 07 de outubro de 2015).

Após os episódios acima narrados, a Presidência da República oficiou a Advocacia-Geral da União para prestar esclarecimentos jurídicos acerca da matéria e de suas consequências. Considerando que, para aumentar o superávit primário ou impedir um déficit primário maior, o Tesouro Nacional tenha atrasado repasses para instituições financeiras públicas e privadas que financiariam despesas do governo, entre eles benefícios sociais e previdenciários, como o Bolsa Família, o abono e seguro-desemprego, e os subsídios agrícolas, e que os beneficiários receberam tudo em dia, em razão de os bancos assumirem, com recursos próprios, os pagamentos dos programas sociais, redija, na condição de Advogado(a) da União, parecer jurídico abordando e fundamentando os seguintes pontos (máximo de 120 linhas):

a) Conceito das "pedaladas fiscais";

b) As exigências e vedações para a contratação de operações de crédito, principalmente quando ocorrer junto a uma instituição financeira estatal;

c) Os princípios da administração pública e as "pedaladas fiscais";

d) Metas fiscais e os reflexos decorrentes das "pedaladas";

e) Regra de ouro e sua relação com as "pedaladas";

f) Subsunção à hipótese de crime de responsabilidade e a competência para apreciar e julgar as contas da Presidente da República;

g) Conclusão: legalidade ou ilegalidade da medida e suas repercussões jurídicas.

» COMENTÁRIOS

Deve o candidato iniciar o parecer explicando que, no linguajar do direito financeiro, "pedalar" nada mais é do que a expressão usada para fazer referência a atrasos de pagamento.

Conforme explicou o Desembargador do TRF-2, Dr. Marcus Abraham,

> "A manobra das "pedaladas" consistia na postergação mensal do repasse, para certos bancos públicos, de recursos financeiros destinados ao atendimento de programas sociais e previdenciários (bolsa família, abonos, pensões, aposentadorias etc.), gerando para o Governo, como benefício, um temporário aumento no superávit primário das contas públicas e uma aparente maior capacidade de cumprimento das metas fiscais, diante de um real desequilíbrio fiscal e das sérias dificuldades financeiras que o país atravessa".

Note que a prática mencionada constitui, a bem da verdade, uma espécie de "empréstimo disfarçado", pois o ente se utiliza de recursos de bancos públicos para financiar despesas, como os programas sociais, mas paralelamente não os restitui, de modo a configurar operação de crédito.

Em relação às referidas "pedaladas", destaca-se que as mesmas ensejam violação ao artigo 36 da Lei de Responsabilidade Fiscal - LRF, **que proíbe**

operação de crédito entre uma instituição financeira estatal e o ente da Federação que a controle, na qualidade de beneficiário do empréstimo, senão vejamos:

> Art. 36. É proibida a operação de crédito entre uma instituição financeira estatal e o ente da Federação que a controle, na qualidade de beneficiário do empréstimo.
>
> Parágrafo único. O disposto no caput não proíbe instituição financeira controlada de adquirir, no mercado, títulos da dívida pública para atender investimento de seus clientes, ou títulos da dívida de emissão da União para aplicação de recursos próprios.

A proibição transcrita acima não é em vão e se justifica por razões de transparência, de controle e de gestão fiscal responsável.

As vedações para a contratação de operação de crédito estão previstas entre os artigos 34 e 37 da LRF, os quais devem ser citados pelo candidato para satisfazer o segundo item da questão. Com relação às exigências, estas também estão previstas em lei, constando no art. 32 do mesmo diploma.

Pertinente saber que, segundo a LRF, a contratação de operações de crédito exige a existência de prévia e expressa autorização, constante na LOA, em créditos adicionais ou em lei específica, além de inclusão no orçamento ou em créditos adicionais dos recursos provenientes da operação, exceto quando se tratar de operações por antecipação da receita orçamentária (ARO).

Nesse ponto é possível fazer um paralelo com a Lei 4.320/1964, segundo a qual a LOA deve compreender todas as receitas, inclusive as de operações de crédito autorizadas em lei (art. 3º).

Essas previsões remetem ao **princípio orçamentário da universalidade**, contido no art. 165, § 5º, da Constituição Federal, segundo o qual o orçamento deve conter todas as despesas e receitas da Administração. Vale lembrar que receitas assinaladas no parágrafo único do artigo 3º da Lei nº 4320/64 são exceções ao referido princípio (dentre elas, estão as decorrentes de operações de ARO).

Além de desrespeito ao princípio da universalidade, observa-se que as "pedaladas" ensejam um sistemático e abrangente descumprimento de princípios basilares que regem a administração pública, destacando-se:

- **Princípio da transparência**: transações omitidas nas estatísticas fiscais e projeções de despesas obrigatórias deliberadamente desconsideradas na programação orçamentária e financeira;

- **Princípio do equilíbrio das contas públicas**: ao final do exercício, em consequência de todos os procedimentos irregulares, o resultado fiscal foi de déficit primário, em ambiente econômico em que se observava a elevação das taxas de juros que incidem sobre a dívida pública e dos índices inflacionários;
- **Princípio da legalidade**: descumprimento de normas legais em vários procedimentos de gestão orçamentária e financeira.

Além desses, o TCU citou ainda o desrespeito aos princípios da prudência e do planejamento, que são menos habituais em análises estritamente jurídicas.

Passando para o próximo item a ser abordado no parecer, cumpre relembrar que a legislação brasileira, em especial a Lei de Responsabilidade Fiscal (LRF), preocupou-se em estabelecer limites para a dívida pública e fixar metas fiscais de superávit para reduzir parte dessa dívida. Portanto, o tão propagado superávit primário nada mais é do que a economia feita para pagar juros e demais encargos da dívida pública.

A Lei de Responsabilidade Fiscal diz que a LDO incluirá *"anexo de metas fiscais, em que serão estabelecidas metas anuais, em valores correntes e constantes, relativas a receitas, despesas, resultados nominal e primário e montante da dívida pública, para o exercício a que se referirem e para os dois seguintes"*.

Sendo assim, tem-se que a utilização das "pedaladas" reflete diretamente nas metas fiscais estabelecidas na LDO, pois não relaciona as operações de crédito que o Governo realiza com os bancos públicos, deixando, portanto, de computar tal despesa para fins de alcance da meta anual, que ficará superavitária enquanto não ocorrer o pagamento desse empréstimo ocorrido disfarçadamente.

Dando continuidade aos pontos exigidos, a chamada "regra de ouro" do direito financeiro deve ser definida como a proibição de que receitas de operações de crédito sejam superiores às despesas de capital; ou seja, é vedado ao Estado a obtenção de receitas através de empréstimos para custear despesas correntes. Dessa forma, as operações de crédito em cada exercício devem se reportar somente às despesas de capital.

Na legislação pátria, a "regra de ouro" está prevista tanto na Constituição Federal quanto na Lei de Responsabilidade Fiscal:

> **CF/88:**
>
> Art. 167. São vedados: [...]
>
> III – a realização de operações de créditos que excedam o montante das despesas de capital, ressalvadas as autorizadas mediante créditos suple-

mentares ou especiais com finalidade precisa, aprovados pelo Poder Legislativo por maioria absoluta;

LRF:

Art. 12. As previsões de receita observarão as normas técnicas e legais, considerarão os efeitos das alterações na legislação, da variação do índice de preços, do crescimento econômico ou de qualquer outro fator relevante e serão acompanhadas de demonstrativo de sua evolução nos últimos três anos, da projeção para os dois seguintes àquele a que se referirem, e da metodologia de cálculo e premissas utilizadas. [...]

§ 2º O montante previsto para as receitas de operações de crédito não poderá ser superior ao das despesas de capital constantes do projeto de lei orçamentária.

Obs.: O § 2º do artigo 12 da LRF é mais restritivo que a norma constitucional supra, de sorte que foi alvo da ADI 2.238-5, julgada procedente nesse ponto para adequar a lei à Constituição, autorizando as ressalvas contidas no inciso III do artigo 167.

O que o legislador tenta evitar é que despesas correntes (contínuas) sejam pagas por uma fonte não habitual, ou seja, vincula despesas constantes às receitas permanentes do Estado, que não sejam fruto de uma operação específica ocorrida isolada ou eventualmente.

Feito esse comentário, o candidato deve tratar sobre a subsunção das "pedaladas" à hipótese de crime de responsabilidade, bem como sobre a competência para apreciar e julgar as contas da Presidente da República.

Para tanto, pertinente citar a Lei 1.079/1950, que define os crimes de responsabilidade, cujo teor dispõe:

Art. 4º São crimes de responsabilidade os atos do Presidente da República que atentarem contra a Constituição Federal, e, especialmente, contra:

VI – A lei orçamentária;

[...]

Art. 10. São crimes de responsabilidade contra a lei orçamentária:

4 – Infringir, patentemente, e de qualquer modo, dispositivo da lei orçamentária.

No mesmo sentido, assim assevera o artigo 85 da Constituição Federal:

> Art. 85. São crimes de responsabilidade os atos do Presidente da República que atentem contra a Constituição Federal e, especialmente, contra: [...]
>
> VI – a lei orçamentária;

Vê-se, portanto, que a violação sistemática dos artigos da LRF e da Lei 4.320/64, citados alhures, enquadra-se na previsão de crime de responsabilidade, consoante os dispositivos transcritos acima.

O art. 71, inciso I, da Constituição Federal preceitua que compete ao TCU apreciar, mediante parecer prévio, as contas prestadas anualmente pelo Presidente da República. Esse parecer deve ser elaborado em sessenta dias a contar do recebimento das referidas contas.

Ao Tribunal cabe, essencialmente, a análise técnico-jurídica das contas e a apresentação do resultado ao Poder Legislativo. Dessa forma, após a apreciação e emissão do parecer prévio, as contas são encaminhadas ao Congresso Nacional, ao qual compete o julgamento, conforme disposto no art. 49, inciso IX, da Constituição da República.

Ao final, o candidato deve concluir o parecer opinando pela **ilegalidade da atuação governamental por meio de "pedaladas fiscais"**, haja vista a vedação literal no art. 36 da LRF, bem como as disposições em contrário constantes na Lei 4320/64 e na Constituição Federal. Ademais, como visto, a conduta **enseja imputação por crime de responsabilidade**, o que dá azo à abertura de processo de *impeachment* perante o Poder Legislativo.

Após a conclusão, o parecer deve se encerrar com uma frase do tipo: "É o parecer que se submete à consideração superior". Finalizando com local, data e assinatura.

» CRITÉRIOS DE AVALIAÇÃO

PARECER
FORMALIDADES DO PARECER 1. Cabeçalho; 2. Desenvolvimento 3. Conclusão 4. Finalização com local, data e assinatura

PARECER
MÉRITO 1. Conceito de "pedaladas"; 2. Exigências e vedações para contratação de operação de crédito - art. 32 e arts. 34 a 37 da LRF; 3. Princípios da administração e as "pedaladas"; 4. Comprometimento das metas fiscais; 5. Violação à regra de ouro - art. 167, III da CF e art. 12, § 2º, da Lei LRF; 6. Subsunção à hipótese de crime de responsabilidade - Lei 1.079/50; 7. Competência do TCU para apreciar 40,e do Congresso para julgar as contas - art. 49, IX, e art. 71, I, ambos da CF; 8. Ilegalidade das "pedaladas", configuração de crime de responsabilidade e possibilidade de "impeachment".
CONCLUSÃO 1. Tese resumida clara e objetivamente; 2. Opinião pela ilegalidade das pedaladas"; 3. Crime de responsabilidade e oportunidade de processo de "impeachment". 4. "Submissão do parecer à consideração superior", local, data e assinatura.

PARTE III
MODELOS

Modelo 1: Contestação

Autora: Clarissa Abrantes Souza

» ENUNCIADO

Maria das Graças dirigiu ação ordinária de responsabilização civil contra a Maternidade Municipal de Porto Alegre – órgão vinculado à Secretaria Municipal de Saúde –, narrando, em sua petição inicial, que teria sido vítima de erro médico, quando do parto do seu primeiro filho, Marcos Aparecido.

Aduz que, no dia do parto, mesmo após insistir em se submeter a um parto normal, a equipe médica responsável, contrariando-a, realizou cirurgia cesárea.

Segue afirmando que após a realização do parto, os médicos procederam à retirada do seu útero, sem sequer lhe consultar.

Sustenta, ademais, que seu filho, em razão da demora para nascer, sofreu graves lesões no cérebro, que resultaram em posterior diagnóstico de paralisia cerebral.

Alega, por fim, que em razão da retirada do seu útero e da doença de seu filho, tem despendido recursos financeiros de elevada monta, estimando-os em R$ 3.000,00 (três mil reais) por mês, para custear o tratamento de ambos.

Em razão disso e sustentando seus fundamentos em responsabilidade objetiva do Município de Porto Alegre, Maria das Graças pleiteia, inclusive em sede de antecipação de tutela: a) indenização por danos morais, decorrentes do sofrimento físico e psíquico que suportou; b) indenização por danos estéticos, por conta da retirada do seu útero; c) indenização por danos materiais, para ser ressarcida dos gastos com o seu tratamento e o de seu filho; d) pensão de valor equivalente a um salário mínimo, até que Marcos Aparecido complete 16 (dezesseis) anos de idade, quando, presumidamente, poderia ingressar no mercado de trabalho; e) custas e honorários advocatícios no índice legal máximo.

A Secretaria Municipal de Saúde, ao receber a citação, encaminhou-a junto com a cópia da inicial, para a Procuradoria-Geral do Município de Porto Alegre, informando, após consultar a direção da maternidade: a) que Maria das Graças chegou à Maternidade Municipal de Porto Alegre com fortes dores abdominais, decorrentes de hemorragia interna; b) que o quadro clínico era de risco, notadamente por conta da demora da paciente em ter se dirigido a um hospital; c) que a cirurgia cesárea foi realizada em regime de urgência; c) que os médicos responsáveis não tiveram outra alternativa senão retirar o útero da paciente, que se encontrava necrosado em razão da hemorragia; d) que as sequelas neurológicas do seu filho decorreram de lesões perinatais, causadas pela demora do nascimento do feto.

De posse dessas informações e sabendo que a petição inicial veio acompanhada dos documentos de identificação da autora e dos laudos médicos pertinentes, na qualidade de Procurador do Município de Porto Alegre, responsável pelo processo em comento, proceda à redação da peça processual que entender adequada à defesa do ente público em juízo, utilizando todos os argumentos que entender cabíveis.

» MODELO

EXCELENTÍSSIMO SENHOR JUIZ DE DIREITO DA VARA DA FAZENDA PÚBLICA DA COMARCA DE PORTO ALEGRE/RS[1]

O Município de Porto Alegre, pessoa jurídica de direito público interno, por seu procurador abaixo assinado, vem respeitosamente, à presença de Vossa Excelência, apresentar CONTESTAÇÃO à pretensão deduzida pela parte autora nos autos em epígrafe, de acordo com as razões fáticas e fundamentos de direito a seguir expostos.

1. **Dica (Caio Souza)**: observe que o enunciado não traz a informação sobre o juízo em que tramita a ação inicial. Como a questão põe em juízo o Município de Porto Alegre, não há maiores dúvidas em relação à comarca. Todavia, se a situação envolvesse o Estado do Rio Grande do Sul, por exemplo, e não houvesse dados sobre a comarca, não estaria incorreto o seguinte direcionamento: "Excelentíssimo Senhor Juiz de Direito titular da X Vara da comarca de X". Nesse caso, não se identificou a comarca, muito menos a sua especialidade em fazenda pública, pois não se sabe se na cidade X há esse tipo de juízo. Na PGE/AM-2017, após os recursos dos candidatos, o CESPE acatou a ideia acima registrada.

I. DOS FATOS[2]

Trata-se de ação de reparação de danos, na qual alega a parte autora que foi contrariada pela equipe médica no dia da realização do seu parto, uma vez que, ainda que tivesse optado por realizar parto normal, o corpo médico responsável realizou cirurgia cesárea, retirando o seu útero durante o procedimento sem a consultar previamente. Sustenta, ademais, que seu filho sofreu graves lesões no cérebro em razão da demora para nascer, que resultou em posterior diagnóstico de paralisia cerebral. Pontuou, finalmente, que os fatos acima narrados lhe causaram danos materiais estimados em R$ 3.000,00 (três mil reais) por mês, para custear o tratamento de ambos.

Diante disso, a autora requer a indenização por danos morais e materiais, além do reconhecimento de danos estéticos, bem como o arbitramento de pensão mensal no valor de um salário mínimo, até que seu filho complete 16 anos de idade.

Ocorre que, conforme será demonstrado a seguir, as pretensões deduzidas na inicial não merecem acolhida.

II. DAS PRELIMINARES

a) Da nulidade da citação e consequente vício de legitimidade passiva

Inicialmente, vale destacar que a ação de responsabilização civil foi proposta contra a Maternidade Municipal de Porto Alegre, órgão vinculado à Secretaria Municipal de Saúde.

2. **Dica (Caio Souza)**: em provas CESPE, geralmente, é dispensado o relatório fático, devendo o candidato estar atento a essa informação para não perder linhas preciosas com um texto que será inútil para fins de pontuação. Caso os fatos não sejam dispensados, em um contexto de poucas linhas ou de propensão a escrever muito, seja o mais sucinto possível nesse tópico, que certamente não constará do espelho de correção, uma vez que se cuida da própria narrativa exposta pelo examinador. Segue exemplo de relatório extremamente conciso e que serve ao seu papel em uma prova de concurso: "Trata-se de ação indenizatória ajuizada por Maria das Graças, em razão de suposta atividade médica ilícita. A autora postula compensação por danos morais, materiais e estéticos, porém sem razão, como se passa a demonstrar". A ressalva em relação a esta estratégia diz respeito à narrativa fática do Pedido de Suspensão e das ações iniciais, pois o sucesso destas medidas processuais depende muito da correta identificação fática às hipóteses normativas. Apenas para essas peças, aconselha-se um esforço maior na exposição dos fatos.

Assim, insta suscitar a nulidade da citação da Fazenda Pública Municipal, pois, nos termos do art. 242, § 3º, do NCPC, o ente deveria ter sido citado por sua PGM, órgão responsável por sua representação judicial.

Sobressai, no caso, a nulidade da citação e, por conseguinte, a ilegitimidade passiva da Maternidade Municipal deste Município, uma vez que tanto a antedita maternidade como a Secretaria de Saúde são órgãos da Administração Pública Direta do Município de Porto Alegre e, por isso, não são dotadas de personalidade jurídica própria.

Considerando, pois, que a maternidade municipal é um centro de atribuições sem personalidade jurídica própria e que sua atuação é imputada ao Município de Porto Alegre, a ação deveria ter sido proposta contra este ente federado, revelando flagrante vício de legitimidade no polo passivo.

Desse modo, pugna-se ela extinção do feito sem exame do mérito, com base no art. 485, IV e VI, do Novo Código de Processo Civil, em vista da ausência de pressuposto para o desenvolvimento regular do processo e de legitimidade passiva do órgão imputado como réu.

b) Da ilegitimidade ativa da Sr.ª Maria das Graças

Do mesmo modo, a presente ação não merece prosseguimento, diante da ilegitimidade ativa da Sr.ª Maria das Graças em relação ao pedido de pensão de um salário mínimo para o seu filho, Marcos Aparecido. Isso porque, a teor do art. 18 do NCPC, a ninguém é dado pleitear direito alheio em nome próprio, ainda que se cuide de pedido formulado pela mãe do titular do direito vindicado.

No plano da teoria da asserção, a pensão mencionada deveria ter sido requerida por Marcos Aparecido, mesmo que mediante representação de sua mãe, que não está autorizada pela lei a substituí-lo processualmente.

Dessa feita, conclui-se que a demanda deve ser extinta sem exame do pedido, conforme previsão do art. 17 c/c art. 485, VI, do NCPC.

III. DO MÉRITO

a) Irresponsabilidade civil do Município pelo rompimento do nexo causal: culpa exclusiva da vítima

No que tange à responsabilidade Civil do Estado, o Brasil adota, como regra, a teoria da responsabilidade objetiva, baseada no *risco administrativo*.

A nota que marca a referida teoria em relação à do *risco integral* é exatamente a admissão de excludentes e atenuantes de responsabilidade.

Desta feita, vale destacar que os danos apontados pela autora decorreram de sua culpa exclusiva, tendo em vista que seu quadro clínico era de risco notadamente por conta da demora da paciente em ter se dirigido a um hospital. Assim, uma vez evidenciada a culpa exclusiva da demandante, rompe-se o nexo causal e, por consequência, deve ser afastada a responsabilidade civil do Município de Porto Alegre.

Ademais, caso superada a preliminar de ilegitimidade ativa quanto ao pedido de pensão mensal, o que não se acredita, no mérito, igualmente não lhe assiste razão. É que, nesse caso, também revela-se a culpa exclusiva da vítima, pois as sequelas neurológicas do seu filho decorreram de lesões perinatais, causadas pela demora do nascimento do feto, conforme demonstram os documentos acostados.

No entanto, caso não seja reconhecida a culpa exclusiva da autora, pugna-se pelo reconhecimento, ao menos da sua culpa concorrente[3], de sorte a minorar a responsabilização do Município de Porto Alegre.

b) Irresponsabilidade civil do Município pela licitude da conduta dos médicos: estado de necessidade

A conduta médica empreendida foi lícita, realizando a cirurgia em caráter de urgência diante da ausência de outra alternativa, visto que o útero da paciente se encontrava necrosado em razão da hemorragia. Isso demonstra que o corpo médico agiu em estado de necessidade, nos termos do art. 188, II, do Código Civil.

Isso porque o referido dispositivo legal dispõe que não constituem atos ilícitos a deterioração ou destruição de coisa alheia, ou a lesão a pessoa, a fim de remover perigo iminente, tornando-se legítimo quando as circunstâncias o tornarem absolutamente necessário, não excedendo os limites indispensáveis para a remoção do perigo, como se deu no caso em apreço.

Desse modo, afastada a ilicitude da conduta praticada pela equipe médico, não há razão para responsabilização do ente público municipal.

3. **Dica (Caio Souza):** sempre que for aventada a tese da culpa exclusiva da vítima, com fins a romper o nexo de causalidade e afastar o dever indenizatório do Estado, recomenda-se abordar a tese da culpa concorrente em respeito à eventualidade

c) Irresponsabilidade civil do Município pela não comprovação dos requisitos necessários ao dever de indenizar

Cumpre ressaltar, também, que não se vislumbra o cumprimento dos requisitos para responsabilidade civil do Estado, seja na modalidade objetiva, ou subjetiva.

Nessa senda, vale dizer que a mera estimativa de custos não é suficiente para a caracterização do dano material, sobretudo porque a parte autora limitou-se a colacionar nos autos documentos de identificação pessoal e os laudos médicos. Da mesma forma, não houve prova efetiva do aventado transtorno apto a configurar o dano moral sofrido. Demais disso, como demonstrado alhures, o nexo causal foi rompido por fato exclusivo imputado à autora.

d) Inconsistência do pedido de danos estéticos: lesão alegada ocorreu em órgão interno, não provocando o enfeiamento da vítima

No que concerne aos danos estéticos, importante frisar que a Srª Maria das Graças não fora acometida por deformação física a lhe impingir situações vexatórias perante a sociedade, nem mesmo teve seus rendimentos financeiros abalados por conta de sua aparência física alterada, tal como ocorre com uma cicatriz no rosto de uma modelo.

Portanto, não se sustenta pedido de dano estético se a lesão provocadora do suposto dano for em órgão humano interno, pois a finalidade da indenização respectiva é compensar o vexame decorrente do *enfeiamento* da vítima. A retirada do útero da autora, certamente, não lhe deixou com a aparência física mais feia, motivo pelo qual deve este pedido ser julgado improcedente.

e) Inconsistência da antecipação de tutela: necessidade de a execução se processar pelo rito dos precatórios e impossibilidade de esgotamento do objeto em decisão liminar contra a Fazenda Pública

No que se refere ao pedido de antecipação de tutela, é certo que a execução de condenações pecuniárias somente pode ocorrer depois do trânsito em julgado, com a apresentação de precatórios em ordem cronológica, conforme previsão do art. 100 da CF/88.

Destaque-se, ainda, que no âmbito processual, a execução contra a Fazenda Pública possui rito próprio e, atualmente, é regida pelo art. 535 e seguintes do NCPC.

Soma-se ao primeiro argumento a previsão do art. 1º, § 3º, da Lei n.º 8.437/92, que interdita a possibilidade da concessão de medida liminar que esgote, no todo ou em parte, o objeto da demanda oposta contra a Fazenda Pública.

A seu turno, o art. 1º da Lei nº 9.494/97, que disciplina a concessão de tutela antecipada contra a Fazenda Pública, estabelece que aplica-se à tutela antecipada prevista nos arts. 273 e 461 do CPC o disposto nos arts. 1º, 3º e 4º da supracitada.

Convém ressaltar, por oportuno, que o art. 1º da Lei 9.494/97 foi declarado constitucional pelo Supremo Tribunal Federal na ADC 04, tratando-se de decisão que possui efeito vinculante e eficácia *erga omnes*, devendo ser observada pelos demais órgãos do Poder Judiciário, nos termos do art. 102, § 2º, da CF/88.

Assim, a pretensão antecipatória declinada por Maria das Graças falece de juridicidade, encontrando óbices de cariz constitucional e infraconstitucional.

IV. DOS PEDIDOS

Diante do exposto, requer o Município de Porto Alegre:

a) o acolhimento das preliminares suscitadas, extinguindo-se, por conseguinte, o presente feito sem julgamento no mérito, na forma no art. 485, incisos IV e VI, do NCPC;

b) sejam os pedidos autorais julgados improcedentes, extinguindo-se a demanda com exame do mérito, nos termos do art. 487, inciso I, do NCPC, condenando-se a autora nos ônus sucumbenciais;

Protesta provar o alegado por todos os meios admitidos em Direito, inclusive por meio dos documentos que acompanham a presente manifestação.

Local, data.

Procurador do Município

Modelo 2: Apelação

Autora: Ana Cléia Clímaco Rodrigues da Silva

» ENUNCIADO

Bentinho, detento sob custódia do Estado do Mato Grosso, desiludido com o fim do relacionamento amoroso com Maria Capitu, que acabara de lhe comunicar a gravidez de um filho de Escobar, decide suicidar-se repentinamente na frente de sua companheira com uma arma branca que escondia sob o colchão de sua cela.

Ocorre que Dona Glória, mãe de Bentinho, não se conformou com a morte do filho, pelo que, representando o seu espólio, ajuizou ação indenizatória de danos morais e materiais por intermédio da Defensoria Pública do Estado do Mato Grosso.

Sustenta que o Estado teria o dever de garantir a vida e a integridade física de seu filho e que, se o recolheu em custódia, deve responder pela consecução do resultado danoso.

Afirma que Bentinho era arrimo de família e que a pensão por morte, decorrente da conversão de seu auxílio-reclusão, deixada para Ezequiel, seu filho menor de idade, não é suficiente para manter o mínimo de dignidade da família.

Pleiteou, assim: a) em sede de tutela de urgência e final, o recebimento de pensão no valor de 01 (um) salário mínimo, até a data em que Bentinho completaria 75 (setenta e cinco) anos de idade; b) indenização por danos morais, no importe de R$ 500.000,00 (quinhentos mil reais); d) honorários advocatícios e demais ônus da sucumbência.

Havendo por bem se manifestar sobre o pleito de urgência após a angularização processual, o juízo da 2ª Vara dos Feitos da Fazenda Pública citou o Estado do Mato Grosso, que, após a audiência de conciliação, apresentou contestação, arguindo todas as razões de resistência possíveis.

O juízo responsável pelo feito proferiu, então, sentença de total procedência dos pedidos iniciais, condenando o Estado do Mato Grosso a pagar indenização por danos morais e materiais, ambos corrigidos e com aplicação de juros de mora desde o evento danoso, compreendidas nos últimos as despesas com o funeral de Bentinho e com o luto da família. Ademais, o eminente juízo, em sentença, antecipou os efeitos da tutela em relação ao pensionamento civil requerido.

O Estado do Mato Grosso foi intimado da sentença no dia 06/09/2016 (terça-feira) por remessa dos autos. Na qualidade de Procurador do Estado do Mato Grosso adote a medida processual cabível, datando-a no último dia de prazo (desconsidere a existência de feriados).

» MODELO

EXCELENTÍSSIMO SENHOR JUIZ DE DIREITO DA 2ª VARA DOS FEITOS DA FAZENDA PÚBLICA DA COMARCA X DO ESTADO DE MATO GROSSO

Processo nº: ...

Apelante: Estado de Mato Grosso

Apelado: Espólio de Bentinho[4]

O Estado de Mato Grosso, pessoa jurídica de direito público interno, com sede na..., por intermédio do Procurador de Estado ao final subscrito, com endereço profissional na..., vem, perante V.Exa., interpor tempestivamente APELAÇÃO COM PEDIDO DE EFEITO SUSPENSIVO, com fulcro no art. 1009 do CPC, em face de sentença proferida nos autos do processo citado inicialmente, no qual figura autor o espólio de Bentinho, já qualificado nos autos, pelas razões de fato e de direito abaixo expostas.

Nesta toada, requer que o presente recurso seja remetido para o Tribunal de Justiça do Mato Grosso, onde será feito o juízo de admissibilidade, conforme o art. 1010, § 3º do CPC.

Cuiabá(MT), 18 de outubro de 2016.

Procurador do Estado

4. **Dica (Caio Souza)**.: a identificação do processo com as consignações acima registradas é opcional. Aconselha-se fazê-la apenas em um contexto de possível sobra de linhas.

Egrégio Tribunal de Justiça do Estado do Mato Grosso

Razões Recursais

Processo nº: ...

Apelante: Estado de Mato Grosso

Apelado:

I. DOS FATOS

Em razão de repentino suicídio de Bentinho, detento sob a custódia do Estado de Mato Grosso, o juízo *a quo* condenou o Recorrente ao pagamento de indenização por danos morais e materiais, além de pensionamento até a data em que o falecido completaria setenta e cinco anos, inclusive, com concessão de antecipação dos efeitos da tutela. Diante da flagrante incompatibilidade da sentença com o ordenamento jurídico, manejou-se o presente recurso.

II. DO CABIMENTO, DA TEMPESTIVIDADE E DA DESNECESSIDADE DE PREPARO

Por oportuno, vale frisar que o presente recurso é cabível na forma do art. 1009 do CPC. Ademais, também é tempestivo, eis que, sendo protocolado no dia 18 de outubro de 2016, restou cumprido o prazo legal de 30 dias úteis, conforme os arts. 183, 219 e 1.003, § 5º do CPC. Por fim, cumpre ressaltar que o Estado, nos termos do art. 1007, § 1º do CPC, é dispensado do preparo.

III. DAS PRELIMINARES DE MÉRITO

a) Da ilegitimidade ativa do espólio

No caso em apreço, a demanda foi ajuizada em nome do espólio do *de cujus*, pleiteando indenização por danos morais e materiais, bem como pensionamento em favor da mãe do falecido. Destarte, é patente a ilegitimidade ativa, pois não é possível que o espólio pleiteie indenização em favor de terceiros e, além disso, sendo apenas uma massa patrimonial, não pode sequer sofrer dano moral.

Em suma, como o direito ao percebimento de indenização por danos morais é direito personalíssimo e intransferível, o espólio não tem legitimidade para postular indenização por danos morais e nem por danos materiais em favor de terceiro. Assim, é imperiosa a extinção do processo sem resolução do mérito, com base no art. 17 e 485, VI do CPC.

b) Do vício de representação do espólio

Na remota possibilidade de se considerar que o espólio tem legitimidade ativa na presente demanda, é válido ressaltar que há vicio na sua representação. De fato, nos termos do art. 75, VII do CPC, sua representação cabe ao inventariante.

Nessa toada, diante da impossibilidade de regularização da representação processual em fase recursal, é cabível a extinção do processo sem resolução do mérito com base no ar5t. 485, IV do CPC.

c) Da ocorrência de julgamento extra petita

A sentença impugnada condenou o Estado ao pagamento das despesas relativas aos custos do funeral e ao luto da família. Ocorre que tais verbas não foram pleiteadas pela parte autora na petição inicial. Logo, o juízo *a quo* não observou os limites objetivos da demanda, violando o princípio da congruência consagrado nos arts. 141 e 492 do CPC. Ademais, houve desrespeito ao princípio do devido processo legal e do contraditório, uma vez que o ente público não pôde contestar tais valores, já que não estavam veiculadas na petição inicial.

Destarte, no tocante às despesas citadas, é necessária a anulação da sentença por ter excedido os limites objetivos da demanda delineados pela parte autora.

IV. DO MÉRITO

a) Irresponsabilidade civil do Estado por suicídio repentino de detento

De acordo com a jurisprudência mais recente do STF, nem sempre que houver o suicídio de pessoa sob custodia do Estado haverá responsabilidade civil do Poder Público. Apenas nas situações em que o detento estivesse apresentando indícios de tendências suicidas é que haverá responsabilidade do ente público.

Não é o que ocorreu no caso em apreço, já que o suicídio de Bentinho foi repentino e imprevisível. Destarte, não há qualquer omissão imputável à Administração Pública, de modo que não é razoável a condenação do Estado nos moldes delineados na sentença ora recorrida.

b) Irresponsabilidade civil do Estado pela não comprovação dos requisitos necessários ao dever de indenizar

De acordo com a doutrina especializada, a responsabilidade civil do Estado pressupõe três elementos: conduta comissiva ou omissiva atribuída ao Poder Público, dano jurídico e nexo causal.

No caso em análise, como o suicídio do preso ocorreu de forma repentina e imprevisível, não se vislumbra nenhuma ação ou omissão imputável a um agente público, apta a ensejar, respectivamente, responsabilidade objetiva ou subjetiva do Estado. De fato, a morte do detento decorreu de ato próprio, revelando culpa exclusiva da vítima, rompendo o nexo de causalidade. Ademais, a parte apenas alegou a ocorrência de danos materiais sem demonstrá-los e sem quantificá-los, de modo que tais danos não podem ser presumidos.

Dessa forma, como a parte autora não se desincumbiu de provar os fatos constitutivos do seu direito nos termos do art. 373, I do CPC, todas as suas pretensões devem ser julgadas improcedentes.

c) Impossibilidade de cumulação da pensão civil com a pensão previdenciária

O STJ possui entendimento no sentido de que é impossível a cumulação da pensão civil com a pensão previdenciária, pois a primeira não serve ao enriquecimento da vítima, senão à própria finalidade de sustento já alcançada pelo benefício previdenciário aduzido.

Destarte, o referido pedido também deve ser julgado improcedente.

d) Da incorreção dos cálculos da pensão civil

A sentença erroneamente condenou o Estado de Mato Grosso ao pagamento de pensão civil, considerando a integralidade do salário mínimo até a data em que o falecido completaria setenta e cinco anos de idade. Nos termos da pacífica jurisprudência do STJ, o pensionamento civil previsto no art. 948 do CC/02 deve seguir os seguintes parâmetros objetivos: no período em que o filho falecido teria entre 14 e 25 anos, o valor da pensão devida corresponde a 2/3 do salário mínimo e, no período em que ele teria entre 25 e 65 anos, o valor corresponde a 1/3 do salário mínimo.

Assim, na remota hipótese de ser considerada devida pensão à mãe do detento, em razão do princípio da eventualidade e da necessidade de concentração da defesa, o recorrente requer que a sentença seja reformada quanto ao valor fixado, uma vez que contrariou entendimento pacificado do STJ.

e) Da exorbitância dos danos morais

Em respeito ao princípio da eventualidade, é mister destacar que o montante pleiteado a título de danos morais é exorbitante, violando os critérios da razoabilidade e da proporcionalidade. De acordo com o art. 944 do CC/02 a indenização deve ser fixada de modo proporcional ao dano, de sorte a serem observadas as circunstâncias do caso concreto, as condições das partes envolvidas e a finalidade da reparação.

A fixação de indenização em valor exorbitante configura, portanto, nos termos do art. 884 do CC/02 enriquecimento sem causa da parte autora e, ademais, representa um custo a ser suportado por toda a sociedade. Desse modo, caso o juízo *ad quem*, a despeito dos argumentos já apresentados, condene o Estado ao pagamento de indenização, o valor fixado deve ser razoável e inferior ao pleiteado pelo recorrido, considerando, ao menos, a culpa concorrente da vítima.

f) Incorreção do termo inicial de incidência da correção monetária dos danos morais

A sentença recorrida fixou como termo inicial da correção monetária dos danos morais a data do evento danoso. Porém, conforme a súmula 362 do STJ, nesse caso, o termo inicial deve ser a data do arbitramento. Logo, nesse ponto, a sentença merece reforma.

g) Impossibilidade de condenação em honorários advocatícios do ente público

Por fim, conforme a súmula 421 do STJ, é indevida a condenação do Estado em honorários advocatícios à Defensoria Pública. Afinal, a instituição é mantida pelo ente público, ocorrendo no caso confusão entre credor e devedor, extinguindo-se a relação obrigacional.

V. DO EFEITO SUSPENSIVO DA APELAÇÃO

Nos termos do art. 1012, *caput* e § 1°, V do CPC, o recorrente requer a atribuição do efeito suspensivo ao presente recurso. Os requisitos legais restam atendidos, uma vez que a probabilidade do provimento recursal restou demonstrada nas razões recursais, em especial, pela demonstração de ausência de responsabilidade civil do Estado. Já o risco de dano grave reside na irreversibilidade da decisão, uma vez que envolve o pagamento imediato de verbas de natureza alimentar que dificilmente serão recuperadas pelo ente público

Destarte, é clara a necessidade de recebimento do presente recurso no seu duplo efeito.

VI. DOS PEDIDOS

Diante do exposto, o Estado de Mato Grosso requer que o presente recurso seja recebido no duplo efeito e provido para anular a sentença em razão das preliminares levantadas ou para reformá-la em razão do acolhimento das teses de mérito acima elencadas.

Nestes termos, pede deferimento.

Cuiabá (MT), 18 de outubro de 2016.

Procurador do Estado.

Modelo 3: Agravo de Instrumento

Autor: Francimar Soares da Silva Júnior

» ENUNCIADO

A Secretaria de Infraestrutura do Estado do Maranhão - SEINFRA promoveu licitação, na modalidade concorrência, com o objetivo de delegar serviço de transporte intermunicipal de passageiros, por meio de permissão de serviços públicos.

Publicado no dia 05.05.2016, o Edital da Concorrência n. 002/2016 especificou que a linha rodoviária objeto de delegação correspondia ao trajeto "São Luís-Bacabal" e adotou como critério de escolha o menor valor da tarifa do serviço público a ser prestado.

Após o julgamento das propostas, sagrou-se classificada em primeiro lugar a empresa Transportes Maranhenses LTDA. Em seguida, o envelope, com os documentos de habilitação da empresa, foi aberto, momento em que se constatou o atendimento a todas as exigências editalícias e legais.

Finalizados os trâmites da licitação, nos moldes das Leis n.º 8.987/95 e 8.666/93, a empresa vencedora, Transportes Maranhenses LTDA., representada pelo seu sócio administrador, e o Estado do Maranhão, representado pela autoridade competente - o Presidente da Comissão de Licitações da Secretaria de Infraestrutura do Estado do Maranhão, assinaram o Contrato de Permissão de Serviços Públicos n. 23/2016-SEINFRA, em 05.08.2016, na sede do órgão, em São Luís/MA.

Ocorre que, pouco antes da publicação do Edital da Concorrência n. 002/2016, a empresa Bacabal Bus LTDA., então permissionária dos serviços, foi regularmente notificada pelo Secretário de Infraestrutura da imediata retomada dos serviços de transporte intermunicipal de passageiros, uma vez que o Estado do Maranhão preparava os trâmites para licitação da linha rodoviária "São Luís-Bacabal".

Com a assinatura do contrato entre Transportes Maranhenses LTDA. e o Estado do Maranhão, Bacabal Bus LTDA. resolveu perseguir seus direitos perante o Poder Judiciário, já que não só reputava injusta a retomada sorrateira e imediata dos serviços pelo Poder Público, sem direito à indenização, como também se sentia prejudicada financeiramente com algumas políticas públicas que haviam sido adotadas no início de 2013 pelo Estado do Maranhão.

Sendo assim, Bacabal Bus LTDA. impetrou Mandado de Segurança, com vistas à anulação do Contrato de Permissão de Serviços Públicos n. 23/2016-SEINFRA, em 26.09.2016.

O remédio constitucional foi distribuído para 3ª Vara Cível da Comarca de Bacabal/MA, tendo como autoridade coatora o Presidente da Comissão de Licitações da SEINFRA.

No Mandado de Segurança, Bacabal Bus LTDA. requereu a anulação do contrato, indenização decorrente dos prejuízos causados pela Lei n. 12.345/2013 e, também, indenização, na forma do art. 35, § 4º e 37 da Lei n. 8.987/95. Liminarmente, requereu a suspensão do contrato até a solução final da lide e o pagamento de valores relativos ao prejuízo que alega ter tido, com o fito de não ser levada à falência.

Nesse contexto, a impetrante alegou que, desde 1985 prestava o serviço público de transporte intermunicipal no trajeto São Luís-Bacabal, através de contrato firmado com o Estado do Maranhão por prazo indeterminado.

Sustentou que, embora o antigo contrato não tivesse sido precedido de licitação, atendeu-se aos requisitos formais vigentes à época e, portanto, tinha direito adquirido a continuar como permissionária dos serviços públicos.

No ensejo, atacou a política pública, advinda com a Lei Estadual n.º 12.345/2013, que concedeu meia-passagem nos transportes intermunicipais em todo o Estado para doadores de sangue. Salientou que isso gerou um desequilíbrio econômico-financeiro, o qual merece ser indenizado, já que grande parte dos passageiros teria resolvido doar sangue para se beneficiar da norma. Comprovou, por meio de notícias nos jornais, que a doação de sangue, no Estado do Maranhão, aumentou cerca de 200% nos anos de 2014 e 2015.

Defendeu que, tendo a lei concedido benefício financeiro em troca de doação de sangue, o Estado do Maranhão, ao fim e ao cabo, estaria comercializando sangue, o que é vedado pelo art. 199, § 4º, da Constituição Federal.

Por fim, alegou que a Lei n.º 8.987/95 prevê que a retomada dos serviços pelo Poder Público seja precedida de prévia indenização.

Notificada a autoridade coatora e intimado o Estado do Maranhão, na forma do art. 7º, incisos I e II, respectivamente, foram prestadas as informações pertinentes e o Estado do Maranhão requereu o ingresso na lide.

Ato contínuo, o juízo da 3ª Vara Cível da Comarca de Bacabal deferiu a liminar, para fins de suspender o contrato até a solução final da lide e determinar o pagamento dos valores relativos ao prejuízo sofrido pela impetrante.

O Estado do Maranhão foi regularmente intimado da decisão que deferiu a liminar. Na condição de Procurador do Estado do Maranhão, redija a peça de defesa, invocando todas as teses cabíveis.

» MODELO

EXCELENTÍSSIMO SENHOR DESEMBARGADOR PRESIDENTE DO EGRÉGIO TRIBUNAL DE JUSTIÇA DO ESTADO DO MARANHÃO[5]

O Estado do Maranhão, pessoa jurídica de direito público interno, por seu Procurador, abaixo assinado, nos autos do Mandado de Segurança em epígrafe, que lhe é impetrado pela empresa Bacabal Bus Ltda., com fundamento no art. 1015, I, do Novo Código de Processo Civil e art. 7º, § 1º, da Lei do Mandado de segurança, contra decisão interlocutória que deferiu a tutela de urgência, interpor AGRAVO DE INSTRUMENTO com pedido de Efeito Suspensivo, pelos motivos de fato e de direito a seguir expostos.

Nestes termos, pede deferimento.

Local, data.

Procurador do Estado.

EGRÉGIO TRIBUNAL DE JUSTIÇA DO ESTADO DO MARANHÃO

Processo de origem:

3ª Vara cível da Comarca de Bacabal – MA

Mandado de Segurança

5. **Dica (Caio Souza)**: o Agravo de Instrumento é recurso interposto diretamente no Tribunal, conforme art. 1.016 do NCPC. Na praxe forense, costuma-se direcioná-lo ao Presidente do Tribunal. Porém também não seria incorreto direcioná-lo ao relator do recurso: "Excelentíssimo Senhor Desembargador Relator do Agravo de Instrumento".

Autor – Empresa Bacabal Bus LTDA.

Réu – Estado do Maranhão

Egrégia Câmara

Eméritos Julgadores

Douto Desembargador Relator

I. DA SINOPSE FÁTICA

Trata-se de agravo de instrumento contra r. decisão liminar que, nos autos de mandado de segurança, suspendeu o contrato de permissão de serviços públicos nº 23/2016-SEINFRA e determinou o pagamento dos valores relativos ao prejuízo sofrido pela impetrante.

II. DO CABIMENTO

No presente caso, revela-se oportuno consignar o cabimento do Agravo de Instrumento, que se sustenta nos artigos 1.015, inciso I, do Novo CPC e art. 7º, § 1º, da Lei do Mandado de Segurança.

III. DA ADMISSIBILIDADE

a) Tempestividade

Nesse ponto, os artigos 1003, § 5º, 183 e 219 do NCPC preceituam que a Fazenda Pública terá prazo de 30 (trinta) dias úteis para apresentar Recurso de Agravo de Instrumento, destarte, uma vez protocolado o recurso dentro deste interregno, demonstrada está a tempestividade.

b) Preparo

Na oportunidade, esclarece que há isenção de preparo, por força do artigo 1.007, § 1º, do NCPC.

c) Nomes e endereços dos causídicos

Para os fins do art. 1.016, IV, do NCPC, passa a parte agravante a relacionar o nome e o endereço completo dos advogados constantes do processo: ...

d) Indicação das peças obrigatórias que instruem o recurso

Em cumprimento ao art. 1.017 do NCPC, registra-se que todas as peças obrigatórias e necessárias à elucidação da demanda estão colacionadas no presente instrumento, declarando o Agravante, sob sua responsabilidade, em conformidade com o inciso I do mencionado dispositivo, serem autênticas as cópias retiradas dos autos do processo originário que tramita na 3ª Vara Cível da Comarca de Bacabal do Estado do Maranhão.

II. DAS RAZÕES RECURSAIS

A liminar deferida não teve preenchido os dois requisitos autorizadores para a sua correta concessão, quais sejam, a probabilidade do direito e o perigo de dano ou risco ao resultado útil do processo, necessários por previsão expressa no art. 300 do NCPC.

a) Da ausência da probabilidade do direito

1. Incompetência absoluta

Há incompetência absoluta do juízo da Vara de Fazenda Pública da Comarca de Bacabal – MA, uma vez que o writ foi impetrado na comarca diversa da sede funcional da suposta autoridade coatora, in casu, o Presidente da Comissão de Licitações da Secretaria de Infraestrutura do Estado do Maranhão, órgão cuja sede fica em São Luís.

Requer-se, portanto, que o processo seja remetido ao juízo competente e, por oportuno, que o juízo revogue a liminar pelas razões que serão demonstradas, na forma do art. 64, § 3º e § 4º, do CPC.

2. Decadência do prazo do mandado de segurança

O ato que violou concretamente a órbita jurídica da empresa foi a notificação da imediata retomada dos serviços de transporte intermunicipal. Foi nesse momento que Bacabal Bus LTDA. perdeu a delegação dos serviços públicos, que ocorreu em 05.05.2016. Por sua vez, o Mandado de Segurança foi impetrado em 26.09.2016, restando configurado o transcurso de 120 (cento e vinte) dias entre a data do ato coator e a data da impetração do writ.

Pelo exposto, ocorreu a decadência, na forma do art. 23 da LMS.

3. Ilegitimidade passiva da autoridade coatora

Como dito, o ato que violou concretamente a órbita jurídica da empresa foi a notificação da imediata retomada dos serviços de transporte intermunicipal. Por essa razão, a autoridade coatora não é o Presidente da Comissão de Licitações da Secretaria de Infraestrutura do Estado do Maranhão, mas o Secretário de Infraestrutura do Estado do Maranhão, restando configurada a ilegitimidade passiva da autoridade coatora apontada pelo impetrante.

Por oportuno, insta esclarecer que, apesar de apresentada informações, é inaplicável a teoria da encampação no caso em tela. Isto porque, mister se faz o preenchimento dos seguintes requisitos: a) autoridade superior defender o mérito do ato impugnado; b) vínculo hierárquico entre a autoridade coatora e a apontada como coatora; c) não modificação da competência absoluta. Contudo, na hipótese, dois dos três requisitos não restaram atendidos.

É de se observar que a autoridade que prestou informações é hierarquicamente inferior à autoridade realmente coatora, de modo que inexistiu encampação do ato.

Ademais, há a modificação de competência absoluta, tendo em vista que compete ao Tribunal de Justiça o julgamento de Mandado de Segurança contra atos de Secretários de Estado, por imposição do princípio da simetria, bem como por previsão no art. 81, VI, da Constituição do Estado do Maranhão.

Diante da ilegitimidade passiva, requer seja o processo extinto sem resolução do mérito, em razão da ordinarização do rito do Mandado de Segurança, tornando assim inaplicáveis os artigos 338 e 339 do NCPC, que preceituam a possibilidade de modificação do sujeito passivo, por emenda à inicial.

4. Litisconsórcio passivo necessário

Pelo exposto, conforme previsto art. 115 do CPC, há litisconsórcio passivo necessário, em face da unitariedade da relação jurídica, uma vez que a anulação do contrato certamente afetaria não só os interesses do Estado do Maranhão como também os interesses da empresa Transportes Maranhenses LTDA.

Assim, a decisão liminar atacada atinge a órbita jurídica de terceiros, sem que estes tenha tido a oportunidade do contraditório, pelo que, por mais esse motivo, deve ser anulada.

5. Ausência de direito líquido e certo e inadequação da via eleita

No caso em tela, Bacabal Bus LTDA. requereu a anulação do contrato, a indenização decorrente dos prejuízos causados pela Lei n. 12.345/2013 e, também, a indenização, na forma do art. 35, § 4º e 37, da Lei n. 8.987/95.

Com as provas dos autos e o pedido de indenização pleiteado, resta claro a dilação probatória necessária para a demonstração dos prejuízos oriundos dessas situações.

Em razão disso, o Mandado de Segurança não é a via idônea para perseguir o direito do impetrante, pois exige prova pré-constituída. Diante da via eleita é inadequada e o processo deve ser extinto sem resolução de mérito, sem prejuízo do acesso ao Judiciário pelas vias ordinárias, na forma do art. 485, VI, do CPC.

Na oportunidade, se entender que o direito perseguido pelo autor não demanda dilação probatória e que não houve, em verdade, a comprovação do fato constitutivo de seu direito, afigura-se necessário a extinção deste *mandamus* com resolução de mérito, na forma do art. 487, inciso I, c/c 373, I, do CPC.

6. Utilização do Mandado de Segurança como Ação de Cobrança

In casu, a empresa persegue indenização pelos prejuízos sofridos e pela retomada dos serviços públicos, porém, é proibido que o Mandado de Segurança seja utilizado como sucedâneo da ação de cobrança, exatamente porque possui tutela de caráter mandamental. A vedação já foi sumulada pelos verbetes n. 269 e 271 do STF.

7. Da inexistência de direito adquirido à contratação por prazo indeterminado

O STF, ao interpretar o art. 175 da CR/88, manifestou-se no sentido de que a permissão de serviço público é contrato administrativo e, por conseguinte, exige prévio procedimento licitatório. Por essa razão, não se pode dizer que a impetrante tem direito adquirido à contratação com o Estado do Maranhão, por prazo indeterminado. Isso porque, não obstante o ajuste em comento tenha ocorrido em momento anterior à CF/88, não há falar em direito adquirido para obstar incidência do novo texto constitucional. A uma porque o poder constituinte originário é ilimitado. A duas porque, consoante a Corte Suprema, as normas constitucionais possuem retroatividade mínima, de sorte a alcançar efeitos futuros de contratos firmados sob a égide da Constituição anterior.

8. Da precariedade da permissão de serviços públicos e a consequente ausência do dever indenizatório pela retomada dos serviços

Embora a natureza da permissão de serviços públicos seja de contrato administrativo, essa forma de delegação é norteada pela precariedade e revogabilidade unilateral do contrato, consoante dispõe o art. 40 da Lei n. 8.987/95.

Tendo em vista a precariedade da delegação dos serviços públicos, inexiste, no caso, direito à indenização em virtude da retomada dos serviços.

9. Inexistência de reequilíbrio financeiro decorrente da lei estadual que concedeu meia-passagem aos doadores de sangue

A jurisprudência do STJ é pacífica no sentido de que não há garantia da manutenção do equilíbrio econômico-financeiro do contrato de permissão de serviço de transporte público realizado sem prévia licitação, motivo pelo qual, mais uma vez, incorreu em erro a decisão vergastada.

b) Da ausência de perigo de dano ou resultado útil do processo

Como se observa dos autos, afigura-se inexistente o perigo de dano ou de risco ao resultado útil ao processo, contrariando o disposto no art. 300, § 3º do CPC. Ao revés, o Estado do Maranhão é que está sendo prejudicado em razão do perigo da irreversibilidade dos efeitos da decisão (periculum in mora inverso). Ademais, a coletividade pode ser severamente prejudicada com a suspensão do contrato de permissão, pois haverá descontinuidade na prestação dos serviços públicos.

Além disso, art. 7º, § 2º da Lei n.12.016/2009, tal dispositivo, conjuntamente com a impossibilidade de pagamento de valores em execução provisória de quantia certa contra a Fazenda Pública e a sistemática de pagamentos da Fazenda Pública pelo rito do precatório, fundamentam a absoluta impossibilidade de pagamento, via liminar, pelo Estado do Maranhão das indenizações postuladas pela impetrante.

III. DA CONCESSÃO DE EFEITO SUSPENSIVO AO AGRAVO DE INSTRUMENTO

Requer-se, na forma do art. 1019, I do CPCP, após preenchidos os requisitos necessários exigidos pelo art. 995 do mesmo diploma, que há: a) probabilidade de provimento do recurso; b) risco de dano grave, de difícil ou impossível reparação.

O primeiro requisito restou cabalmente demonstrado pelas razões trazidas no bojo da fundamentação recursal, tais como: incompetência absoluta, decadência, ilegitimidade da autoridade coatora, manejo do Mandado de Segurança como ação de cobrança, ausência de direito líquido e certo, ausência de direito adquirido à contratação por tempo indeterminado, inexistência de direito à indenização, entre outras teses.

O risco de lesão grave e de difícil reparação está na improbabilidade de reversão do provimento no caso de revogação da liminar, máxime porque a própria impetrante declarou a situação de iminente falência. Ademais, o pagamento imediato de quantias pelo Poder Público, sem a observância do regramento constitucional e legal, por si só, lesa os cofres públicos, pois determinações judiciais desse jaez desarranjam as contas públicas e violam o ordenamento jurídico.

IV. DOS PEDIDOS

Por todo exposto, requer-se a revogação da liminar concedida, em face do não preenchimento dos requisitos para sua concessão, quais sejam, a probabilidade do direito e o perigo de dano ou risco ao resultado útil do processo, necessários por previsão expressa no art. 300 do NCPC, fundamentadas em todas as teses acima. Por oportuno, reitera-se a necessidade de concessão de efeito suspensivo ao apelo.

Nestes termos, pede deferimento.

Local, data

Procurador do Estado

Modelo 4: Pedido de Suspensão

Autora: Ana Cléia Clímaco Rodrigues da Silva

» ENUNCIADO

Com intenção de suprir patente necessidade de um complexo educacional na zona sul de Campinas, o Município lançou o edital de Concorrência Pública XXX/2015, o qual tinha como objeto "contratação, através de empresa de engenharia, para construção do prédio com área de 6.769,56m^2, parte integrante do Complexo Educacional a ser implantado na Av. Prestes Maia, obedecendo integralmente as especificações e determinações previstas no memorial descritivo, projeto arquitetônico, planilha orçamentária e nos termos da minuta contratual".

Dentre as empresas interessadas, havia a Construtora M130, que ficou em segundo lugar, perdendo para a vencedora Construtora X250, que, mesmo antes da formalização do contrato administrativo, iniciou a execução da obra.

Ocorre que, já no primeiro mês de execução, a Construtora X250 decretou falência, deixando a obra inacabada.

Nesse cenário, rapidamente, o Município de Campinas iniciou novo procedimento licitatório, que foi vencido pela Construtora D500.

Diante do ocorrido, a construtora M130 impetrou mandado de segurança, com pedido de medida liminar, contra ato do Prefeito Municipal de Campinas e do Presidente da Comissão de Licitação da Prefeitura para garantir sua contratação, com fundamento no art. 24, XI, da Lei 8.666/93, já que teria direito à contratação direta para realização do remanescente da obra.

O pleito foi liminarmente indeferido pelo juízo de primeiro grau, abrindo-se vista ao Município para se manifestar nos autos do mandado de segurança.

Inconformada, a construtora interpôs agravo de instrumento perante o TJSP, que foi recebido com efeito suspensivo e determinou a suspensão dos efeitos do procedimento licitatório, bem como do contrato firmado entre o Município e a empresa D500.

Foram noticiadas nos jornais a necessidade de construção do complexo educacional naquela região da cidade e a possibilidade de perda do repasse da União para construção da obra, já que deveriam ser respeitados as dotações e prazos previstos no convênio.

Considerando a situação narrada, apresente, na condição de Procurador(a) do Município de Campinas, a medida judicial mais adequada para atender o interesse do ente municipal.

» MODELO

EXCELENTÍSSIMO SENHOR MINISTRO PRESIDENTE DO SUPERIOR TRIBUNAL DE JUSTIÇA

Urgente: provimento judicial antecipatório flagrantemente ilegítimo e que instaura grave lesão à ordem pública e à economia pública.

Processo de origem nº: ...

Requerente: Município de Campinas

O Município de Campinas, pessoa jurídica de direito público interno, com sede na..., por intermédio do Procurador do Município ao final subscrito, cujas atribuições lhes foram legalmente outorgadas, com endereço profissional na..., vem, perante V.Exa., interpor **PEDIDO DE SUSPENSÃO** com fulcro no art. 1° da Lei 9494/97 e no art. 4° da Lei 8437/92, com o fim de sustar os efeitos da decisão que antecipou os efeitos da tutela recursal no processo de origem

I. DA SÍNTESE FÁTICA

O município de Campinas realizou licitação para contratação de empresa que ficaria encarregada da construção de um complexo educacional, tendo, contudo, a empresa vencedora da licitação decretado falência, deixando a obra inacabada. Em razão disso, o município realizou um novo procedimento licitatório.

Ocorre que a segunda classificada na primeira licitação impetrou mandado de segurança com pedido de liminar alegando direito líquido e certo de contratação direta do remanescente da obra. No juízo de primeiro grau, o pleito foi indeferido. Porém, no julgamento de Agravo de Instrumento, houve a determinação da suspensão dos efeitos do procedimento licitatório, bem como da contratação firmada pelo município. Diante das graves repercussões de tal decisão, o município interpôs o presente pedido de suspensão dos efeitos da decisão.

II. FUNDAMENTOS JURÍDICOS

a) Da lesão à ordem pública e à economia pública

A decisão cujos efeitos se pretende suspender representa grave ameaça à ordem pública e à economia pública. De fato, a decisão contraria o interesse público primário na medida que impossibilita a construção de complexo educacional, privando as crianças da região de terem acesso a uma estrutura adequada ao aprendizado.

Por outro lado, é flagrante a violação à economia pública, já que, com a suspensão dos efeitos da contratação, o Município perderá os repasses de verbas federais em razão do descumprimento dos prazos fixados no convênio. Ademais, é mister ressaltar que é possível que o ente público tenha que devolver valores que já foram empregados na obra já iniciada, desfalcando os cofres públicos. Nessa toada, constata-se que a decisão foi proferida em flagrante violação ao princípio da supremacia do interesse público sobre o privado.

Em suma, diante da provável ocorrência de graves lesões aos cofres públicos, bem à ordem pública, é necessária a suspensão da determinação de paralisação da construção do complexo educacional.

b) Impossibilidade de contratação direta com base no art. 24, XI da Lei 8666/93

A construtora M130 alega que tem direito à contratação direta do remanescente da obra com base no art. 24, XI da Lei 8666/93, uma vez que ficou classificada em segundo lugar na primeira licitação realizada. Porém, conforme entendimento pacificado, a aplicação do referido dispositivo só é possível nos casos em que já tenha ocorrido início da execução formal do objeto contratual.

De fato, no caso em apreço, apesar da obra ter sido iniciada, o vencedor da licitação não assinou contrato, não aceitou ou retirou o termo equivalente. Assim, não é possível **a adjudicação direta, sob o fundamento da**

contratação de remanescente previsto no art. 24, XI, da Lei 8666/93, já que a incidência deste dispositivo depende do início da execução formal do contrato.

Logo, é ilegítma a decisão monocrática que concedeu efeito suspensivo à pretensão recursal da construtora M130, diante da inexistência de direito à contratação direta do remanescente da obra.

c) Discricionariedade da Administração Pública na aplicação do art. 24 e do art. 64, § 2° da Lei 8666/93.

Os casos de dispensa de licitação previstos no rol do art. 24 da Lei 8.666/93 trazem situações nas quais a competição é viável, mas a licitação pode ser considerada desnecessária. Nesses casos, o administrador tem discricionariedade para, à luz do caso concreto, decidir se a realização do processo licitatório é conveniente e oportuna. Destarte, não há direito subjetivo do impetrante de ser contratado para realização do remanescente da obra.

Em acréscimo, o art. 64, § 2° da Lei 8666 traduz também uma faculdade da Administração Pública. Está não está obrigada a convocar os demais candidatos classificados caso o vencedor da licitação não assina o contrato ou termo equivalente. Aqui também é necessário um juízo de convenciencia e oportunidade do administrador público.

Destarte, é patente que, no caso em apreço, houve indevida imiscuição do poder judiciário na seara do mérito administrativo, reforçando a tese da ilegitimidade da decisão que determinou a suspensão dos efeitos contratuais.

III. DOS PEDIDOS

Diante do exposto, o município de Campinas requer que V.Exa. suspenda os efeitos da decisão proferida em sede de agravo de instrumento contra o ente público, paralisando a construção do complexo educacional. Por fim, requer que, com fulcro no art. 4°, § 9° da Lei 8437/92, a suspensão da referida decisão perdure até o julgamento de mérito da demanda principal.

Nestes termos, pede deferimento.

Local, data.

Procurador do Município.

Modelo 5: Recurso Extraordinário

Autora: Ana Cléia Clímaco Rodrigues da Silva

» ENUNCIADO

João é médico vinculado ao Município de São Luís, aprovado em concurso público para trabalhar em regime de 20h semanais. Aufere vencimento de R$ 5.000,00 (cinco mil reais).

Artur, por sua vez, é médico vinculado à empresa pública Hospitais Ludovicenses S/A, constituída pelo Município de São Luís para administrar os hospitais e postos de saúde municipais. Possui regime de 10h semanais, salário-base de R$ 6.000,00 (reais) e recebe adicionais noturno e de insalubridade, sendo aquele fixado em 20% do salário-base e este no montante equivalente a 2 (dois) salários-mínimos nacionais.

Irresignado com a situação de ganhar menos, embora com jornada superior, João ajuizou ação em face do Município de São Luís, pleiteando equiparação salarial com Artur, especialmente no tocante ao adicional de insalubridade, o qual possui previsão em Decreto Executivo específico que autoriza seu pagamento aos médicos da empresa pública mencionada, porém, silencia quanto aos demais.

Sobre o adicional noturno, João aponta que o direito a essa verba, além do paradigma, fundamenta-se em previsão da Lei Orgânica do Município, a partir de emenda proposta por vereador municipal, mas ainda sem regulamentação pelo prefeito municipal.

O juízo de 1ª instância julgou procedente a ação, considerando que o Decreto acima mencionado poderia ser estendido aos médicos municipais e, além disso, por não fazer sentido que profissionais com mesma nomenclatura e cargo possam perceber remuneração tão díspar.

Restou consignado na sentença, ainda, que: a previsão em Lei Orgânica Municipal ampara o direito à percepção de adicional noturno, independentemente de regulamentação legal ou infralegal, por já ser uma lei em sentido estrito; o paradigma indicado seria adequado para fins de aplicação do direito à equiparação, sendo irrelevante o fato dele estar vinculado a empresa pública municipal, pois o cargo e funções exercidas seriam as mesmas; e, por fim, que os médicos constituem categoria própria, com regulação especial, não podendo o Município criar distinções internas entre esses profissionais.

O município de São Luís apelou dessa sentença, que foi integralmente mantida pelo Tribunal de Justiça do Maranhão. Foram opostos Embargos de Declaração com a alegação de omissão e contradição na sentença, porém, foi-lhe negado provimento, com fundamentação apenas genérica, mediante a afirmação de que o embargante desejava apenas rediscutir o mérito da causa.

Diante desses fatos, interponha o recurso mais adequado em face da última decisão proferida no processo, contendo as alegações de defesa que permitam o seu conhecimento e revisão da decisão na instância superior.

Dados adicionais para a confecção da peça: Considere que a data da intimação da decisão foi 06.05.2016 (sexta-feira), com remessa dos autos para o município. Registre a data do recurso como sendo a do último dia do prazo para sua interposição e despreze eventuais feriados.

» MODELO

EXCELENTÍSSIMO SENHOR DESEMBARGADOR PRESIDENTE DO TRIBUNAL DE JUSTIÇA DO MARANHÃO

Processo nº ...

Recorrente:

Recorrido:

O município de São Luís, pessoa jurídica de direito público, por intermédio do Procurador do Município ao final subscrito, cujas atribuições lhes foram outorgadas legalmente, com endereço profissional na..., vem, tempestivamente, perante V.Exa., interpor RECURSO EXTRAORDINÁRIO, com fundamento no art. 102, III, "a" da CF, contra decisão proferida em última instância nos autos do processo já citado, movido por João, já qualificado nos autos, ante as razões de fato e de direito aduzidas.

Requer, pois, a intimação da parte contrária para apresentar contrarrazões, bem como a admissibilidade do presente recurso e sua remessa ao STF.

I. SÍNTESE FÁTICA

Trata-se de acórdão proferido no TJ MA que manteve sentença que condenou o Município de São Luís a promover a equiparação salarial entre

João, médico vinculado à Administração Direta Municipal, e Artur (médico que presta serviços a empresa pública municipal). Ademais, o ente público foi condenado também a pagar ao autor adicional de insalubridade e adicional noturno. Diante da flagrante violação a diversos dispositivos constitucionais, maneja-se o presente recurso extraordinário.

II. DA ADMISSIBILIDADE DO RECURSO

a) Do cabimento do recurso extraordinário

O presente recurso é cabível na forma do art. 102, II, "a" da CF, uma vez que, por intermédio dele, questiona-se acórdão proferido pelo Tribunal de Justiça do Maranhão, contra o qual não cabe mais nenhum recurso na justiça de origem. Ademais, na decisão recorrida, constatou-se a violação frontal a diversos dispositivos da CF.

b) Do prequestionamento

Cumpre destacar que a matéria ora impugnada foi devidamente prequestionada. De fato, ajuizou-se embargos de declaração no tribunal de origem que, de forma genérica, negou-lhe provimento. Restou configurado, assim, o prequestionamento ficto admitido por este STF e agora previsto no art. 1025 do CPC.

c) Da repercussão geral

Em observância ao art. 102, § 3° da CF, regulamentado pelo art. 1035, § 1° do CPC, resta atendido o requisito da repercussão geral, pois a demanda em análise envolve questões relevantes do ponto de vista político, econômico, jurídico e social que ultrapassam os interesses subjetivos das partes.

De fato, envolve matéria relativa à equiparação salarial no âmbito da Administração Pública Direta, bem como a política remuneratória de servidores públicos municipais. Logo, a relevância social dos temas é clara, pois envolve a oneração indevida do patrimônio público, matéria afeta a toda a coletividade.

Ademais, conforme o art. 1035, § 3° do CPC existem alguns casos nos quais a existência de repercussão geral é presumida de forma absoluta. Uma das hipóteses ocorre quando há violação de súmula ou jurisprudência dominante do STF e, conforme, será demonstrado, a decisão recorrida violou várias súmulas vinculantes.

d) Da tempestividade

O recurso ora interposto é tempestivo, eis que, sendo protocolado no dia 17 de junho de 2016, restou cumprido o prazo legal de 30 dias úteis, conforme os arts. 183, 219 e 1.003, § 5° do CPC.

III. MÉRITO RECURSAL

a) Violação do art. 37, XIII da CF: vedação de equiparação

O acórdão recorrido, ao determinar a equiparação salarial entre João (servidor público municipal vinculado à Administração Pública Direta) e Artur (empregado público de empresa pública municipal) violou frontalmente o art. 37, XIII da CF. Tal dispositivo veda a equiparação de quaisquer espécies remuneratórias para fins de remuneração de pessoal do serviço público.

A equiparação salarial, instrumento de intervenção do Estado no poder diretivo do empregador a fim de assegurar a isonomia entre os trabalhadores, é regulamentada no art. 461 da CLT e na súmula 6 do TST. Assim, deve ser assegurado o mesmo salário a trabalhadores que desempenham as mesmas tarefas, com mesma perfeição técnica e produtividade, na mesma localidade, ao mesmo empregador. Ademais, exige-se que a diferença de tempo de exercício da função entre equiparado e paradigma não seja superior a dois anos; que não se trate de paradigma readaptado e que não exista quadro de carreira regular.

Ocorre que, consoante entendimento pacificado do TST, não é possível a equiparação salarial no âmbito da Administração Pública Direta, Autárquica e Fundacional em razão da vedação contida no art. 37, XIII, da CF. Assim, não é aplicável a tais entes a sistemática do art. 461 da CLT, de modo que o recorrido não tem direito à equiparação salarial.

b) Violação dos arts. 37, X e 2° da CF: princípio da legalidade e da separação dos poderes

Além de violar o art. 37, XIII da CF, a decisão ora impugnada afrontou também o art. 37, X da CF que afirma categoricamente que a remuneração dos servidores públicos só pode ser fixada ou alterada por lei específica. Além disso, o STF, através da súmula vinculante 37, pacificou que o Judiciário, nem mesmo sob o fundamento da isonomia, pode conceder aumento a servidores públicos. Se assim o fizer, estará atuando como legislador positivo, violando o princípio da separação dos poderes esculpido no art. 2° da CF.

c) Violação do art. 61, § 1°, II, c da CF: não cabimento do adicional noturno

Nos termos do art. 61, § 1°, II, c da CF, as leis que versam sobre servidores públicos e seu regime jurídico são de iniciativa privativa do chefe do Poder Executivo. O STF entende que esse dispositivo, em respeito ao princípio da simetria, é de observância obrigatória no âmbito estadual e municipal.

Ademais, o STF entende que, da mesma forma que se veda que um parlamentar apresente projeto de lei versando sobre as matérias listadas no art. 61, § 1°, II, "c" da CF, também é proibido que membro do Legislativo apresente projeto de emenda constitucional tratando sobre tais matérias. Nessa toada, é inconstitucional, por afrontar o referido dispositivo, norma da lei orgânica municipal, inserida por emenda de iniciativa parlamentar, que instituiu adicional noturno para os servidores públicos. Dessa forma, a decisão impugnada, ao determinar o pagamento do adicional ao recorrido, violou o dispositivo da CF supracitado.

d) Violação do art. 7, IV da CF e da súmula vinculante n°4

O acórdão recorrido estendeu a João o pagamento de adicional de insalubridade equivalente a dois salários mínimos. Com isso, houve violação ao art. 7°, IV da CF que veda a fixação de verbas salariais vinculadas ao salário mínimo, uma vez que provoca uma indexação natural da economia e consequentes aumentos independentemente de lei específica. O tema, inclusive, é pacificado na súmula vinculante n° 4.

Portanto, é indevido o pagamento do adicional de insalubridade, diante da vedação de fixação de verbas salariais vinculadas ao salário mínimo.

IV. DOS PEDIDOS

Diante do exposto, o Município de São Luís requer que o presente recurso seja conhecido com aplicação do art. 1025 do CPC e provido para reformar o acórdão impugnado, de modo a afastar as violações constitucionais nele verificadas.

Nestes termos, pede deferimento.

Local, 17 de junho de 2016.

Procurador do Município.

Modelo 6: Recurso Especial

Autora: Clarissa Abrantes Souza

» ENUNCIADO

O Estado do Mato Grosso do Sul promoveu, através de edital lançado em fevereiro de 2016, procedimento licitatório na modalidade do Regime Diferenciado de Contratações, que tinha como objeto a implantação de uma enorme obra hídrica para assegurar a navegabilidade dos rios estaduais, impedir tanto o assoreamento nas margens quanto as inundações nos períodos de cheia, além de construir, na cidade de Corumbá, uma gigantesca marina para barcos dos mais diversos portes e finalidades, inclusive para fins de segurança nacional. A obra, que foi definida no edital de forma clara e precisa, será financiada por convênio celebrado entre o Estado do Mato Grosso do Sul e a União, com repasse de ambos os entes que totalizam R$ 270.000.000,00 (duzentos e setenta milhões de reais).

O objeto da contratação envolve o desenvolvimento dos projetos básico e executivo, a execução das obras e serviços de engenharia, a montagem, a realização de testes, a pré-operação e todas as demais operações necessárias e suficientes para a entrega final do objeto.

Além das especificações do objeto e demais disposições padrões, o edital da licitação RDC-XXX/2016 trouxe uma série de peculiaridades, contra as quais houve insurreição de um dos consórcios participantes (Fluvius SPE), que, invocando a legislação federal pertinente, impugnou o edital administrativamente para atacar os seguintes pontos: houve contratação integral, somando-se diversos procedimentos que seriam necessários sob o ponto de vista da licitação nos moldes usuais, resumindo as fases internas e externas; segredo a respeito do orçamento estimado, além da forma sigilosa que deveria ser conduzido o procedimento, o que gera flagrante afronta ao princípio da publicidade; o interessado deve demonstrar experiência em elaboração, execução, supervisão ou coordenação de projetos de "obras hídricas com extensão superior a 1km", em flagrante direcionamento; índice de liquidez corrente de 1,5, o que não é justificado, pois a obra será contratada e paga pelo Estado do Mato Grosso do Sul com recursos do convênio celebrado com a União; por fim, condena a previsão do "bônus" estipulado no edital para a eventualidade de atingimento de metas, pois compromete a elaboração das propostas, podendo comprometer a competitividade.

O recurso administrativo foi totalmente refutado pela autoridade competente. Em razão disso, a Fluvius SPE ingressou, em 15 de agosto de 2016, com um Mandado de Segurança em que repetiu todos os argumentos suscitados acima, sem, contudo, investir contra a decisão da autoridade administrativa. O MS, impetrado na 1ª Vara Federal de Corumbá, atacou exclusivamente do edital da licitação, colocando como sujeito passivo a autoridade do Estado do Mato Grosso do Sul que o lançou, bem como a própria pessoa jurídica de direito público.

No remédio constitucional requestou-se pela anulação do procedimento licitatório e, via de consequência, do contrato que eventualmente dele tenha decorrido, além de requerer a elaboração de novo edital, desta feita em consonância com a legislação geral das licitações.

O pleito autoral foi totalmente indeferido pelo juízo de primeiro grau, desafiando recurso de apelação por parte da sociedade impetrante, que o interpôs com os mesmos fundamentos da inicial. Em sede recursal, o Tribunal Regional Federal da 3ª Região, apesar de apreciar todos os argumentos de defesa, acatou - em votação unânime - as razões da apelação, dando-lhe integral provimento para reformar o julgado vergastado em todos os seus termos.

De posse dessas informações, na qualidade de Procurador do Estado do Mato Grosso do Sul, interponha a competente medida judicial para reverter a decisão acima mencionada.

» MODELO

EXCELENTÍSSIMO SENHOR DESEMBARGADOR PRESIDENTE DO TRIBUNAL REGIONAL FEDERAL DA 3ª REGIÃO

Apelação n.

O ESTADO DO MATO GROSSO DO SUL, na apelação cível acima identificada, inconformado com o acórdão proferido por esse Egrégio Tribunal Regional Federal da 3ª Região, vem à presença de Vossa Excelência interpor o presente RECURSO ESPECIAL, com base no artigo 105, III, "a", da Constituição da República, em razão da manifesta contrariedade ao disposto nos artigos 30, II e § 3º e 31, § 5º, da Lei n. 8.666/98, 6º, 9º, 10 e 30, I, do RDCC, 23 da LMS e 485, IV, do NCPC, requerendo seja o mesmo recebido e encaminhado ao Superior Tribunal de Justiça para regular processo e julgamento.

Mencione-se que a Fazenda Pública é isenta do pagamento de preparo recursal, nos termos do art. 1.007, § 1º, do NCPC.

Local, data.

Procurador do Estado

RAZÕES DE RECURSO ESPECIAL

Recorrente: Estado do Mato Grosso do Sul

Egrégio Superior Tribunal de Justiça,

Excelentíssimos Ministros,

I. DO CASO DOS AUTOS

O v. acórdão recorrido, por unanimidade, deu provimento ao recurso de apelação interposto pelo ora recorrido, para reformar a sentença que negou a segurança pleiteada por Fluvius SPE.

No entanto, a citada decisão merece reforma, por afrontar a legislação federal, o que será demonstrado pelos fundamentos a seguir expostos.

II. DA ADMISSIBILIDADE DO RECURSO

a) Do cabimento do recurso

Estabelece o art. 105, inciso III, alínea a, da Constituição da República que compete ao Superior Tribunal de Justiça jugar, em recurso especial, as causas decididas, em única ou última instância, pelos Tribunais Regionais Federais ou pelos Tribunais dos Estados, do Distrito Federal e Territórios, quando a decisão recorrida contrariar tratado ou lei federal, ou negar-lhe vigência.

O cabimento do presente Recurso Especial, dessa forma, é justificado afronta aos dispositivos legais a adiante mencionados.

b) Da tempestividade

Vale ressaltar que se aplica à Fazenda Pública as disposições dos arts. 1.003, § 5º, 183 e 219 do NCPC, os quais estabelecem o prazo de 30 (trinta) dias úteis para apresentação de qualquer recurso, à exceção dos Embargos de Declaração. Dessa forma, o presente recurso mostra-se tempestivo, já que obedecido o prazo legal referido.

c) Do Prequestionamento

Quanto ao prequestionamento para efeito do recurso especial, tem-se como preenchida a exigência, pois o acórdão recorrido reformou a decisão recorrida, analisando todos os argumentos da defesa, evidenciando-se, portanto, o prequestionamento explícito da matéria ali suscitada.

III. DAS RAZÕES RECURSAIS

a) Da incompetência absoluta. Ausência de pressuposto de desenvolvimento válido e regular do processo. Violação ao art. 485, IV, do CPC.

Inicialmente, cumpre registrar que a justiça federal é incompetente para julgar o feito, pois, em que pese o financiamento de parte da obra por convênio realizado junto à União, foi o ente recorrente que promoveu a licitação e lançou o edital, ato contra o qual se impetrou o MS.

Além disso, a própria impetrante não apontou a União no polo passivo da demanda, como litisconsorte, de modo que nada justifica a escolha da justiça federal.

Assim, postula-se a anulação do acórdão, por violação ao art. 485, IV, do NCPC, uma vez demonstrada a ausência de pressuposto de constituição e desenvolvimento válido e regular do processo.

b) Da Decadência. Violação ao art. 23 da LMS

Além do mais, houve a perda do prazo para impetrar Mandado de Segurança, pois a parte recorrida utilizou-se desse remédio constitucional para atacar o edital lançado em fevereiro de 2016, e não a decisão administrativa que lhe negou os pedidos.

O edital, quando devidamente divulgado, já se revelava apto a gerar efeitos lesivos na esfera jurídica da impetrante, de modo que, após os 120 dias do art. 23 da Lei 12.016/09, esse instrumento processual não é mais adequado.

O acórdão recorrido, por mais esse motivo, deve ser anulado e o processo extinto sem resolução do mérito, nos termos do art. 485, IV, do Código de Processo Civil.

c) Da Possibilidade de contratação integrada. Da Violação ao art. 9º da Lei do RDC

Cumpre informar, de antemão, que o procedimento licitatório narrado na questão se deu na modalidade Regime Diferenciado de Contratação – RDC, o qual possui regramento próprio instituído pela Lei 12.426/2011, cujo texto prevê diversas inovações em relação ao regime jurídico da Lei 8.666/93. Uma das alterações consiste na previsão de um novo regime de execução contratual - a contratação integrada, na forma do art. 9ª da Lei 12.426/11.

Conforme ensina abalizada doutrina, a contratação integrada é reservada para a execução de obras e serviços de engenharia (art. 9º, caput), sendo preferencial para serviços dessa natureza (art. 8º, § 1º), ao lado dos regimes de empreitada integral e por preço global.

Ressalte-se que o ponto de identidade entre esses três regimes reside em que eles devem ser em regra reservados a prestações contratuais não fracionáveis, isto é, a objetos que devem ser executados de forma conjunta ou unitária. Utilizam-se esses regimes quando, por razões técnicas ou econômicas, afasta-se a viabilidade de licitar parcelas desses serviços ou obras de engenharia como unidades autônomas. É o que se extrai da leitura conjugada dos arts. 8º, § 1º, e 11, § 2º, da Lei do RDC: enquanto o primeiro dispositivo prevê que as obras e serviços de engenharia devem ser contratados preferencialmente mediante a adoção dos regimes acima mencionados, o segundo esclarece que tais prestações não podem ser objeto de contratação simultânea de mais de uma empresa para o objeto contratado. Ou seja: devem ser desenvolvidas de forma unitária.

Tendo em vista o disposto no art. 9º, § 1º, da Lei 12.462, pode-se dizer que a contratação integrada abrange os mesmos encargos da empreitada integral, com o acréscimo da participação do particular na própria concepção do projeto básico do objeto contratado. Caberá ao contratado desenvolver os projetos básico e executivo da obra ou do serviço a ser executado.

Com efeito, a adoção da contratação integrada pode justificar-se a partir da demonstração de que ela constitui solução mais eficiente em determinado caso – seja porque mais econômica, seja por possibilitar agregar maior qualidade técnica à futura contratação.

Diante disso, verifica-se que o acórdão recorrido violou os dispositivos supramencionados.

d) Da Possibilidade de orçamento e procedimentos sigilosos. Violação ao art. 6º da Lei do RDC

Também é inovação do RDC em relação à Lei n.º 8.666/93 a possibilidade de se manter em sigilo o orçamento do contrato e o procedimento a ser adotado, que estabeleceu tal previsão no art. 6º da lei de regência.

Note-se que há previsão legal para tanto, não havendo que se questionar a escolha do Estado por manter algumas informações em sigilo. Ademais, tais regras são válidas e eficazes, inexistindo qualquer decisão, ao menos em controle concentrado, que as tenha afastado do ordenamento jurídico pátrio.

Em sendo assim, se, por um lado, a publicidade dos atos administrativos não se revela como uma faculdade, mas condição *sine qua non* de consolidação do exercício do poder democrático, é necessário invocar-se, por outro, o juízo de ponderação, para que um princípio apenas venha a preceder o outro, sem superposição.

Resta evidente, portanto, a violação do acórdão vergastado ao art. 6º da Lei do RDC.

e) Da Possibilidade de exigência da demonstração de experiência. Violação aos arts. 30, I, do RDC e 30, II e § 3º da Lei n.º 8.666/93

No que se refere à demonstração de experiência, não há direcionamento ou qualquer ilegalidade, pois se trata tão só de uma exigência para comprovar qualificação técnica da empresa concorrente. A propósito, tais exigências não são sequer uma peculiaridade do Regime Diferenciado, sendo recomendadas também na Lei 8.666/93, consoante disposto no seu Art. 30, II e § 3º.

Somado a isso, o Regime Diferenciado de Contratação também prevê uma fase de pré-qualificação em seus arts. 29, inciso I, e 30.

Em reforço, cumpre destacar que a jurisprudência do STJ e TCU, que entendem ser possível a exigência de experiência também da empresa em obra similar.

Assim, não merece ser mantida a decisão que reconhecimento a ofensa à igualdade entre os licitantes, visto que tal princípio permanece incólume, atendendo, isto sim, ao disposto no art. 30, II, da Lei n. 8.666/93.

f) Da Correção do índice de liquidez. Violação ao art. 31, § 5º, da Lei 8.666/93

Quanto ao índice de liquidez, este também não se afigura desarrazoado, pois se trata de uma obra de grande vulto, com orçamento estimado em 270 milhões de reais. O fato de a obra ser paga com dinheiro público não exime o participante de demonstrar saúde financeira, mesmo porque o Poder Público não adianta pagamento. A liquidação só é possível após a entrega da obra (ou de etapas da obra), havendo medições que comprovem a realização do objeto contratado para, então, permitir-se o pagamento.

Sobre o tema, merece relevo o disposto no art. 31, § 5º, da Lei 8.666, que impõe a comprovação de boa situação financeira da empresa através de forma objetiva, mediante a realização de cálculos de contábeis previamente estabelecidos no edital.

A título de informação, o Índice de Liquidez Corrente (ILC) indica quanto a empresa possui em recursos disponíveis, bens e direitos realizáveis a curto prazo, para fazer face ao total de suas dívidas de curto prazo. Cada objeto contratado possui o índice que se mostre adequado, não havendo que se falar em um número padrão para todos os casos. Na hipótese da questão, a obra demanda demonstração de ótimas condições financeiras, pois se trata de custo elevadíssimo.

Por mais essa razão, merece reforma o acórdão atacado.

g) Da possibilidade de "bônus" pecuniário ao contratado. Violação ao art. 10 do RDC

Por fim, o "bônus" previsto em edital não é maculado por qualquer ilegalidade, mas, pelo contrário, possui expressa previsão no art. 10 Lei do RDC.

O mecanismo de se vincular a remuneração do contratado ao seu desempenho pode propiciar significativas vantagens à Administração Pública.

Não há nenhum impedimento a que a Administração remunere o prestador na proporção de uma vantagem efetivamente propiciada por aquela contratação.

Pelo contrário, a vinculação da remuneração à obtenção de uma vantagem previamente determinada pode ser a solução mais vantajosa tanto para a contratante quanto para o contratado.

IV. DOS PEDIDOS

Diante do exposto, o Estado do Mato Grosso do Sul, entendendo que o v. acórdão recorrido negou vigência aos artigos 30, II e § 3º, 31, § 5º, da Lei n. 8.666/98, 6º, 9º, 30, I, 10 do RDCC, 23 da LMS e 485, IV, do NCPC, requer seja conhecido e provido o presente Recurso Especial, para o fim de reformar o julgado impugnado.

Nestes termos, pede deferimento.

Local, data.

Procurador do Estado

Modelo 7: Ação Rescisória

Autor: Francimar Soares da Silva Júnior

» ENUNCIADO

O Município de Porto Alegre, após regular notificação administrativa de desocupação de terra pública municipal, imitiu-se na posse da Fazenda Manganês, construída pelo Sr. João das Terras na zona rural da cidade de Porto Alegre/RS, para construir obras destinadas à ampliação do programa "Caminhos Rurais".

Inconformado com a situação, o Sr. João das Terras ingressou, na 2ª Vara dos Feitos da Fazenda Pública da Comarca de Porto Alegre, com ação de reintegração de posse, com pedido liminar, cumulada com pedido de danos em face do ente municipal, sustentando, em resumo, que: 1) estaria na posse das terras litigadas há mais de 15 anos, motivo pelo qual estaria exercendo "melhor posse" em relação ao ente requerido, que jamais havia afetado o imóvel a alguma finalidade pública; 2) o ato público que materializou a imissão na posse seria nulo, em razão da indispensável necessidade de autorização judicial para tanto; 3) teria construído benfeitorias úteis, necessárias e voluptuárias, no valor de R$ 1.000.000,00 (um milhão de reais), sendo descabida a tomada de posse da Fazenda Manganês, sem a correspondente indenização por tais benfeitorias, já que era possuidor de boa-fé.

Após o regular processamento do feito, o juízo responsável pelo processo, acolhendo a defesa do ente público, julgou improcedentes os pleitos autorais, tendo sido sua sentença desafiada por apelação de João das Terras.

O TJ/RS, por maioria de votos, acatou parcialmente os argumentos do autor, condenando o Município a pagar indenização pelas benfeitorias realizadas, já que, de fato, conquanto provado o domínio público, a posse do autor foi exercida durante anos sem clandestinidade, precariedade ou violência, restando inconteste, por isso, a sua boa-fé.

O ente público, insurgindo-se contra o capítulo do acórdão que lhe foi desfavorável, interpôs recurso especial, que foi admitido na origem, mas teve seguimento obstado pelo Ministro Relator no STJ, sob o fundamento de que a pretensão recursal seria revolver fatos e provas.

Um mês após o trânsito em julgado do acórdão condenatório, que ocorreu em 27 de setembro de 2016, João das Terras ingressou com pedido de cumprimento de sentença. O juiz, então, intimou o ente público na forma do art. 535 do CPC.

Na condição de Procurador do Município de Porto Alegre, tendo recebido os autos em remessa, ingresse em juízo com a medida judicial adequada para, a um só tempo, discutir o mérito da causa e suspender o cumprimento de sentença.

» MODELO

EXCELENTÍSSIMO SENHOR DOUTOR DESEMBARGADOR PRESIDENTE DO EGRÉGIO TRIBUNAL DE JUSTIÇA DO ESTADO DO RIO GRANDE DO SUL

O Município de Porto Alegre, pessoa jurídica de direito público interno, por meio de seu Procurador abaixo assinado, vem, respeitosamente, a presença deste Colendo Tribunal de Justiça propor a presente AÇÃO RESCISÓRIA, com fundamento nos arts. 966, V e 969 do NCPC, em face de João das Terras, inscrito no CPF sob o nº , com endereço à zona rural da cidade, na cidade de Porto Alegre, pelos motivos a seguir aduzidos:

I. DOS FATOS

Sr. João das Terras ingressou com ação de reintegração de posse cumulada com pedidos de danos em face do Município de Porto Alegre, por ter esse se imitido em fazenda construída por aquele. O juízo monocrático julgou improcedente os pedidos autorais, porém, em grau de apelação esse e. Tribunal condenou, parcialmente, a municipalidade ao pagamento pelas benfeitorias realizadas por João das Terras.

O acórdão transitou em julgado no dia 27 de setembro de 2016.

II. CABIMENTO

A ação em testilha é cabível pelo fato de o acórdão rescindendo ter violado manifestamente norma jurídica (art. 966, V, CPC) e tem como objeto o capítulo da referida decisão que versa sobre às indenizações, nos moldes do art. 966, § 3º, do NCPC.

III. TEMPESTIVIDADE

Estabelece o art. 975 do CPC que o prazo para a propositura da ação rescisória é de 2 (dois) anos "contados do trânsito em julgado da decisão". Considerando que o trânsito em julgado do acórdão rescindendo ocorreu 27 de setembro de 2016, reputa-se tempestiva a ação proposta.

IV. DESNECESSIDADE DO DEPÓSITO PRÉVIO

Há desnecessidade de depósito prévio de 5% sobre o valor da causa, por força do art. 968, § 1º, do NCPC.

V. MÉRITO

a) Da inexistência de posse, apenas mera detenção. Violação dos arts. 1204, 1208 do CC e arts. 560, 561, I e 555, I, do NCPC

No caso em tela, cumpre destacar que a ocupação de área pública, em sendo irregular, não pode ser reconhecida como posse (art. 1.204 do CC), mas como mera detenção (art. 1.208 do CC). Dessa forma, o acórdão viola o ordenamento pátrio. Isso porque o direito de retenção ou de indenização pelas acessões realizadas depende da configuração da posse, afinal, não se pode, ante a consideração da inexistência desta, admitir o surgimento daqueles direitos. Não há falar, portanto, em dever de indenizar benfeitorias erigidas sobre o terreno público.

Ademais, como João das Terras não pode ser considerado possuidor, o Tribunal não poderia ter deferido pleito indenizatório formulado em ação de reintegração de posse, porquanto essa somente é viável em situações de posse e não de mera detenção, consoante dicção dos arts. 560, 561, I e 555, I, do CPC.

b) Da concessão da tutela provisória

O mero ajuizamento da ação rescisória não impede o cumprimento ou execução da sentença rescindenda, na forma do art. 969 do CPC. Entretanto, uma vez presentes a urgência ou evidência do direito, é possível a suspensão da tutela executiva acaso deferida tutela provisória nesse sentido.

No caso, há probabilidade do direito, lastreada nas razões acima mencionadas, bem como há o perigo de dano ao ente municipal caso prossiga processo de execução instaurado contra si de forma indevida (art. 300 do NCPC). De igual modo, há a evidência do direito, na medida em que as alegações fáticas declinadas podem ser demonstradas apenas documentalmente, não sendo possível ao réu elidir, por exemplo, a tese de que é mero detentor (art. 311, IV, do NCPC).

Todas essas circunstâncias autorizam, na espécie, a concessão da tutela provisória com o intuito de suspender a execução do acórdão impugnado.

VI. DOS PEDIDOS

Ante exposto, requer:

a) seja rescindido o acórdão, com base no art. 968, I, do CPC, com novo julgamento da causa, julgando-se, ao final, improcedente o pedido de indenização pelas benfeitorias realizadas no imóvel público, com inversão do ônus da sucumbência.

b) seja concedida a tutela provisória, conforme disposto nos artigos 300 ou 311, IV, do CPC, a fim de que seja suspensa a execução, de acordo com o art. 969 do mesmo diploma legal.

Valor da Causa: R$ 1.000.000,00 (um milhão de reais).

Nestes termos, pede deferimento.

Local, data

Procurador do Município

Modelo 8: Ação inicial originária

Autora: Clarissa Abrantes Souza

» ENUNCIADO

O Sindicato dos Professores do Município de Fortaleza – SINPROFOR, após reunião de sua diretoria realizada em 06.03.2017 (segunda-feira), deflagrou greve geral dos educadores da rede municipal de ensino, com o início da paralisação marcado para o dia seguinte.

Os professores reivindicam, dentre outros direitos, o aumento dos vencimentos e do auxílio-transporte, bem como melhorias estruturais nas escolas da rede municipal de ensino localizadas nas zonas rurais.

Com os referidos pleitos, o movimento paredista logrou adesão de, pelo menos, 80% do quadro total dos professores vinculados à Secretaria Municipal de Educação – SME/Fortaleza, conforme notícias veiculadas pela imprensa local, repassadas pelos próprios grevistas.

O Secretário de Educação, em ofício dirigido à Procuradoria-Geral do Município, informou que, em razão da escassez de professores, o ano letivo restaria comprometido, caso não fosse imediatamente garantido o retorno dos candidatos às salas de aula. Pontuou, ademais, que a rede pública de ensino oferece merenda e almoço, este na educação integral, sendo comum que os candidatos, que são, em sua grande maioria, provenientes de família de baixa renda, contem com as refeições oferecidas pela escola para seu regular desenvolvimento físico.

Ressaltou, também, o teor de informações apresentadas à polícia do Estado do Ceará por diretor de instituição de ensino, narrando situação de grevistas que realizaram manifestação agressiva em determinada escola, impedindo a realização das aulas e agredindo professores que não aderiram ao movimento, com fins a acentuar os efeitos da greve como forma de barganha com o governo municipal.

Encerrou, aduzindo que, na presente data o movimento paredista completa 46 (quarenta e seis) dias, posicionando-se a categoria profissional de forma irredutível, mesmo a Administração tendo procedido aos descontos salariais referentes aos dias de paralisação.

Nesse contexto, supondo-se que o caso esteja sob seus cuidados, como Procurador do Município de Fortaleza, adote a medida judicial cabível para solucionar o problema narrado. Dispense o relatório fático.

» MODELO

EXCELENTÍSSIMO SENHOR PRESIDENTE DO TRIBUNAL DE JUSTIÇA DO ESTADO DO CEARÁ

O Município de Fortaleza, pessoa jurídica de direito público interno, por seu procurador abaixo assinado, dirige-se respeitosamente à Vossa Excelência, para propor AÇÃO DECLARATÓRIA DE ABUSIVIDADE DE GREVE COM PEDIDO DE TUTELA DE URGÊNCIA em desfavor do Sindicato dos Professores do Município de Fortaleza – SINPROFOR, com endereço à..., pelas razões de fato e de direito a seguir expostas.

I. DO CASO DOS AUTOS

A parte acionada, após reunião de sua diretoria realizada em 06.03.2017, anunciou greve geral dos educadores da rede municipal de ensino, com o início da paralisação marcado para o dia seguinte. A categoria reivindica o aumento dos vencimentos e do auxílio-transporte, bem como melhorias estruturais nas escolas da rede municipal de ensino localizadas nas zonas rurais.

Aderiu ao movimento grevista, pelo menos, 80% do quadro de professores vinculados à Secretaria Municipal de Educação deste Município, conforme veiculado por noticiários locais, baseando-se em informações repassadas pelos próprios grevistas.

Destaque-se que, a teor das informações apresentadas pelo diretor da instituição de ensino à Polícia do Estado do Ceará, os grevistas realizaram manifestação agressiva em determinada escola, impedindo a realização das aulas, agredindo professores que não aderiram à greve, visando acentuar os efeitos da greve como forma de barganha com o governo municipal.

São os fatos, em breve resumo, os quais deixam patente a ilegalidade da greve a seguir reforçada.

II. DA COMPETÊNCIA DESTE E. TRIBUNAL DE JUSTIÇA

Segundo posição firmada pelo STF na ocasião do julgamento do mandado de injunção n. 670, no caso de ações envolvendo o direito de greve, restringindo-se a controvérsia ao âmbito municipal ou estadual, a competência para julgar a ação será do respectivo Tribunal de Justiça.

Desse modo, resta demonstrada a competência desta Corte Estadual para processar e julgar a presente ação.

III. DO DIREITO

a) Da existência de vício formal na deflagração da greve

Superado esse ponto sobre a competência, percebe-se, de imediato, que há flagrante vício formal de deflagração da greve da categoria profissional, pois o art. 4º da Lei n.º 7.783/89 exige convocação da assembleia para deliberação sobre a paralisação, enquanto que, no caso narrado, o movimento foi resultado de decisão da diretoria do sindicato.

b) Da ausência de prévia comunicação ao Poder Público

Ademais, verifica-se que o Poder Público Municipal e usuários não foram comunicados com antecedência mínima de 72 horas, já que a paralisação, no caso narrado, iniciou-se no dia seguinte à deliberação da diretoria do sindicato, ao arrepio também do art. 13 da Lei n.º 7.783/89.

Com efeito, apesar de não constar a educação como serviço ou atividade essencial no artigo 10 da Lei n.º 7.783/89, cumpre registrar que a jurisprudência é pacífica em afirmar que referido rol é meramente exemplificativo. Nesse caso, embora a educação não se encontre ali catalogada, ela é um serviço essencial, revelando-se imperioso o respeito ao dispositivo legal citado.

c) Do desrespeito ao percentual de adesão à paralisação

Pontue-se, outrossim, que o movimento paredista não respeitou o mínimo exigido para que se dê continuidade ao serviço público essencial que é a educação. Com efeito, estabelece a Lei n.º 7.783/89, em seu artigo 11, que "nos serviços ou atividades essenciais, os sindicatos, os empregadores e os trabalhadores ficam obrigados, de comum acordo, a garantir, durante a greve, a prestação dos serviços indispensáveis ao atendimento das necessidades inadiáveis da comunidade". É de se frisar que o Superior Tribunal de Justiça possui entendimento no mesmo sentido, reforçando a necessidade aventada pelo legislador ordinário.

Ressalte-se que a legislação não estabelece um percentual mínimo de manutenção. Já a jurisprudência, utilizando da razoabilidade e proporcionalidade, a depender da atividade, determina a manutenção dos serviços em percentuais elevados. A título de exemplo, o TST entendeu que, na greve dos trabalhadores ferroviários de São Paulo, deveriam ser mantidas 90% das atividades nos horários de maior movimento e 70% no restante do dia.

No movimento paredista sob exame, informações noticiam a paralisação de 80% da categoria. Assim, o percentual de adesão é muito superior ao razoável, atingindo quase a totalidade dos trabalhadores, em prejuízo evidente da manutenção das atividades tidas como inadiáveis.

d) Do caráter agressivo da greve

Conforme informações prestadas pelo órgão de segurança pública, os grevistas empreenderam atos de agressão contra os professores dissidentes, em flagrante violação ao art. 6º da Lei n.º 7.783/89, o qual determina que somente é assegurado aos grevistas o emprego de meios pacíficos tendentes a persuadir os demais pares a aderirem à greve, o que, claramente, não ocorreu no caso concreto.

Em complemento, o parágrafo único do referido artigo veda a adoção de meios que possam violar ou constranger os direitos e garantias fundamentais de outrem.

Na mesma toada, o § 3º do art. 6 da lei multicitada proíbe que as *manifestações e atos de persuasão utilizados pelos grevistas possam impedir o acesso ao trabalho ou causar ameaça ou dano à propriedade ou pessoa.*

e) Da legitimidade dos descontos perpetrados pelo Poder Público

Por fim, deve-se reconhecer a legitimidade do direito de descontar do contracheque dos professores grevistas os dias de paralisação. Isso porque a deflagração de greve pelo servidor público se equipara à suspensão do contrato de trabalho e, por esse motivo, os dias não trabalhados não devem ser pagos.

A tese acima encampada pelo STF, que decidiu o tema sob a sistemática da repercussão geral, firmando seu entendimento no sentido de que a administração pública deve proceder ao desconto dos dias de paralisação decorrentes do exercício do direito de greve pelos servidores públicos, em virtude da suspensão do vínculo funcional que dela decorre, permitida a compensação em caso de acordo.

No citado julgamento, o STF ressalvou a possibilidade de realizar os citados descontos caso a greve tenha sido provocada por conduta ilícita do Poder Público, o que não é a hipótese dos autos.

III. DA NECESSIDADE DE CONCESSÃO DA TUTELA DE URGÊNCIA

Segundo o art. 300 do NCPC, a tutela de urgência será concedida quando houver elementos que evidenciem a probabilidade do direito e o perigo de dano ou o risco ao resultado útil do processo.

Assim, a probabilidade do direito resta no presente no caso em virtude da envergadura das teses jurídicas acima apontadas, que atestam com clareza a abusividade da greve.

Por outro lado, o perigo de dano mostra-se evidenciado, uma vez demonstradas as consequências desastrosas da greve, sobretudo porque o movimento ora contestado pode acarretar a perda do ano letivo pelos alunos da rede pública municipal. Além disso, considerando que a rede pública de ensino oferece merenda e almoço, este na educação integral, sendo comum que os alunos contem com as refeições oferecidas pela escola para seu regular desenvolvimento, sobressai, mais uma vez, o perigo de dano.

IV. DOS PEDIDOS

Em face do exposto, requer o Município de Fortaleza:

a) Seja declarada a abusividade da greve deflagrada pelo SINPROFOR, inclusive em sede de antecipação de tutela, em razão da não observância das normas de regência, compelindo-se, ao fim e ao cabo, o retorno dos professores grevistas às atividades laborais, sob pena de cominação de multa coercitiva a ser arbitrada pelo tribunal competente;

b) Seja reconhecida a legitimidade do desconto pecuniário no contracheque dos professores referente aos dias de paralisação;

c) Seja provida a ação em todos os seus termos, impondo-se ao réu os ônus da sucumbência;

d) Seja citado o réu para que exerça seu direito constitucional ao contraditório, caso assim deseje, sob pena de lhe ser impingidos os efeitos da revelia.

Nestes termos, pede deferimento.

Dá-se à causa o valor de R$...

Local, data.

Procurador do Município.

Modelo 9: Contestação trabalhista

Autora: Ana Cléia Clímaco Rodrigues da Silva

» ENUNCIADO

Antônio Ricardo moveu reclamação trabalhista contra a empresa Vai e Vem Ltda. (Concessionária de transporte coletivo), a Limpa Tudo Ltda. (empresa terceirizada que presta serviços de limpeza e vigilância), bem como em face do Município de São Luís.

Relata na inicial que trabalhou de novembro de 2008 a julho de 2015 na concessionária Vai e Vem Ltda. na função de motorista. Segue afirmando que de agosto de 2015 a fevereiro de 2016 trabalhou na empresa Limpa Tudo Ltda., na função de vigilante, estando lotado na segurança do prédio da Prefeitura.

Após ter sido dispensado sem justa causa, ajuizou Reclamação trabalhista em face de suas ex-empregadoras, requerendo diversas verbas remuneratórias e rescisórias, além de honorários advocatícios de 20% sobre o valor da causa. Pediu também a responsabilização solidária do Município de São Luís pelas verbas requeridas, além da tutela antecipada para imediata reintegração, tendo em vista o reconhecimento do vínculo de emprego com o ente público.

A Secretaria de Administração até promoveu uma tentativa de acordo – antes da propositura da ação – entre as empresas e o funcionário, mostrando que o Município cumpriu com todas suas obrigações de pagamento e fiscalização. Frente ao insucesso da negociação, o Sr. Antônio Ricardo buscou seus direitos na via judicial, responsabilizando o Município pelo inadimplemento das parcelas a cargo das empregadoras.

Ao apreciar tal pedido, o juízo da 4ª Vara do Trabalho de São Luís deixou para examinar o pedido de reintegração de Antônio após a apresentação da defesa dos requeridos. Na mesma decisão, determinou-se a notificação das partes, incluindo o Município, na pessoa do Secretário de Administração, para comparecimento à audiência una pelo rito sumaríssimo, em que deverão ser apresentadas as defesas processuais e de mérito.

Considerando a situação hipotética apresentada, na condição de Procurador do Município de São Luís, utilize o instrumento processual hábil para defender os interesses da Fazenda Pública, sem esquecer de abordar os critérios de responsabilização da Administração Pública por dívidas de natureza trabalhista e o entendimento do STF e TST. Dispense o relatório dos fatos.

» MODELO

EXCELENTÍSSIMO SENHOR JUIZ FEDERAL DO TRABALHO TITULAR DA 4a VARA DO TRABALHO DE SÃO LUÍS

Processo nº: ...

Autor: Antônio Ricardo
Réus: Município de São Luís e outros

O Município de São Luis, pessoa jurídica de direito público, com sede na..., por intermédio do Procurador do Município ao final subscrito, com endereço profissional na ..., vem, tempestivamente, perante V.Exa., apresentar CONTESTAÇÃO em face da reclamação trabalhista ajuizada por Antônio Ricardo, já qualificado nos autos, ante as razões de fato e de direito aduzidas.

I. SÍNTESE FÁTICA

O reclamante alega que trabalhou como motorista de novembro de 2008 a julho de 2015 na concessionária Vai e Vem Ltda. Em seguida, trabalhou, no período de agosto de 2015 a fevereiro de 2016, como vigilante na empresa Limpa Tudo Ltda, sendo lotado no prédio da prefeitura. Após ter sido demitido, ajuizou reclamação trabalhista em face dos seus ex-empregadores, pedindo a condenação solidária do município de São Luís, bem como o imediato reconhecimento de vínculo com o ente público e a consequente reintegração.

II. PRELIMINARES

a) Nulidade da notificação do município de São Luís

Nos termos do art. 75, III e do art. 242, § 3° do CPC, o Município deve ser representado em juízo por seu prefeito ou por procurador e a citação deve ser pessoalmente perante o seu órgão de representação judicial. Desse modo, a notificação do art. 841 da CLT deveria ter sido dirigida à

Procuradoria Geral do Município e não à Secretaria Municipal de Administração. Logo, é evidente a nulidade da notificação realizada.

b) Ilegitimidade passiva do Município

Da narrativa apresentada na inicial, depreende-se que o Reclamante foi inicialmente empregado da empresa Vai e Vem Ltda e, após, empregado da Limpa Tudo Ltda. Assim, não há qualquer vínculo dele com a Administração Pública Municipal e nem poderia haver, já que o ente público, em regra, só pode contratar pessoal por meio da realização de concurso público. Destarte, é possível concluir pela ilegitimidade passiva do ente municipal, de modo que o processo deve ser extinto sem resolução do mérito, conforme os arts. 17 e 485, VI do CPC.

c) Inaplicabilidade do procedimento sumaríssimo para a Fazenda Pública

Nos termos do parágrafo único do art. 852-A da CLT, estão excluídas do procedimento sumaríssimo as demandas em que é parte a Administração Pública Direta, Autárquica e Fundacional. Logo, a presente demanda não poderia ser submetida às regras do referido rito. Destarte, é imperativa a extinção do processo sem resolução do mérito.

III. PREJUDICIAL DE MÉRITO: PRESCRIÇÃO PARCIAL

O art. 7°, XXIX, da CF fixa o prazo prescricional de cinco anos para os trabalhadores cobrarem seus créditos trabalhistas, observado o limite de até dois anos após a extinção do contrato de trabalho. No caso em apreço, verifica-se que ocorreu a prescrição dos valores correspondentes ao período compreendido entre 2008 e 2010. Destarte, o Município requer o reconhecimento da ocorrência da prescrição das referidas parcelas.

IV. MÉRITO

a) Período de agosto de 2015 a fevereiro de 2016: terceirização do serviço. Ausência de responsabilidade trabalhista da Administração Pública Municipal

Nos casos envolvendo terceirização, é necessária a observância do art. 71, § 1° da Lei 8666/93, segundo o qual o contratado é o responsável pelos encargos trabalhistas resultantes da execução do contrato.

O STF, por meio da ADC 16, reconheceu a constitucionalidade do art. 71, § 1° da Lei 8666/93, vedando a transferência automática de responsabilidade por encargos trabalhistas ao Poder Público. Com isso, o TST reformulou a súmula 331, dispondo no item V que a Administração Pública não responde pelo mero inadimplemento dos encargos trabalhistas por parte da empresa contratada. Assim, não há transferência automática de responsabilidade para Administração Pública apenas em decorrência do inadimplemento. Só será possível sua responsabilização, a título subsidiário, quando restar comprovado que agiu com culpa na fiscalização da execução do contrato ("culpa *in vigilando*").

No caso em apreço, portanto, não há responsabilidade da Fazenda Pública pelas verbas trabalhistas pleiteadas, uma vez que não há comprovação de falha ou de falta de fiscalização da execução do contrato administrativo.

b) Período de novembro de 2008 a julho de 2015: vínculo com a concessionária de serviço público. Ausência de responsabilidade trabalhista da Administração Pública Municipal

Nos casos envolvendo débitos trabalhistas de concessionária de serviço público, o TST tem entendimento pacífico de que não há responsabilização da Administração Pública. Afinal, nesses casos, o ente público não figura como tomador de serviços e, por isso, não é possível a aplicação da súmula 331 do TST.

De fato, ao caso, aplica-se o art. 71, § 1° da Lei 866/93, já que o concessionário, ao assumir a execução do serviço público, é responsável integralmente pelos débitos trabalhistas, não se formando nenhum vínculo entre seus empregados e a Administração Pública Concedente. Logo, é indevida a atribuição de responsabilidade, a qualquer título, ao município no período destacado.

c) Impossibilidade de reconhecimento de vínculo de emprego com o Município

Em respeito ao princípio da eventualidade, ainda que se aplique a responsabilidade subsidiária ao Município, é curial destacar a impossibilidade do cumprimento da ordem de reintegração. De fato, o art. 37, II, da CF estabelece para a Administração Pública Direta e Indireta, como regra, a obrigatoriedade de realizar concurso público para o preenchimento de cargo ou de emprego público.

Ademais, a súmula 363 do TST dispõe que, a contratação de servidor público, após a CF/88, sem aprovação em concurso público não gera direito ao reconhecimento de vínculo. Nesse caso, existe apenas o direito ao recebimento da contraprestação pactuada de forma proporcional às horas trabalhadas e dos valores referentes aos depósitos de FGTS.

Dessa forma, o Município não pode reintegrar o reclamante, uma vez que tal medida violaria o art. 37, II da CF e a súmula 363 do TST, representando uma contratação sem a prévia realização de concurso público. Portanto, é incabível a tutela antecipada em face do Poder Público neste caso.

d) Impossibilidade de condenação em honorários advocatícios

Na Justiça do Trabalho, aos honorários advocatícios não decorrem da mera sucumbência. De acordo com o art. 14, *caput* e § 1° da Lei 5.584/70, só serão devidos honorários quando a parte tiver sido assistida por sindicato da categoria profissional e for beneficiária da justiça gratuita. Em acréscimo, o tema resta pacificado na súmula 219 do TST.

Em suma, como no caso em apreço o patrocínio é privado, não cabe a condenação em honorários advocatícios.

V. PEDIDOS

Diante do exposto, o Município de São Luís requer o acolhimento das preliminares alegadas com a consequente extinção do processo sem resolução do mérito. Casos as preliminares restem superadas, requer o julgamento pela improcedência de todos os pedidos formulados pelo reclamante, extinguindo o processo com resolução de mérito e condenando a autora ao pagamento dos ônus de sucumbência.

Protesta provar por todos os meios de prova admitidos em direito[6].

Nestes termos, pede deferimento.

Local, data.

Procurador do Município.

---

6. **Dica (Caio Souza)**: Entende-se que, tecnicamente, o protesto por provas nos articulados trabalhistas - inicial e contestação - é desnecessário, já que neste âmbito vige o princípio da concentração da prova, que deve ser produzida unicamente em audiência. Assim, não seria necessário protestar, como é comum na praxe forense cível. Todavia, como se trata de treino para concurso público, é recomendável registrar a expressão indicativa do protesto por provas, para o caso de a banca examinadora cobrar, ainda que de forma atécnica. Se não cobrar, a consignação referida não resultará em perda de pontos, por isso é melhor arriscar.

Modelo 10: Recurso Ordinário trabalhista

Autor: Francimar Soares da Silva Júnior

» ENUNCIADO

Antônio José, após aprovação em concurso público no ano de 2009, ingressou no serviço público estadual no emprego de Arquiteto, Classe III, vinculado à empresa pública estadual Companhia de Habitação do Estado do Maranhão - CHEM. Todavia, logo no início de 2010, Antônio foi cedido à Companhia Municipal de Casas Populares - COMCAP, empresa pública do Município de São Luís, por meio do Convênio de Cooperação Técnica e Administrativa n.º 001/2011, ficando o ente municipal obrigado ao ressarcimento mensal, em favor do Estado do Maranhão, das despesas e vantagens trabalhistas decorrentes da cessão, conforme cláusula terceira do ajuste citado.

Cristina Maria, por sua vez, foi aprovada no ano de 2013 para o emprego de Agente Técnico de Serviços, também vinculada à CHEM, tendo exercido atribuições de assessoramento técnico dos arquitetos da estatal até janeiro de 2014, quando a Administração Estadual anulou o concurso público de ingresso, após ter sido constatada, em processo penal, a ocorrência de fraude no certame.

Inconformada com a situação, Cristina Maria, em 08/11/2016, ajuizou ação trabalhista perante à 2ª Vara Trabalhista de São Luís, sob o rito sumaríssimo, apontando como litisconsortes passivos a CHEM e o Estado do Maranhão. Em resumo, sustentou que: 1) durante todo o período laborado, exerceu as mesmas atribuições que os arquitetos da estatal, apontando como paradigma Antônio José, que, segundo afirma, mesmo estando cedido, permanece vinculado à CHEM; 2) na oportunidade da rescisão contratual, a Administração deixou de pagar aviso prévio indenizado, férias e 13º salário proporcionais, além de horas extras.

Diante de tal causa de pedir, Cristina Maria postulou a equiparação salarial, com efeitos pecuniários retroativos à sua posse, já que, desde o primeiro dia de trabalho, teria exercido as mesmas funções de Antônio José, além da condenação do Estado do Maranhão ao pagamento das verbas rescisórias e da respectiva multa pela intempestividade do seu pagamento.

O Estado do Maranhão, em audiência una, contestou o feito, arguindo todas as teses de defesa possíveis. Todavia, o juízo da 2ª Vara do Trabalho de São Luís aplicou a revelia ao ente público, aduzindo a inexistência de defesa, já que o Procurador do Estado por ela responsável não teria provado sua condição, por meio da juntada do respectivo ato de nomeação. Assim, proferiu sentença de procedência, acatando todos os pedidos da autora, estabelecendo ainda que, em razão da revelia, os pedidos teriam se tornado incontroversos, razão pela qual, com base no art. 467 da CLT, condenou o Estado ao pagamento da multa de 50% sobre as verbas rescisórias.

De posse das informações declinadas, na qualidade de Procurador do Estado do Maranhão, interponha o recurso cabível contra a referida decisão de primeiro grau. Dispense o relatório fático.

» MODELO

EXCELENTÍSSIMO SENHOR DOUTOR JUIZ DO TRABALHO DA 2ª VARA DO TRABALHO DE SÃO LUÍS

Processo nº

O Estado do Maranhão, já qualificado nos autos da reclamação trabalhista em epígrafe, vem, respeitosamente, por intermédio do Procurador abaixo subscrito, mandato por lei, interpor RECURSO ORDINÁRIO com fulcro no art. 895I, da CLT pelos motivos de fato e de direito expostos nas razões recursais anexas.

Requer, portanto, a notificação do recorrido para apresentar contrarrazões, bem como pela remessa dos autos ao Egrégio Tribunal do Trabalho da 22ª Região, independente de juízo de admissibilidade, nos termos do art. 1.010, § 3º do CPC c/c art. 769 da CLT.

São os termos em que se pede deferimento.

São Luís/MA, data.

Procurador do Estado do Maranhão

RAZÕES DO RECURSO ORDINÁRIO

Processo nº

Eminente Desembargador Relator,

Colenda Turma do Egrégio Tribunal do Trabalho da 22ª Região

I. SÍNTESE FÁTICA

Dispensado relatório fático nos termos do enunciado.

II. DOS REQUISITOS DE ADMISSIBILIDADE

Considerando que a decisão a ser reformada é uma sentença, resta inconteste o cabimento do recurso ordinário, nos termos do art. 895, I, da CLT.

O presente recurso é tempestivo, eis que protocolado no prazo legal de 15 dias, conforme art. 895, I, da CLT c/c art. 1º, III, do Decreto 779/69. Ademais, há isenção de preparo, nos moldes da prerrogativa prevista no art. 1º, IV, do Decreto 779/69.

III. PRELIMINARMENTE

a) Da nulidade da sentença: cerceamento de defesa decorrente da má aplicação da revelia

Como se vê, o juiz prolator da decisão aplicou a revelia ao Estado do Maranhão por não ter o Procurador do Estado responsável juntado o respectivo ato de nomeação. Ocorre que, conforme a Súmula 436 do TST, os Estados estão dispensados da juntada de instrumento de mandato e de comprovação do ato de nomeação, sendo necessário tão somente que o signatário declare exercer o cargo de procurador.

Nesses termos, pugna-se pela nulidade da decisão recorrida por notória ofensa ao contraditório e à ampla defesa (art. 5º, LV, da CR/88).

b) Da nulidade da sentença: inadequação do rito processual

Ademais, sendo a presente demanda aviada em desfavor do Estado do Maranhão, revela-se incabível a adoção do procedimento sumaríssimo, a teor do art. 852-A da CLT.

Desta feita, por mais esse motivo, deve a decisão atacada ser declarada nula

c) Da ilegitimidade passiva do Estado do Maranhão por suposto débito de empresa pública estadual

Veja-se que a reclamante prestou serviços à empresa pública estadual (CHEM) e não ao Estado do Maranhão. Logo, considerando que a primeira

PARTE III – MODELOS

possui personalidade jurídica própria, não há falar em legitimidade passiva do ente federativo, nem mesmo nos limites da teoria da asserção.

IV. PREJUDICIAL DE MÉRITO: PRESCRIÇÃO BIENAL

Percebe-se que a parte autora ajuizou a ação em 08/11/2016 ao passo que seu vínculo trabalhista se encerrou em janeiro de 2014. Nesse contexto, a pretensão autoral restou fulminada pela prescrição bienal, conforme o art. 7º, XXIX, da CR/88 e art. 11, I, da CLT.

V. MÉRITO RECURSAL

a) Da nulidade contratual decorrente da anulação do concurso: aplicação da OJ 128 da SDI 2 e Súmula 363 do TST

No caso em tela, o concurso público da reclamante foi anulado em virtude de fraude, razão pela qual a autora fora justificadamente demitida. Consoante a OJ 128 da SDI 2 do TST, o certame público posteriormente anulado equivale à contratação realizada sem concurso público, a atrair, portanto, os efeitos da Súmula 363 do TST, segundo a qual só é conferido à parte autora o direito ao pagamento da contraprestação pactuada, em relação ao número de horas trabalhadas, respeitado o valor da hora do salário mínimo, e dos valores referentes aos depósitos do FGTS.

Desta feita, pugna-se pela nulidade contratual e consequente reforma da decisão para afastar a condenação concernente ao aviso prévio indenizado, férias, 13º salário proporcional e horas extras, assim como a respectiva multa do art. 477 da CLT.

b) Da impossibilidade de equiparação salarial: empregado cedido às expensas da cessionária; autora não desenvolve igual trabalho

Afigura-se patente a impossibilidade de equiparação salarial postulada pela autora, pois o empregado paradigma foi cedido à Companhia Municipal de Casas Populares – COMCAP, empresa pública do Município de São Luís, e esse último ficou obrigado ao ressarcimento mensal, em favor do Estado do Maranhão, das despesas e vantagens trabalhistas decorrentes da cessão. Tal circunstância, nos termos da Súmula 6, V, do TST, constitui fato impeditivo da equiparação postulada.

Em acréscimo, veja-se que o paradigma apontado ingressou em 2009/2010, de modo que possui mais de dois anos de exercício em relação à autora (ingresso em 2013). A teor do art. 461, § 1º, da CLT, não configura trabalho de igual valor quando há, entre as pessoas, diferença de tempo de serviço superior a dois anos. Por essas razões, merece a sentença ser reforma no que tange, também, à concessão da equiparação salarial.

c) **Da impossibilidade de condenação da Fazenda Pública à multa do art. 467 da CLT**

A decisão combatida condenou, de forma equivocada, o pagamento de multa de 50% sobre as verbas rescisórias. A uma porque a doutrina e a jurisprudência são unânimes em afirmar a inaplicabilidade da multa do art, 467 da CLT à Fazenda Pública, notadamente por conta da necessidade de formação de precatório (art. 100 da CR/88). A duas porque o Juiz Monocrático considerou os pedidos incontroversos por decorrência da revelia. Os efeitos dessa, como se sabe, recaem sobre os fatos articulados pelo autor, não sendo possível concluir, a par disso, serem incontroversos os pleitos autorais.

VI. DOS PEDIDOS

Diante do exposto, o Estado do Maranhão requer o conhecimento e provimento do recurso para que seja determinada: a) a anulação da decisão recorrida por ofensa aos princípios do contraditório e da ampla defesa e por inadequação do rito processual adotado; b) sua exclusão do polo passivo da lide ante sua ilegitimidade passiva; c) o reconhecimento da prescrição bienal e consequente extinção do processo com resolução de mérito; ou d) a improcedência dos pedidos da autora com base na argumentação alhures.

Nesses termos, pede-se deferimento.

São Luís, Data.

Procurador do Estado

Modelo 11: Impugnação a embargos à execução fiscal

Autora: Clarissa Abrantes Souza

» ENUNCIADO

Airton Sérgio, presidente da Associação de Pesca Recreativa da cidade de Marabá/PA, pessoa jurídica sem fins lucrativos e que não desenvolve atividade de comércio, entrou em contato com a empresa Peixe na Rede Ltda., com sede em Fortaleza/CE, para a compra de diversos equipamentos de pesca para uso próprio e dos mais de 400 (quatrocentos) associados.

Após diversas tratativas, Airton finalizou, em março de 2016, a compra do material pelo valor de R$ 400.000,00 (quatrocentos mil reais), montante pago diretamente pelos associados sem qualquer lucro para a associação que intermediou o negócio.

Com a emissão da nota fiscal, a empresa Peixe na Rede Ltda. declarou ao fisco estadual a venda para pessoa jurídica não contribuinte, aplicando, por isso, a alíquota interna de ICMS do Estado do Ceará sobre o valor total da nota, qual seja o de 17% sobre os R$ 400.000,00 (quatrocentos mil reais), que resultou no recolhimento à Fazenda Estadual do Ceará de R$ 68.000,00 (sessenta e oito mil reais).

Ao tomar ciência da realização do negócio e do pagamento de ICMS apenas ao Estado de origem da mercadoria, o Fisco Estadual do Pará notificou a empresa em comento acerca do débito referente à venda do material de pesca e, após o devido processo administrativo, remeteu os autos para a Procuradoria-Geral do Estado para que procedesse com a inscrição em dívida ativa e ajuizasse a ação de execução fiscal.

Considerando que a alíquota de ICMS interno do Pará é de 17%, e que a alíquota interestadual entre o Ceará e o Pará é de 12%, a Procuradoria inscreveu em dívida o débito de R$ 8.000,00 (oito mil reais).

Nesse ínterim, mais especificamente em novembro de 2016, a empresa Peixe na Rede Ltda. mudou seu endereço para a cidade de Vitória, no Espírito Santo, onde passou a exercer a mesma atividade comercial de antes.

Em dezembro do mesmo ano, a Procuradoria do Estado do Pará ajuizou, na cidade de Fortaleza/CE (2ª Vara dos Feitos da Fazenda), execução fiscal em desfavor da empresa Peixe na Rede Ltda., que apresentou, com o juízo devidamente garantido, embargos à execução fiscal, alegando, em suma: i) incompetência do juízo com base no art. 46, § 5º, do CPC, pois entende que a regra é a apresentar a ação no domicílio do réu; ii) a inépcia da inicial, pois, embora tenha sido apresentado o art. 155, § 2º, VII, da CF como fundamento para a cobrança, o valor cobrado não corresponderia ao resultante do cálculo descrito no dispositivo, o que teria impossibilitado a defesa; iii) a inconsistência do pedido de execução, pois alega ter pago o ICMS corretamente, haja vista que utilizou a alíquota cheia sobre o valor total da venda, e, por isso, não remanesceu qualquer dívida com nenhum ente federado; iv) que, mesmo se considerado existente o débito, este deve ser pago pelo Estado do Ceará, haja vista este ter recebido o valor calculado pela Requerida.

Recebidos os embargos, o juiz titular da 2ª Vara dos Feitos intimou devidamente o Estado do Pará sobre a ação referenciada. Na condição de Procurador do Estado do Pará, apresente a medida judicial cabível para melhor atender aos interesses da Fazenda Pública estadual.

» MODELO

EXCELENTÍSSIMO SENHOR DOUTOR JUIZ DE DIREITO DA 2ª VARA DA FAZENDA PÚBLICA DE FORTALEZA/CE

O Estado do Pará, pessoa jurídica de direito público interno, vem, respeitosamente, por intermédio do procurador do estado ao final subscrito, apresentar IMPUGNAÇÃO AOS EMBARGOS À EXECUÇÃO FISCAL opostos pela empresa Peixe na Rede, já qualificada nos autos da execução em epígrafe, com fulcro nos art. 17 da Lei de Execução Fiscal, segundo os argumentos de fato e de direito a seguir expostos.

I. DOS FATOS

Trata-se de embargos à execução opostos pela empresa Peixe na Rede, em que alega diversos fundamentos para se esvair da execução contra ela promovida. Conforme restará demonstrado, não merece prosperar o pleito.

II. DO DIREITO

a) Da competência do juízo de Fortaleza

Defende a embargante ser incompetente o juízo de Fortaleza, pois, segundo alega, a regra é que a ação seja proposta no domicílio do réu. Não lhe assiste razão.

A mudança de endereço do devedor antes da propositura da ação não é suficiente para deslocar a competência do juízo. Conforme enuncia os arts. 46, § 5º e 781, V, do CPC, a execução fiscal pode ser proposta no foro do domicílio do réu, no de sua residência ou no do lugar onde for encontrado.

Portanto, a Fazenda Pública pode optar, conforme previsão dos dispositivos processuais, independente de ordem de preferência, por um dos foros acima mencionados, embora nele não mais resida o réu. Nesse mesmo sentido caminha a jurisprudência do STJ.

b) Do não conhecimento da alegação de excesso de execução

Suscita a embargante haver excesso de execução, sob o fundamento de que o ICMS teria sido calculado e pago corretamente.

Tal alegação não merece sequer conhecimento, pois o art. 917, § 4º, II, do CPC exige que o argumento referido esteja estribado em memorial de cálculo, que deve ser apresentado pelo embargante junto com sua petição de embargos, o que não ocorreu na espécie.

c) Da correção do cálculo apresentado pela fazenda pública paraense

Subsidiariamente, ainda que não se acolha a preliminar acima arguida, não assiste razão à embargante.

De início, importa consignar que, conforme o art. 4º da LC 87/95, considera-se contribuinte qualquer pessoa, física ou jurídica, que realize com habitualidade ou em volume que caracterize intuito comercial, operações de circulação de mercadoria.

Pela narrativa fática, logo se percebe que a vendedora da mercadoria o faz com intuito comercial, caracterizando-se como *contribuinte* do imposto em comento. Por outro lado, a pessoa jurídica compradora não comercializa os bens, mas utiliza-os como consumidora final, sendo, portanto, classificada como *não contribuinte.*

Por essa razão, deve-se aplicar na espécie o art. 155, § 2º, VII, da CF/88, o qual determina a incidência da alíquota interestadual, cabendo ao Estado de localização do destinatário o imposto correspondente à diferença entre a alíquota interna do Estado destinatário e a alíquota interestadual.

Dessa forma, adotando o disposto no inciso VII acima mencionado, tem-se que é devido ao Estado do Ceará (estado de origem) a alíquota interestadual de 12% sobre o valor da venda, que corresponde a R$ 48.000,00 (quarenta e oito mil reais),

Quanto ao Estado do Pará (estado de destino), de acordo com referido dispositivo, é devida a diferença entre a alíquota interna (17%) e a interestadual (12%), o que resulta em 5% sobre o valor total da venda, que em números corresponde a R$ 20.000,00 (vinte e mil reais). Ocorre que, pela regra de transição prevista no art. 99, II, do ADCT, para o ano de 2016, a diferença será partilhada entre os estados envolvidos segundo a seguinte proporção: 40% para o Estado de destino e 60% para o Estado de Origem.

Destarte, tem-se que é devido ao Estado do Pará 40% sobre os R$ 20.000,00 (vinte mil reais) incialmente apurados, e o restante (60%) deve ficar com o Estado do Ceará. Sendo assim, da compra em questão, resulta um crédito tributário de R$ 8.000,00 (oito mil reais) em favor do Estado do Pará, exatamente o mesmo valor inscrito em dívida e executado na ação.

d) Da responsabilidade da embargante pelo recolhimento do ICMS: natureza do lançamento por homologação e art. 155, VIII, "b", da CF;

Por fim, defende a embargante que, mesmo considerando existente o débito, este deveria ser pago pelo Estado do Ceará. Tal argumento também não merece acolhida.

Em verdade, tal quantia deveria ser recolhida ao Estado credor pelo contribuinte responsável (empresa Peixe na Rede Ltda.), independente da atuação dos entes envolvidos, tendo em vista que o ICMS é um imposto cujo lançamento se opera por homologação (art. 150 do CTN), ou seja, o contribuinte tem o dever de calcular o tributo e antecipar o pagamento do mesmo, sem prévio exame da autoridade administrativa.

Ora, se a responsabilidade cabe à empresa vendedora, e o ICMS é pago independente da atuação inicial do Fisco, é forçoso reconhecer que a causa de inadimplência só pode ser imposta à empresa Peixe na Rede Ltda., de modo que o Estado do Ceará não teria legitimidade para integrar qualquer dos polos da demanda.

III. DOS PEDIDOS

Ante o exposto, requer-se: a) a total improcedência dos embargos, com o prosseguimento regular da execução fiscal; e b) a condenação da embargante ao pagamento de honorários advocatícios e demais ônus sucumbenciais. Por fim, roga-se pelo imediato julgamento do feito, considerando que o caso não demanda dilação probatória (art. 17, parágrafo único, da Lei n º 6.830/80 c/c o art. 330, I, do CPC).

Local, data.

Procurador do Estado.

Modelo 12: Parecer

Autor: Francimar Soares da Silva Júnior

» ENUNCIADO

O Estado do Mato Grosso, por meio de sua Secretaria de Fazenda, lançou o Pregão n.º 1000/2016 destinado à contratação de sistema de informática para inscrição de dívida ativa, no importe total de R$ 13.000.000,00 (treze milhões de reais).

Após a fase de apresentação das propostas escritas e dos lances verbais, a empresa Moderna Informática LTDA. sagrou-se vencedora, momento em que a Administração lhe exigiu os documentos para sua habilitação.

Todavia, conquanto tenha havido expressa exigência no instrumento convocatório, a licitante vencedora não apresentou as certidões negativas de falência e recuperação judicial, escusando-se na alegação de que, estando em recuperação judicial (processo n.º 1000.100.1.000), não poderia o Poder Público deixar de adjudicar-lhe o objeto contratual, sob pena de desestímulo ao referido instituto empresarial e de violação ao princípio da conservação da empresa.

Diante de tal fato e da relevância do expediente, o Secretário de Fazenda houve por bem encaminhar os autos do procedimento licitatório à Procuradoria-Geral do Mato Grosso para análise e emissão de parecer. A chefia, antes de distribuir o feito ao procurador competente, consultou os autos do processo judicial n.º 1000.100.1.000, colhendo a informação de que o juízo competente, com base no art. 52 da Lei n.º 11.101/05, deferiu o processamento da recuperação, encontrando-se pendente o acolhimento do plano de recuperação pela assembleia-geral de credores.

De posse dessas informações, emita parecer conclusivo, esclarecendo à autoridade consulente sobre:

a) Correção ou incorreção da modalidade licitatória e do respectivo procedimento;

b) Possibilidade ou impossibilidade de a Administração dispensar a apresentação das certidões negativas de falência e recuperação judicial no caso narrado;

c) Possibilidade ou impossibilidade de contratação da empresa Moderna Informática LTDA.

» MODELO

Parecer nº

Consulente: Secretário de Fazenda

Assunto: Licitações e Recuperação Judicial

> DIREITO ADMINISTRATIVO E EMPRESARIAL. LICITAÇÕES. RECUPERAÇÃO JUDICIAL. PENDÊNCIA DE APROVAÇÃO DO PLANO DE RECUPERAÇÃO PELA ASSEMBLEIA DE CREDORES. PRINCÍPIOS DA INDISPONIBILIDADE DO INTERESSE PÚBLICO, DA VINCULAÇÃO AO INSTRUMENTO CONVOCATÓRIO E DA CONSERVAÇÃO DA EMPRESA. PONDERAÇÃO.

I. RELATÓRIO

Trata-se de consulta formulada pelo Secretário de Fazenda do Estado do Mato Grosso (MT) acerca da possibilidade de contratação de sistema de informática mediante pregão. Ademais, requer opinativo jurídico sobre a possibilidade de dispensar as certidões negativas de falência e de recuperação judicial concernentes à vencedora do certame, considerando, ainda, que a empresa em comento teve recuperação judicial deferida pelo juízo competente, encontrando-se pendente o acolhimento do plano de recuperação pela assembleia-geral de credores.

II. FUNDAMENTAÇÃO JURÍDICA

a) Correção da modalidade licitatória e do respectivo procedimento

O pregão constitui modalidade licitatória destinada à aquisição de bens e serviços comuns, qualquer que seja o valor estimado para a contratação.

São bens comuns, nos termos do art. 1º da Lei nº 10.520/2002, aqueles cujo padrões de desempenho e qualidade possam ser objetivamente definidos pelo edital por meio de especificações usuais no mercado.

No que se refere a contração de serviços de informática, a legislação pátria obriga a adoção do tipo de licitação "técnica e preço", permitindo, contudo, o emprego de outro tipo de licitação em casos indicados por decreto do Poder Executivo (art. 45, § 4º, da Lei nº 8.666/1993). Em regulamentação ao artigo em espeque, o Decreto nº 3.555/00 admite expressamente a utilização do pregão como modalidade cabível para contratação de bens e serviços de informática. Conclui-se, portanto, pelo acerto da modalidade licitatória adotada pela consulente.

Ademais, reputa-se acertado o procedimento adotado pela autoridade, tendo em conta que o art. 4º, XII, da Lei nº 10.520/02 prescreve a inversão das fases de julgamento e habilitação, em observância, ainda, aos princípios da celeridade e economicidade.

b) Da impossibilidade de dispensa das certidões negativas de falência e de recuperação judicial

O licitante que almeja contratar com o poder público deve demonstrar sua qualificação econômico-financeira, a qual exige a certidão negativa de falência ou de recuperação judicial expedida pelo distribuidor da sede da pessoa jurídica (art. 31, II, da Lei nº 8.666/93). Embora o dispositivo legal em referência cite o instituto da concordata, ora substituído pela recuperação judicial (Lei nº 11.101/2005), o TCU entende, mesmo após a inovação legislativa, ser plenamente exigível a certidão negativa de recuperação judicial e extrajudicial.

Não se olvide de entendimento doutrinário e do TCU sobre a possibilidade do administrador, sob o crivo da discricionariedade, dispensar alguns documentos previstos no art. 31 da Lei nº 8.666/93, desde que não haja expressa exigência no edital e que a Administração diligencie as cautelas necessárias a suprir sua ausência. Ocorre que, no caso, o edital exige, de forma expressa, as certidões em comento, não sendo possível a dispensa, sob pena de ofensa ao princípio da vinculação ao instrumento convocatório e da isonomia.

Ademais, o art. 52, II, da lei nº 11.101/05 é expresso ao ressalvar as contratações com o poder público da desnecessidade de apresentação de certidões negativas. Nesse contexto, em que pese seja salutar a preservação da empresa, reputa-se impossível a dispensa das certidões de recuperação judicial e falência ante a necessidade de rigorosa proteção ao erário público.

c) Da impossibilidade de contratação da empresa moderna informática LTDA

A Lei nº 11.101/05 institui duas fases processuais distintas: postulatória (art. 52) e deliberativa (art. 58). A primeira refere-se ao momento em que a sociedade devedora solicita recuperação judicial e o juiz tão somente defere o processamento. A segunda, por sua vez, concerne à aprovação ou ausência de objeção do plano de recuperação. É nessa última fase que se atesta a viabilidade econômico-financeira da empresa e, por conseguinte, a concessão da recuperação propriamente dita.

No caso em tela, vê-se que a empresa postulante não obteve o acolhimento judicial de seu plano, de modo que não há nem sequer a possibilidade de demonstração de sua viabilidade econômica. Sendo assim, não há, na espécie, como conferir estímulo à preservação da empresa por meio da contratação pública. Inviável, também, pelos mesmos motivos, a habilitação da empresa Moderna Informática Ltda.

III. CONCLUSÃO

Diante do exposto, opina-se pela: a) correção da modalidade licitatória e do procedimento encetado; b) impossibilidade de dispensa das certidões negativas de falência e de recuperação judicial; e c) impossibilidade de contratação da empresa Moderna Informática em virtude da não comprovação de qualificação econômico-financeira.

Eis o parecer, à consideração da autoridade superior.

Local, data

Procurador do Estado

EDITORA JusPODIVM
www.editorajuspodivm.com.br

Impressão e Acabamento
Prol EDITORA GRÁFICA